Die Rechtsprechung
des
Deutschen
Oberhandelsgerichtes
zu Leipzig,

herausgegeben

von

A. Stegemann,
Anwalt am genannten Gerichtshofe, preußischem Justizrath ꝛc.

Sechster Band.

Berlin.
Verlag von J. Guttentag (D. Collin).
1873.

Inhalt.

Seite

I. Rechtsfälle und Entscheidungen des OHG . . 1 bis 359

(nach der Zeitfolge der Entscheidungen)

a. aus dem Jahre 1871:

Nr.	(1871)		Seite
—	Erk. v. 24. Jan.	Eigenwechsel, Verzugszinsen des Ausstellers	234
—	Erk. v. 13. April.	Schadenersatzforderung, nicht bedingt durch Berichtigung der liquidirten Posten . .	89 n

b. aus dem Jahre 1872:

Nr.	(1872)		Seite
1.	Erk. v. 9. Febr.	Kaufmännische Anweisung nach kgl. sächs. Recht. Französische Indulgesetze. Erlaß von Protest und Präsentation. Verjährung der Wechselregreßklage	1
2.	Erk. v. 13. „	Anfechtbarkeit einer Pfandbestellung im Konkurs. Hypothekbestellung als Handelsgeschäft	9
3.	Erk. v. 13. „	Wechselzahlung durch den Bezogenen oder den Domiziliaten	12
4.	Erk. v. 14. „	Seeschiffer, Löschzeit, Liegegeld. Haftung des Ladungsempfängers	16
5.	Erk. v. 14. „	Handlungsreisender, Einschränkung seiner Vollmacht	25
6.	Erk. v. 16. „	Steinmetz als Kaufmann, Kompetenz des Handelsgerichts	27
7.	Erk. v. 16. „	Zusammenstoß von Seeschiffen. Gutachten Sachverständiger	34
8.	Erk. v. 17. „	Versprechen der Baarzahlung, Kompensation, Konkurs	37

Nr.	(1872)		Seite
9.	Erk. v. 17. Febr.	Reformatio in peius. Auslegung von Versicherungsbedingungen	42
10.	Erk. v. 17. „	Formfreiheit der Handelsgeschäfte	44
11.	Erk. v. 20. „	Rückversicherung. Rechtsmittel der Revision. Natur der Versicherungsverträge	50
12.	Erk. v. 23. „	Seenoth, Bergung und Hilfe. Kontrakte in Seenoth. Arbiter und arbitrator. Richteramt	56
13.	Erk. v. 23. „	Vorschußverein, Befugnisse des Vorstandes. Wechselverpflichtung	78
14.	Erk. v. 24. „	Befugnisse eines Agenten. Schweigen. Schadenersatz	82
15.	Erk. v. 27. „	Handelskauf, Fixgeschäft. Nachträgliche Erfüllung, Anzeige am Stichtage	90
16.	Erk. v. 27. „	Handelskauf. Annahmeverzug des Käufers, anderweitiger Verkauf der Waare. Richteramt	92
17.	Erk. v. 27. „	Fixgeschäft. Verzug. Vertragsurkunde und mündliche Abrede	96
18.	Erk. v. 5. März.	Kommission, Anspruch des Kommittenten, Zinsen	103
19.	Erk. v. 6. „	Handel in Inhaberpapieren, Kauf eines im Amortisationsverfahren befindlichen Stückes. Eviktion. Wandelungsklage	109
20.	Erk. v. 8. „	Distanzhandel. Untersuchungspflicht des Käufers. Dispositionsstellung. Originalverpackung	118
21.	Erk. v. 8. „	Lebens-Versicherung. Reisen des Versicherten	124
22.	Erk. v. 8. „	Wechsel. Zahlungszeit: „drei Monat dato." Klage aus einem zerrissenen Wechsel	127
23.	Erk. v. 9. „	Schriftform der Verträge nach ALR. Eigenwechsel als Schuldschein	132
24.	Erk. v. 11. „	Handelskauf. Vorzeitige Lieferung, Rüge	141
25.	Erk. v. 12. „	Mandatar, Unterzeichnung im Namen des Machtgebers	144
26.	Erk. v. 12. „	Wechselunterzeichnung durch einen Vertreter. Wesentlicher Inhalt des Wechsels	153
27.	Erk. v. 12. „	Stromschifffahrt. Stellung des Steuermanns. Handelsbrauch	159
28.	Erk. v. 15. „	Verjährung der Litispendenz. Wechselklage, Zurücknahme. Verjährungsfrist	163
29.	Erk. v. 16. „	Aktiengesellschaft, Vertretungsbefugniß des Vorstands	167

Nr.	(1872)		Seite
30.	Erk. v. 16. März.	Widerruf einer Verkaufskommission	182
31.	Erk. v. 16. „	Depotgeschäft, Rückforderung des Unterpfands	187
32.	Erk. v. 16. „	Arglist des Wechselklägers	198
33.	Erk. v. 19. „	Kaufmännisches Zurückbehaltungs-Recht. Geltendmachung durch den Cessionar	201
34.	Erk. v. 19. „	Feuerversicherung. Erhöhung der Gefahr, Anzeigepflicht des Versicherten	207
35.	Erk. v. 19. „	Börsen-Usanz. Prolongations-Geschäfte. Klagefrist	216
36.	Erk. v. 23. „	Domizil-Wechsel, Protest-Nothwendigkeit. Nichtigkeitsbeschwerde	225
37.	Erk. v. 23. „	Sichtwechsel, Präsentation. Verzugszinsen	232
38.	Erk. v. 26. „	Börsenpreis-Notirung, Anfechtbarkeit	236
39.	Erk. v. 26. „	Maschinenlieferung, Mängel der Maschine, Rügefrist, Schadenersatz	243
40.	Erk. v. 26. „	Klage des Indossatars, Einwand des Procuragiro. Arglist, Erfolg	258
41.	Erk. v. 27. „	Wechselklage bei bestehendem Contocurrent-Vertrage	261
42.	Erk. v. 27. „	Bereicherungs-Klage, Amortisationsverfahren	265
43.	Erk. v. 27. „	Handelskauf, Annahmeverzug nach Verurtheilung des Verkäufers zur Erfüllung	274
44.	Erk. v. 30. „	Procura, Widerruflichkeit	280
45.	Erk. v. 30. „	Darlehnsklage, Beweis	282
46.	Erk. v. 2. April.	Richteramt. Klagbarkeit alternativer Verpflichtungen	284
47.	Erk. v. 2. „	Zeitlich beschränkte Bürgschaft. Kreditassekuranz, Zahlungsfrist	287
48.	Erk. v. 2. „	Wechselregreß, Klageverjährung und Unterbrechung. Mitbeklagte, Streitverkündigung	301
49.	Erk. v. 4. „	Bundesindigenat, Gerichtsstand	307
50.	Erk. v. 4. „	Bürgschaft eines Bauern, landesgesetzliche Form	308
51.	Erk. v. 5. „	Arglist des Wechselklägers	311
—	Erk. v. 6. „	Echtheit der Wechselunterschrift, Nachweis	315 n.
52.	Erk. v. 6. „	Wechselfälschung, Beweisführung. Verzinsung der Wechselsumme	314
53.	Erk. v. 9. „	Blancoaccept, Ausfüllung des Wechselformulars. Klage des Indossatars, Einwand des Procuragiro	318
54.	Erk. v. 12. „	Eigenwechsel, ob domizilirt?	334

Nr.	(1872)		Seite
55.	Erk. v. 13. April.	Offene Handelsgesellschaft, Firma. Liquidation, Klagen	336
56.	Erk. v. 16. „	Distanzhandel. Ablieferung der Waare, Untersuchungspflicht u. demnächstige Rechte des Käufers	344
57.	Erk. v. 17. „	Lieferungsvertrag, Unmöglichkeit zeitiger Erfüllung. Erfüllungszeit	349
58.	Erk. v. 17. „	Verkauf von Schlachtvieh nach dem Gewicht	353
59.	Erk. v. 17. „	Beweis durch Handelsbücher	356
—	Erk. v. 14. Mai.	Aktiengesellschaft, Vertretung durch den Vorstand, Kollusionen	172
—	Erk. v. 27. Sept.	Wechsel mit Angabe mehrerer Zahlungsorte ist ungiltig	271 n.
—	Erk. v. 20. Dez.	Mündliche Verabredung und schriftlicher Vertragsschluß	100

II. Quellen- und Rechtsmaterien-Register für die Bände IV, V und VI der Rechtsprechung . . 361 ff.

III. Sachregister . . . . 385 ff.

Druckfehler.

Im IV. Bande der Rspr. wolle man
S. 47 Zeile 12: unbestimmte (statt bestimmte) und
S. 202 Zeile 12 von unten: 71 (statt 72) lesen,
S. 208 Zeile 11 von unten: das Komma hinter „Dividenden scheinen" streichen, ferner
S. 331 Zeile 18: 108 (statt 101) und
S. 381 Zeile 7: 165 (statt 105) lesen, endlich
im Register S. 392 „Gericht" hinter „Genossenschaften" stellen. —

Im V. Bande ist zu lesen:
S. 64 Zeile 11: Rspr. IV (statt III) und
S. 362 Zeile 6 von unten: Rspr. III (statt II). —

In diesem VI. Bande wolle man lesen:
S. 17 Zeile 3: Art. 596 (statt 496),
S. 96 Zeile 12 von unten: S. 36, 114 (statt 144) und
S. 173 in der Note: VI S. 102 (statt 96).

Nr. 1.

I. Senat. — Erkenntniß v. 9. Februar 72. (Ref.)

Gontier-Féard ./. A. Zech (Nr. 103 v. 1872).

Königreich Sachsen. Wechselsache. Weitere Berufung.

I. Instanz: Handelsgericht im Bezirksgericht Chemnitz,
II. Instanz: Appellationsgericht Zwickau.

Kaufmännische Anweisung nach kgl. sächs. Recht. Französische Indultgesetze, Erlaß des Protestes und der Präsentation. Verjährung der Wechselregreßklage.

1. Die in Frankreich seit dem 13. August 70 gesetzlich verordnete Hinausschiebung der Protestfristen für dort zahlbare kaufmännische Papiere (vgl. Rspr. I S. 232) enthält für Wechsel sachlich eine Abänderung der Verfallzeit (eine Prolongation), welche die dem deutschen Rechtsgebiet angehörigen Wechselverbundenen nicht berührt.

Erk. des OHG v. 21. Febr. 71 in Sachen 49 v. 71.

2. Beispiel einer wechselgleichen kaufmännischen Anweisung. Auslegung und Wirkung eines Protest- und Präsentationserlasses (mit Bezug auf die französischen Indultgesetze).

3. Art. 42 DWO steht der Zulässigkeit eines Erlasses auch der Präsentation nicht entgegen.

4. Der Wechselbeklagte hat die etwaige Verjährung der Wechselregreßklage als Einrede zu begründen und nachzuweisen.

DWO Art. 50, 51, 78, 79; Rspr. I S. 355 Nr. 2.

Dem Klageanspruch liegt eine in Chemnitz am 6. Juli 70 vom Beklagten auf ein Pariser Bankhaus ausgestellte Anweisung zu Grunde, lautend:

„A trois mois de date payez par ce mandat non acceptable à l'ordre de Mr. Gontier-Féard la somme de 4500 francs. Valeur en compte que passerez en compte suivant l'avis de

A Mssrs. Weisweiler & Goldschmidt A. Zech.
Paris, 36 rue Lafayette."

Die Anweisung trägt zwei zu Rheims im Juli, bzw. August 70 gegebene Indossamente, ferner ein Giro auf die Bank von Frankreich, ausgestellt: „Sedan, le 16. Août 70," endlich den Vermerk: „Retour."

Auf Antrag der Bank von Frankreich ist am 7. Sept. 71 in Paris sowohl bei dem angewiesenen Hause als bei zwei Nothadressen Protest Mangels Zahlung erhoben worden, und jetzt nimmt Kläger (als Assignatar), eine Retourrechnung seines Indossatars vorlegend, wechselmäßigen Regreß gegen den Aussteller der Anweisung. Für die Rechtzeitigkeit des Protests, gegenüber dem Verfalltage vom 6. Okt. 70, bezieht Kläger sich auf die französischen Gesetze vom Jahre 70 (über die Verlängerung der Protestfristen), eventuell aber auf einen Brief des Bekl., in welchem er einen Erlaß des Protests findet. Dieses an den Kläger (nach Rheims) gerichtete Schreiben lautet:

„Chemnitz, le 16. Sep^re.^ 70.

Je viens de recevoir une letre de mes banquiers Mssrs. W. & G. à Paris, dans laquelle ils me disent que par suite de l'expulsion de tous les Allemands ils ont été obligés de quitter Paris ... Veuillez donc me dire de quelle manière je dois faire la provision de mon acceptation échéant le 6. Octobre et payable chez la dite maison. C'est d'autant plus difficile que les communications postales sont interrompues avec Paris et que par conséquent il est impossible d'y faire un envoi quelconque.

Franchement je n'ai aucun envie de payer les frais de protêt, car ce n'est pas moi qui suis cause des mésures incompréhensibles que le gouvernement a prises à Paris. Veuillez donc s. v. p. faire en sorte qu'il n'y aura pas de protêt; je tiendrai les 4500 frcs. à la disposition de celui qui me présentera l'effet.

En attendant de vous lire je vous presente, Mr., mes civilités empressées. A. Zech."

Der I. Richter verurtheilte den Bekl., in II. Instanz wurde Kläger „in der angebrachten Maaße" abgewiesen. Das OHG hat die erstrichterliche Entscheidung durchgängig hergestellt, aus folgenden

Gründen:

Die [vorerwähnte] Anweisung entspricht den Anforderungen im § 1 des [kgl.] sächs. Ges. v. 7. Juni 49, betr. die kaufmännischen Anweisungen; sie steht also in ihrer Wirkung einem gezogenen Wechsel gleich. Sie ist nur an innerhalb Frankreichs wohnhafte Nehmer begeben worden und Mangels Zahlung im Regreßwege an den Kläger zurückgelangt . . .

1) Diese Anweisung verfiel am 6. Okt. 70, der Protest datirt jedoch erst vom 7. Sept. 71. An sich ist daher der Anspruch präjudizirt. Denn die gesetzliche Voraussetzung der Regreßpflicht des Bekl. war die ordnungsmäßige Präsentation, bzw. Protesterhebung zur Verfallzeit des] Papiers. Es kann zwar als notorisch gelten, daß bezüglich der vom 13. August bis 12. November 70 verfallenen, in Frankreich zahlbaren, kaufmännischen Papiere durch verschiedene französische Gesetze (das erste hierauf bezügliche Gesetz datirt v. 13. August 70, das letzte v. 4. Juli 71, abgedruckt bei

Dr. Heinrich Jacques, die durch die französischen Moratorienverfügungen hervorgerufenen Regreßfragen) die Protestfrist auf überhaupt 11 Monate hinausgeschoben worden ist, wie denn auch das zuletzt erwähnte Gesetz in Abänderung des Art. 162 des Code de commerce die zur Konstatirung der Zahlungsverweigerung eingeräumte Frist auf 10 Tage festgesetzt hat. Die hiedurch für Frankreich geordnete Hinausschiebung der Protestfrist involvirte der Sache nach eine Abänderung der Wechselverfallzeit, welche die einem anderen, insbesondere dem deutschen Rechtsgebiet angehörigen Wechselverbundenen, mithin auch den jetzigen Bekl., nicht berührte. Die hiebei maaßgebenden Erwägungen sind vom OHG in einem früheren Falle [Rspr. I S. 230 ff.] ausführlich entwickelt worden. Hier genügt eine Verweisung auf das dort Ausgeführte um so gewisser, als nach dieser Seite ein motivirter Widerspruch des Klägers nicht vorliegt. — Er stützt sich wesentlich

2) auf die Rechtsfolgen des Protesterlasses. Und ein solcher liegt in der That vor.

Im Brief v. 16. Sept. 70 meldet Beklagter dem Kläger, daß, wie er so eben erfahren, die in Paris bezeichneten Assignaten genöthigt worden seien, Paris zu verlassen. Mit Rücksicht hierauf solle ihm Kläger schreiben, auf welche Weise er die Deckung für die am 6. Okt. bei jenem Hause zahlbare Anweisung besorgen könne, was (wie Beklagter beifügt) um so schwieriger sein werde, als die Postverbindungen mit Paris unterbrochen seien und es in Folge dessen unmöglich sei, irgend eine Sendung dahin zu befördern. Dann heißt es in dem, in französischer Sprache abgefaßten, Briefe:

„Franchement etc. [wie oben S. 3].

Beklagter hat sonach den Kläger veranlaßt, Veranstaltung zu treffen, daß ein Protest nicht erhoben werde. Hiedurch bekundet sich der Protesterlaß. Die von der

II. Instanz gegen diese Annahme erhobenen Bedenken können nicht als durchgreifend erachtet werden.

a) Die entscheidende Erklärung des Bekl. ist eine unbedingte. Die Auffassung der II. Instanz, daß diese Auslassung nur die Bedeutung eines bedingten Verzichts auf die Verbindlichkeit zur Präsentation und Protestirung des Papiers bei dem Angewiesenen — d. h. eines Verzichts für den Fall haben könne, daß dasselbe bei ihm, dem Bekl., präsentirt und diesergestalt dessen Nothleiden und Protestirung am Zahlungsort vermieden werde — findet in dem an sich klaren Wortlaut des Briefs keinen Anhalt. Nur so viel kann zugegeben werden, daß das Motiv zum Protesterlaß im Wesentlichen auf die Absicht der Kostenersparniß zurückzuführen sei. Allein selbstverständlich war ein solches Motiv allgemeinen Rechtsgrundsätzen zufolge nicht geeignet, der darauf basirten, vorbehaltlos ausgesprochenen Erklärung einen bedingten Charakter zu verleihen, wobei noch ganz davon abgesehen werden kann, daß nach Art. 42 Abs. 2 DWO die Aufforderung, keinen Protest zu erheben, nie gegen die Pflicht zum Ersatz der Protestkosten schützt. Es ist

b) die Annahme der brieflichen Offerte in Frage gezogen worden. Sie wird aber thatsächlich durch die zur Verfallzeit geschehene Unterlassung der Protesterhebung begründet.

c) Ein Grund für die Annahme, daß Beklagter am wechselrechtlichen Bestand seiner Obligation durch den Protesterlaß etwas zu ändern beabsichtigt habe, liegt nicht vor. Jedenfalls darf eine dahin gehende Absicht nicht präsumirt werden. Ebenso wenig kann

d) davon ausgegangen werden, daß dem Protesterlaß die rechtliche Wirkung um deswillen entzogen worden sei, weil derselbe in einer von dem wechselmäßigen Papier gesonderten Urkunde Ausdruck gefunden habe. Die Modalität der Erklärung: ob dieselbe schriftlich oder mündlich, ob auf der Wechselurkunde oder neben derselben erfolgt sei, — erscheint gleichgiltig für die Begründung des darauf gestützten Rechts des Inhabers. Es hat dies unter Umständen nur eine prozessuale Bedeutung, insofern nämlich, als im [sächsischen] Wechselprozeß die Parteien nur mit urkundlich liquiden Anführungen zu hören sind. Dieser prozessualen Anforderung entspricht jedoch die in Frage stehende briefliche Erklärung des Bekl.

e) Ein Bedenken gegen die Beachtlichkeit jener Erlaßerklärung kann endlich auch aus der Erwägung nicht hergeleitet werden, daß Kläger zur Zeit, als er den Brief des Bekl. empfing, liquidermaaßen sich nicht mehr im Besitz des Papiers befand. Denn wollte man auch darin, daß Kläger aufgefordert wurde, Veranstaltungen zum Behuf, daß die Protestaufnahme unterbleibe, zu treffen, nicht eine, jedem dritten Inhaber unmittelbar zu Gute kommende Vertragsofferte erblicken — eine Annahme, deren Berechtigung dahingestellt bleiben kann —: so hat Beklagter durch die abgegebene Erklärung wenigstens dem Kläger gegenüber sich gebunden und dadurch des Rechts sich begeben, gegen ihn aus der Unterlassung rechtzeitiger Protesterhebung einen Einwand abzuleiten.

3. Durch Erlaß des Protests wird freilich, nach Art. 42 DWO, der Inhaber des Wechsels an sich nicht von der Pflicht rechtzeitiger Präsentation des Papiers bei dem Bezogenen befreit. Auch ist Kläger im konkreten Falle nicht in der Lage, auf die dem Inhaber des Wechsels nach Inhalt des gedachten Artikels zur Seite stehende Präsumtion ordnungsmäßiger Vorlegung sich zu berufen; denn es steht außer Zweifel, daß die streitige Anweisung den Assignaten W. & G. erst am 7. Septbr. 71 — elf Monate nach dem Verfall — vorgelegt worden ist. Allein ein anderer Gesichtspunkt kommt dem Kläger zu

Statten. Nach der besonderen Sachlage des Falles ist nämlich davon auszugehen, daß Beklagter, und zwar in gesetzlich unbeanstandeter Weise dem Kläger nicht allein die Protesterhebung, sondern auch die Präsentation des Papiers bei den Assignaten zur Verfallzeit, erlassen habe. Gesetzlich zulässig erscheint dieser Erlaß, weil daraus, daß die DWO im angezogenen Art. 42 nur den Erlaß ersterer Art erwähnt, selbstverständlich nichts für den Ausschluß eines Erlasses anderer Art folgt. Faktisch begründet erscheint derselbe deshalb, weil Beklagter im mehrerwähnten Briefe ausdrücklich auf die Unmöglichkeit jeder Einhaltung der Wechselformalitäten gegen die Assignaten hinweist, indem diese, wie bemerkt, durch äußere Umstände gezwungen worden seien, Paris — den Zahlungsort — zu verlassen. Beklagter konnte hienach vernünftiger Weise nicht weiter das Ansinnen der völlig nutzlosen, ja nach den Umständen unmöglichen Maaßregel einer Vorlegung des Papiers zur Verfallzeit an die Assignaten dem Kläger gegenüber mit Erfolg stellen. Der Zeitpunkt der nachträglich (am 7. Sept. 71) erfolgten Präsentation konnte bei dieser Sachlage dem Kläger nur dann zum Präjudiz gereichen, wenn dieselbe so spät vollzogen worden wäre, daß in der Zwischenzeit das Papier seine Wirkung durch Verjährung verloren hätte. Wirklich hat sich Beklagter

4) auf den Eintritt der Verjährung berufen. Jedoch mit Unrecht. Denn Kläger ist nicht Inhaber des Papiers zu dessen Verfallzeit gewesen, sondern Indossant. Gegen ihn läuft mithin die Verjährung, da eine Klageerhebung nicht Platz gegriffen hat, nach Art. 79 DWO vom Tage der Einlösung ab. Diese kann in vorliegendem Falle vor dem 7. Sept. 71 — dem Tage der Protesterhebung, an welchem ausweislich der Protesturkunde die Bank von Frankreich noch im Besitz des Papiers sich befand — nicht erfolgt sein, während bereits im Monat Oktober desselben

Jahres die jetzige Klage gegen den Bekl. erhoben worden ist. Daß den Nachmännern des Klägers gegenüber, als Letzterer das Papier einlöste, die Voraussetzungen der Verjährung bereits eingetreten seien, hat Beklagter, wie ihm zur Substantiirung seiner Exception obgelegen haben würde (Rspr. II S. 359, 360), weder behauptet noch erwiesen.

Die aktenkundigen Momente bieten dafür um so weniger einen Anhalt, als die Verhältnisse der französischen Indossanten unter sich in einer, auch vom inländischen Wechselverpflichteten anzuerkennenden Weise nach dem für sie geltenden örtlichen, in vorliegendem Falle also französischen Rechte sich normirten (Rspr. I S. 235*), über welche bereits oben das Erforderliche bemerkt worden ist.

5) Es war hienach mit der I. Instanz die wechselmäßige Verurtheilung des Bekl. auszusprechen, und zwar nach dem ganzen Umfang der Klagebitte wegen des Hauptstamms sowie der Nebenforderungen. Letztere finden in der Vorschrift des Art. 51, verbunden mit Art 50 DWO, genügende Unterstützung. Ein Bedenken könnte nach den besonderen Umständen des Falles nur darüber entstehen, ob Beklagter als verpflichtet anzusehen sei, die Kosten des schon erwähnten nachträglichen Protests dem Kläger zu erstatten, obschon dieser Protest nach dem oben zu 1) Bemerkten unmittelbare Rechtswirkung gegen den Bekl. nicht äußert und Beklagter überdem denselben mit Rücksicht auf den ihm gegenüber maaßgebenden Zeitpunkt des Verfalls der Anweisung ausdrücklich nach den Ausführungen zu 2) erlassen hat. Es erledigt sich jedoch dieses Bedenken im Hinblick auf die doppelte, als entscheidend zu betrachtende Erwägung, daß einerseits nach Art. 42, wie schon erwähnt, der Erlaß des Protests im Allgemeinen nicht von der Verpflichtung zum Ersatz der Kosten des gleichwohl aufge-

* Vgl. Rspr. III S. 170 ff.

nommenen Protests liberirt, und daß andererseits diese Ersatzpflicht der Natur der Sache nach zwar dann zessirt, wenn in der Protestaufnahme eine nach allen Seiten überflüssige, rechtlich durchaus nutzlose Maaßregel zu erblicken sein würde, letztere Voraussetzung jedoch in vorliegendem Falle um so weniger zutrifft, als die nachträgliche Protesterhebung nach der maaßgegenden französischen Gesetzgebung zur Wahrung der Rechte der dortigen Wechselverpflichteten unter sich, aus den schon unter 4) hervorgehobenen Gründen, als unerläßlich sich darstellt.

Nr. 2.

I. Senat. — Erkenntniß v. 13. Februar 72. (B.)

Mager's Konkursverwalter ./. Vorschußkasse zu Hoyerswerda, Kommandite von Zapp & Co. (Nr. 735 v. 71).

Preußen. **Revision.**

I. Instanz: Gerichtsdeputation Hoyerswerda,
II. Instanz: Appellationsgericht Frankfurt a./O.

Anfechtbarkeit einer Pfandbestellung im Konkurs. Hypothekbestellung als Handelsgeschäft.

1. Die preuß. Konkurs-Ordnung v. 8. Mai 55 legt im § 101 Nr. 1, bezüglich der Ausschließung der Anfechtbarkeit einer Pfand- oder Hypothekbestellung, nur auf die Zeit, nicht auf die (schriftliche) Form der Ausbedingung der betreffenden Sicherheitsbestellung Gewicht.

Ebenso: Erk. des preuß. OTr. IV. Sen. v. 10. April 62, Strieth. Arch. B. 45 S. 189 (vgl. Erk. v. 21. Dez. 60, daselbst B. 40 S. 113).

2. Der Vertrag, durch welchen ein Kaufmann sich bei einem Geldinstitut (Vorschußverein ꝛc.) laufenden Kredit gegen das Versprechen hypothekarischer Sicherheitsbestellung verschafft, ist als Handelsgeschäft formfrei.

HGB Art. 273, 274, 317.
Rspr. IV S. 150, 164, 319.

Durch notarielle Urkunde v. 22. Mai 69 hat der Holzhändler M. in Hoyerswerda der beklagten Vorschußkasse (Kommandite einer kaufmännischen Kreditgesellschaft) zur Sicherheit für alles, was er ihr aus Wechseln und Vorschüssen bisher schuldig geworden oder noch schuldig werden möchte, mit seinem Grundstück auf Höhe von 7000 Thlrn. Kaution bestellt. Diese Hypothek ist alsbald eingetragen worden.

Im Oktober 69 ward Konkurs über das Vermögen des M. eröffnet und der Tag der Zahlungseinstellung auf den 16. Mai 69 festgesetzt. Die Vorschußkasse meldete beim Konkurse eine bereits vor jener Hypothekbestellung entstandene Gesammtforderung von 6600 Thlrn. an.

Jetzt klagt der Massenverwalter, aus § 101 Nr. 1 der preuß. Konkurs-Ordnung v. 8. Mai 55, auf Löschung der Kaution, und die Beklagte macht u. a. geltend, daß M. ihr schon im Dezbr. 68 und im März 69, um einer ihm angedrohten Kreditentziehung vorzubeugen, die hypothekarische Sicherstellung versprochen habe. Dieses mündliche Versprechen erachtete der Appellrichter zur Ausschließung der Anfechtung für genügend und erkannte auf einen Erfüllungseid der Bekl. über dasselbe. Das Appellurtel ist vom OHG bestätigt worden.

Gründe:

Der § 101 Nr. 1 zählt unter den anfechtbaren Rechtshandlungen des Gemeinschuldners auf:

> die Bestellung von Pfand oder Hypothek zur Sicherung von Verbindlichkeiten, die bereits vor der Einräumung des dinglichen Rechts entstanden sind, sofern die Pfand- oder Hypothekbestellung nicht sogleich bei Entstehung der Verbindlichkeit oder doch vor den oben erwähnten zehn Tagen (vor dem Tage der Zahlungseinstellung, oder der Anzeige

der Vermögensunzulänglichkeit oder des Antrags auf Konkurseröffnung) ausbedungen worden ist. Vorausgesetzt, daß der Beweis der (unter den Parteien streitigen) mündlichen Ausbedingung und daß sie bereits im Dezbr. 68 oder im März 69 geschah, geführt ist, fragt sich also nur, ob die mündliche Form dieser Ausbedingung genügte, oder ob dieselbe zur Wirksamkeit, weil einen Gegenstand von mehr als 50 Thlrn. und eine Hypothekbestellung betreffend, der notariellen oder gerichtlichen oder doch wenigstens der schriftlichen Form bedurfte. [Vgl. ALR I. 5 § 131, 135, 155; Tit. 20, § 103].

Mit Recht hat der Appellrichter die erste Alternative bejaht, da, wie in der (von ihm allegirten) Entscheidung des Ober-Tribunals v. 10. April 62 (Strieth. Arch. B. 45 S. 189) überzeugend dargethan ist, im Gesetz nirgend angedeutet ist, daß das Ausbedingen der Sicherheitsbestellung in schriftlicher Form geschehen müsse; weil ferner diese Form auch nicht erfordert werden kann, um festzustellen, daß die Kontrahenten sich in gutem Glauben befunden haben, und um den Verdacht zu beseitigen, daß die Benachtheiligung der übrigen Gläubiger beabsichtigt wurde, und weil es endlich zu einem seltsamen Widerspruch führen würde, wenn man diesen guten Glauben beim Nachweis der mündlichen Ausbedingung bei Geschäften über einen Gegenstand bis 50 Thlr. für dargethan erachten wollte, bei beträchtlicheren Gegenständen aber nicht.

Es tritt indeß noch ein anderer Grund hinzu: Wenn (wie in vorliegendem Falle) ein Kaufmann mit einem kaufmännischen Geld-Institut dahin kontrahirt, daß ihm bis zu einer gewissen Höhe Kredit gewährt oder der schon gewährte Kredit verlängert wird gegen das Versprechen, demselben hypothekarische Sicherheit zu bestellen: so ist ein solcher Vertrag nach Art. 273, 274 HGB als ein reines Handelsgeschäft anzusehen, dessen Giltigkeit nach Art. 317

durch schriftliche Abfassung oder andere Förmlichkeiten nicht bedingt wird, wenngleich die Hypothekbestellung*) selbst nach Art. 275 HGB anders zu beurtheilen ist.

Daß der Beweis der mündlichen Ausbedingung durch die Aussagen der vernommenen Zeugen bis zu dem der Bekl. anvertrauten Erfüllungseid geführt worden, hat der Appellrichter überzeugend dargethan, ist auch von der Revidentin nicht angefochten worden.

Nr. 3.

I. Senat. — Erkenntniß v. 13. Februar 72. (B.)

M. Rewald Söhne ./. Geiger & Hering (Nr. 60 v. 72).

Preußen. Wechselsache. Nichtigkeitsbeschwerde.

I. Instanz: Kreisgericht Stettin,
II. Instanz: Appellationsgericht daselbst.

Wechselzahlung durch den Bezogenen oder den Domiziliaten.

1. Eine Befriedigung des legitimirten Wechselinhabers durch den Bezogenen — sei es vor, sei es nach erhobenem Protest Mangels Zahlung, und mag der Wechsel acceptirt sein oder nicht — setzt sämmtliche Wechselverbundenen außer Verpflichtung.

DWO Art. 4 Nr. 7, 8, 14, 23, 25, 41, 50, 81.
Hartmann DWR § 55, 56, 119, 121.
Vgl. Borchardt ADWO Zus. 511 S. 321.

2. Dasselbe gilt von einer Zahlungsleistung des Domiziliaten; dieser ist stets als Vertreter des Bezogenen für die Wechselzahlung anzusehen.

DWO Art. 24, 43; Hartmann DWR § 89.

Ein von der beklagten Firma auf G. Rewald in Groß-Tychow gezogener, von diesem acceptirter und bei M. Rewald Söhne zu Stettin domizilirter Wechsel ist bei Letzteren rechtzeitig Mangels Zahlung protestirt worden.

* Vgl. Rspr. III S. 334 ff.

Am Tage darauf (5. Sept. 71) haben die Domiziliaten den Wechsel-Inhaber C. befriedigt und den Wechsel ausgehändigt erhalten. Demnächst hat am 7. Okt. 71 C., nach Durchstreichung seiner auf dem Wechsel befindlichen Quittung, den Domiziliaten Giro ertheilt, und diese klagen jetzt gegen die Wechselausstellerin.

In II. Instanz werden Kläger abgewiesen, ihre NktBschw. bleibt ohne Erfolg.

Gründe:

Unzweifelhaft schließt eine vom Bezogenen oder für denselben vor erhobenem Protest Mangels Zahlung an den legitimirten Inhaber des Wechsels geleistete Zahlung der Wechselsumme an sich den Regreß Mangels Zahlung aus. Jeder Wechselverbundene verpflichtet sich nur für den Fall, daß der Bezogene nicht zur Verfallzeit Zahlung leisten werde; seine Verpflichtung ist eine nur eventuelle, durch die gehörig konstatirte Nichtzahlung des Bezogenen bedingt. Durch die vom Bezogenen oder für denselben geleistete Wechselzahlung ist daher prinzipiell die Verbindlichkeit aller Wechselverbundenen erloschen. Ein Gleiches gilt von einer nach erhobenem Protest erfolgten Zahlung, sofern sie den nunmehr erhöhten Anspruch des Wechselinhabers deckt.

DWO Art. 4 Nr. 7, Art. 14, 41, 50, 81.

Daß der Bezogene als solcher — mag er acceptirt haben oder nicht — den Wechsel nicht animo solvendi, sondern animo emendi bezahle, nicht in der Absicht die Wechselschuld zu tilgen, sondern sich selber und Anderen eine neue Wechselforderung zu schaffen, ist rechtlich undenkbar, mit dem Wesen des in der Tratte liegenden Zahlungsauftrags unvereinbar, und mit dem Zweck des Wechselinstituts, wie dem vernünftigen Willen aller Betheiligten im Widerspruch. Bei entgegengesetzter Annahme stände es in der Willkür des Bezogenen, nicht allein den Lauf des Wechsels beliebig zu verlängern, sondern auch an die Stelle seines möglichen civilrechtlichen Deckungsanspruchs einen wechselrechtlichen Regreßanspruch zu setzen. Will er letzteres, so mag er den Wechsel kaufen oder zu Ehren des Trassanten interveniren; aus dem Umstande allein, daß er erst nach erhobenem Protest zahlt, folgt diese Intervention nicht. Eine Einlösung im Regreßwege endlich ist für den Bezogenen, welcher nicht acceptirt hat, unmöglich und für den Acceptanten nutzlos.

Die gleichen Grundsätze gelten vom Domiziliaten. Die Benennung eines Domiziliaten bezweckt stets und lediglich, einen Vertreter des Bezogenen für die Zahlung zu schaffen. Erfolgt die Benennung durch den Bezogenen, so ist der Domiziliat Beauftragter wie Vertreter des Bezogenen. Erfolgt die Benennung bereits durch den Aussteller, so ist der Domiziliat Beauftragter des Ausstellers, wird aber zum Beauftragten auch des Bezogenen, falls dieser acceptirt, in allen Fällen aber Vertreter des Bezogenen in der Zahlung. Will er nicht als Vertreter des Bezogenen zahlen, sondern interveniren, so muß er dies unzweideutig erklären. Will er, was ihm freisteht, nicht zahlen, sondern den Wechsel kaufweise erwerben: so bedarf es der gleichen unzweideutigen Erklärung. In der nackten Erklärung: „Wir bezahlen den Wechsel"*) liegt weder eine Interventions- noch die Kauf-Absicht ausgesprochen, vielmehr das Gegentheil: den ertheilten Zahlungsauftrag als Vertreter des Bezogenen ausführen zu wollen. Sogar daraus, daß der Domiziliat den Wechsel bei der Zahlung, statt einfach quittiren zu lassen, auf sich indossiren läßt, folgt sein Wille, den Wechsel nicht zu bezahlen, sondern käuflich zu erwerben, keineswegs; noch weniger kann es ihm freistehen, den ursprünglich erklärten

*) So hatten hier die Domiziliaten gegen den protestirenden Notar erklärt.

Zahlungswillen längere Zeit nachher in einen Erwerbswillen umzuwandeln.

Indem daher der Appellrichter annahm, daß die von den Klägern nach Verfall geleistete Zahlung in Vertretung des Acceptanten geleistet sei, hat er weder die Rechtsgrundsätze vom domizilirten Wechsel, noch insbesondere den Art. 24 DWO verletzt. —

Nicht minder ungegründet ist der Vorwurf einer Verletzung des Art. 82 DWO. Unzweifelhaft darf die auf dem Wechsel auch nicht vermerkte Wechsel-Zahlung des Bezogenen — und Gleiches gilt von der Zahlung des Domiziliaten — von jedem Wechselverpflichteten dem dolosen Wechselinhaber gegenüber geltend gemacht werden. Besteht wegen Nichtquittirung die Wechselobligation formell fort, so ist es doch ein Mißbrauch des formellen Rechts, sich wissentlich des bezahlten Wechsels zu bedienen, und dieser Mißbrauch begründet zu Gunsten jedes Wechselverbundenen die exceptio doli [Einrede der Arglist]*). Der Klägerin aber steht dieser Einwand aus doppeltem Grunde entgegen. Sie hat den von ihr selber bezahlten Wechsel zu dem Zweck nachträglich auf sich giriren lassen, um ein für ihren Giranten erloschenes Recht geltend zu machen. Sie kann aber ferner, weil das Giro erst nach Verfall ertheilt ist, nur die Rechte ihres Giranten geltend machen, —

DWO Art. 16 Abs. 2 —

muß also jeden gegen ihren Giranten statthaften Einwand sich gefallen lassen.

Für die schließlich als verletzt bezeichneten § 50 Tit. 16, § 442 Tit. 11 Th. I ALR**) fehlt es an der gesetzlichen Voraussetzung, daß nämlich der bezahlte Gläubiger im Stande sei, Ansprüche abzutreten. Der Dritte, welcher

* Vgl. Borchardt ADWO Zus. 640 S. 435 ff.

** Vgl. Borchardt ADWO Zus. 515 S. 322.

für den Acceptanten zahlt, mag von dem bezahlten Wechsel-Inhaber Abtretung seiner Rechte gegen den Acceptanten fordern dürfen, und es kann dahingestellt bleiben, ob diese Abtretung (schlechthin oder auch nur statthafterweise) in Form der Wechselgirirung zu erfolgen habe. Allein unter keinen Umständen darf er Girirung des Wechsels zu dem Zweck verlangen, um nunmehr an den Trassanten und die Giranten des Wechsels sich zu halten. Denn deren Verpflichtungen sind durch die vom Acceptanten oder für denselben geleistete Wechsel-Zahlung erloschen, weil sie nur für den Fall bestanden, daß der Bezogene nicht zahle. Die Unanwendbarkeit der landrechtlichen Vorschriften auf Fälle dieser Art folgt unmittelbar aus der Natur der Wechselverpflichtungen.

Nr. 4.

II. Senat. — Erkenntniß v. 14. Februar 72. (B.)

Mylius & Schultz c. Capt. Jeffery, vertreten durch Stammann (Nr. 701 v. 71).

Hamburg. Seerechtsfall. Ober-Appellation.

I. Instanz: Handelsgericht Hamburg,
II. Instanz: Obergericht daselbst.

Seeschiffer. Löschzeit, Liegegeld. Haftung des Ladungsempfängers.

1. Im Art. 653 HGB ist am Schlusse des zweiten Absatzes „Liegegeld" zu lesen (das in allen Ausgaben des Gesetzbuchs, auch BdGesBl. v. 1869 S. 541, stehende „Liegezeit" beruht auf einem Druckfehler).

Entwurf erster Lesung Art. 525; vgl. Berathungs-Prot. S. 2226 bis 2228, 4007 f.

2. Die in das Connossement nicht aufgenommenen, auch darin nicht ausdrücklich in Bezug genommenen Bestimmungen des Frachtvertrags über Löschzeit und Liegegeld haben für die Rechte und Pflichten des Empfängers der

Ladung, gegenüber dem löschbereiten und abliefernden Schiffer keine Geltung.

HGB Art. 496, 653; vgl. Rspr. I S. 183, III S. 145.

3. Art. 600 HGB unterscheidet zwischen der Dauer und der Berechnung der Löschzeit.

Wie bestimmt sich die Dauer der Löschzeit eines Seeschiffers, namentlich in Hamburg?

4. Ob im Einzelfalle behufs Festsetzung eines Liegegeldes Sachverständige zu hören, unterliegt lediglich dem Ermessen des Richters; die Parteien haben keinen Rechtsanspruch auf Anhörung von Sachverständigen. (Vgl. unten S. 34 Nr. 2).

HGB Art. 573 Abs. 1, Art. 595 Abs. 6.

5. Ob und wieweit bei Festsetzung des Liegegelds auch auf den dem Verfrachter entgehenden Frachtverdienst Rücksicht zu nehmen ist, entscheidet das richterliche Ermessen nach den Umständen des gegebenen Falles.

HGB Art. 573, 595.

Kläger (Seeschiffer) fordert von den Ladungs-Empfängern (einer Hamburger Gesellschafts-Firma) 10 Pfund Sterling Liegegeld per Tag, für die Zeit v. 19. Jan. bis zum 15. März 71, an welchem letzteren Tage die Entlöschung seines mit Salpeter beladen gewesenen Schiffs erst beendet worden sein soll. In I. Instanz abgewiesen, erstreitet er ein Appellurtel, welches (vorbehaltlich eines Beweises über den Schlußtag der Entlöschung) seinen Anspruch für begründet und liquid erklärt.

Entscheidung des OHG:

I. Das an Ordre lautende Connossement — auf Grund dessen Kläger die mit dem, von ihm geführten, Seeschiff „Dunnikier" in Hamburg angebrachte Ladung Salpeter an die Bekl. abgeliefert hat — verweist auf die vom Kläger beigebrachte Charteparie nur insoweit, als es die Klausel

„they paying freight for the said goods as per charter-party“

enthält. Inhalts dieser Chartepartie ist aber der Frachtvertrag, auf Grund dessen das Connossement gezeichnet worden, vom Kläger mit Sch. & Co. in Valparaiso — nicht mit den Bekl. — abgeschlossen, und es erhellt aus den Akten in keiner Weise, daß und weshalb die aus der Chartepartie sich ergebenden Rechtsverhältnisse zwischen dem Kläger als Verfrachter und Sch. & Co. als Befrachtern im Uebrigen (abgesehen von der Fracht) für oder gegen die jetzigen Bekl. maaßgebend sein sollten. Unter diesen Umständen, und da nach Art. 653 Abs. 2 HGB die im Connossement bezüglich der Fracht geschehene Verweisung auf den Frachtvertrag die Bestimmungen desselben über „Löschzeit, Ueberliegezeit und Liegezeit (richtig: Liegegeld)“ nicht in sich begreift: kann der Anspruch des Klägers auf Liegegeld wegen Ueberschreitung der Löschzeit gegen die Bekl. lediglich daraus, daß sie die Güter als Empfänger der Ladung angenommen haben (vgl. HGB Art. 615) hergeleitet werden. Für die Rechtsverhältnisse zwischen dem Verfrachter und dem Empfänger der Güter ist aber, nach Art. 653 HGB, das Connossement entscheidend, und haben die in dasselbe nicht aufgenommenen Bestimmungen des Frachtvertrags — sofern nicht ausdrücklich auf sie Bezug genommen ist — dem Empfänger gegenüber keine rechtliche Wirkung.

Unbegründet erscheint demnach die in gegenwärtiger Instanz erfolgte Berufung der Bekl. darauf, daß die Chartepartie gewissermaaßen ein Kompromiß auf die im Bestimmungshafen geltenden Gebräuche in Betreff der Löschzeit enthalte, und daß dieselbe die force majeure bei den beiderseitigen Verpflichtungen der Kontrahenten überall ausnehme, daher auch in Betreff der (in der Chartepartie nicht festgesetzten) Dauer und Berechnung der Löschzeit an den Sonntagen und an denjenigen Tagen, an welchen der Ladungsempfänger zum Löschen nicht im Stande oder nicht verpflichtet gewesen, abzusehen sei. Es kommt vielmehr, da auch das Connossement über Dauer und Berechnung der Löschzeit keine Bestimmungen enthält, lediglich darauf an, ob Beklagte nach den (in Ermangelung vertragsmäßiger Bestimmungen über die Löschzeit zur Anwendung gelangenden) Vorschriften der Artt. 595 bis 600 HGB zur Zahlung des vom Kläger beanspruchten Liegegelds verpflichtet sind.

II. Unbestritten ist, daß Kläger — nachdem er sich am 17. Dez. 70 den Bekl. gegenüber löschbereit erklärt hatte — die Bekl. am 18. Jan. 71 benachrichtigte, daß „heute" der letzte seiner Liegetage sei, und daß er vom 19. Jan. an Liegegeld beanspruche. Nach Art. 595 Abs. 1 und 3 und Art. 597 Abs. 2 HGB hat also die Löschzeit mit dem 18. Dez. 70 begonnen und hängt die Frage, ob die Ueberliegezeit, für welche Kläger Liegegeld zu fordern berechtigt ist, schon mit dem 19. Jan. 71 (oder mit welchem späteren Tage) begonnen habe, zuvörderst davon ab, wann die den Bekl. unentgeltlich zu bewilligende Löschzeit abgelaufen war.

1. Nach Art. 596 HGB wird die (durch Vertrag nicht festgesetzte) Dauer der Löschzeit durch die örtlichen Verordnungen des Löschungshafens und in deren Ermangelung durch den daselbst bestehenden Ortsgebrauch bestimmt. Besteht aber auch ein solcher nicht, so gilt als Löschzeit eine den Umständen des Falles angemessene Frist. Betreffende örtliche Verordnungen bestehen nun — wie Beklagte auch einräumen — für Hamburg nicht . . .

2. Beklagte vermeinen, daß allein schon der (allerdings vom Kläger als vor Einführung des HGB in Hamburg geltend anerkannte) Ortsgebrauch, nach welchem ein Ladungs-Empfänger nicht verpflichtet ist über Eis zu löschen, es auch jetzt noch rechtfertige, die Tage, an welchen

nur in diefer Weise gelöscht werden kann, bei Feststellung der Zeit, für welche der Verfrachter Liegegeld zu beanspruchen hat, nicht in Ansatz zu bringen. Darin ist ihnen aber keineswegs beizupflichten.

Es kann dahin gestellt bleiben, ob der erwähnte Gebrauch in dem weiteren Sinne zu verstehen sei, daß der Empfänger für diejenigen Tage, an denen er nur über Eis hätte löschen können, auch kein Ueberliegegeld zu zahlen habe (wofür sich allerdings anführen läßt, daß die Hamburger Praxis sich gewöhnt hatte, die Frage, ob sogen. „Vis-major-Tage" in die Liegezeit einzurechnen seien, mit der Frage, ob Liegegeld zu zahlen sei, zu identifiziren; vgl. Hamburger Kommissionsbericht bezüglich Einführung des HGB, Ausgabe v. Hirsch, S. 83). Denn das jetzt entscheidende HGB hat für die Berechnung der Lösch- und Ueberliegezeit sowie für die Verpflichtung zur Zahlung von Liegegeld in den Artt. 598 und 599 völlig abweichende feste Prinzipien aufgestellt, und von deren Anwendung eine Ausnahme auf Grund entgegenstehender örtlicher Verordnungen oder Ortsgebräuche im Art. 600 nur dann zugelassen, wenn zugleich für die Dauer der Löschzeit nach Art. 596 die örtlichen Verordnungen oder der Ortsgebrauch maaßgebend sind. Diese Beschränkung hat auch, wie Kläger richtig bemerkt, eine nicht zu verkennende innere Berechtigung, da die Bestimmung, daß auch ohne solche Verordnungen und ohne einen Ortsgebrauch hinsichtlich der Dauer der Löschzeit etwaige örtliche Verordnungen oder Ortsgebräuche, welche mit den in Artt. 598, 599 ausgesprochenen Rechtsgrundsätzen im Widerspruch stehen, diesen derogiren sollen, eine — sachlich keineswegs motivirte — Ausnahme von dem im Art. 1 HGB aufgestellten allgemeinen Rechtsgrundsatz*) statuiren würde; wogegen eine solche Berücksichtigung des lokalen Rechts

* Vgl. Rspr. V S. 210, 280 f.

(bzw. der lokalen Uebung), dann, wenn dasselbe nach Art. 596 auch für die Dauer der Löschzeit maaßgebend ist, allerdings wol als gerechtfertigt erscheinen kann, indem davon ausgegangen werden darf, daß beides in einem organischen Zusammenhang mit einander stehe und als ein solches Ganzes den besonderen örtlichen Verhältnissen und Bedürfnissen mehr entspreche, als die ausnahmslose Anwendung der Artt. 598, 599.

Ueberdies unterscheidet Art. 600 HGB ganz bestimmt zwischen der Dauer und der Berechnung der Löschzeit; es erscheint daher verfehlt, wenn Beklagte ihn so auszulegen suchen, als ob unter den erwähnten, für die Dauer der Löschzeit maaßgebenden örtlichen Verordnungen oder Gebräuchen auch alle für die Berechnung der Löschzeit maaßgebenden örtlichen Grundsätze — mithin auch der Ortsgebrauch darüber, welche Tage bei der Löschzeit nicht in Ansatz zu bringen — zu verstehen seien; aus welchem letzteren Ortsgebrauch, da er nur eine negative Bestimmung enthält, sich ja auch für die Dauer der Löschzeit selbst kein Anhaltspunkt ergiebt.

Demnach schließt der Hamburger Ortsgebrauch in Betreff des Löschens über Eis für sich allein die Anwendung der Artt. 598, 599 HGB nicht aus. Es würde daher eines Eingehens auf die Behauptung des Klägers,

dieser Gebrauch beruhe auf keinem selbständigen Rechtsgrundsatz, sondern bilde nur eine Anwendung des vor Einführung des HGB angenommenen Rechtssatzes, daß der Befrachter oder Empfänger für die durch kasuelle Unmöglichkeit herbeigeführte Verzögerung den Verfrachter nicht zu entschädigen brauche, auf den Fall einer ungewöhnlichen Erschwerung oder Vertheuerung des Löschens, und es sei deshalb mit dem Wegfall jenes Prinzips durch das entgegengesetzte Prinzip des HGB auch diese bloße Konsequenz nicht mehr anwendbar,

nur dann bedürfen, wenn

3. den Bekl. ein (von ihnen allerdings und noch in III. Instanz behaupteter) Ortsgebrauch zur Seite stände, welcher die Dauer der Löschzeit in vorliegendem Falle auf 14 Tage bestimmte. Dies ist aber nicht der Fall ... (vgl. Seebohm's Sammlung seerechtlicher Erkenntnisse Nr. 126 und 142). Im Gegentheil wird in dem (bereits allegirten) Bericht der — aus sachverständigen und mit den Hamburger Rechts- und Geschäftsverhältnissen vertrauten Personen zusammengesetzten — „Kommission wegen Einführung des ADHGB" S. 81, 83 und 84 offenbar davon ausgegangen, daß sich ein bestimmter Ortsgebrauch nicht gebildet habe; wie denn auch eine gesetzliche Fixirung auf 14 Tage oder sonst wie von dieser Kommission nicht für rathsam erachtet worden ist.

Hieraus ergiebt sich — zumal mit Rücksicht darauf daß Beklagte einen erst später, nach Einführung des HGB, entstandenen Ortsgebrauch nicht behauptet haben — mindestens eine begründete Vermuthung dafür, daß eine usancemäßige Löschzeit für Hamburg überall nicht existirt...

III. Bezüglich der Angemessenheit der vom Kläger bewilligten Löschzeit sowie des geforderten Liegegelds haben Beklagte gar nicht behauptet, daß an irgend einem Tage zwischen dem 18. Dez. 70 und 18. Jan. 71 (einschließlich) die Ausladung aus dem Schiffe unmöglich gewesen, noch daß eine solche Unmöglichkeit später eingetreten sei. Nach Art. 598 und 599 HGB gebührt daher dem Kläger für den ganzen Zeitraum vom 18. Dez. 70 bis zu vollständiger Entlöschung seines Schiffs durch die Bekl., soweit die nach Art. 596 den Umständen des Falles angemessen festzustellende Löschzeit überschritten ist, Liegegeld, auch wenn der Transport nicht nur dieser, sondern jeder Art von Ladung vom Schiff an's Land zeitweilig durch Zufall unmöglich gewesen wäre. Der Umstand, daß Beklagte während eines Theils dieser Frist nur über Eis löschen konnten, und daß die Löschung der fraglichen Salpeter-Ladung über Eis mit besonderen Schwierigkeiten und Vorkehrungen verknüpft gewesen sein soll, kommt daher bei der Frage, von welchem Tage an Liegegeld zu bezahlen sei, überall nicht in Betracht.

Als eine den Umständen angemessene Frist zum Löschen erscheint demnach eine solche, während welcher die betr. Güter nach den bestehenden örtlichen Einrichtungen unter gewöhnlichen Verhältnissen (ohne zufällige Behinderungen und Erschwerungen) mit Bequemlichkeit hätten angenommen und an's Land geschafft werden können. Daß aber an sich die fragl. Ladung (auch unter Berücksichtigung der dazwischen fallenden Sonn- und Festtage) in der den Bekl. unentgeltlich eingeräumten einmonatigen Frist nicht füglich hätte gelöscht werden können, ist nicht einmal behauptet. Die Zulänglichkeit dieser Frist darf daher um so unbedenklicher angenommen werden, als ja Beklagte selbst sich auf eine für Hamburg bestehende ortsübliche (also doch gewiß auch ausreichende) Löschzeit von nur 14 Tagen berufen haben, und als die Hamburger Kommerz-Deputation (die kompetenteste, sachverständige Behörde) in einer Bekanntmachung v. 29. Dez. 62 (Hamburgisches Handelsarchiv B. I S. 600) für Schiffe von der Größe des „Dunnikier" — nämlich von 300 bis 600 Tons — die Einführung einer usancemäßigen Löschzeit von 14 Arbeitstagen empfohlen hat . . .

Was die Höhe des Liegegelds betrifft, so bedarf es dieserhalb nicht der von den Bekl. verlangten Beweisauflage. Denn nach Art. 595 Abs. 6, verglichen mit Art. 573, HGB soll das Liegegeld, wenn durch Vertrag nicht bestimmt, vom Richter nach billigem Ermessen, nöthigenfalls nach Anhörung von Sachverständigen, festgesetzt werden. Auf die dem Richter hier, falls er sie für erforderlich erachtet, gestattete Anhörung von Sachverständigen haben aber die Parteien keinen Rechtsanspruch, und in vorliegendem Falle bedurfte es ihrer nicht ....

Der Einwand der Bekl. endlich, daß der „Dunnikier", auch wenn er rechtzeitig (schon vor dem 18. Jan. 71) entlöscht gewesen wäre, doch wegen Einfrierens im Hamburger Hafen hätte liegen bleiben müssen, ist unerheblich, weil die Verpflichtung der Bekl. zur Zahlung von Liegegeld nach Art. 595 HGB dadurch nicht ausgeschlossen wird, und das Einfrieren des Schiffs während der Lösch- oder Ueberliegezeit auch für die Höhe des Liegegelds nur dann von Bedeutung sein könnte, wenn klar vorläge, daß dem Kläger in Folge dessen durch die Verzögerung der Entlöschung seines Schiffs überall kein Frachtverdienst oder doch nur ein geringerer Frachtverdienst entgangen sei. Dies ergiebt sich aber daraus allein, daß das Schiff im Eise der Elbe eingefroren war, keineswegs. Denn hiedurch wurde die Möglichkeit anderweitiger Verfrachtung und der Wiederbeladung sowie des Antritts einer neuen Reise (mittelst Herstellung einer Fahrrinne im Eise oder doch unmittelbar nach der allgemeinen Wiedereröffnung der Schifffahrt) nicht ausgeschlossen; wie denn auch Kläger — ohne daß Beklagte dem einen speziellen Widerspruch entgegen gesetzt haben — behauptet, er habe sein Schiff schon am 27. Dez. 70 wieder verfrachtet und die Befrachter würden dasselbe über Eis beladen haben, wenn es entlöscht gewesen wäre. Wenngleich daher nach Art. 573, verglichen mit 595, HGB bei Festsetzung des Liegegelds auch auf den dem Verfrachter entgehenden Frachtverdienst Rücksicht zu nehmen ist: so konnte dies doch in concreto auf das billige richterliche Ermessen keinen Einfluß üben, zumal der Betrag des Liegegelds stets mehr oder weniger arbiträr ist und das Liegegeld nicht unmittelbar eine Entschädigung repräsentiren soll. Vgl. Kommissions-Prot. S. 2113 bis 2115 (Ausgabe v. Lutz).

Nr. 5.

II. Senat. — Erkenntniß v. 14. Febr. 72. (Ref.)

Schlobach ./. Oelsner & Josephson (Nr. 178 v. 72).

Königreich Sachsen. **Weitere Berufung.**

I. Instanz: Handelsgericht im Bezirksgericht Leipzig,
II. Instanz: Appellationsgericht Leipzig.

Handlungsreisender, Einschränkungen seiner Vollmacht.

1. Ein Commis, welcher vom Prinzipal als Handlungsreisender zur Aufnahme von Bestellungen gebraucht wird, ist gesetzlich ermächtigt, innerhalb des vom Prinzipal betriebenen Handelsgewerbes Kaufgeschäfte mit verbindlicher Kraft für den Prinzipal abzuschließen.

HGB Art. 47, 49, 52.

2. Etwaige Einschränkungen der Vollmacht eines solchen Geschäftsreisenden haben — soweit sie nicht bekannt geworden — nur für das Verhältniß des Prinzipals zum Reisenden, nicht gegenüber dem Dritten, welcher mit Letzterem kontrahirt hat, Geltung.

Vgl. Rspr. I S. 178, II S. 154, V S. 144 ff.

Sachverhalt und Entscheidung des OHG:

Nach Inhalt der Klage haben Beklagte einen gewissen G. vor Anfang des Jahres 71 als Handlungsbevollmächtigten zum Betrieb ihres unter der Firma O. & J. in Leipzig bestehenden Linnengeschäfts bestellt. Darauf soll G. sich dem Kläger als Handlungsreisender der Bekl. in deren Handelsgewerbe vorgestellt und ihm den Kauf einer Partie Säcke angeboten haben, und Kläger will nun mit demselben ein Kaufgeschäft über 1000 Stück Säcke abgeschlossen haben. Da G. die Lieferung der bestellten Waare in drei bis vier Wochen zugesichert hatte, diese

Lieferung gleichwohl nicht erfolgte, verlangt Kläger Verurtheilung der Bekl. zur Erfüllung des Vertrages und zur Erstattung der Kosten und Schäden.

Beklagte haben . . . zugestanden, daß sie den G. als Commis bestellt und zur Aufnahme von Bestellungen gebraucht haben; sie behaupten aber, daß G. von ihnen nicht allgemeinen Auftrag, sie als Handlungsreisender zu vertreten, gehabt habe, sondern daß sie ihn nur zu bestimmten Personen geschickt und ihm ein für alle Mal eingeschärft hätten, daß, wenn er auf Grund besonderer Weisung für sie kontrahiren würde, er nicht Geschäfte über mehr als 100 Thlr. machen solle, ohne zuvor anzufragen. Sie wollen deshalb — sowie weil G. nicht zum Kläger, sondern zu einem in B. domilizirenden Herrn geschickt worden sei und diesen mit dem Kläger verwechselt habe — zur Erfüllung des von G. mit dem Kläger für sie abgeschlossenen Geschäfts nicht verpflichtet sein.

Die I. Instanz erkannte den Bekl. den Delat-Eid darüber zu, daß sie den G. zur in Rede stehenden Zeit nicht als ihren Handlungsreisenden zu Geschäften an auswärtigen Orten im Allgemeinen verwendet, sondern nur zu einzelnen, demselben speziell namhaft gemachten Kunden geschickt, oder daß sie den G. zur selben Zeit nicht zum Abschluß von Geschäften für ihre Firma überhaupt beauftragt, sondern demselben bei besonderen Weisungen, für sie zu kontrahiren, ausdrücklich die vorgedachte Beschränkung auferlegt hätten.

Dieses Erkenntniß wurde in II. Instanz abgeändert und die Entscheidung des Streits von dem Delateide der Bekl. abhängig gemacht, daß die Behauptung der Kläger, sie hätten den G. vor Anfang des Jahres 71 als Handlungsbevollmächtigten zum Betrieb ihres . . . . Geschäfts bestellt, keineswegs in Wahrheit beruhe . . .

Dieses Erkenntniß war, auf die Berufung des Klägers, dahin, daß Beklagte die 1000 Stück Säcke zu liefern schuldig seien, abzuändern, weil die von den Bekl. zugestandenen Thatsachen zur Begründung der Klagebitte ausreichen, die Ausstellungen der Bekl. aber nicht beachtlich sind.

Wenn (wie als zugestanden betrachtet werden muß) G. zur fraglichen Zeit Commis der Bekl. war und von diesen als Handlungsreisender zur Aufnahme von Bestellungen gebraucht wurde: so konnte Kläger mit demselben ein Kaufgeschäft über ihm von den Bekl. zu liefernde Waaren, welche wie die in Frage stehenden in den Bereich ihres Handelsgewerbes fielen, wirksam abschließen. Die Einschränkungen, welche Beklagte der Vollmacht des G. beigefügt haben wollen, würden den Kläger — als Dritten — nur dann berühren, wenn er sie entweder gekannt hätte oder hätte kennen müssen, insbesondere wenn die Bekl. jene Einschränkungen entweder generell bekannt gemacht oder dem Kläger speziell mitgetheilt gehabt hätten. Nichts von alle dem haben aber Beklagte behauptet. Sie können sich daher auch auf die von ihnen angeführten Einschränkungen der Vollmacht des G. dem Kläger gegenüber nicht berufen, sondern haben wegen etwaiger Vollmachts-Ueberschreitung nur den Regreß gegen ihren Bevollmächtigten.

HGB Art. 47, 49 und 52; vgl. L. 11 Dig. 14, 3.
v. Hahn Komm. zu Art. 47 § 10 (B. I S. 131 und zu Art. 50 § 10—12 (B. I S. 137 f.).
Erk. des OHG v. 13. Dez. 70, Rspr. I S. 178 [vgl. II S. 154].

Nr. 6.

I. Senat. — Erkenntniß v. 16. Februar 72. (B.)

M. Köhl ·/. W. Wisger's Erben (Nr. 782 v. 71).

Rheinhessen. **Kassationsrekurs.**

I. Instanz: Handelsgericht Mainz,
II. Instanz: Obergericht daselbst.

Steinmetz als Kaufmann Kompetenz des Handelsgerichts.

1. Der Betrieb des Steinmetzgeschäfts, verbunden mit dem Feilhalten von Grabsteinmonumenten, ist, wenn über den Umfang des Handwerksbetriebs hinausgehend, als Handel anzusehen.

HGB Art. 4, 10, 271 Nr. 1 und 2.

2. Die Kaufmannseigenschaft ist unabhängig von der Eintragung der betreffenden Person oder Firma in's Handelsregister.

HGB Art. 4, 15, 19 ff., 26.

Vgl. Rspr. II S. 1, 56; IV S. 225, V S. 87.

3. Ueber die Zuständigkeit des Handelsgerichts entscheiden die zur Zeit*) des erhobenen Prozesses geltenden Gesetze; sie ist unabhängig von dem Recht zur Zeit der Entstehung des Verhältnisses, aus welchem geklagt wird.

Rspr. III S. 14.

4. Beispiel der Zuständigkeit des Handelsgerichts zur Entscheidung über ein theilweise dem bürgerlichen Recht unterworfenes Geschäftsverhältniß.

Die Parteien haben in Rheinhessen vom Dezbr. 60 bis zur Mitte des Jahres 65 gemeinsam die Ausführung von Bauten und Steinmetzarbeiten, verbunden mit dem Feilhalten von Grabstein-Monumenten, gewerblich betrieben. Nach Auflösung dieser Gemeinschaft ist die Theilung der vorhandenen Grundstücke und Sachen im Wesentlichen erfolgt, nur noch ein Streitpunkt — der Ersatz gewisser Vorschüsse und Auslagen eines Theilhabers — zu ordnen Dieserhalb wird das Handelsgericht angegangen, und Beklagter bestreitet dessen Zuständigkeit.

Entscheidung des OHG.

Bezüglich der thatsächlichen Feststellung spricht der Appellrichter aus,

es habe die . . . bestandene Gesellschaft den, weit

* Wegen des örtlichen Prozeßrechts vgl. Rspr. I S. 304, II S. 179, III S. 170 Nr. 2, IV S. 215 Nr. 1.

über den Umfang des gewöhnlichen Handwerks hinausgehenden, Betrieb des Steinmetzgeschäfts mit einem ansehnlichen Lager von Grabstein-Monumenten zum Gegenstand gehabt und deshalb sei die Gesellschaft als Handelsgesellschaft zu betrachten.

Er erkennt weiter an,

daß Zweck der Gesellschaft zugleich die gemeinschaftliche Ausführung von Bauunternehmungen gewesen sei, welche an sich nicht als Handelsgeschäfte betrachtet werden könnten; da jedoch hier, wo es sich um eine Gesammtberechnung handle, die Geschäfte sich nicht trennen ließen: so sei kein Anlaß gegeben, die auf Bauunternehmungen bezüglichen einzelnen Posten der Rechnung jetzt schon auszuscheiden — um so weniger, da diese Posten dem Werthe nach nicht überwiegen würden. —

Gegen die Folgerungen, welche der Richter aus diesem Sachverhalt für die Zuständigkeit des Handelsgerichts zieht, wird zunächst eingewendet, es hätten nicht die Prinzipien des [seit 1. Jan. 63 in Rheinhessen geltenden] HGB, vielmehr die Prinzipien des französischen Rechts Maaß zu geben, weil die Gesellschaft unter Herrschaft dieses letzteren Rechts entstanden sei. Diese Auffassung ist eine völlig irrige.

Die neue Regulirung der Kompetenz, wie sie durch das Einf.-Ges. zum HGB für das Großherzogthum Hessen v. 29. Sept. 62 Art. 36 und 37 gegeben ist, trat mit diesem Gesetz in Kraft, und es erscheint selbstverständlich, daß auch, was die diesem Zeitpunkt vorgängig abgeschlossenen Geschäfte betrifft, nicht gefragt werden dürfe, welches Gericht zur Zeit ihres Abschlusses das zuständige gewesen wäre, sondern nur, welches jetzt für sie zuständig ist. Indem der Gesetzgeber Streitigkeiten gewisser

Art an die Handelsgerichte wies und sie hiemit als Handelssachen erklärte, legt er kein Gewicht darauf, ob dieselbe auch nach den Anschauungen des früheren Rechts als Handelsgeschäfte gelten könnten, wie dies schlagend daraus hervorgeht, daß er sogar die Begriffsbestimmung des deutschen HGB nicht ausschließlich maaßgeben läßt und einzelne Streitigkeiten (z. B. Klagen von Kaufleuten gegen ihre Handlungsgehilfen) vor die Handelsgerichte verweist und als Handelssachen anerkennt, obgleich es sich hier nicht unter allen Voraussetzungen um Handelsgeschäfte handelt.

In vorliegender Sache hätte die Auffassung des Beklagten um so weniger Berechtigung, als (wie unbestritten) das nämliche gesellschaftliche Verhältniß auch nach Einführung des HGB noch mehrere Jahre lang fortdauerte und bei der Liquidation des Gesellschaftsverhältnisses es offenbar nicht statthaft sein könnte, die Streitigkeiten aus den einzelnen Perioden vor verschiedene Gerichte zu verweisen.

Auch die Nichtbeachtung der Vorschriften des Art. 42 Code de commerce [über Verlautbarung und Registrirung der Handelsgesellschaftsverträge beim Handelsgericht] kann aus gleichen Gründen auf die Frage der Zuständigkeit keinen Einfluß üben, und zwar um so sicherer, als auch nach franz. R. das thatsächliche Bestehen einer Gesellschaft (die société de fait) nicht ignorirt werden durfte und die Nichtigkeit des Gesellschaftsvertrages nur die Folge hatte, daß dessen Erfüllung nicht verlangt werden konnte, keineswegs aber, daß jede Klage zur Auseinandersetzung des Gesellschaftsverhältnisses versagt wurde oder bezüglich dieser Klage die allgemeinen Grundsätze über Zuständigkeit nicht Maaß zu geben hatten.

Faßt man nun die thatsächlichen Feststellungen des Appellrichters für die Frage der Zuständigkeit vom Standpunkt des HGB auf, so geht zweifellos aus denselben hervor, daß die beiden Gesellschafter Kaufleute waren und daß sie sich zur Betreibung kaufmännischer Geschäfte — zum Betriebe eines Handelsgewerbes unter gemeinschaftlicher Firma — unter der Firma „K. & W." vergesellschaftet hatten, und zwar schon deshalb, weil ausgesprochen ist, das weit über den Handwerksbetrieb hinausgehende Steinmetzgeschäft, zu welchem sie sich vereinigten, sei mit einem ansehnlichen Lager von Grabstein-Monumenten verbunden gewesen.

Indem die Gesellschafter das Rohmaterial für diese Grabsteine in der Absicht kauften, es zu verarbeiten und die Grabsteine wieder zu verkaufen, betrieben sie gewerbmäßig Handelsgeschäfte im Sinne von Art. 271 Nr. 1 HGB, und bei der Bedeutung des Lagers von Grabsteinen und dem großartigen Betrieb des Steinmetzgeschäfts überhaupt kann kein Zweifel bestehen, daß die Gesellschafter im Sinne von Art. 4 HGB als Kaufleute zu betrachten waren. Der Umstand, daß weder die Gesellschafter für sich, noch die Gesellschaft ins Handelsregister eingetragen waren [zu dessen Beweis Beklagter sich erboten hatte], kann in der rechtlichen Beurtheilung nicht das Mindeste ändern, da aus dem Mangel eines solchen Eintrags ebensowenig folgt, daß Jemand nicht Kaufmann sei, als umgekehrt das Bestehen des Eintrags Jemand zu einem Kaufmann machen könnte, der es rechtlich nicht wäre.

Allerdings kommt weiter in Betracht, daß der Gesellschaftszweck auch Bauunternehmungen umfaßte, welche an sich nicht als Handelsgeschäfte gelten können, und es fragt sich, ob und inwiefern dieser Umstand auf die Zuständigkeit maaßgebend einwirkt. Dem Appellrichter ist offenbar insofern beizupflichten, als er erklärt, es sei eine Trennung der verschiedenen Geschäfte der Gesellschaft, je nachdem sie einen handelsrechtlichen oder civilrechtlichen

Charakter hätten, nicht thunlich. Es handelt sich um eine wenn auch nicht das ganze Gesellschaftsverhältniß erschöpfende, doch über alle Theile desselben sich verbreitende Berechnung, bei welcher sich um so weniger eine Ausscheidung machen läßt, als Vorschüsse in Frage stehen, die größtentheils nur zu Gesellschaftszwecken im Allgemeinen bestimmt gewesen sein sollen.

Ebenso erscheint richtig, daß in Fällen, wo bei einem Geschäft oder Rechtsverhältniß handelsgeschäftliche und civilrechtliche Gesichtspunkte sich in einer keine Ausscheidung gestattenden Weise mischen, nicht jede Beimischung civilrechtlichen Stoffes die handelsgerichtliche Zuständigkeit blos deshalb ausschließen könne, weil die Handelsgerichte nur Ausnahmsgerichte seien. Die Vertheilung der Zuständigkeit zwischen Civilgerichten uud Handelsgerichten regelt sich blos nach Hauptgesichtspunkten, und es sind dabei vielfach Erwägungen der Zweckmäßigkeit maaßgebend, so daß nicht von der Unterstellung ausgegangen werden darf, als sei der eine Richter unbedingt unfähig, Fragen, die an sich der Regel nach ins Gebiet des anderen Richters gehören, zu entscheiden. So wie der Civilrichter in die Lage kommen kann, Fragen des Handelsrechts zu entscheiden: so kann unter besonderen Umständen der Handelsrichter auch in die Lage kommen, civilrechtliche Fragen zu prüfen und zu erledigen.

Was nun den vorliegenden Fall betrifft, so läßt sich nach den Gründen des Appellurtels, in Verbindung mit den darin in Bezug genommenen Gründen des I. Erkenntnisses, annehmen, daß der Richter aussprechen wollte, daß ihm der Betrieb des Steinmetzgeschäfts als der wesentliche, den Charakter der Sache bestimmende Theil erscheine, und zwar im besonderen Hinblick auf den vorliegenden Rechtsstreit. In letzterer Beziehung ist zu beachten, daß (wie unbestritten) das Gesellschaftsverhältniß der Hauptsache nach bereits bereinigt ist, und es sich nur um nachträgliche Erledigung einzelner Punkte handelt. Insofern nun in der Unmöglichkeit einer Ausscheidung der Grund zu suchen ist, welcher die ausschließliche Kompetenz des Civilgerichts oder des Handelsgerichts begründet, haben Punkte, welche völlig abgethan sind, nicht weiter in Betracht zu kommen, und es könnte z. B. keinem Zweifel unterliegen, daß wenn eine Gesellschaft theils reine Civilgeschäfte (etwa An- und Verkauf von Immobilien) theils reine Handelsgeschäfte (etwa An- und Verkauf von Handelswaaren) zum Gegenstand hätte und in ersterer Beziehung die Gesellschafter sich vollständig auseinandergesetzt hätten, die Auseinandersetzung in letzterer Beziehung nur vor das Handelsgericht gehören würde. Der Appellrichter erklärt nun ausdrücklich, daß diejenigen streitigen Punkte, welche auf Bauunternehmungen Bezug hätten, als überwiegend nicht zu betrachten seien.

Es kann dieser thatsächlichen Feststellung des Appellrichters gegenüber dahin gestellt bleiben, ob nicht jede unter gemeinschaftlicher Firma konstituirte Gesellschaft, wenn ihr Zweck in wesentlichen Punkten auf den Betrieb eines Handelsgewerbes gerichtet ist, im Sinne des HGB (Art. 85) als Handelsgesellschaft zu betrachten sei, — so daß es also gar nicht nöthig wäre zu prüfen, ob der civilrechtliche oder der handelsrechtliche Theil ihrer Geschäfte als überwiegend erscheine.

Ferner darf vorerst die Frage unerörtert bleiben, ob und inwiefern etwa Anlaß gegeben sein konnte, Zwischenfragen von rein civilrechtlicher Natur, welche sich im Lauf des Verfahrens ergeben, dem Civilgericht zu überweisen (arg. Art. 426, 427 Code de commerce).

Nr. 7.

I. Senat. — Erkenntniß v. 16. Februar 72. (Ref.)

Seeschiff Tomma, Kapitän Hemmen ·/· Dampfer Helix (Kapitän Betten), Neue Petersburg-Lübecker Dampfschifffahrts-Gesellschaft (Nr. 121 v. 72).

Lübeck. Seerechtsfall. Ober-Appellation.

I. Instanz: Handelsgericht Lübeck,
II. Instanz: Obergericht daselbst.

Zusammenstoß von Seeschiffen. Gutachten Sachverständiger.

1. Erläuterndes Beispiel für die Regel, daß auf See die Dampfer den ihnen zusteuernden Segelschiffen aus dem Wege zu gehen haben. (Makower Komm. zum HGB, Anhang Nr. 17 § 15, Seite 706).

Vgl. Rspr. III S 83, IV S. 187, V S. 273.

2. **Die im Prozeß gehörten Sachverständigen sind, auch in Bezug auf nautische Vorgänge, nur als Gehilfen des Richters anzusehen; ihre Aussprüche unterliegen freier Würdigung des erkennenden Richters.**

Nordd. PO. Entw. § 513—515, 527, 530—533.

Vgl. Rspr. III S. 84 lit. b und oben S. 17 Nr. 4.

Der Dampfer Helix übersegelte in der Ostsee am Abend des 14. Sept. 65 das Segelschiff Tomma. Deshalb auf Schadenersatz belangt, wendete er u. a. ein, der Tomma habe fehlerhaft manövrirt. Die Berufungsinstanz erachtete dies, auf Grund eines Sachverständigen-Gutachtens, für dargethan. Das OHG hat den Beweis für mißlungen erklärt, weil das betr. Gutachten auf unerwiesene, theilweise sogar aktenwidrige Thatsachen sich stütze und an inneren Mängeln leide.

Gründe:

Die Situation beider Schiffe, als dieselben am 14. Sept. 65 sich einander näherten, war eine an sich durchaus einfache, auch fand keinerlei Behinderung durch störende Einflüsse (wie schlechtes Wetter, Nebel, Nothwendigkeit einer Berücksichtigung des Kurses anderer Schiffe ꝛc.)

statt. Der Tomma segelte bei Nordwest-Wind in der Richtung auf Westsüdwest, der Helix verfolgte den Kurs Ostsüdost. Die Fahrlinien der beiden Schiffe kreuzten einander mithin unter Winkeln von 135, bezw. 45 Graden.

Demnach kam keine der Vorschriften, welche das die Kollisionen von Seeschiffen betreffende Gesetz [vgl. Rspr. III S. 86, IV S. 188, V S. 277] für Fälle des Einander-Entgegenfahrens von Seeschiffen gegeben hat (Artt. 11, 13), zur Anwendung, sondern nur Art. 15 jenes Gesetzes, demzufolge der Dampfer Helix dem Segelschiff Tomma auszuweichen hatte. Tomma brauchte nicht auszuweichen; ja, sobald beide Schiffe einander so nahe gekommen waren, daß für ein gefahrloses Passiren gesorgt werden mußte, durfte er es nicht, um nicht den Helix — welcher seiner Seits auf ein Passiren unter Vermeidung jeder Gefahr sich einzurichten und anzunehmen hatte, daß Tomma seinen Kurs beibehalte — in dessen Manövern unsicher zu machen oder diese zu stören. Von der Beurtheilung des Führers des Helix hing es ab, nach Maaßgabe der Fahrgeschwindigkeit des eigenen Schiffs und der des Tomma, ferner der Entfernungen des einen und anderen Schiffs vom Kreuzungspunkt der Fahrlinien, bei sich zu überlegen, ob er in seinem Kurse zu verbleiben habe, um den vorgedachten Punkt ungefährdet vor Tomma passiren, bzw. Letzteren dort vor sich vorübergehen lassen zu können, oder ob er im Bogen links oder rechts dem Tomma auszuweichen habe. Zu dieser Erwägung und Beschlußnahme ist es nicht gekommen, weil man auf dem Helix das Herannahen eines dessen Fahrlinie kreuzenden Schiffs erst so spät bemerkte, daß es ebensowenig möglich war, noch jetzt auszuweichen, wie durch Zurückgehen den Zusammenstoß zu vermeiden.

Außer Zweifel liegt die große Nähe beider Schiffe bei einander, als der Tomma auf dem Helix zuerst wahrgenommen wurde . . .

Darauf, ob auf dem Tomma der „Auskuk" vernachlässigt worden, kommt es nicht an, weil die dort etwa in mangelhaftem Auskuk liegende culpa — unter den obwaltenden Umständen — insofern eine culpa sine effectu [vgl. Rspr. V S. 276 f.] gewesen sein würde, als dem Führer des Schiffs, wie bereits bemerkt, damals nur oblag, unverändert seinen Kurs zu steuern. Ein Anderes wäre es gewesen, wenn er durch Lichter anderer Schiffe, welche er ordnungswidriger Weise unbeachtet gelassen, zur Aenderung seines Kurses sich hätte bestimmen lassen müssen, hiezu aber in Folge seiner Nachlässigkeit nicht geschritten wäre; ein Fall, welcher hier nicht vorlag.

Nicht erwiesen ist ferner, daß der Tomma schon erhebliche Zeit früher, ehe er die Fahrlinie des Helix zu kreuzen hatte, seinen Kurs nach links (südlich) gerichtet habe . . .

Demnach bleiben nur die Gutachten der Sachverständigen übrig, aus denen möglicher Weise Material zu Gunsten der dem Helix nachgelassenen Beweisführung zu entnehmen wäre, daß die Besatzung des Tomma unter Beobachtung der gewöhnlichen seemännischen Praxis und einer durch die Umstände gebotenen Vorsicht den Zusammenstoß vermieden haben würde. Diese Gutachten konnten in zwei Richtungen Bedeutung und Wirksamkeit erlangen. Sie konnten

1. dazu dienen, dem Richter im Allgemeinen zu näherem Verständniß des in Betracht kommenden nautischen Vorgangs zu verhelfen — was, soweit hier erforderlich, ohne Zweifel erreicht worden ist.

2. Es war aber auch denkbar, daß die nautischen Fachmänner aus Umständen, welche — an sich unbestritten oder erwiesen — dem Nicht-Nautiker irrelevant erschienen, Indizien zu Gunsten, bzw. Ungunsten des Beweisführers abzuleiten vermochten; — in welchem Falle durch sie der

richterlichen Beurtheilung ein neues und nutzbares Material unterbreitet worden sein würde. Eine derartige Leistung ist jedoch durch die Sachverständigen nicht beschafft worden... [Bei näherer Begründung dieses Urtels bemerkt das OHG u. a.]

Auch nautische Sachverständige sind nur Gehilfen des Richters; die Würdigung ihrer Aussprüche weicht von der, welche in Betreff der Aussprüche anderer Sachverständiger eintritt, nicht ab. Demzufolge hat der Richter auch hier zu prüfen, ob die thatsächlichen Unterlagen, auf welche ein abgegebenes Gutachten sich stützt, dem aktenmäßigen Sachverhalt entsprechen, sowie ob die Sachverständigen bei ihren Schlüssen gegen logische Regeln oder zweifellose Erfahrungssätze verstoßen. Endlich kommt es darauf nicht an, was nautische Sachverständige bezüglich solcher Umstände, über welche weder ein direkter noch ein künstlicher Beweis vorliegt, blos als wahrscheinlich angesehen haben.

Nr. 8.

II. Senat. — Erkenntniß v. 17. Febr. 72. (Ref.)

G. Schrader & Co. w. B. Wietzens (Nr. 627 v. 71).

Mecklenburg. **Appellation.**

Vorinstanz: Obergericht der Stadt Rostock.

Versprechen der Baarzahlung, Kompensation.

1. Wenn bei einem Kaufgeschäft wirkliche Baarzahlung — nicht blos (wie gewöhnlich) Leistung „Zug um Zug" — verabredet, namentlich wenn ausdrücklich kundgegeben worden, daß der Kaufgelderlös zur Befriedigung eines Gläubigers des Verkäufers bestimmt sei: so ist dies als Verzicht auf ein etwaiges Kompensationsrecht des Käufers anzusehen.

2. Später eintretender Konkurs des Verkäufers ändert in der Wirkung der vorgedachten Vereinbarung nichts.

Dernburg Kompensation (2. Auflage) S. 513, 518.
HGB Art. 278, 279.

Beklagter hat zu Rostock vom Kaufmann Schwarz, als Bevollmächtigten von H. Freese, am 2. Jan. 70 Schmalz gekauft, welches er am Tage darauf empfangen. Freese cedirte am 4. Jan. seine Kaufpreisforderung dem Schwarz, welcher am 7. Jan. den Anspruch auf die Kläger übertrug.

Die Klage verlangt einen Kaufgeldrest v. 351 Thalern; Beklagter will auf Höhe von 331 Thlrn. mit einer Contocurrentforderung von C. Warnke gegen H. Freese kompensiren, welche ihm am 2. Jan. cedirt worden. Kläger halten diese Kompensation für unstatthaft, weil beim Geschäftsabschluß und wiederholt vor Uebergabe der Waare wirkliche Baarzahlung ausgemacht worden, deren Summe zur Befriedigung eines Gläubigers von Freese habe dienen sollen. Beklagter machte dagegen geltend, daß Freese (notorisch) in Konkurs verfallen und ihm nunmehr die Kompensation als einziges Mittel, seinen Gegenanspruch zu realisiren, nicht zu versagen sei.

Entscheidung des OHG:

Das Obergericht der Stadt Rostock hat die Kläger abgewiesen, weil der im Versprechen baarer Zahlung liegende Verzicht auf die Kompensation jedenfalls nach dem Konkurse des Verkäufers weder von diesem noch von seinen Cessionarien geltend gemacht werden könne.

Diese Auffassung erscheint nicht begründet.

In der Klage hatten Kläger geltend gemacht:

Schon bei der Kaufberedung, und auch noch vor der Uebergabe der Waare, sei vom Bevollmächtigten Freese's, Kaufmann Schwarz, ausdrücklich mitgetheilt worden, daß die Baarzahlung des Kaufpreises deshalb bedungen werde und nöthig sei, weil mit der bezüglichen Summe ein fälliges vom Verkäufer zu deckendes Accept ungefähr gleicher Größe eingelöst werden müßte.

Die Klage fährt dann wörtlich so fort:

„Auf diese Mittheilung hin hat Beklagter die ausbedungene Baarzahlung nicht nur zunächst beim Abschluß des Handels zugesagt, sondern hat er auch seine Verpflichtung zur Baarzahlung noch kurze Zeit vor der Tradition der Waare ausdrücklich anerkannt, nachdem auch damals unser genannter Cessionar auf die beabsichtigte Verwendung der Kaufsumme und darauf hingewiesen hatte, daß die Uebergabe der Waare nicht erfolgen werde, wenn die Zahlung nicht sofort baar geschehe."

Beklagter hat dies durchweg verneint, aber beigefügt: „das Wahre an der Sache ist nur das, daß am Morgen des 3. Jan. 70, nachdem die Tradition der Waare bereits erfolgt war, nachdem nämlich die von mir beorderten Träger dieselbe bereits zum Transport nach meinem Hause verladen hatten, Schwarz zu mir kam und mich fragte, ob es richtig sei, daß ich die Waare per comptant habe kaufen lassen, und daß ich solches bejahte."

Hienach war das Versprechen des Beklagten, per Comptant zu zahlen, schon vor der Tradition erfolgt; denn diese war durch Verladung der Waare seitens der vom Bekl. beorderten Träger noch nicht bewerkstelligt, wie Beklagter annimmt. Durch die Verladung wäre das Eigenthum auf den Bekl. nur dann übertragen worden, wenn die Verladung durch eine zur Verfügung über die Waare berechtigte Person und zwar mit dem Willen, daß durch die Verladung das Eigenthum auf den Bekl. übergehen solle, gestattet worden wäre. Das hat aber Beklagter gar nicht behauptet.

Sonach fällt der vom Bekl. zugestandene Besuch des

Schwarz bei ihm und die Anfrage, ob es richtig sei, daß er per Comptant gekauft habe, und die Bejahung dieser Anfrage durch den Bekl. in die Zeit vor Tradition der Waare.

Diese Auffassung stimmt überein mit der Darstellung der Kläger, wonach Schwarz den Befehl gab, das verladene Schmalz bis zu seiner Rückkehr an Ort und Stelle zu lassen. Ebendeshalb ist anzunehmen, die wirkliche Tradition sei erst erfolgt, als Schwarz, vom Bekl. zurückgekehrt, das Abfahren den Leuten des Bekl. gestattete, und er habe es erst gestattet, nachdem Beklagter Zahlung per Comptant versprochen. In diesem Zusammenhang gewinnt aber das Versprechen der „Zahlung per Comptant" eine ganz andere Bedeutung, als die es gewöhnlich hat, d. h. als „Zahlung Zug um Zug": nämlich die Bedeutung der Zahlung mit baarem Gelde, im Gegensatz zu jeder anderen Art der Tilgung der Schuld, namentlich zur Kompensation. An dieses Versprechen ist Beklagter gebunden, und er handelt geradezu dolos, wenn er jetzt im Widerspruch mit seinem Versprechen, durch welches er erst die Tradition erwirkt hat, kompensiren will.

Uebrigens hat Beklagter auch eingestanden, er habe am 3. Jan. 70, nach Empfang der verkauften Waare, dem Kaufmann Schwarz (der zu ihm gekommen, um Zahlung des Kaufpreises zu verlangen, und ihm mitgetheilt habe, das Geld solle zur Deckung eines fälligen Accepts verwendet werden) wiederholt, Schwarz könne sich darauf verlassen, daß Beklagter noch im Lauf des Tages zahlen und die Sache abnehmen würde.

Dieses Versprechen ist wegen der Hinweisung auf die Bestimmung des Erlöses aus dem Verkauf zur Abfindung eines dritten Gläubigers des Verkäufers gleichfalls zu verstehen als das Versprechen der Zahlung in baarem Gelde im Gegensatz zu jeder anderen Tilgung, namentlich im Gegensatz zur Tilgung durch Kompensation.

Dernburg Kompensation S. 518 (2. Auflage).

Der vorige Richter findet selbst einen Verzicht des Beklagten auf Kompensation in diesem Versprechen, läßt die Einrede der Kompensation aber dennoch zu, weil nach seiner Ansicht dieser Verzicht wirkungslos geworden ist dadurch, daß über den Cedenten Freese nachher Konkurs ausbrach. Allein diese Ansicht wird lediglich durch das Argument begründet, „der Verzicht auf Kompensation scheine im Zweifel nur für den Fall der wechselseitigen Zahlungsfähigkeit beabsichtigt, man schließe ihn ab im Vertrauen darauf, daß der Gegenkontrahent sich der Effektivleistung seinerseits nicht entziehen werde."

Das ist aber eine ganz willkürliche, unbewiesene Behauptung, welche hinausläuft auf eine Vermuthung für eine sehr erhebliche Beschränkung eines seinem Wortlaut nach unbeschränkten Verzichts — eine Vermuthung, die alles Anhalts im positiven Recht entbehrt.

Dernburg selbst nimmt übrigens a. a. O., seiner ganzen Darstellung zufolge, eine Verpflichtung zur Baarzahlung trotz dem Ausbruch des Konkurses über den Schuldner in dem Falle an, wenn beim Verkauf der Sache bestimmt worden, daß der Erlös zur Absindung eines dritten Gläubigers dienen soll. Denn er führt diesen Fall als einen der Fälle auf, in welchen die Pflicht zur Baarzahlung und die Ausschließung der Kompensation sich aus dem spezifischen Zweck der Obligation ergiebt (S. 513 § 60). Um einen dem offenbar ganz gleichstehenden Fall handelt es sich aber hier, da Beklagter (nach eigenem Zugeständniß) ganz kurz nach Abschluß des auf „comptant" geschlossenen Kaufs und auf die Mittheilung, das Geld solle zur Deckung eines fälligen Accepts verwendet werden, Zahlung im Lauf des Tages versprochen hat.

In der That ist auch jene beschränkende Auslegung des Kompensations-Verzichts in solchem Falle gar nicht möglich, sie enthält einen unlösbaren inneren Widerspruch.

Nr. 9.

II. Senat. — Erkenntniß v. 17. Februar 72. (V.)

Schlesische Aktiengesellschaft für Bergbau und Zinkhüttenbetrieb zu Breslau ./. Magdeburger Feuerversicherungs-Gesellschaft zu Magdeburg (Nr. 733 v. 71).

Preußen. **Nichtigkeitsbeschwerde.**

I. Instanz: Stadtgericht Breslau,
II. Instanz: Appellationsgericht daselbst.

Reformatio in peius. Auslegung von Versicherungsbedingungen.

1. Wenn der I. Richter den Kläger „angebrachter Maaßen" abgewiesen hat, darf der nur vom Kläger angerufene Appellrichter nicht schlechthin auf Abweisung erkennen.

Rspr. II S. 220, V S. 90 Nr. 3.

2. Die Auslegung, welche der Appellrichter vertragsmäßigen „Versicherungsbedingungen" gegeben hat, ist, als zur thatsächlichen Feststellung des Streitfalles gehörig, an sich mit der Nichtigkeitsbeschwerde nicht anfechtbar*).

Rspr. I S. 8, 188, 197 n., 319, 396 lit. c; vgl. II S. 245 III S. 182, IV S. 348.

* Die neue bayerische Prozeß-Ordnung v. 1869 bestimmt im Art 791 ausdrücklich: „Die NktBschw. kann nicht darauf gestützt werden, daß das Gericht die thatsächlichen Ergebnisse der Beweise und Verhandlungen unrichtig aufgefaßt oder den Inhalt einer Urkunde falsch ausgelegt habe, es sei denn, daß gesetzliche Vorschriften dabei verletzt worden sind." Gesetzverletzung läßt sich aber nur behaupten, wenn entweder eine Interpretationsregel, die rechtlich nicht existirt, als grundsätzlich maaßgebend aufgestellt oder einer entscheidenden Gesetzesvorschrift die Anwendung auf den vorliegenden, seiner thatsächlichen Gestaltung nach dazu geeigneten Fall geradezu versagt worden sein sollte. — Dies ist völlig einleuchtend. Gleichwohl hat die liberale, mehrfach von uns (Rspr. I S. 160; II S. 33, 95, 245; IV S. 345 Nr. 2, 377) mitgetheilte Auffassung, welche das OHG den üblichen Allg. Versicherungsbedingungen zu geben pflegt, in der Praxis wiederholt zu (stets mißlungenen) Versuchen verleitet, einer engherzigen, den Wortlaut überwiegend betonenden Auslegung der Instanzrichter durch Nichtigkeitsbeschwerde entgegen zu treten. Nur bei eigener freier Beurtheilung darf das OHG hier sein Befinden walten lassen; wo solche nicht (wie z. B in der preuß. Revisionsinstanz) von selbst eintritt, kann dieselbe nur durch Aufstellen anderweitiger, durchgreifender Nichtigkeitsgründe herbeigeführt werden, vgl. preuß. Verordnung v. 14. Dez. 33 § 16 Abs. 2, § 17.

In einer altpreußischen Versicherungssache hatte der Appellrichter die in I. Instanz durchweg nur „in angebrachter Art“ abgewiesene Klägerin auf deren alleinige Berufung (theilweise) lediglich abgewiesen. Die NktBschw. rügte diesen Verstoß und wollte dadurch eine freiere Auslegung des maaßgebenden Versicherungsvertrages herbeiführen, welche sie nebenher durch die Behauptung zu stützen suchte, daß allgemeine Rechtsregeln außer Acht geblieben seien. Die NktBschw. blieb in letzter Hinsicht erfolglos; denn das OHG nahm

in Erwägung:

daß in erster Instanz Klägerin mit ihrem ganzen Klageanspruch in angebrachter Art abgewiesen worden ist, und daß der Appellrichter ihr zwar 533 Thlr. nebst Zinsen zugesprochen, ihre Mehrforderung von 1364 Thlrn. aber pure, nicht blos in angebrachter Art, aberkannt hat; daß hierin sowohl die Verletzung einer wesentlichen Prozeßvorschrift nach § 5 Nr. 10 d der [preuß.] Verordnung v. 14. Dez. 33, als auch eine Verletzung der Rechtsgrundsätze von der Rechtskraft richterlicher Entscheidungen (§§ 65, 66 der Einleitung und § 1 Tit. 16 Th. I AGO), da Beklagte gegen das I. Erk. nicht remedirt hatte, zu erblicken ist, weshalb insoweit das Appellurtel vernichtet und das I. Erk. bestätigt werden mußte, obgleich Beklagte in der NktBschw. nur vorgedachte materielle Rechtsverletzung, nicht auch jenen prozessualen Verstoß, gerügt hat;

daß im Uebrigen die Ausführung der NktBschw. auf der unzutreffenden Voraussetzung, daß der, in Vorstehendem für begründet erachtete, Angriff zur Vernichtung der ganzen Vorentscheidung führen müsse, beruht und daher keine Prüfung erheischt, daß überdies die in dieser Ausführung enthaltenen Angriffe, wenn sie dennoch der Prüfung unterworfen werden, sich als hinfällig erweisen, weil sie theils gegen die, einem materiellen Angriff überhaupt nicht zugängliche, faktische Auslegung der Versicherungsbedingungen gerichtet sind, theils dem Appellrichter vorwerfen, die rechtliche Bedeutung der bona fides nicht zur Geltung gebracht, gegen die Prinzipien von der Beweislast, sowie im Sinne von Nr. 9 der Instruktion vom 7. April 39 gefehlt zu haben, obgleich gar nicht erfindlich ist, inwiefern der Appellrichter die Natur des vorliegenden Rechtsgeschäfts verkannt haben soll und in Anwendung der Grundsätze von der bona fides zu einer anderen Entscheidung gelangen mußte, auch von ihm die Beweislast zweifellos richtig gewürdigt worden ist.

Nr. 10.

II. Senat. — Erkenntniß v. 17. Febr. 72. (V.)

Lazarus c/. Hergersberg & Co. (Nr. 776 v. 71).

Preußen. **Nichtigkeitsbeschwerde.**

I. Instanz: Stadtgericht Berlin,
II. Instanz: Kammergericht daselbst.

Formfreiheit der Handelsgeschäfte.

Die §§ 161, 162 ALR I. 16 — welche für Vorbehalte bei Zahlungen die Schriftform als wesentlich hinstellen — sind durch Art. 317 HGB für Vorbehalte, die bei handelsgeschäftlichen Zahlungen gemacht werden, aufgehoben.

HGB Art. 1, 277, 317.
Vgl. Rspr. V S. 210, 277.

Entscheidung des OHG:

Nach der Sachdarstellung des I. Richters, auf welche der Appellrichter Bezug nimmt, hat Kläger, welcher mit der Beklagten in [kaufmännischer] Geschäftsverbindung gestanden, ein angebliches Guthaben der Letzteren am 30. Mai 70 durch Vermittelung seines Sohnes bezahlt, der jedoch die Zahlung nur unter Vorbehalt der Rechte seines Vaters bezüglich einiger Rechnungsposten geleistet haben soll. Auf Grund dieses Vorbehalts verlangt nunmehr Kläger einen Theil der gezahlten Summe mit der Behauptung zurück, daß in Betreff desselben die bezahlte Forderung der Bekl. unbegründet gewesen sei. Feststeht, daß der fragliche Vorbehalt weder schriftlich erklärt worden, noch in der ausgestellten Quittung ausgedrückt ist. Deshalb hat ihn der Appellrichter für unwirksam erachtet, indem er ausgeführt, daß § 161 ALR I. 16 durch Art. 317 HGB nicht aufgehoben sei.

Der hiegegen gerichtete, auf Verletzung der citirten Gesetzesbestimmungen gestützte Angriff der NktBschw. ist begründet.

Nach § 165 ALR I. 16 gehen durch eine ohne Vorbehalt geleistete Zahlung die Einwendungen, welche der Zahlende dem Anderen hätte entgegensetzen können, in der Regel verloren. Im Gegensatz hiezu verordnet § 160 daselbst, daß, wenn eine Zahlung mit Vorbehalt geleistet wird, dem Zahlenden das Recht verbleibt, seine Einwendungen auch nachher noch geltend zu machen.

Ein solcher Vorbehalt aber muß — so lautet § 161 — schriftlich erklärt oder in der von dem Zahlungsnehmer ausgestellten Quittung anerkannt sein. Gemäß dieser Gesetzesvorschrift entbehrt der Vorbehalt, auf welchen sich Kläger beruft, nach preußischem Partikularrecht allerdings der Erfordernisse zu seiner Wirksamkeit. Da jedoch darüber, daß die, nach der Behauptung des Klägers mit Vorbehalt geleistete, Zahlung sich auf Handelsgeschäfte bezogen hat, kein Streit obwaltet: so fragt sich, ob hier nicht Art. 317 HGB zur Anwendung kommen muß, welcher bestimmt:

> Bei Handelsgeschäften ist die Giltigkeit der Verträge durch schriftliche Abfassung oder andere Förmlichkeiten nicht bedingt.

Ausnahmen von dieser Regel finden nur insoweit statt, als sie in diesem Gesetzbuch enthalten sind.
Der Appellrichter verneint die Frage mit der Ausführung: es liege auf der Hand, daß die Erklärung, eine Zahlung nur mit Vorbehalt zu leisten, kein Vertrag sei; werde die mit Vorbehalt geleistete Zahlung angenommen, so beziehe sich das Einverständniß der Parteien immer nur auf die Hingabe und Annahme der Geldsumme und die dadurch zu bewirkende Tilgung einer Schuld; keineswegs aber acceptire der Zahlungsnehmer damit die Erklärung, daß der Zahlende sich seine Rechte vorbehalte, oder verpflichte sich etwa stillschweigend zur Rückzahlung unter der Bedingung, daß der Zahlende die Nichtexistenz seiner Verpflichtung nachweise; vielmehr liege gerade in Betreff der Zahlungs- und eventuell der Erstattungs-Verbindlichkeit Nichtübereinstimmung der Interessenten vor; die Erklärung des Vorbehalts habe eben den Zweck, diesen Dissens der Parteien zu konstatiren.

In dieser Argumentation kann dem Appellrichter nicht beigetreten werden.

Bereits in mehreren Fällen [vgl. Rspr. I S. 311 ff., III S. 282, V S. 344] hat der Reichsgerichtshof angenommen und dargelegt, daß Art. 317 HGB nach seiner Fassung und Entstehungsgeschichte auf diejenigen Willenserklärungen, aus welchen ein Handelsgeschäft unmittelbar hervorgegangen, nicht zu beschränken sei, sondern die ganze handelsrechtliche Rechtssphäre des Geschäfts, nämlich alle diejenigen Akte umfasse, welche sich auf das Zustandekommen und die Wirkungen desselben beziehen. Demgemäß können auch nachträgliche Willensäußerungen, ausdrückliche wie stillschweigende, unter die fragliche Bestimmung fallen, wenngleich sie in nur mittelbarer Beziehung zu dem Handelsgeschäft stehen. Unzweifelhaft gilt dies von Rechtsakten, welche die Erfüllung zum Gegenstand haben, da angenommen werden muß, daß auf diese schon bei Eingehung des Geschäfts die Absicht der Kontrahenten gerichtet war. Sofern dem Akte der Erfüllung eines Handelsgeschäfts die Vertragsnatur beizulegen ist, so paßt auf ihn die Bestimmung des Art. 317 nach ihrem Sinn und Wortlaut vollkommen, weshalb nicht geprüft zu werden braucht, ob etwa solcher Akt bei Anwendbarkeit des Art. 274 Absatz 1 a. a. O. als selbständiges Handelsgeschäft zu betrachten sei.

Zu den Arten der Erfüllung gehört vornehmlich die Zahlung. Indem das Gesetz im (schon citirten) § 165 ALR I. 16 an die Leistung und Annahme der die Erfüllung eines Vertrages bezweckenden Zahlung die Wirkung knüpft, daß alle Einwendungen des Zahlenden für erledigt gelten sollen, vindizirt es diesen Akten die Bedeutung einer, obzwar nur stillschweigenden, dennoch aber rechtsgiltigen, anderweiten Vereinbarung über die definitive Aufhebung des bestandenen Rechtsverhältnisses; dies jedoch nur für den Fall, daß die Zahlung ohne Vorbehalt geleistet worden. Ist ein Vorbehalt bei der Zahlung gemacht, so kommt es nach § 163 a. a. O. darauf an, ob er sich auf alle Einwendungen des Zahlenden bezieht oder ob nur bestimmte Einreden vorbehalten sind. Letzteren Falles sind alle nicht ausdrücklich bezeichneten Einwendungen als erloschen anzusehen. In keinem Falle hebt der Vorbehalt bei der Zahlung alle rechtlichen Folgen derselben auf. Trotz des Vorbehalts wirkt die Zahlung als Erfüllung (§ 10 daselbst); der Empfänger wird Eigenthümer des Gezahlten (§ 28), und nur, ob und in welchem Maaße er Rückzahlung leisten muß, also ob und inwieweit die Wirkung der Zahlung, als Tilgungsakt der Verbindlichkeit, wieder aufgehoben wird, hängt davon ab, ob und inwieweit der Vorbehalt mit Erfolg realisirt wird. — Freilich ist die Erklärung allein, eine Zahlung nur mit Vorbehalt zu leisten, kein Vertrag. Sie bildet aber, wenn sie bei der Zahlung geschieht, einen Bestandtheil der in letzterer enthaltenen, vom Zahlungsnehmer acceptirten Willensäußerung, indem sie bezweckt, die gesetzliche Wirkung der vorbehaltlosen Zahlung für den Fall der Geltendmachung des Vorbehalts, also blos bedingterweise, ganz oder zum Theil auszuschließen. Dementsprechend bezeichnen C. F. Koch (im Kommentar zum ALR, 4. Auflage, B. II S. 356 n. 11 zu § 161 Tit. 16 Th. I) und Förster (Theorie und Praxis rc. B. I S. 556 Nr. 6) mit Recht die Zahlung unter Vorbehalt als eine unter einer resolutiven Bedingung geleistete.

Von diesem Gesichtspunkt aus stellt sich die Handlung des Zahlens verbunden mit der Erklärung des Vorbehalts als einheitlicher Willensakt dar. Es kann daher auch die in der Zahlungs-Annahme enthaltene Acceptation nicht getheilt und nur auf die Tilgung der fraglichen Schuld bezogen werden. Vielmehr ist in ihr zugleich das Einverständniß des Gläubigers damit, daß diese Tilgung nur bedingterweise eintrete, zu erkennen. Der Umstand, daß der Schuldner, trotz seiner Einwendungen gegen die Verbindlichkeit, gezahlt und der Gläubiger, trotz des Vorbehalts dieser Einwendungen seitens des Ersteren, die Zahlung angenommen hat, läßt ein beiderseitiges Einverständniß über die nur hypothetische Wirkung der Zahlung als Voraussetzung des Zahlungsakts erscheinen. Hienach aber kann dem letzteren die Vertragsnatur nicht abgesprochen werden. Eine besondere, bzw. ausdrückliche Acceptation erfordert auch das preußische Recht nicht. Namentlich hat die Bestimmung des citirten § 161, wonach der Vorbehalt in einem Schriftstück des Schuldners erklärt oder in der Quittung des Gläubigers anerkannt sein muß, offenbar nur den Zweck, die Wirkung des Vorbehalts auf bestimmte, durch schriftliche Abfassung seitens des einen oder anderen

Theiles fixirte Erklärungen des Zahlenden zu beschränken und dadurch in Ansehung von Aeußerungen des Zahlenden, seine Verpflichtung zur Zahlung betreffend, künftigen Zweifeln und Streitigkeiten darüber, ob solche Aeußerungen nach Absicht und Inhalt als Vorbehalt im Sinne der §§ 160 ff. ALR I. 16 zu behandeln seien, vorzubeugen. Mit dieser Auffassung steht es im Einklang, daß nach § 162 die Vorschrift des § 161 auch bei Zahlung einer Summe von 50 Thalern oder weniger gilt, wenn über dieselbe eine Quittung ausgestellt ist, daß also auch in diesem Falle die Schriftform für den Vorbehalt erfordert wird, obgleich es ihrer nach den allgemeinen Bestimmungen der §§ 131 ff. ALR I. 5 nicht bedarf. Andererseits liegt darin, daß im entgegengesetzten Falle, nämlich wenn bei einer Zahlung von 50 Thalern oder weniger keine schriftliche Quittung ertheilt worden ist, nach den citirten Gesetzesvorschriften der blos mündlich beigefügte Vorbehalt ohne Weiteres für rechtsgiltig zu erachten, eine positive Bestätigung dafür, daß das Gesetz eine besondere ausdrückliche Acceptation des Vorbehalts überhaupt nicht verlangt, daß also auch im § 161 ALR I. 16 solche als Requisit der Rechtsgiltigkeit des Vorbehalts nicht hat aufgestellt werden sollen.

Aus diesen Erwägungen folgt für den gegenwärtigen Rechtsstreit, daß der Appellrichter, indem er die Behauptung des Klägers, daß die Zahlung v. 30. Mai 70 mit Vorbehalt geleistet worden sei, deshalb für unerheblich erachtet, weil der Vorbehalt weder schriftlich erklärt noch in der Quittung der Bekl. anerkannt worden ist, den mehrgedachten § 161 durch Anwendung auf den vorliegenden Fall und den Art. 317 HGB durch Nichtanwendung verletzt hat. Nach der ausdrücklichen Vorschrift des Abs. 2 im Art. 317 finden Ausnahmen von der Bestimmung des Abs. 1 nur insoweit statt, als sie im Handelsgesetzbuch selbst enthalten sind. Solcher Ausnahmefall liegt nicht vor. Darauf, daß mit dem Appellrichter die Form-Vorschrift des § 161 ALR I. 16 als eine singuläre zu betrachten ist, kommt es nach Art. 1 HGB nicht an.

Auf obgedachter Gesetzesverletzung beruht die angefochtene Entscheidung. Dieselbe mußte daher vernichtet werden; § 4 Nr. 1 der Verordnung v. 14. Dez. 33.

In der Sache selbst bedarf es nach obiger Rechtsausführung keiner weiteren Begründung der Erheblichkeit des vom Kläger behaupteten Vorbehalts. An und für sich ist letztere als unstreitig anzusehen. Mit Unrecht aber nimmt der I. Richter die Thatsache des Vorbehalts für zugestanden an ...

Demzufolge muß der den fraglichen Vorbehalt betreffende Beweis erhoben werden.

Nr. 11.

I. Senat. — Erkenntniß v. 20. Februar 72. (B.)

Niederrheinische Güter-Assekuranz-Gesellschaft zu Wesel ./. die Berliner Land- und Wasser-Transportversicherungs-Gesellschaft (Nr. 646 v. 71).

Preußen. **Revision und Nichtigkeitsbeschwerde.**

I. Instanz: Stadtgericht Berlin,
II. Instanz: Kammergericht daselbst.

Rückversicherung. Rechtsmittel der Revision. Natur der Versicherungsverträge.

1. Nach der AGO (Th. I Tit. 30 § 48, 56; Anhangs § 213) ist in allen Streitigkeiten aus einem „Assekuranzkontrakt" das Rechtsmittel der Revision ausgeschlossen.

Preuß. Kabinets-Ordre v. 10. April 32, Ges.-Sammlung S. 136.
Preuß. OTr. IV. Sen., Entsch. B. 22 S. 283 B. 55 S. 252, 258.
Rspr. II S. 96.

2. Eine Vereinbarung, durch welche eine — nach Zeit und Zahl unbestimmte — Reihe von Rückversicherungsverträgen zum Abschluß gelangt, ist als ein wirklicher Versicherungsvertrag, nicht als ein bloßer Vorvertrag (pactum de contrahendo) anzusehen.

HGB Art. 783; ALR II. 8 § 2016, 2019.

3. Nach dem System des ALR gehören Versicherungsverträge nicht zu den sogen. „Verträgen über Handlungen“ (ALR I. 11 § 869 ff.), vielmehr zu den „gewagten Geschäften“ (ALR I. 11 § 527 ff.).

§ 546 ALR I. 11; § 2024 ALR II. 8.

4. § 408 und 409 ALR I. 5 sind auf jede Art von Versicherungsverträgen nicht anwendbar.

§ 2300 ALR II. 8.

Entscheidung des OHG:

Klägerin leitet ihre Ansprüche aus 2 Verträgen her von denen der erste (der Hauptvertrag v. 25. Okt. 65) sich ausdrücklich als „Rückversicherungsvertrag“*) bezeichnet, der zweite aber (Vertrag v. 28. Okt. 65) die Betheiligung der Bekl. an der klägerischen Versicherung von Zündhölzern betrifft und in gewissen Beziehungen den Bestimmungen des Hauptvertrages unterliegt. Gestritten wird über die Fortdauer des Hauptvertrages bis Ende 1869, über Schadenersatz wegen Nichterfüllung dieses Vertrages und über antheilige Ersatzleistung aus Haverei einer von Klägerin versicherten Ladung Zündhölzer. Da nun — welches immer auch die besondere rechtliche Natur der unter den Parteien geschlossenen Verträge sein mag — dieselben doch (wie die Prüfung der von der Bekl. ergriffenen NktBschw. ergeben

* Inhalts des Vertrages wurde wegen der sogen. „Excedentien“ Rückversicherung genommen, nämlich für diejenigen Beträge einer Versicherungssumme, welche das bei der betr. Gesellschaft zulässige Versicherungs-Maximum überschreiten. Die Gesellschaft, welche Rückversicherung nimmt, behält also einen gewissen Betrag für eigene Rechnung und giebt den Ueberschuß der anderen Gesellschaft (ganz oder antheilsweise) in Rückversicherung.

wird) Rückversicherungen zum Gegenstand haben, bei allen Streitigkeiten „aus einem Assekuranzvertrage" aber, ohne Unterschied des Gegenstands wie der Art der Versicherung, [in Altpreußen] das Rechtsmittel der Revision gesetzlich ausgeschlossen ist:

AGO I. 30 § 48, 56; Anhangs § 213;
Kabinets-Ordre v. 10. April 1832:

so war das von beiden Theilen zunächst eingelegte Rechtsmittel der Revision als unstatthaft zu verwerfen.

Die eventuell erhobene Nichtigkeitsbeschwerde der Bekl. erscheint unbegründet.

Beklagte ist vom Appellrichter verurtheilt worden, anzuerkennen, daß der Rückversicherungs-Vertrag welchen sie am 25. Okt. 65 mit der Klägerin geschlossen hat, bis zum 31. Dez. 69 in Kraft gewesen. Hiebei geht der Richter davon aus,

daß der Vertrag v. 25. Okt. 65 ein Rückversicherungsvertrag und nicht ein Vertrag, „dessen Hauptgegenstand Handlungen sind," sei,
daß somit das einseitige Rücktrittsrecht, welches § 408 ALR I. 5 für einen Vertrag letzterer Art anerkennt, der Bekl. nicht zugestanden habe.

Die NktBschw. wirft dem Appellrichter vor, durch diese Annahmen die Natur des Rechtsgeschäfts verkannt und § 408 Tit. 5, § 869 Tit. 11 Th. I ALR verletzt zu haben. Jedoch mit Unrecht.

Ob jedes sogen. pactum de contrahendo (Vorvertrag) als ein Vertrag, „dessen Hauptgegenstand Handlungen sind," im Sinne des § 408 ALR I. 5 anzusehen sei, kann dahin gestellt bleiben. Denn ein solcher Vorvertrag, kraft dessen ein oder auch beide Theile nur verpflichtet gewesen wären, auf Verlangen des anderen mit demselben Rückversicherungsverträge abzuschließen, ist im Uebereinkommen v. 25. Okt. 65 nicht zu finden. Vielmehr ist durch dasselbe eine, freilich nach Zeit und Zahl unbestimmte, Reihe von Rückversicherungsverträgen abgeschlossen worden. Mochte der einzelne Rückversicherungsvertrag von selber in dem Augenblick perfekt werden, da der eine Kontrahent einen Versicherungsvertrag abschloß, welcher nach dem Uebereinkommen eine Rückversicherungsbetheiligung des anderen nach sich zog — oder mochte es dazu noch einer mehr oder weniger detaillirten, insbesondere das zu tragende Risiko genau angebenden Anmeldung des primären Versicherers und Rückversicherungsnehmers bedürfen —: jedenfalls war nur davon, nicht von einer neuen Willenserklärung des Rückversicherers die Existenz des einzelnen Rückversicherungsvertrages abhängig.

Da nun der juristische Charakter der Verträge weder durch deren Bedingtheit, noch durch die Unbestimmtheit ihrer Zahl irgend berührt wird, und jeder einzelne Rückversicherungsvertrag einen wahren Versicherungsvertrag des Inhalts darstellt, daß der Rückversicherer die von dem primären Versicherer und Rückversicherungsnehmer übernommene Gefahr ganz oder theilweise seinerseits versichert, d. h. auf sein Vermögen übernimmt,

HGB Art. 783, ALR Th. II Tit. 8 § 2016, 2019;
Malß, Ztschr. für HR XIII S. 506 ff.:

so fällt auch die vorliegende Uebereinkunft, deren Gegenstand eine unbestimmte Reihe künftiger Rückversicherungsverträge, sei es nur auf einer oder auf beiden Seiten bildet, unter den gleichen allgemeinen Rechtsbegriff der Versicherungsverträge. Diese aber gehören, nach dem System des ALR, nicht zu den im achten Abschnitt des Tit. 11 Th. I behandelten Verträgen, „wodurch Sachen gegen Handlungen oder Handlungen gegen Handlungen" (vgl. § 869 daselbst) versprochen werden.

Vielmehr unterscheidet der Gesetzgeber von dieser sehr weiten — mannigfache, im römischen Recht unter verschiedenartigen Gesichtspunkten stehende Verträge umfassenden — Vertragskategorie eine andere, gleichfalls weite, im sechsten Abschnitt des gleichen Titels § 527 ff. behandelte Kategorie von Verträgen, welche er „gewagte Geschäfte“ nennt. Und während unter den im achten Abschnitt (§ 894 ff.) unter 7 Nummern aufgezählten wichtigsten Arten der Verträge über Handlungen sich die Versicherungsverträge nicht befinden, werden dieselben unter den § 546 ff. aufgezählten 10 Hauptarten der gewagten Geschäfte in erster Linie genannt.

ALR Th. I Tit. 11 § 546; vgl. Th. II Tit. 8 § 2024.

Geht man nun davon aus, daß die §§ 408, 409 ALR I. 5:

„Bei Verträgen, deren Hauptgegenstand Handlungen sind, kann Derjenige, welcher behauptet, daß der Andere die Erfüllung bisher nicht kontraktmäßig geleistet habe oder solchergestalt nicht leisten könne, zwar sofort, auf seine Gefahr, vom Vertrage wieder abgehen.

Er muß aber, wenn sich hienächst bei der gerichtlichen Untersuchung findet, daß sein Vorgeben ungegründet gewesen sei, den Gegegentheil vollständig entschädigen,“

auf alle diejenigen, aber auch nur auf diejenigen Verträge Anwendung finden, von welchen der achte Abschnitt des elften Titels, § 869 ff. handelt (vgl. § 708 Tit. 11): so ergäbe sich schon hieraus ihre Unanwendbarkeit auf jede Art der Versicherungsverträge. Angenommen dagegen, man wollte alle Verträge, deren Gegenstand ein facere (eine Handlung) im Gegensatz zum dare (Geben) bildet, zu den in jenen §§ 408, 409 Tit. 5 genannten Verträgen zählen: so ließe sich freilich der Versicherungsvertrag unter diese Kategorie subsumiren. Indessen auch die Societät, das

Mandat und viele andere. So sicher nun die Societät, das Mandat, sogar Verträge über ein verdungenes Werk (§ 412 Tit. 5, 938 Tit. 11) und andere besonders benannte und geregelte Verträge nicht den Bestimmungen der §§ 408 ff., sondern nur ihren eigenthümlichen Grundsätzen, bzw. den gemeinschaftlichen Regeln aller Verträge unterliegen, so unzweifelhaft gilt dies auch von Versicherungsverträgen. — Endlich verweist § 413 hinsichtlich der Anwendung der in den §§ 396 ff. aufgestellten Vorschriften im kaufmännischen Verkehr auf die Bestimmungen des 8. Titels Th. II; § 2300 daselbst aber bestimmt ausdrücklich:

„Von vorstehenden aus dem Assekuranzvertrage fließenden Verbindlichkeiten kann keine von beiden Parteien sich, weder ganz noch zum Theil, einseitig losmachen."

Und diese Regel erleidet nur gewisse, in den §§ 2301 ff. aufgezählte Ausnahmen, zu welchen der Fall des § 408 Tit. 5 Th. I nicht gehört.

Vgl. auch Gruchot's Beiträge B. III S. 154—171;

Heydemann, Einleitung in das System des preuß. Civilrechts I S. 276--278;

Förster, Theorie und Praxis des preuß. Privatrechts, I § 87;

C. F. Koch, Komm. zum ALR I. 5 § 408, I. 11 § 878;

C. F. Koch, Recht der Forderungen, II. § 138 gegen Ende;

Preuß. OTr. Entsch. B. 48 S. 60; B. 19 S. 154;

Strieth. Arch. B. 44 S. 109 ff.

Nr. 12.

I. Senat. — Erkenntniß v. 23. Febr. 72. (Ref.)

[Kapitän Th. Perry und Ladungsinteressenten des brit. Schiffs Andrew Lovitt ·/. F. W. Wencke (Nr. 22 v. 72).

Bremen. Seerechtsfall. Ober-Appellation.

I. Instanz: Schiedsgericht in Bremerhaven,
II. Instanz: Obergericht Bremen.

Seenoth, Bergung und Hilfe. Kontrakte in Seenoth. — Arbiter und Arbitrator. Richteramt.

1. Ein Schiedsrichterspruch bindet gemeinrechtlich die Parteien (abgesehen von formellen Mängeln) auch, wenn er sachlich unbillig oder unrichtig erscheint.

L. 27 § 2 Dig. 4, 8; vgl. Rspr. I S. 151, III S. 353.
Anders: nach bremer Partikularrecht (Prozeßordnung II § 50) Windscheid Pandekten § 416 n. 5, B. II S. 523.

2. Gemeinrechtlich findet die Verweisung eines zu erledigenden Punktes an das arbitrium boni viri (die billige Schätzung eines Dritten) regelmäßig unter der von beiden Theilen gehegten Voraussetzung statt, daß die erfolgende Entscheidung keine schwere Verletzung eines der Betheiligten enthalten werde.

L. 30 Dig. 38, 1.

Jedes in hohem Grade unbillige arbitrium unterliegt demnach, auf Anrufen der benachtheiligten Partei, der Aenderung durch Richterspruch.

L. 79 Dig. 17, 2; vgl. Rspr. III S. 356.

3. Beispiel zur Unterscheidung des Schiedsrichters (arbiter) vom bloßen Arbitrator. Diese Unterscheidung im gegebenen Falle zu treffen, ist Sache des Richteramts.

Vgl. Rspr. II S. 95 Nr. 3, 332; III S. 41, 353 Nr. 2.

4. Im Drange der Seenoth eingegangene Verträge, welche die Vergütung zu leistender Nothhilfe betreffen, sind (nach Analogie der gemeinrechtlichen actio quod metus

causa) wegen mangelnder freier Zustimmung des Kontrahenten anfechtbar.

(Altes Seerecht, Uebereinstimmung des gegenwärtigen Rechts der vornehmsten seefahrenden Nationen).

Art. 743 HGB betrifft auch solche Vereinbarungen, die nur mittelbar eine unbillige Festsetzung der Höhe des Hilfs- oder Bergelohns herbeiführen.

5. Der Fall einer Bergung (im Sinne des HGB Art. 742 ff.) darf nur angenommen werden, wenn die angeblich geborgenen Gegenstände in den Naturalbesitz derer, welche Bergelohn beanspruchen, übergegangen sind.

Vgl. Konferenz-Prot. S. 2803, 2804, 2810 Nr. 4.

6. Was für „Hilfe in Seenoth" zu vergüten sei, hat das richterliche Ermessen, nach Lage des Einzelfalles, billig (ex bono et aequo) zu bestimmen.

HGB Art. 744.

7. Gemeinrechtlich hat der Appellrichter regelmäßig das selbst durch Erkenntniß auszusprechen, was die Vorinstanz zu erkennen gehabt hätte, worauf diese aber nicht eingegangen ist.

L. 6 Cod. 7, 2.

Ausnahmen sind aus Zweckmäßigkeitsgründen statthaft.

Sachverhalt und Entscheidung des OHG:

Am 17. Januar 71 Vormittags gerieth das britische Schiff „Andrew Lovitt", Kapitän Thomas Perry, mit Baumwolle beladen und von Savannah nach Bremerhaven bestimmt, in der Nähe der Insel Wangeroog auf dort befindlichen Sand. Der Versuch, das Schiff unter Mitwirkung einiger von dieser Insel an Bord gekommenen Hilfsleute durch Winden auf einen ausgebrachten Anker abzubringen, blieb ohne Erfolg, und zwar auch, nachdem zur Leichterung des Schiffs einige Baumwollenballen geworfen worden waren.

Am Morgen desselben Tages verließ der der Klägerin

gehörige Schleppdampfer Diana, Kapitän Schulken, die Weser, „um (wie es in einem Journal-Auszuge heißt) nach See zu fahren und etwa in Noth befindlichen Schiffen zu Hilfe zu kommen, da bei dem [damaligen] Fehlen der Seezeichen viele und schwere Verluste durch Strandungen vorgekommen wären, welche durch rechtzeitige, von Schleppdampfern geleistete Hilfe wahrscheinlich hätten verhindert werden können." — Die Diana ist gegen 3 Uhr Nachmittags in die Nähe des Andrew Lovitt gekommen.

Kapitän Schulken hatte gedruckte, in mehreren Sprachen abgefaßte Verpflichtungsformulare am Bord, welche seitens der Kapitäne solcher Schiffe, die Hilfsleistung bedurften und von der Diana zu erhalten wünschten, unterzeichnet werden mußten, bevor seitens der Diana zur Assistenz geschritten wurde: Verpflichtungsformulare, welche (ähnlich lautend) nach Angabe der Klägerin auch von anderen Rhedereien der Weser ihren zur Hilfsleistung in Seenoth ausgesendeten Dampfern mitgegeben zu werden pflegen. Das von der Diana geführte Formular lautet in deutscher Sprache:

„Ich Endesunterzeichneter, als Kapitän des Schiffes . . . . ., engagire hiedurch das Dampfschiff der Dampfschleppfahrt von F. W. Wencke Diana zur Bergung meines Schiffes und Ladung, und erkläre hiedurch ausdrücklich, daß Schiff und Ladung in einer sehr gefährlichen Lage sind und ich mit meiner Mannschaft nicht im Stande bin, irgend etwas zur Rettung von Schiff und Ladung bei dem gegenwärtigen Zustande beizutragen. Ferner erkläre ich mich damit einverstanden, daß der Bergelohn nach Wunsch des Herrn F. W. Wencke entweder schiedsrichterlich durch Sachverständige oder gerichtlich festgesetzt werde. Bei Festsetzung des Bergelohns durch Sachverständige, von denen jeder Theil Einen erwählt, ist es diesen beiden überlassen, einen Obmann zuzuziehen. Die Kosten des Verfahrens trage ich Endesunterzeichneter. Der so festgesetzte Bergelohn soll für beide Theile bindende endgiltige Kraft haben und verzichte ich auf alle Rechtsmittel gegen diese Entscheidung.

Zugleich ... verpflichte ich mich, zum Zweck der gedachten schiedsrichterlichen Entscheidung unverzüglich einen in Bremerhaven-Geestemünde wohnenden Sachverständigen zu ernennen, den von den Sachverständigen dem Schleppboote, bzw. Herrn F. W. Wencke zuerkannten Bergelohn aber unweigerlich binnen drei Tagen nach Festsetzung des Bergelohns zu bezahlen.

Geschehen am ......"

Seitwärts ist folgende, durch stärkeren Druck und Unterliniirung ausgezeichnete, Bemerkung hinzugefügt:

„NB. Dieser Revers ist vom Kapitän des Hilfe suchenden Schiffs zu unterzeichnen, **widrigenfalls ihm keine Hilfe geleistet werden wird.**"

Dem Kapitän Perry wurde vom Kapitän Schulken ein gedrucktes Formular in englischer Sprache zur Unterschrift präsentirt, welches eine Uebersetzung des obigen deutschen Textes enthält. Er unterzeichnete den Verpflichtungsschein.

Die Diana hat demnächst (nach den beiderseitigen Angaben) um 3 Uhr Nachmittags mit ihrer Hilfsleistung dadurch begonnen, daß sie mittelst einer an ihren Bord gebrachten Trosse den Andrew Lovitt von der Untiefe, auf welcher er sich befand, abzuschleppen versuchte, was, nachdem noch einige Ballen Baumwolle geworfen worden waren, nach dreistündigen Bemühungen gelang. Der Andrew Lovitt ist hierauf von der Diana in tiefes Wasser bugsirt worden und dort für die Nacht vor Anker gegangen. Am folgenden Morgen ist die Diana als Schleppdampfer thätig geworden und hat den Andrew Lovitt bis Bremerhaven, oder doch bis unterhalb der Weser-Barre, gebracht.

In Bremerhaven ist Kapitän Perry, auf Grund des von ihm unterzeichneten Verpflichtungsscheins, zur Ernennung eines für ihn als Schiedsrichter fungirenden „in Bremerhaven-Geestemünde wohnenden Sachverständigen" aufgefordert worden und hat dieser Aufforderung entsprochen. Auch die klagende Firma F. W. Wencke hat ihrerseits einen für sie handelnden Sachverständigen ernannt. Die beiden berufenen Personen ließen sich von den Kapitänen Perry und Schulken Aufklärungen über den Vorgang bei der Insel Wangeroog ertheilen, und konstatirten den Werth des Schiffs, der Fracht und der Ladung. Sie nahmen diesen Werth, wie folgt, an:

Werth des Schiffes und der Fracht			Gold-Thlr. 36900.
Werth der Gesammtladung	Thlr. 210000.		
Werth von im Ganzen geworfenen 70 Ballen Baumwolle	„ 6360	„	203640.
Hienach Werth von Schiff und Ladung bei der Ankunft in Bremerhaven			Gold-Thlr. 240540.

Sie erkannten hierauf, daß ein „Bergungsfall" vorliege. Ueber die Größe des „Bergelohns" waren sie, wie aus ihren zu den Akten gelieferten Notizen ersichtlich ist, verschiedener Meinung; Einer stimmte für 70000, der Andere für 58000 Goldthaler. Durch Vorschlag und Loos bestimmten die Schiedsrichter einen Obmann, und nunmehr einigten sich die drei Personen dahin, daß das Schiff Andrew Lovitt und dessen Ladung der Diana (oder vielmehr deren Rhederei, der jetzt klagenden Firma) einen „Bergelohn" von 62000 Goldthalern (etwa 68000 Thlr. preuß. Courant) zu zahlen hätten.

Dem Kapitän Perry ist dieser Schiedsspruch in der

Form eines von beiden Schiedsrichtern und dem Obmann unterzeichneten Erkenntnisses am 13. Febr. 71 zugefertigt worden.

Nunmehr hat Kapitän Perry — und zwar (während er bis dahin allein gehandelt hatte) jetzt in Mitwirkung der mitbetheiligten Bremer Destinatäre der Ladung, deren Legitimation die Klägerin schon vor den Schiedsrichtern anerkannt hatte, und im Beitritt des Bremischen Bevollmächtigten von fünf New-Yorker und einer Bostoner bei der Ladung betheiligten Versicherungsgesellschaften — den Schiedsspruch durch an das Obergericht gerichtete Appellations- und Nichtigkeitsbeschwerden angefochten und sowohl die formelle Giltigkeit desselben, als auch dessen materielle Richtigkeit bestritten.

Das Obergericht hat

I. beide Rechtsmittel als unstatthaft verworfen, davon ausgehend, daß die von den Parteien zur Festsetzung der seitens des Andrew Lovitt zu zahlenden Vergütung ernannten Personen überhaupt keinen Schiedsspruch, sondern nur ein Sachverständigen-Gutachten abgegeben hätten. Ein solches sei aber durch Rechtsmittel überhaupt unanfechtbar. Zur Charakterisirung jenes Ausspruchs als eines Sachverständigen-Gutachtens hat das Obergericht insbesondere deshalb sich veranlaßt gesehen, weil die Betreffenden, als sie zur Einlieferung ihrer Akten aufgefordert wurden, geäußert haben, sie hätten nur als Sachverständige fungirt und einen Schiedsspruch weder abgeben wollen, noch abgegeben.

Wenngleich nun die Klägerin in ihrer Vernehmlassung gegenwärtiger Instanz dieser Obergerichts-Auffassung sich angeschlossen hat, so kann doch eben so wenig daran gezweifelt werden, daß ein Kompromiß zwischen den Parteien geschlossen worden ist, daß hierauf ein Receptum stattgefunden hat und demnächst durch den Ausspruch v. 13. Febr. 71

wirklich ein schiedsrichterliches Urtel abgegeben worden ist, wie daran, daß die Appellanten es ablehnen dürfen, durch eine unrichtige und auf Seiten ihrer Gegnerin willkürliche Auslegung des zwischen derselben und ihnen stattgehabten Vorganges, eines ihnen zustehenden und befugter Weise von ihnen ergriffenen Rechtsmittelweges beraubt zu werden. In dieser Richtung ist es auch unerheblich, daß, wie aus dem Späteren sich ergeben wird, die Appellanten in Betreff des Streitverhältnisses keine materielle Einbuße definitiv erleiden könnten, wenn es bei der Verwerfung ihres jetzt in Frage stehenden Rechtsmittels bliebe; denn schon die Verkürzung derselben in der Rechtsverfolgung berechtigt sie zur Anrufung der höheren Instanz. Ueberdies würden die Appellanten, wenn der eingeschlagene Rechtsweg ihnen verschlossen bliebe, Verlust an Zeit und Kosten erleiden. — Die von der Obergerichts-Auffassung abweichende Behandlung der vorliegenden Sache wird durch die folgenden Erwägungen gerechtfertigt.

Bedarf es zwischen Parteien der Feststellung eines für ihre gegenseitigen Rechtsverhältnisse erheblichen Punkts, über welchen sie gütlich sich nicht einigen können oder wollen: so bieten sich, wenn sie von der anzurufenden richterlichen Entscheidung absehen, nach dem für die hier streitenden Theile zur Anwendung kommenden, nur in einem Punkte durch die bremer Partikular-Gesetzgebung modifizirten, gemeinen Recht zwei Wege dar. Sie können entweder Schiedsrichter bestellen oder den zu erledigenden Punkt der Festsetzung durch ein arbitrium boni viri überlassen. Die Rechtsfolgen sind, je nachdem der eine oder andere Weg eingeschlagen wird, verschieden. Nach gemeinem Recht sind die Parteien an Dasjenige, was von ihnen bestellte Schiedsrichter durch ein (nicht etwa wegen formeller Mängel anfechtbares) Schiedserkenntniß aussprechen, selbst dann gebunden, wenn dieses materiell unrichtig oder unbillig sein sollte, und wäre letzteres selbst in hohem Grade der Fall:

L. 27 § 2 Dig. 4, 8. Stari debet sententiae arbitri, quam de re dixerit, sive aequa, sive iniqua sit. Sibi imputet, qui compromisit.

Anders bei bloßer Schätzung, welche einem oder mehreren guten Männern übertragen wird. Im Allgemeinen soll zwar auch deren Ausspruch bindende Kraft haben, allein das gemeine Recht geht davon aus, daß im Zweifel jede Verweisung eines zu erledigenden Punktes an das arbitrium boni viri unter der von beiden Theilen gehegten Voraussetzung stattfinde, daß die Entscheidung, wenn auch vielleicht die eine oder die andere Seite günstiger, als hätte geschehen sollen, behandelnd, doch keine schwere Verletzung eines der Betheiligten enthalten werde.

L. 30 Dig. 38, 1. Ea mens est personam arbitrio substituentium, quia sperant, eum recte arbitraturum, non, quia vel immodice obligari volunt.

Demgemäß nimmt das gemeine Recht — welches nach L. 76 Dig. 17, 2 ausdrücklich zwischen eigentlichen Schiedsrichtern (arbitri) und Schätzungsmännern (jetzt gewöhnlich arbitratores genannt) unterscheidet — an, daß jedes in hohem Grade unbillige arbitrium boni viri seitens der verletzten Partei durch Anrufung des Richters angefochten werden darf und, wenn die Anfechtung begründet befunden wird, durch richterlichen Spruch abzuändern ist.

L. 79 Dig. 17, 2: Si arbitrium ita pravum est, ut manifesta ejus iniquitas appareat, corrigi potest per judicium bonae fidei.

Das bremer Partikularrecht hat an dem im Vor stehenden angegebenen Gesetzesbestande die wichtige Aenderung getroffen, daß Schiedssprüche nicht etwa nur (wie auch nach gemeinem Recht) wegen Nichtigkeit (Kompetenzüberschreitung, Verletzung wesentlicher Voraussetzungen der richterlichen Funktionen 2c.), sondern allgemein wegen materieller Unrichtigkeit durch Appellation bei der ordentlichen zweiten Instanz (dem Obergericht) angefochten werden dürfen. In der bremischen Gerichtsordnung ist nämlich dem schiedsrichterlichen Verfahren ein besonderer Abschnitt (II. § 36—54) gewidmet, und zufolge der Bestimmungen desselben wird jeder Schiedsspruch in Betreff seiner Wirksamkeit und Anfechtbarkeit ganz wie ein richterliches Erkenntniß erster Instanz behandelt. In §§ 50 und 51 jenes Gesetzes heißt es:

> „Gegen schiedsrichterliche Erkenntnisse findet die Appellation an das Obergericht . . . Statt. Bei der Appellation tritt dasselbe Verfahren ein, welches bei der Appellation von Erkenntnissen des Untergerichts angeordnet ist."

Hienach weicht in Betreff des in Betracht kommenden Verhältnisses das bremische Recht vom gemeinen Recht folgendermaaßen ab. Nach gemeinem Recht ist die durch einen unrichtigen oder unbilligen Schiedsspruch verkürzte Partei ungünstiger gestellt, als diejenige, welche durch ein unbilliges arbitrium boni viri bedroht wird; denn ihr steht gegen jenen gar kein Rechtsmittel zu Gebote, während die Partei im Falle einer manifesta iniquitas des Arbitriums bei dem Richter Schutz zu fordern berechtigt ist. Nach bremischem Recht findet das Gegentheil statt. Wer durch einen Schiedsspruch verletzt zu sein glaubt, kann nach ihm schlechthin bei der zweiten Instanz Remedur suchen; wer durch ein arbitrium boni viri verkürzt worden ist, findet dagegen, wie im gemeinen Recht, nur in den eklatanten Fällen geübter hoher Unbilligkeit einen Rechtsschutz.

Aus Vorstehendem ergiebt sich, daß eine Partei, welche einen zu ihren Ungunsten ausgefallenen wirklichen Schiedsspruch durch Anrufung der zweiten Instanz anzufechten sich veranlaßt sieht, ein erhebliches Interesse haben kann, jedenfalls ein anzuerkennendes Recht darauf hat, daß ihr diese Anfechtung nicht grundloser Weise entzogen oder verkürzt werde. — Daß es hiebei nicht auf die Erklärung der Gegenpartei ankommen kann, ob diese den Schiedsspruch als solchen oder nur als arbitrium boni viri gelten lassen wolle, leuchtet von selbst ein. Und nicht minder gleichgiltig ist es, wie die Autoren des Ausspruchs, um dessen Qualifizirung es sich handelt, über diese sich nachmals aussprechen. Sie vermögen nicht, an dem von ihnen ausgegangenen Spruch irgend etwas zu ändern oder diesem eine andere Qualifizirung beizulegen, als welche nach einer richtigen Beurtheilung der stattgehabten Vorgänge ihm zu geben ist. Hierüber hat allein der Richter zu entscheiden.

Diese Entscheidung kann aber hier nur dahin ausfallen, daß wirklich ein schiedsrichterliches Erkenntniß erlassen worden ist, so daß — abgesehen von der Frage, ob etwa Kapitän Perry auf die Ergreifung von Rechtsmitteln gegen den Schiedsspruch im Voraus wirksam verzichtet habe — vom Obergericht die Appellation hätte angenommen und über das Materielle der Sache hätte entschieden werden müssen.

Zunächst liegt das Vorhandensein eines Kompromisses in dem von Kapitän Schulken dem Kapitän Perry zur Unterschrift präsentirten und nach erfolgter Unterschrift an sich genommenen Verpflichtungsschein klar vor. Durch diese Urkunde wurde vereinbart, daß die seitens des Andrew Lovitt zu zahlende Vergütung nach Wahl der Firma Wencke

„entweder schiedsrichterlich durch Sachverständige oder gerichtlich („either by arbitrators or by law“)

festgestellt werden solle. Schon durch diese Wortfassung, außerdem aber durch die Gleichstellung des eventuellen Ausspruchs der „arbitrators“ mit einer gerichtlich („by law“)

erfolgenden Entscheidung wird jeder Zweifel daran, daß eine wirklich schiedsrichterliche Erledigung des in Rede stehenden Punkts vereinbart worden ist, ausgeschlossen. Völlig übereinstimmend hiemit sind ferner die Worte: „ich verzichte auf alle Rechtsmittel gegen diese Entscheidung" („against this decision"), indem man ebenso wenig für eine bloße Schätzung das Wort „Entscheidung" („decision") braucht, wie „Rechtsmittel" gegen andere Aussprüche, als gegen richterliche Erkenntnisse und wirkliche Schiedssprüche vorkommen. Endlich wird jedes etwa noch übrige Bedenken durch die Schlußworte des Verpflichtungsscheins beseitigt, Kapitän Perry mache sich verbindlich, den der Firma Wencke „zuerkannten Bergelohn („the compensation awarded [!] by the arbitrators") unweigerlich binnen drei Tagen zu bezahlen." — Daß der, von der Klägerin beharrlich geltend zu machen versuchte, Gegensatz von „Schiedsrichtern" und „Sachverständigen" unhaltbar ist, bedarf keiner Ausführung. Die Sachverständigen-Eigenschaft einer Person steht ihrer Bestellung zum Schiedsrichter selbstverständlich nicht entgegen, und erfahrungsmäßig wird die bei Weitem größere Anzahl der im Verkehr vorkommenden Schiedsrichter durch Sachverständige gebildet.

Wenn Klägerin weiter leugnet, daß ein Receptum abgeschlossen worden, so ist dies dem vorliegenden Thatbestand gegenüber beachtungsunwerth, und nicht minder ist es bedeutungslos, daß die erwählten Schiedsrichter sich hiebei der Klägerin angeschlossen haben. Das Receptum liegt evident darin vor, daß die Parteien, unbestritten auf Grund des Perry'schen Verpflichtungsscheins, zwei Personen zu endgiltiger Feststellung der dem Andrew Lovitt zur Last zu bringenden Vergütungssumme bestellt und Letztere diese Funktion auf Grund jenes Scheins angenommen haben. Des Scheins haben sie in ihren Aufzeichnungen ausdrücklich Erwähnung gethan.

Endlich stellt auch der Ausspruch selbst, welchen die erwählten Personen unter Zuziehung eines ebenfalls auf Grund des Verpflichtungsscheins bestellten Obmannes abgegeben haben, das Vorhandensein eines Schiedsspruchs außer Zweifel. Im Eingang heißt es, die Verfasser des Spruchs seien aufgefordert worden,

„zu entscheiden (nicht etwa, blos „zu begutachten"), welche Summe an die Diana als Berge- oder Hilfslohn zu zahlen sei."

Im Text des Spruchs werden dann die Grundlagen der abzugebenden „Entscheidung" berührt und das Faktische des Falles besprochen, wobei die Betheiligten wiederholt „Parteien" bzw. „die beiden Parteien" genannt werden. Hierauf folgt unter Verweisung auf Art. 742 HGB die materielle Entscheidung,

„daß der Fall als Bergung zu betrachten sei,"

und schließlich wird:

„der Diana ein Bergelohn von Gold-Thlrn. 62000 zuerkannt."

Dem im Rede stehenden Ausspruch fehlt hienach nichts an den äußeren Erkennungszeichen, und eben so wenig etwas an dem materiellen Inhalt eines Schiedsspruchs. — Der Schiedsspruch ist dann den „Parteien" formell zugefertigt worden, und die jetzt klagende Firma selbst hat ihm so wenig den Charakter eines bloßen Gutachtens beigelegt, daß sie noch in III. Instanz behauptet hat, daß nach der Zustellung des Spruchs an den Kapitän Perry die Appellanten die gegen sie ausgesprochenen

„62000 Thlr. Gold unweigerlich binnen drei Tagen zu bezahlen gehabt hätten."

Lag aber nach dem Bisherigen ein zufolge des bremischen Prozeßrechts auch durch Appellation, nicht etwa nur durch eine Nichtigkeitsbeschwerde (§ 50 und 537 der Gerichtsordnung), anfechtbares Schiedsgerichts-Erkenntniß in dem am 13. Febr. 71 abgegebenen Spruch vor: so hätte das Obergericht, wie schon oben ausgesprochen, auf die Rechtsmittel der Bekl. einzugehen und zwar, da Klägerin zunächst Appellation ergriffen und nur eventuell Nichtigkeitsbeschwerde vorgebracht hat — eine Verfahrungsweise, deren Korrektheit den vorliegenden Umständen nach auf sich beruhen bleiben kann —, zunächst über die Appellation zu erkennen gehabt, was nunmehr von der III. Instanz geschehen mußte.

Hiebei kam es

II. auf die schon oben berührte weitere Vorfrage an, ob der im Kompromißschein ausgesprochene Verzicht des Kapitän Perry „auf alle Rechtsmittel gegen die von den Sachverständigen abzugebende Entscheidung" der Zulassung der Appellation entgegenstehe. Wäre dem von Kapitän Perry durch Unterzeichnung des mehrgedachten Scheins eingegangenen Geschäft überhaupt, und somit auch jenem Verzicht Wirksamkeit beizulegen: so müßte die Appellation als auf Grund des Verzichts unzulässig zurückgewiesen werden*). Denn die bremische Gerichtsordnung bestimmt im § 53, daß, „wenn im Kompromiß oder in einer späteren Uebereinkunft ein Verzicht auf Rechtsmittel enthalten sein sollte, gegen das schiedsrichterliche Erkenntniß nur die Nichtigkeitsbeschwerde und die Wiedereinsetzung in den vorigen Stand zulässig seien."

Dem in Rede stehenden Geschäft, folglich auch dem speziell hier in Betracht kommenden Verzicht, ist aber Wirksamkeit zu versagen.

Die faktischen Umstände, unter welchen jenes Geschäft zu Stande gekommen ist, liegen außer Streit. Der unweit Wangeroog festgerathene Andrew Lovitt bedurfte dringend fremden, und zwar baldigen Beistands, um wieder flott zu werden. Dieser Beistand konnte ihm wesentlich nur durch

* Vgl. Rspr. I S. 384 Nr. 2, IV S. 340.

einen zum Schleppen geeigneten Dampfer geleistet werden. Die Diana, hiezu geeignet, befand sich in unmittelbarer Nähe des Andrew Lovitt, während andere Dampfer eben so wenig in der Nähe waren, wie ein Kommen derselben mit Sicherheit erwartet werden konnte. Dies war die Sachlage, als der Kapitän der Diana dem Kapitän Perry den mehrbesprochenen Schein unter der Erklärung präsentirte, daß dessen Unterzeichnung die unerläßliche Bedingung sei, unter welcher Beistand werde geleistet werden. Die schon oben S. 59 mitgetheilte Klausel (das Droh-NB.) des Scheins lautet in dem englischen Formular:

„This Bond is to be signed by the captain of the vessel requiring assistance; in the contrary case no assistance will be rendered."

Wenn unter solchen Umständen Kapitän Perry den Schein unterzeichnete, dessen genauer Inhalt und Tragweite überdies im Drange des Augenblicks gar nicht übersehen werden konnten: so war die Grundlage jedes giltigen Kontrakts, die freie Zustimmung der Paciscenten zu dessen Inhalt, auf Seiten des Kapitän Perry nicht vorhanden, und der Vorgang fällt unter den Bereich der wegen metus unverbindlichen Geschäfte. Und wie schon die alten Seerechte und die frühere Praxis Zusagen, welche Hilfeleistende von in Seenoth befindlichen Schiffern, unter dem Drange dieser Noth, über die zu machende Gegenleistung sich zu erwirken gewußt hatten, als unverbindlich behandelten,

Rooles d' Oleron, Art. 4 (Pardessus Collection de lois maritimes, Vol. 1 Pag. 326);
Consolato del mare, Cap. 208 und 232 (daselbst Vol. 2 Pag. 256 und 308);
Guidon de la mer, Cap. 5 Art. 31 (daselbst Vol. 2 Pag. 394):

so hat auch Art. 743 HGB bestimmt, daß „wenn noch

während der Gefahr ein Vertrag über die Höhe des Berge- oder Hilfslohns geschlossen worden sein sollte, derselbe wegen erheblichen Uebermaaßes der zugesicherten Vergütung angefochten und die Herabsetzung desselben auf das den Umständen entsprechende Maaß verlangt werden könne." — Unrichtig schon dem Wortverstande nach würde es sein, und jedenfalls gegen die diesem Artikel zu Grunde liegende Absicht des Gesetzes verstoßen, die Anwendung desselben auf solche Fälle zu beschränken, in welchen ein bestimmter Geldbetrag in der Seenoth durch Vereinbarung sofort festgestellt worden sein sollte. Der Artikel redet vielmehr von Verträgen, welche „über die Höhe des Berge- oder Hilfslohns" geschlossen werden möchten. „Ueber dieselbe" wird aber auch dann ein Vertrag geschlossen, wenn die Vereinbarung mittelbar auf die Feststellung des Quantums der Vergütung hinführt. — Diese Auslegung entspricht zweifellos allein der Absicht des Gesetzes. Dieses will verhüten, daß der unfreie Zustand des in Seenoth befindlichen Schiffers von demjenigen, welcher allein in der Lage ist, Hilfe leisten zu können, zum Zweck unbilliger und unwürdiger Erpressung ausgebeutet werde. Alles, was in dieser Absicht zur Umgehung des Gesetzes angebahnt werden mag (erzwungene und handgreiflich falsche Bekenntnisse des nothleidenden Schiffers über die momentane Sachlage; Verzicht auf die Anrufung des Richters; Unterordnung unter solche Schiedsrichter oder gute Männer, in deren Auswahl der Schiffer auf die bedenklichste Weise beschränkt wird, u. dgl.), wird durch die Androhung der Unverbindlichkeit mitbetroffen. — Auch der folgende Art. 744 stellt in Gewißheit, daß unter keinen Umständen dem Schiffer gegen in der Seenoth gemachte verletzende Zusicherungen der richterliche Schutz versagt werden soll.

Eine andere Auffassung würde auch um so weniger als dem HGB zu Grunde liegend angenommen werden können, als dasselbe sich dadurch — was sicherlich hier nicht in seiner Absicht gelegen haben kann — bei dem in Rede stehenden Punkt in Widerspruch mit demjenigen gesetzt haben würde, was bei den übrigen vornehmsten seefahrenden Nationen anerkannten Rechtens ist.

1) In England wird keinem mit dem Schiffer über die Höhe der Vergütung für eine zu leistende Nothhilfe (bzw. für eine vorzunehmende Bergung) in der Seenoth geschlossenen Vertrage Wirksamkeit beigelegt, falls es sich zeigen sollte, daß er sei

„exorbitant, or obtained from the master by fraud and compulsion.“ — Abbott, treatise etc. Ed. 11 (Shee) S. 568; Maude & Pollock, law of merchant shipping. Ed. 3, S. 485, 486;

und die Praxis des Admiralty Court, welches nach dem Merchant Shipping Act von 1854, Sect. 460, alle wichtigeren (auf mehr als 200 £ sich beziehenden) Sachen über Forderungen für Nothhilfe und Bergung zu entscheiden hat, geht nach

Maclachlan, law of merchant shipping S. 531,

dahin, daß dieser Gerichtshof von Klägern, welche auf Grund eines in der Seenoth über die Größe der in Rede stehenden Vergütung geschlossenen Vertrages eine vereinbarte bestimmte Summe fordern, verlangt,

„not only to prove, that the contract was made, but also, that it was just.“

2) In den Gerichten der Vereinigten Staaten von Nordamerika ist dieselbe Auffassung in anerkannter Giltigkeit.

Parsons, on maritime law, Vol. 2 S. 628,

spricht sich dahin aus:

a bargain, made in peril with the owners of the property or their servants, is wholly disregarded, if it be deemed unconscionable and oppressive to the owners of the property saved, or entered into under circumstances, which amount to compulsion.

Und

Marvin, the law of wreck and salvage, Boston, 1858, S. 129

führt aus einem Rechtsspruch über die im Vorstehenden angegebene Behandlung des in Rede stehenden Gegenstandes folgende Worte an:

„This doctrine is founded upon principles of sound policy, as well upon just views of moral obligation. No system of jurisprudence, founded upon moral or religious or even rational principles, could tolerate for a moment the doctrine, that a salvor might avail himself of the calamities of others, to force upon them a contract unjust, oppressive and exorbitant."

3) In Frankreich enthielt schon die Ordonnance de la marine von 1681 (IV, 3, 14) die Bestimmung:

„déclarons nulles toutes promesses faites aux lamaneurs et autres mariniers dans de danger du naufrage;"

und in der gegenwärtigen Praxis ist — nach dem Zeugniß von

Caumont, dictionnaire universel de droit maritime, 1867, S. 812 —

„le quantum de l'indemnité forcément délaissé à la sagesse des magistrats, souverains appréciateurs de services rendus d'après les faits et circonstances des sinistres."

4) Das holländische Wetboek van Koophandel endlich bestimmt im Art. 568, „daß alle Verträge oder Accorde, welche wegen Hilfs- oder Bergelohns auf der See oder bei einer Strandung geschlossen worden sind,

durch den Richter modifizirt oder für nichtig erklärt werden können, und daß selbst diejenigen Verträge jener Art, welche ein Schiffer nach überstandener Gefahr geschlossen haben möchte, für die Eigenthümer, Konsignataire und Versicherer der gefährdet gewesenen Gegenstände nur dann verbindlich sein sollen, wenn dieselben ihre Zustimmung dazu gegeben haben sollten." —

Nach dem Vorstehenden hätte Kapitän Perry es überhaupt ablehnen dürfen, auf das von der Klägerin angebahnte schiedsrichterliche Verfahren vor „Bremerhafen-Geestemünder Sachverständigen" einzugehen. Indessen ein irreparabler Nachtheil konnte ihm, bzw. seinem Rheder und den Interessenten seiner Ladung, daraus, daß er darauf einging, nicht erwachsen. Für den Fall einer sie beschwerenden Entscheidung stand ihnen der, demnächst wirklich eingeschlagene, Weg der Berufung an das Obergericht frei. Wäre dieser durch die maaßgebende Partikular-Gesetzgebung verstattete Weg ihnen nicht eröffnet gewesen, so hätten sie den Schiedsspruch auf Grund der Nichtigkeit seiner Grundlage, sowie, wenn derselbe sie materiell verletzte, wegen der Unrichtigkeit oder Iniquität seines Inhalts, durch eine Kassationsklage oder, wenn sie die Schritte ihrer Gegenpartei abwarten wollten, durch eine exceptio nullitatis anfechten können. — Von einem Verlust des Rechts auf die Appellation aus dem Grunde, weil Kapitän Perry dem Kompromiß Folge gegeben habe, kann zufolge des Obigen schon an sich, außerdem auch deshalb die Rede nicht sein, weil (nach Art. 504 Abs. 2 u. arg. Art. 495 HGB) Kapitän Perry nicht berechtigt war, die Ladungs-Interessenten nach Beendigung der Reise zu verpflichten, der Schiedsvertrag aber ein untheilbarer war.

Bei der aus dem Bisherigen sich ergebenden Sachlage kam es

III. darauf an, ob das OHG die Sache zur Abgebung

eines Spruchs an das Obergericht zurückzuverweisen oder selbst auf deren Beurtheilung einzugehen habe. — Da es Vorschrift des gemeinen Prozeßrechts ist,

L. 6 Cod. 7, 2

daß der Appellrichter der Regel nach dasjenige selbst durch Erkenntniß auszusprechen hat, was die vorangehende Instanz zu erkennen gehabt hätte, von welcher Vorschrift nur aus Gründen der Zweckmäßigkeit Ausnahmen zu machen sind,

Bremische Sammlung der Lübecker O.-App.-Ger.-Erk. B. I S. 496, 497; B. IV S. 26;

Hamburger Sammlung rc. B. I S. 88, 979:

so hat die gegenwärtige Instanz das Streitverhältniß seiner Entscheidung soweit unterbreitet, wie dasselbe schon jetzt unbedenklich festgestellt werden konnte.

Der ergangene Schiedsspruch enthält zwei Entscheidungen:

1. den Ausspruch, daß der (zur Beurtheilung vorgelegte) Fall nach § 742 HGB als Bergung zu betrachten sei, und

2. die Bestimmung, wie hoch — unter Berücksichtigung des auf 240540 Goldthaler veranschlagten Werths des Geborgenen — der Bergelohn zu veranschlagen sei, was dann auf 62000 Goldthaler oder etwa 25¾ Prozent jenes Betrages, geschehen ist.

Der erste dieser Aussprüche wird dadurch begründet, daß aus dem zu Gebote gestellten Material (als welches die Verklarung des Andrew Lovitt, der „Journal-Auszug" der Diana und der „Bergungsschein", ferner mündliche Erläuterungen der Parteien aufgeführt werden)

„klar hervorgehe, daß seitens des Kapitän Perry der Diana, bzw. deren Eigenthümerin (der Klägerin) die Verfügung über Schiff und Ladung übertragen und von Letzterer übernommen worden sei."

Aus dieser Annahme wird dann die oben angegebene Folgerung abgeleitet. — Es bedarf aber nur eines Blicks auf die in Betracht kommenden Worte des Art. 742, um über die Grundlosigkeit des Ausspruchs der Schiedsrichter zur Gewißheit zu gelangen. Nur dann kann von „geborgenen Gegenständen" — seien diese die Gesammtheit von Schiff und Ladung, oder einzelne Theile derselben — geredet werden, wenn sie nicht nur, nach dem Wortlaut des Art. 742 Abs. 1, vor der Bergung

„der Verfügung der Schiffsbesatzung entzogen oder von derselben verlassen gewesen,"

sondern außerdem

„von dritten Personen (den Bergern) an sich genommen und in Sicherheit gebracht worden sind."

In vorliegendem Falle trifft — selbst wenn man den, als Bekenntnißurkunde augenscheinlich werthlosen, jedenfalls zufolge des Obigen in allen Beziehungen rechtlich unwirksamen Verpflichtungsschein des Kapitän Perry und die Behauptung des Kapitän Schulken, daß er sich die alleinige Direktion über die zum Zweck der Flottmachung des Andrew Lovitt erforderlichen Maaßregeln ausbedungen habe, zu Grunde legt — keine der im Gesetze gemachten Voraussetzungen zu. Denn der Andrew Lovitt ist „weder der Verfügung des Kapitän Perry und dessen Mannschaft entzogen, noch von ihnen verlassen worden;" diese sind vielmehr auf dem Schiffe als Besitzer desselben und Disponenten über dasselbe geblieben, ohne daß hieran dadurch, wenn wirklich die Direktion über die zum Zweck der Abbringung vorgenommenen Arbeiten völlig dem Kapitän Schulken überlassen worden sein sollte, irgend eine Aenderung herbeigeführt worden wäre. Evident ist ferner, daß Kapitän Schulken den Andrew Lovitt nebst Ladung „nicht an sich genommen und in Sicherheit gebracht hat." Nach der dreistündigen Arbeit des Abbringens von der Untiefe und nach der Bugsirung des Andrew Lovitt in tiefes Wasser durch die Diana, sind beide Schiffe, ein jedes unter der Direktion seines Kapitäns und mit seiner Besatzung, zu Anker gegangen. Am folgenden Tage hat die Diana Bugsirdienste geleistet, und schließlich ist der Andrew Lovitt unter dem Commando seines Kapitäns mit seiner Mannschaft in Bremerhafen angelangt.

Wenn der Wortlaut des Art. 472 über die Richtigkeit der ihm in Vorstehenden gegebenen Auslegung noch etwas an Klarheit vermissen ließe: so würden die Protokolle der Handelsrechts-Konferenz (S. 2803, 2804 und 2810 Nr. 4) jedes etwa noch gehegte Bedenken beseitigen. Man ersieht aus denselben, daß dem Gesetze zweifellos die Absicht zu Grunde liegt, ein Bergungsfall solle nur angenommen werden, wenn die angeblich geborgenen Gegenstände in den Naturalbesitz der Bergelohn-Prätendenten übergegangen gewesen seien. Von dieser Auffassung gingen auch die Entscheidungen aus, auf welche die angezogenen Protokolle Bezug genommen haben, und denen die Handelsrechts-Konferenz sich anschloß:

Schiff Baltimore 1842, Bremer Sammlung der O.-App.-Ger.-Erk. B. I S. 226 ff.; und

Schiff George Canning 1853, Hamburger Sammlung B. II S. 1002 ff.

Daß nach Beseitigung der Charakterisirung der Diana-Leistung als einer „Bergung," die ersichtlich nur in Berücksichtigung des großen Werthbetrages des Andrew Lovitt nebst Ladung der Klägerin zugesprochenen, übrigens selbst von diesem Gesichtspunkt aus, zumal in Berücksichtigung des Art. 749 HGB, übertrieben hoch erscheinenden 62000 Goldthaler nicht ernstlich in Betracht kommen können, leuchtet von selbst ein.

Zwischen den Parteien ist hienach nur noch der Streitpunkt zu erledigen, welche Vergütung der Klägerin für die durch die Diana dem Andrew Lovitt geleistete „Hilfe in

Seenoth" und den demnächst geleisteten Schleppdienst gebührt. Hierüber hat das richterliche Ermessen ex aequo et bono zu bestimmen, wie dies sowohl in der ausländischen, von den oben angezogenen Schriftstellern bezeugten Praxis, als auch in der einheimischen Rechtsprechung in Fällen der vorliegenden Art regelmäßig geschieht.

Vgl. über die letztere Ullrich Seerechts-Erk. B. 1 S. 92; B. 2 S. 36, 261, 321, 324, 330; Hamburger Ger.-Zeitung B. 4 S. 28, 96; B. 5 S. 244; Hamburger Handelsger. Zeitung B. 2 S. 71; Lübecker O.-App.-Ger.-Erk., Hamburger Sammlung B. 2 S. 989; Kierulff O.-App.-Ger.-Erk. B. 2 S. 510; B. 3 S. 705.

Bei der Erwägung, ob das OHG auch den vorgedachten Streitpunkt (wie dies in Betreff der Frage, ob Bergung oder Nothhilfe anzunehmen sei, unbedenklich geschehen konnte) sofort selbst zu erledigen habe, entschied für die Zurückweisung desselben an das Obergericht die Betrachtung,

a, daß die Sache, insofern Nothilfe der abzugebenden Schätzung zu Grunde gelegt werden muß, bisher sehr dürftig instruirt worden und den Parteien billiger Weise nochmals ein Gehör darüber zu verstatten ist, was geeigneter in der vorigen Instanz, als in der jetzigen, geschehen kann, und

b, daß es nicht angemessen sein würde, über den jetzt vorliegenden Streitpunkt, bei welchem es auch auf örtliche Verhältnisse ankommt, sofort definitiv zu sprechen, ohne daß die damit genau vertraute vordere Instanz mit ihrer Beurtheilung des in Rede stehenden Punkts hervorgetreten wäre.

Nr. 13.

I. Senat. — Erkenntniß v. 23. Februar 72. (Ref.)

Zeithmann & Nacke c. Vorschußverein zu Werdau (No. 165 v. 72.)

Königreich Sachsen. Wechselsache. Weitere Berufung.

I. Instanz: Gerichtsamt Werdau.
II. Instanz: Appellationsgericht Zwickau.

Vorschußverein, Befugnisse des Vorstandes. Wechselgeschäft.

1. Das Eingehen wechselmäßiger Verpflichtungen kann grundsätzlich nicht als außerhalb der Zwecke einer als Vorschußverein bestehenden, nicht eingetragenen Erwerbs- und Wirthschaftsgenossenschaft liegend angesehen werden.

2. Die Organe einer solchen Genossenschaft, welche statutenmäßig für dieselbe Verträge schließen dürfen, gelten auch für befugt, Wechselverpflichtungen Namens der Genossenschaft einzugehen.

3. Ueberhaupt umfaßt die verfassungsmäßige Repräsentation einer Genossenschaft durch bestimmte zur Ausführung des Gesammtwillens der Vereinsmitglieder berufene Organe, soweit ihr durch das Statut nicht Schranken gesetzt sind, alle Rechtsbeziehungen des vertretenen Vereins.

Vgl. HGB Art. 47, 114, 167, 227, 230, 231, 269.

Auf den beklagten Vorschußverein haben die Kläger (Nichtmitglieder) einen Wechsel gezogen, welcher Namens des Vereins von zwei Direktionsmitgliedern — dem Direktor Z. und dem Kassirer K. — acceptirt worden ist. Der Verein weigert die Zahlung, weil sein Zweck nur in der Gewährung periodischer Vorschüsse an seine Mitglieder, nicht in Wechsel- und Handelsgeschäften bestehe, das vorliegende Accept ihn also nicht verpflichte.

Entscheidung des OHG:

Der Verein bewegt sich nach § 1 seines Statuts allerdings nur innerhalb der gewöhnlichen Grenzen einer Erwerbs-

und Wirthschaftsgenossenschaft im Sinne des Bundesgesetzes v. 4. Juli 68, dessen Bestimmungen jedoch auf ihn keine Anwendung leiden, weil er nicht eingetragen ist. Er bildet keine Handelsgesellschaft; denn er betreibt die Geschäfte nur für die Mitglieder, nicht für das Publikum im Allgemeinen. Allein daraus folgt nicht, daß die Eingehung von Wechselgeschäften schlechthin außerhalb des Geschäftskreises eines derartigen Unternehmens liege. Die Erreichung des vorgesetzten Zwecks — Gewährung baarer Geldmittel an die Mitglieder des Vereins — macht Geldoperationen erforderlich, welche unter Umständen die Uebernahme wechselmäßiger Verpflichtungen als zweckmäßig und geboten erscheinen lassen können. Die Natur des Unternehmens nöthigt mithin nicht, die Eingehung wechselmäßiger Verpflichtungen prinzipiell auszuschließen; selbstverständlich ist gleichgiltig, ob die Errichter der Genossenschaft bei der Begründung des Unternehmens sich der Tragweite desselben in dieser Richtung bewußt geworden sind oder nicht. Das letzteres hier der Fall gewesen, läßt sich übrigens nach den Statuten um so weniger annehmen, als der § 19 unter 2 die Pflicht des Kassirers, die „Wechsel, Schuld- 2c. Dokumente ausstellen zu lassen", hervorhebt, und der § 31 die „bei dem Verein vorkommenden Wechsel" erwähnt.

Können hienach Geschäfte, welche den Verein mit wechselmäßigen Rechten und Pflichten belasten, nicht völlig außerhalb des Genossenschaftszwecks gelegen haben: so läßt sich auch andrerseits die Berechtigung des Direktors und Kassirers zur Ausstellung wechselmäßiger Urkunden mit verpflichtender Kraft für den Verein nicht bestreiten. § 17 der Statuten lautet zwar:

„Der Direktor, Kassirer und Schriftführer führen die laufenden Vereinsgeschäfte; sie vertreten den Verein nach Außen, und sind, Einer für Alle und Alle für Einen, ermächtigt:

Verträge abzuschließen und Verbindlichkeiten einzugehen, namentlich Darlehne zu kontrahiren, letzteres nach Genehmigung des Ausschusses.

Die vom Direktorium ausgestellten Schuldscheine über die im Namen des Vereins, von fremden Creditoren aufgenommenen Darlehne bedürfen zu ihrer Giltigkeit der Mitunterzeichnung des Direktors, des Kassirers und des Schriftführers, sowie zweier Ausschußmitglieder und der Beidruckung des Vereinssiegels 2c."

Es ist aber vor Allem festzuhalten, daß die Ermächtigung der Direktorialmitglieder zum Abschluß von Verträgen und zur Eingehung von Verbindlichkeiten für den Verein ihrem Wortlaut nach eine allgemeine ist, daß also an und für sich auch die Eingehung wechselmäßiger Geschäfte in den Bereich dieser Ermächtigung fällt. Dem steht nicht entgegen, daß es nach § 1306 des kgl. sächs. bürgerl. GB für die Uebernahme wechselmäßiger Verpflichtungen zur Obligirung des Mandanten stets eines Spezialauftrages bedarf. Denn mit Recht hat bereits der I. Richter geltend gemacht, daß die Ermächtigung der Unterzeichner des Klagewechsels in ihrer Eigenschaft als Direktor bzw. Kassirer des Vereins nicht auf einem in den civilrechtlichen Formen ertheilten Auftrage, sondern auf ihrer Bestellung als verfassungsmäßiger Organe des Gesammtwillens der Vereinsmitglieder beruht. Sie sind nicht Beauftragte, sondern nach Außen hin die Repräsentanten der Genossenschaft als juristischer Person. Diese Repräsentation ist, soweit ihr nicht statutarisch Schranken gesetzt sind, ihrer Natur nach eine generelle, alle Rechtsbeziehungen der vertretenen Korporation umfassende, weil, soweit der Korporation die Willens- und Handelsfähigkeit rechtlich eingeräumt ist, auch ein Organ zur Ausführung des Gesammtwillens vorhanden sein muß. — Im § 17 der Statuten ist nun die organische Vertretung der

Genossenschaft jedem einzelnen Mitgliede des Direktoriums übertragen. Allerdings sind betreffs der Darlehnsgeschäfte Beschränkungen beigefügt, welche die Konkurrenz bestimmter anderer Gesellschaftsorgane erfordern. Diese Beschränkungen stehen aber der Giltigkeit des streitigen Wechselgeschäfts nicht entgegen. Einerseits ist dafür, daß dem Klagewechsel ein Darlehn solcher Art zu Grunde gelegen habe, für welches die exceptionelle Statutenbestimmung besondere Kontrollmaaßregeln vorschreibt, ein aktenmäßiger Anhalt nicht vorhanden. Andererseits — und diese Erwägung ist entscheidend — spricht die Ausnahmedisposition, soweit sie nicht auf das Internum nothwendiger Genehmigung des Ausschusses sich bezieht, dessen Nichtbeachtung Dritte nicht tangirt, nur von den Formen der über Darlehne auszustellenden Schuld-Scheine. Wechsel aber sind, selbst wenn ihnen ein Darlehnsgeschäft zu Grunde liegt, keine Schuldscheine. Wechsel gründen sich auf einen Formal-Kontrakt; sie sind — abweichend von der Bedeutung eines Schuldscheins — nicht blos Beweismittel, sondern tragen den Verpflichtungsgrund in sich. Es mag zwar auffällig scheinen, daß neben den für Darlehne vorgeschriebenen Kontrollen ähnliche Beschränkungen nicht auch wegen anderer, namentlich durch Wechseloperationen entstehender, in gewisser Hinsicht stärkerer Verpflichtungen angeordnet sind. Der hieraus sich ergebende Zweifel ändert jedoch an der Beurtheilung der Sache nichts. Wenn dritten Personen, welche mit einem Personenverein kontrahiren, mit Recht zur Pflicht gemacht wird, soweit nöthig die Verfassung des Vereins zu erkunden und die den Vertretern verfassungsmäßig gesetzten Schranken zu respektiren: so kann ihnen doch nicht eine Untersuchung darüber angesonnen werden, ob nicht den an sich klaren, jedoch in einzelnen Richtungen für die Direktorialmitglieder beschränkenden Statutenbestimmungen möglicherweise eine unausgesprochen gebliebene allgemeinere Tendenz zu Grunde liegen könne. Sie dürfen sich vielmehr an den Wortlaut der den Vertretern vorgezeichneten Beschränkungen halten, zu allen darüber hinausliegenden Geschäften aber die verfassungsmäßig bestellten Organe um so gewisser als ermächtigt ansehen, als es die Aufgabe des Vereins bei Aufstellung der Statuten war, durch bündige Fassung Zweifel über deren Tragweite abzuschneiden.

Der von dem Direktor und dem Kassirer des beklagten Vereins für Letzteren unterzeichnete und acceptirte Klagewechsel ist sonach vermöge § 17 der Statuten dem Verein gegenüber als giltig und rechtsverbindlich zu betrachten.

Nr. 14.

II. Senat. — Erkenntniß v. 24. Februar 72. (B.)

A. Wilke & Co ./. Léon Magis & Co. (Nr. 774 v. 71.)

Braunschweig. **Revision.**

I. Instanz: Handelsgericht Braunschweig,
II. Instanz: Obergericht Wolfenbüttel, II. Senat.

Befugnisse eines Agenten. Schweigen. Schadenersatz.

1. Ein als selbständiger Kaufmann (im Sinne von Artt. 4, 272 No. 4 HGB) im Handelsverkehr thätiger Agent ist — ohne besondere Vollmacht — nicht als ermächtigt anzusehen, Verträge rechtsgiltig für das Handelshaus, dessen Geschäfte er besorgt, abzuschließen.

Rspr. II S. 207, V S. 355.

2. Art. 323 HGB ist

a) nur von eigentlichen Aufträgen (Mandaten), nicht von Vertragsofferten, Waarenbestellungen im Allgemeinen,*)

b) auch zu a nur dahin zu verstehen, daß unter den im

*) Daß Art. 323 analoger Anwendung unfähig sei, ist bereits Rspr. I S. 139 f. dargelegt; vgl. Rspr. III S. 109, 261; V S. 259.

Gesetz angegebenen Voraussetzungen das einfache Stillschweigen als „Uebernehmen des Auftrages" gelten soll, keineswegs aber dahin, daß wer einen Auftrag bereits bestimmt abgelehnt hat, auf wiederholte Bitte um Uebernahme dieses Auftrags als annehmend gelte, falls er nicht alsbald nochmals ablehnt.

Zu b vgl. Rspr. V Fall 48 S. 255 ff.

3. Wer wegen einer ihm verspätet gemachten Lieferung Entschädigung beansprucht, braucht nicht (gemäß Art. 356 HGB) Anzeige gemacht und Nachfrist gewährt zu haben; er hat aber den ursächlichen Zusammenhang zwischen dem Unterbleiben der Lieferung und dem fraglichen Schaden darzuthun.

Rspr. III S. 351, V S. 53 f.

Klägerin fordert den Restpreis für Eisenbleche, welche sie dem Beklagten in der Zeit vom 4. März bis 9. Mai 70 geliefert hat. Beklagter macht zum Zweck der Kompensation einen Gegenanspruch von 623 Thlrn. geltend, als Entschädigung für verspätete Lieferung.

Im Prozeß fragte es sich zunächst, ob und wie bestimmte Lieferfristen bedungen worden. Beklagter berief sich hiefür theils auf eine zwischen ihm und dem Agenten der Klägerin Gier, welcher das ganze Geschäft vermittelt hatte, getroffene Abrede, theils auf die unter den Parteien selbst gewechselten Briefe.

Seine Entschädigungsforderung wollte Beklagter durch die Behauptung begründen, daß er nach einem im Februar 70 geschlossenen Vertrag verpflichtet gewesen, dem Eisenwerk Salzgitter Siemenssche Apparate bis zum 28. März 70, bei Vermeidung einer Konventionalstrafe von 45 Thlrn. für jeden Tag des Verzuges, zu liefern, daß er die zu dieser Lieferung erforderlichen Bleche rc. bei der Klägerin bestellt und wegen des Lieferungsverzuges der Letzteren seinen Vertragspflichten gegen jenes Salzwerk nicht habe rechtzeitig genügen können, demzufolge aber eine (vergleichweise auf 623 Thlr. ermäßigte) Konventialstrafe zahlen müssen.

In II. Instanz wurde die Gegenforderung des Bekl. verworfen, weil der zwischen diesem und dem genannten Besteller bezüglich der Konventionalstrafe geschlossene Vergleich (als res inter alios acta) der Klägerin gegenüber bedeutungslos sei. Demgemäß ward Beklagter zur Zahlung der Klagesumme verurtheilt. Das OHG erkannte, als Revisionsrichter, bestätigend

in Erwägung,

1. daß zur Begründung der zum Zweck der Kompensation gegen den (an sich unbestrittenen) Klage-Anspruch vorgebrachten Gegenforderung des Bekl. die Darlegung des Kausalnexus zwischen dem angeblichen vertragswidrigen Verhalten der Klägerin und der angeblichen Verpflichtung des Bekl., eine Konventionalstrafe von 623 Thlrn. an die Aktiengesellschaft Eisenwerk Salzgitter zu zahlen erforderlich war, [Rspr. III S. 199, 351, 373]

daß Beklagter zu dem Ende behauptet hat, daß er sich vertragsmäßig unter Festsetzung einer Konventionalstrafe verpflichtet habe, bis zum 28. März 70 an jene Gesellschaft Siemenssche Apparate zu liefern, daß er die zu dieser Lieferung erforderlichen Bleche 2c. bei der Klägerin bestellt, welche sich zur Lieferung bis zum 1., bzw. 9. März verpflichtet, daß Klägerin aber die bestimmten Lieferungstermine nicht eingehalten und es dadurch dem Bekl. unmöglich gemacht habe, seinen Verpflichtungen gegen jene Aktiengesellschaft nachzukommen, daß Beklagter dadurch eine gewisse Konventionalstrafe verwirkt habe, welche Klägerin wegen ihres Vertragsbruchs dem Bekl. zu ersetzen habe;

daß dieser Anspruch aber nicht für substantiirt, bzw. in angebrachter Art begründet erachtet werden kann, da — ganz abgesehen davon, ob Beklagter das rechtliche Verhältniß zwischen ihm und der gedachten Gesellschaft mit genügender Klarheit dargelegt hat, um übersehen zu können, ob und aus welchen Gründen Beklagter wirklich eine Konventionalstrafe im angegebenen Betrage schuldig geworden — jedenfalls nicht genügend substantiirt dargelegt ist, daß ein Vertragsbruch der Klägerin die Veranlassung gewesen ist, daß Beklagter seinen Verpflichtungen jener Gesellschaft gegenüber nicht hat nachkommen können;

2. daß nämlich, was die von der Klägerin außer den Blechplatten zu liefernden gewölbten Böden betrifft, nach Lage der vorgelegten Korrespondenz nicht angenommen werden kann, daß Klägerin die Lieferung innerhalb einer bestimmten Frist überhaupt übernommen habe; daß bei den ursprünglich nur mündlich zwischen dem klägerischen Agenten Gier und dem Bekl. gepflogenen Unterhandlungen von der Lieferung gewölbter Böden überall nicht, sondern nur allgemein von der Lieferung von 200 Ctr. Blechen innerhalb 8 bzw. 14 Tagen die Rede gewesen ist; daß Beklagter erst im Schreiben an Gier v. 19. Febr. 70 (außer den Blechen) auch gewölbte Böden bestellt, und daß Gier auch in seiner Antwort v. 20. Febr. keineswegs die Lieferung der Böden innerhalb jener Lieferfrist zugesagt, sondern dem Bekl. nur mitgetheilt hat, daß er die Bestellung mit der Bitte um Ausführung derselben der Klägerin mitgetheilt habe, und hoffe, daß Klägerin, wie sie auch telegraphirt, alles aufbieten werde, um dem Wunsche des Bekl. zu entsprechen; daß übrigens auch Gier, welcher ohne nähere Bezeichnung seiner Befugnisse nur allgemein als Agent der Klägerin bezeichnet ist, zweifellos nicht in einem Abhängigkeitsverhältniß zur Klägerin steht, nicht Handlungsbevollmächtigter derselben im Sinne des Art. 47 HGB (vgl. Rspr. I S. 174, II S. 341, V S. 355) und in Ermangelung besonderer Vollmacht nicht als ermächtigt anzusehen ist, Verträge rechtsgiltig für die Klägerin abzuschließen; daß dann die Klägerin selbst im Briefe v.

21. Febr. 70 dem Bekl. auf das Bestimmteste erklärt hat: „daß sie bei der kurzen Lieferfrist die Böden nur glatt liefern könne und die Kümpelung dem Bekl. selbst um so mehr überlassen müsse, als die beiden Schmiede, welche sie in der Regel mit dem Kümpeln der Bleche, wo dies verlangt werde, beauftrage, erkrankt seien;" daß Beklagter hierauf allerdings im Schreiben v. 22. Febr. 70 erwidert: „daß er keine gekümpelte, sondern nur gewölbte oder gebogene Böden haben wolle, daß er auf Kümpeln und Wölben von Blechen nicht eingerichtet sei, und fest auf die pünktliche Lieferung gewölbter Böden rechne, da er sonst unter Berücksichtigung der Kürze der Zeit und da er sich nicht wegen einzelner Böden an ein anderes Werk wenden könne, in die größte Verlegenheit gerathen würde;" daß allerdings Klägerin auf diesen Brief v. 22. Febr. nicht sofort wiederholt die Lieferung gewölbter Böden abgelehnt, sondern erst im Briefe v. 12. März bemerkt, „daß sie die gekümpelten Böden, um dem Bekl. gefällig zu sein, in einer größeren Kesselschmiede herrichten lasse, Beklagter sich daher noch etwas gedulden müsse, die Zusendung jedoch so rasch wie möglich erfolgen solle, und daß Klägerin selbst die Böden aus den dem Bekl. mitgetheilten Gründen nur flach habe liefern können;" daß bei dieser Sachlage daraus, daß Klägerin auf den Brief des Bekl. v. 22. Febr. nicht sofort ablehnend geantwortet, eine stillschweigende Uebernahme*) der Verpflichtung zur Lieferung der gewölbten Böden innerhalb der für die Lieferung der übrigen Bleche bestimmten Fristen umsoweniger gefolgert werden kann, da Klägerin dem Bekl. bereits im Briefe v. 21. Febr. bestimmt und deutlich erklärt hatte, daß und aus welchen Gründen sie innerhalb der Lieferfristen nur glatte Böden liefern könne, daher nicht verbunden war, diese Erklärung nach Empfang des Briefs des Bekl. v. 22. Febr. noch einmal zu wiederholen, viel-

* Vgl. Rspr. I S. 126 Nr. 1, II S. 75, IV S. 28 Nr. 1, V S. 259.

mehr bona fide annehmen durfte, daß Beklagter die Lieferung der gewölbten Böden innerhalb der im Uebrigen vereinbarten Lieferfrist nicht erwarte; daß das Gegentheil auch nicht aus Art. 323 HGB*) zu entnehmen ist, da diese Bestimmung nur von eigentlichen Aufträgen (Mandaten), nicht von Vertrags-Offerten, Waaren-Bestellungen im Allgemeinen und auch in Bezug auf Aufträge nur dahin zu verstehen ist, daß unter den im Gesetz angegebenen Voraussetzungen das einfache Stillschweigen als „Uebernahme des Auftrags" gelte, keineswegs aber dahin, daß derjenige, welcher einen Auftrag bestimmt ablehnt und auf wiederholte Bitte um Uebernahme des Auftrags nicht sofort nochmals ablehnt, als annehmend gelte; daß aber auch die ferner vorgelegte Korrespondenz klar ergiebt, daß Beklagter selbst das Verhältniß nicht anders aufgefaßt habe;

daß hienach der Klägerin, welche ausweislich der (der Klage beigefügten) Faktur die fraglichen 4 Böden mit Segmenten am 14. April 70 an den Bekl. abgesendet hat, in Bezug auf diese Vertrags-Objekte eine Vertrags-Verletzung, namentlich die Versäumung einer Lieferfrist, überall nicht zum Vorwurf gemacht werden kann; daß für die Lieferung der Blechtafeln und der glatten Böden allerdings ausweislich der vorgelegten Korrespondenz eine Lieferfrist in der Art verabredet war, daß Klägerin 24 Tafeln zum Gewicht von 100 Ctr. nach 8 Tagen (also am 1. März), den Rest nach weiteren 8 Tagen (also am 9. März) liefern sollte; daß nun ausweislich der vorgelegten Fakturen Klägerin dem Beklagten am 4. März (also nur 3 Tage nach dem ersten Liefertermin) 31 Stück Bleche zum Gewicht von 9968 Pfd. und am 12. März (also wiederum nur drei Tage nach dem zweiten Liefertermin) 36 Stück Bleche zum Gewicht von 10164 Pfd. und am 31. März

*) Vgl. Rspr. I S. 140, III S. 109, 261, V S. 259.

(in Folge Aufforderung des Bekl. v. 29. März) die noch restirenden 10 Stück Bleche zum Gewicht von 2997 Pfd. geliefert hat; daß sodann, nachdem am 14. April auch die gewölbten Böden geliefert waren, die ganze Lieferung, worauf die jetzt in Frage stehende Gegenforderung sich bezieht, erledigt war; daß namentlich die erst im Mai 70 erfolgten Lieferungen, auf welche der I. Richter irriger Weise Rücksicht genommen hat und auf welche auch der Anwalt der Bekl. in der mündlichen Verhandlung dieser Instanz zurückgekommen ist, zweifellos überall nicht hieher gehören; daß hienach der Klägerin in Bezug auf den bei Weitem größten Theil der Lieferung nur eine geringe Zögerung von je drei Tagen vorgeworfen werden könnte, welche jedenfalls nicht die Ursache der dem Bekl. angeblich zur Last gefallenen hohen Konventionalstrafe gewesen sein kann, zumal Beklagter vom 3., bzw. 12. März noch eine geräumige Zeit zur Anfertigung der angeblich am 28. März an das Eisenwerk Salzgitter zu liefernden Apparate hatte, daß der Klägerin in Bezug auf jene geringe Verzögerung überdies wiederholte Aenderungen, welche Beklagter bezüglich der Dimensionen der Bleche und Böden gemacht, zur Entschuldigung gereichen...

3. daß bezüglich der am 31. März gelieferten 10 Tafeln Blech allerdings eine erheblichere Verzögerung vorliegt, für welche Klägerin auch keine irgend genügende Entschuldigung vorzubringen vermocht hat, daß indeß nach Lage der Sache nicht angenommen werden kann, daß diese Verzögerung die Ursache davon gewesen, daß Beklagter die bedeutende Konventionalstrafe hat bezahlen müssen, zumal nicht ersichtlich ist, ob Beklagter die zu liefernden Siemens-schen Apparate vor der Lieferung der erst am 14. April abgesendten gewölbten Böden fertig stellen konnte und ob nicht aus diesem Grunde die Verspätung der Lieferung der gedachten 10 Tafeln völlig unschädlich gewesen ist;

daß es auch in den Akten an allen thatsächlichen Unterlagen fehlt, um ein etwaiges quantum minus des Schaden, welcher durch die wirklich verschuldeten Verzögerungen dem Bekl. verursacht worden, ermitteln und eventuell festsetzen zu können; daß aus diesen Gründen die Kompensations-Einrede des Beklagten als illiquide zu verwerfen ist;

4. daß dagegen die Gründe, aus welchen der Appellrichter die Einrede der Kompensation verworfen hat, nicht überall als zutreffend anzuerkennen, vielmehr — soweit solche im Widerspruch mit der hiesigen Entscheidung v. 2. Dez. 71 [Rspr. V S. 50] die Verpflichtung der Klägerin zum Ersatz der fraglichen Konventionalstrafe, weil diese durch den als pactum inter alios anzusehenden Vergleich zwischen dem Bekl. und der Aktiengesellschaft zu Salzgitter wie geschehen festgesetzt worden, verneinen — zu reprobiren sind, indem Klägerin allerdings zum Ersatz der fraglichen Konventionalstrafe verbunden zu erachten sein würde*, wenn

* In der Praxis wird zuweilen Beweis gefordert, daß die Konventionalstrafe auch bezahlt worden. Dies hat das OHG verworfen (vgl. Rspr. 1 S. 46, 49), in der sächs. Appellsache Leon Magis & Co. ./. Schlick, No. 182 v. 71 (I. Instanz: Handelsgericht Dresden) durch Erk. v. 13. April 71 aus folgenden Gründen: „Um seinen Anspruch auf Ersatz desjenigen Schaden darzuthun, welcher ihm in Folge verspäteter Vertragserfüllung des Klägers in Beziehung auf die gegen Dritte übernommenen, durch eine Konventionalstrafe gesicherten Leistungen entstanden sein soll, braucht Beklagter nicht nachzuweisen, daß er die angeblich verwirkte Konventionalstrafe bereits bezahlt habe. Die vorigen Instanzen haben, ohne Widerspruch seitens des Klägers, diesen Nachweis für unnöthig erklärt und nur verlangt, daß Beklagter darthun solle, er sei die Konventionalstrafe wirklich schuldig geworden, nicht blos er habe sie schuldig werden können..

Die Richtigkeit dieser Anschauung bedarf keiner näheren Darlegung, sie folgt von selbst aus dem Begriff des Anspruchs auf Schadenersatz, das heißt: auf Vergütung des Betrages, um welchen das Vermögen des Geschädigten wirklich benachtheiligt worden ist, nicht blos denkbarer Weise hätte benachtheiligt werden können . . .

Die Frage aber, ob der Anspruch des Berechtigten auf die fragl. Konventionalstrafe, obschon diese zur Zeit unberichtigt sei, noch bestehe, haben die vorigen Instanzen nur in Beziehung auf die vorliegenden Umstände beurtheilt; wenn sie auf deren Grund gegen nur der erforderliche Kausalzusammenhang zwischen einem Lieferungsverzuge der Klägerin und der Verpflichtung des Bekl. zur Zahlung der Konventionalstrafe dargelegt wäre, vgl. L. 2 § 8 Dig. 13, 4;

5. daß die Klägerin sich auch mit Unrecht darauf beruft, daß Beklagter sie nicht zur Lieferung unter Bestimmung einer Frist zur Nachholung des Versäumten aufgefordert habe, da (abgesehen davon, daß Bekl. es an dringenden Aufforderungen zur Lieferung nicht hat fehlen lassen) von einem Fixgeschäft im Sinne des Art. 357 HGB überall nicht die Rede sein kann, Art. 356 HGB aber eine Anzeige und Fristbestimmung nur für die Fälle, daß der eine Kontrahent entweder Schadenersatz wegen Nichterfüllung statt Erfüllung fordern oder vom Vertrage abgehen will, vorschreibt, während Beklagter in vorliegendem Falle Erfüllung bereits angenommen hat und nur Schadenersatz wegen verspäteter Erfüllung beansprucht.

Nr. 15.

I. Senat. — Erkenntniß v. 27. Februar 72. (B.)

M. Alexander & Söhne ./. Maria Henninger (Nr. 621 v. 71).

Bayern. **Nichtigkeitsbeschwerde.**

I. Instanz: Handelsgericht Nürnberg,
II. Instanz: Appellationsgericht daselbst.

Handelskauf, Fixgeschäft. Nachträgliche Erfüllung, Anzeige am Stichtage.

Bei einem sogen. Fixgeschäft genügt eine am Stichtage selbst, also vor Ablauf der vertragsmäßig zur Erfüllung bestimmten Zeit, erfolgende Anzeige, daß auf Erfüllung bestanden werde, dem Art. 357 HGB nicht.

Am 19. Juli 70 hatte die Beklagte gewisse Börsenpapiere zu bestimmten Kursen vom jetzt klagenden Bankhause

den Bekl. entschieden haben, so hat man ihnen in jetziger Instanz nur beitreten können.

abzunehmen. Sie wurde am Stichtage durch Gerichts-vollzieherakt aufgefordert, die Papiere zu empfangen. Am 6. August ist gegen sie eine Klage auf Erfüllung des geschlossenen Fixgeschäfts erhoben worden.

Der Appellrichter hat den Kläger abgewiesen, weil er die gesetzlich erforderliche Anzeige, noch auf Erfüllung bestehen zu wollen, unterlassen habe. Das OHG hat die ergriffene Nktbschw. zurückgewiesen.

Gründe:

Beim Fixgeschäft (HGB Art. 357) geht das Gesetz von der Voraussetzung aus, daß die Erfüllung für die Kontrahenten nur dann als die gewollte gelten könne, wenn sie genau in der festbestimmten Zeit oder Frist erfolge.*)

Sobald der entscheidende Zeitpunkt [z. B., wie hier, der Stichtag] vorüber ist, hat der säumige Theil das Recht auf Vertrags-Erfüllung verwirkt [Rspr. I S. 203]; für den anderen Theil besteht dieses Recht zwar noch, jedoch in der Weise beschränkt, daß er seine Absicht, die Erfüllung nach jenem Zeitpunkt zu verlangen, unverzüglich anzeigen muß. Zweck dieser Beschränkung ist, dem säumigen Theile sofort Kenntniß davon zu geben, daß er, trotz Ablaufs der vertragsmäßigen Zeit, noch erfüllen dürfe, und zu verhüten, daß der Gegner die Sachlage, welche den Vertrag für den einen Theil erfüllbar, für den anderen unerfüllbar macht, ausbeute und auf Preisänderungen spekulire [Rspr. I S. 253]. Hienach ist zweifellos, daß aus der Anzeige, welche Art. 357 fordert, bestimmt hervorgehen muß, es werde auf der, vom Vertrage abweichenden Erfüllung nach dem bestimmten Zeitpunkt bestanden, daß also eine vor Ablauf der Stichzeit ergehende Aufforderung, welche sich der Natur der Sache nach nur auf die dem Vertrage gemäße Erfüllung bezieht, nimmermehr als eine solche Anzeige gelten oder sie ersetzen kann.

*) Rspr. II S. 79, IV S. 177, V S. 351.

In vorliegendem Falle steht nun thatsächlich fest, daß die Aufforderung zur Erfüllung, auf welche Nichtigkeitskläger sich beruft, bereits am 19. Juli 70 vor Ablauf der vertragsmäßig zur Erfüllung bestimmten Zeit erfolgte.

Aus dieser Aufforderung konnte die Bekl. nicht entnehmen, daß es ihr gestattet sei, auch nach dem 19. Juli noch zu erfüllen.

Nr. 16.

I. Senat. — Erkenntniß v. 27. Februar 72. (B.)

M. Alexander & Söhne. ·/. Maria Henninger. (Nr. 623 v. 71.)

Bayern. **Nichtigkeitsbeschwerde.**

I. Instanz: Handelsgericht Nürnberg,
II. Instanz: Handels-Appellationsgericht daselbst.

Handelskauf. Annahmeverzug des Käufers, anderweitiger Verkauf der Waare. Richteramt.

1. Die durch Art. 343 (u. 357) HGB dem Verkäufer freigestellte Maaßregel eines Verkaufs der Waare darf nur am Erfüllungsort (HGB Art. 324, 342) stattfinden.

Vgl. HGB Art. 353 u. Rspr. IV S. 296 Nr. 3, V S. 137.

2. Das bayerische Prozeßrecht verpflichtet den Richter, unbegründete Ansprüche von Amtswegen (auch ohne Antrag der Gegenpartei) zurückzuweisen.

Bayer. PO Art. 264 Abs. 3, 790.

Laut Schlußscheins hatte Beklagte vom Kläger gewisse Börsenpapiere gekauft und, nach Wahl des Letzteren, in Nürnberg oder in Frankfurt a. M. abzunehmen. Am Stichtage (1. Aug. 70) that Kläger durch Gerichtsvollzieherakt der Bekl. kund, daß die fragl. Papiere im Bankgeschäft von J. Ph. Emden zu Frankfurt a. M. für sie zur Empfangnahme bereit lägen; zugleich ward Beklagte aufgefordert, gegen Erlegung des Kaufpreises „am nämlichen Tage" die Papiere in Empfang zu nehmen, widrigenfalls diese auf ihre Gefahr veräußert werden würden. Beklagte erklärte dem Gerichtsvollzieher, daß sie ohne ihren Anwalt keine Erklärung abgäbe.

Noch an demselben Tage ließ Kläger die fragl. Papiere durch einen Handelsmakler zu Nürnberg versteigern und erwarb dieselben dabei selbst um das Meistgebot. Die Vornahme dieses Verkaufs zeigte Kläger der Beklagten sofort brieflich an.

Die am 6. Aug. 70 erhobene Klage verlangt den bedungenen Kaufpreis, abzüglich des Verkaufserlöses, nebst Verzugszinsen seit 2. Aug. 70. Kläger wird in zwei Instanzen abgewiesen, weil der vorgenommene Verkauf verfrüht erschien, (vgl. vorher S. 91). Seine Nktbschw. bleibt ohne Erfolg.

Entscheidung des OHG.

Die Nktbschw. behauptet unrichtige Auslegung des Art. 357 HGB, insofern derselbe die Zeit bestimmt, zu welcher der Verkäufer dem säumigen Käufer gegenüber den Verkauf der Waare vornehmen dürfe, sowie Verletzung der bezüglich der Wirkungen des Verzuges im Allgemeinen bestehenden Grundsätze.

Es kann dahin gestellt bleiben, ob die bezüglichen Behauptungen begründet seien, ob (namentlich bei der am Stichtage erfolgten, entschiedenen Erklärung des Käufers, die Empfangnahme zu verweigern) unter Umständen auch ein am Stichtage selbst vorgenommener Verkauf als für Rechnung des Käufers geschehen zu betrachten sei, da sich der Ungrund der Nktbschw. aus einem anderen Gesichtspunkt unzweifelhaft ergiebt.

1) Wenn nämlich die Artt. 343 u. 357 HGB dem Verkäufer das Recht geben, die Waare, falls Käufer deren Annahme verweigert und die Waare einen Markt- oder Börsenpreis hat, durch einen Handelsmakler zum laufenden Preise verkaufen zu lassen: so geht das Gesetz von der Unter-

stellung aus, daß dieser Verkauf am Erfüllungsort stattfinde, das heißt, daß er dort geschehe, wo sich — vorausgesetzt, daß eine Lieferung ernstlich beabsichtigt war, — die Waare zur Zeit befindet. [HGB Art. 324, 342].

Offenbar kann es nicht im Belieben des Verkäufers stehen, sich den Ort, wo er verkaufen lassen will, zu wählen, namentlich, wenn es (wie in vorliegendem Falle) seine Absicht ist, geeigneten Falles die Waare selbst wieder anzusteigern.

Daß dies der Wille des Gesetzes sei, ergiebt sich schon aus der Natur der Sache, läßt sich übrigens auch aus der Bestimmung des Art. 353 HGB folgern, und kann um so weniger in Zweifel gezogen werden, als nach der ursprünglichen Fassung des die Fixgeschäfte betreffenden Art. 357 [Entwurf zweiter Lesung Art. 335 Abs. 2] der Schade sich für Käufer und Verkäufer einfach nach der Preisdifferenz zur Zeit und am Orte der Lieferung berechnen sollte, diese Bestimmung auch für den Käufer blieb (Art. 357 Abs. 3) bezüglich des Verkäufers aber nur insofern eine Aenderung erlitt, als die Preisdifferenz durch wirklichen Verkauf festgestellt werden soll, für diese Feststellung folglich nur die Erfüllungszeit nicht mehr unbeschränkt genau maaßgebend sein kann.

Was nun den vorliegenden Fall betrifft, so war das klagende Bankhaus allerdings ursprünglich berechtigt, Nürnberg oder Frankfurt a. M. als Erfüllungsort zu wählen; nachdem es jedoch seine Wahl getroffen hatte und auf Grund derselben die Aufforderung, in Frankfurt zu empfangen, erfolgt und der Verzug eingetreten war, stand es nicht mehr in seiner Macht, die Sache einseitig so zu behandeln, als sei Nürnberg der Erfüllungsort und an letzterem Orte zu verkaufen, wie dies alles unbestrittener Maaßen geschehen ist.

Beklagte hatte vielmehr, nachdem sie auf Grund der

Aufforderung in Frankfurt zu erfüllen, in Verzug gesetzt war, ein Recht darauf erworben, daß ihre Schadenersatz=Pflicht sich nach dem Börsenkurse in Frankfurt bestimme, mit anderen Worten daß, um diesen Kurs zu ermitteln, dort der Verkauf vorgenommen werde.

Dieser Börsenkurs war aber möglicher Weise ein ganz anderer und für die Beklagte günstigerer, als in Nürnberg. Ob der Verkauf an einem anderen Orte gerechtfertigt gewesen sein würde, wenn die Waare am gewählten Erfüllungsort keinen Markt= oder Börsenpreis hatte, kann auf sich beruhen, weil eine solche Voraussetzung nicht behauptet und nach den Umständen des Falles mehr als unwahrscheinlich ist.

Folge ist, daß Beklagte den in Nürnberg erfolgten Verkauf nicht als für ihre Rechnung geschehen anzuerkennen braucht und die Abweisung der Klage aus diesem Grunde gerechtfertigt erscheint.

2) Es ist allerdings anzuerkennen, daß aus dem hier erörterten Gesichtspunkt seitens der Bekl. ein Einwand nicht geltend gemacht worden ist; allein dies steht nicht im Wege, ihn dennoch zu berücksichtigen.

Gemäß Art. 264 Abs. 3 der bayerischen Prozeß=Ordnung ist nämlich der Richter verpflichtet, unbegründete Ansprüche auch ohne Antrag der Gegenpartei d. h. von Amtswegen zurückzuweisen, und es kann nicht dem mindesten Zweifel unterliegen, daß der Fall, welchen jene Bestimmung voraussetzt, gegeben ist, falls ein Anspruch nach der eigenen Geschichtserzählung des Klägers als unbegründet sich darstellt und Beklagte die Abweisung der Klage beantragt hat. Dieser Fall liegt aber hier vor.

Nr. 17.

I. Senat. — Erkenntniß v. 27. Febr. 72. (Ref.)

Fr. Liebrecht ./. M. Kalischer (Nr. 14 v. 72).

Preußen. **Revision.**

I. Instanz: Kreisgericht Thorn,

II. Instanz: Appellationsgericht Marienwerder.

Fixgeschäft. Verzug. Vertragsurkunde und mündliche Verabredung.

1. Nicht jeder Handelskauf mit bestimmter Erfüllungszeit ist als ein sogen. Fixgeschäft (im Sinne des Art. 357 HGB) anzusehen.

Feste Praxis des OHG; vgl. Rspr. I S. 397, II S. 79, IV S. 177, V S. 12, 351.

2. Verzug des Verkäufers wird dadurch nicht entschuldigt, daß ihm selbst die bedungene Waare durch einen Dritten, mit welchem er dieserhalb einen Vertrag geschlossen hatte, nicht geliefert worden ist.

HGB Art. 355.

3. Durch Vollziehung, bzw. Annahme einer das Ergebniß der mündlichen Vereinbarung darstellenden Urkunde gelten die Nebenabreden, welche vor oder bei dem Vertragsschluß zur Sprache gekommen, regelmäßig für beseitigt.

Rspr. II S. 39, III S. 29, IV S. 36, 144.

Erk. des OHG I. Sen. v. 20. Dez. 72, Nachtrag S. 100.

Nach Vertrag und laut Schlußschein v. 8. März 68 hat Beklagter dem Kläger 20000 Eisenbahnschwellen „im Laufe des Jahres 68 franco Liepe ans Land" zu liefern. Falls Verkäufer das ganze Quantum nicht bis Ende 68 beschaffen kann, soll er vertragsmäßig berechtigt und verpflichtet sein, die Nachlieferung eines höchstens 6000 Stück betragenden Restes im Jahre 69 schleunigst zu bewirken, sofern ihn nicht Kläger bis Ende Dez. 68 von der Nachlieferung entbindet. Beklagter hatte die Hölzer von einem Dritten (Hirschfeld) gekauft, sich aber deren prompten Eingang nicht besonders gesichert. Beklagter hat das bedungene Angeld empfangen, aber nichts geliefert. Kläger, welcher die Preise nach erfolgter Lieferung durch Wechsel zu berichtigen hatte, fordert deshalb als Käufer Erfüllung nebst Schadenersatz wegen nicht rechtzeitiger Lieferung (Rspr. III S. 4, 372). Der Appellrichter wies die Klage ab, weil er ein Fixgeschäft für vorliegend erachtete, das OHG entschied anders.

Gründe:

Wie das OHG wiederholt erkannt hat, kann nach Wortlaut und Geist des Art. 357 HGB nicht jedes Geschäft mit bestimmter Erfüllungszeit als ein Fixgeschäft angesehen werden; vielmehr bedarf es dazu entweder einer ausdrücklichen Stipulation im Vertrage, oder es muß sich aus den Umständen des Falles ergeben, daß nach der Absicht beider Theile die verabredete Erfüllungszeit einen wesentlichen Theil der Erfüllung bilden, diese in der gewollten Art nur zu jener Zeit möglich sein sollte.
[Rspr. I S. 397, II S. 79, IV S. 177, V S. 12, 351]

Der in Frage stehende Lieferungsvertrag enthält aber lediglich eine gewöhnliche Fristbestimmung, ohne alle besondere Betonung, und gewährt überdies dem Bek. eine so geraume Zeit der Lieferung (den Rest des Jahres 68) und eine so dehnbare Nachfrist für einen bedeutenden Theil der Lieferung (5000 bis 6000 von 20000 Eisenbahnschwellen für das Jahr 69), daß schon danach die vom Apellrichter ausgesprochene Annahme eines Fixgeschäfts als unhaltbar erscheint, wie denn auch weder vom Bekl. Umstände geltend gemacht noch sonst ersichtlich sind, welche für die Beabsichtigung eines Fixgeschäfts sprechen könnten.

Liegt aber kein Fixgeschäft vor, so konnte Kläger gemäß Art. 355 HGB die Erfüllung nebst Schadenersatz wegen verspäteter Erfüllung fordern. Allerdings kam seine Klage schon am 15. Juli 69 ein, aber dies ist auch hinsichtlich der Nachlieferung von 5—6000 Schwellen nicht verfrüht, weil Beklagter im Vertrage sich verbindlich gemacht hatte, für deren schleunigste Nachschaffung Sorge zu tragen. Ueberdies war schon bei Erlassung des I. Erkenntnisses das Jahr 69 längst verflossen, damals also, obschon Beklagter seinen Widerspruch festgehalten hatte, die Lieferungszeit verfallen, selbst wenn man sie auf das ganze Jahr 69 ausdehnen wollte.

Freilich hatte Kläger — abgesehen von einer unbestritten geleisteten Anzahlung — seiner Seits insofern die Erfüllung des Lieferungsvertrages zu ermöglichen, daß er binnen 8 Tagen seinen Regimenter F. in den Forst Nisko absenden mußte, damit dieser dort die Bearbeitung der Schwellen beaufsichtige. Und Beklagter erhebt in dieser Beziehung den Einwand, daß Kläger den F. erst am 21. März 68 abgesendet und schon im Mai 68, vor Vollendung des Geschäfts zurückgerufen habe. Allein die kleine Verspätung der Absendung um etwa fünf Tage kann bei einem so weit aussehenden Geschäft nicht in Betracht kommen, zumal da Beklagter nur die Möglichkeit eines daraus für ihn entstehenden Nachtheils, nicht aber dessen wirklichen Eintritt behauptet hat. Die Rückkehr des F. erscheint aber nach dessen vom Bekl. anerkanntem Briefe vom 21. Mai 68 — aus welchem hervorgeht, daß dem Regimenter (wie auch Beklagter nicht in Abrede stellt) die Möglichkeit entzogen war, einen nach dem Vertrage wesentlichen Theil des Auftrags auszuführen, indem ihm der Gebrauch des Hammers untersagt wurde — als vollkommen gerechtfertigt, und ergiebt sich daraus weiter, daß auch dessen frühere Ankunft zu Nisko die Sachlage nicht geändert hätte. Betreffend die Einwendungen, welche Beklagter aus dem mit einem Dritten (Hirschfeld) abgeschlossenen Vertrage herleitet: so ist an und für sich einleuchtend, daß das Verhältniß des Bekl. zu Hirschfeld den Kläger gar nicht berührt, also wenn Hirschfeld gegen den Bekl. vertragsbrüchig geworden sein sollte, dies den Bekl.

nicht von seinen Verbindlichkeiten gegen den Kläger befreit. Daran ändert auch nichts die Behauptung des Bekl., daß Kläger den Vertrag mit Hirschfeld gekannt und nur in Beziehung auf diesen Vertrag mit dem Bekl. kontrahirt habe, oder daß dieser Vertrag dem Vertrage zwischen Kläger und Bekl. zu Grunde gelegen habe. Wäre dies auch wahr, so könnte man darin nur die Bezeichnung des Motivs für den Vertrag zwischen Kläger und Bekl. finden, woraus natürlich nicht folgt, daß die Vertragsvollziehung von Seiten des Hirschfeld als Bedingung für jene des Bekl. gegenüber dem Kläger gegolten habe. Damit stimmt auch überein, daß die Schlußnote über den Vertrag zwischen Kläger und Bekl. jenen mit Hirschfeld gar nicht erwähnt.

Der weitere Einwand des Bekl., wonach Kläger den Vorschuß der Auslagen für den Regimenter F. — auf Rechnung des Bekl. — übernommen haben soll, steht in direktem Widerspruch mit der Schlußnote. Da nun diese Abmachung beim Vertragsschluß selbst erfolgt sein soll, so kann Beklagter darauf nicht mehr zurückkommen, nachdem er in der Schlußnote, welche das Ergebniß der mündlichen Verabredung darstellt, die Bestreitung dieser Auslagen auf sich genommen hat, demzufolge die Vermuthung dafür streitet, die angebliche mündliche Nebenabrede sei nachträglich beseitigt. Ueberdies aber bleibt unersichtlich, in wiefern aus der Nichterfüllung der letzteren dem Bekl. ein Nachtheil erwachsen sei oder in wiefern sie die Erfüllung seiner Pflichten verhindert oder erschwert habe.

Wenn Beklagter wegen angeblicher Unsicherheit des Klägers gänzliche Entbindung vom Vertrage oder Baarzahlung statt Wechseln anspricht: so widerlegt sich dies jedenfalls durch die Erwägung, daß die behauptete Unsicherheit im Jahre 70, für welches Jahr sie nur mit voller Bestimmtheit behauptet ist, auf eine noch bestehende Unsicherheit keineswegs schließen läßt.

Keiner Widerlegung bedarf endlich das Vorbringen des Bekl. über sein Recht auf Baarzahlung wegen Verfalls der bei rechtzeitiger Lieferung auszustellenden Wechsel und auf Verzugszinsen aus dem Kaufpreise, denn ehe Beklagter selbst erfüllt hat, steht ihm kein Recht auf den Kaufpreis zu.

Demnach erscheint das Erkenntniß des Appellgerichts als ungerechtfertigt, dagegen jenes des I. Richters als wohlbegründet.

Nachtrag.

In der badischen Oberappellationssache J. G. Deiß J. Mumm & Co. (Nr. 781 v. 72, I. Instanz: Handelsgericht Carlsruhe-Pforzheim) hat der I. Senat des OHG sich im bestätigenden Erk. v. 20. Dez. 72 dahin ausgesprochen:

Zur Begründung einer Einrede, auf welche zugleich die Wiederklage gestützt ist, beruft Beklagter sich auf einen angeblichen Nebenvertrag, indem er behauptet: vor und bei Gelegenheit sowie nach Zustandekommen der Vertrags-Urkunde v. 23. Juni 71 sei zwischen ihm und dem Prokuristen der Klägerin ein Abkommen getroffen worden und zwar als wesentliche Voraussetzung und Bedingung der [der Klage zu Grunde liegenden, vertragsmäßigen] Anerkennung des Bekl.. Dadurch soll Klägerin [Firma Jules Mumm & Co. zu Rheims] sich verpflichtet haben, dem Bekl. vom 23. Juni 71 ab den ausschließlichen Verkauf ihrer Champagnerweine in Württemberg und Baden gegen 12% Provision rc. zu übertragen... Weil nun Klägerin diesen Nebenvertrag zu erfüllen sich geweigert hat, will auch Beklagter nicht an den in jener Urkunde enthaltenen Vertrag gebunden sein. . .

Das fragliche Vorbringen des Bekl. ist aber weder zur Begründung einer Einrede noch der Wiederklage geeignet. Vergleicht man nämlich den angeblichen Nebenvertrag mit dem schriftlichen Vertrage v. 23. Juni, so zeigt sich, daß letzterer durch den ersteren insofern aufgehoben würde, als er das bisherige Agenturverhältniß für aufgelöst erklärt, während der Nebenvertrag eben dieses Verhältniß im Wesentlichen wiederhergestellt oder für fortdauernd erklärt haben soll. Bei solcher Sachlage darf Beklagter sich jedenfalls nicht auf die **vor** oder **bei** dem Abschluß des schriftlichen Vertrages (angeblich) getroffenen Verabredungen berufen. Denn als er den schriftlichen Vertrag mit seiner Unterschrift vollzog, hat er auf die damit in direktem Widerspruch stehenden Abmachungen stillschweigend verzichtet;*) er ist an den schriftlichen Vertrag gebunden und kann nicht mehr auf die früheren Unterhandlungen zurückkommen, wie dies für ähnliche Fälle in mehreren Entscheidungen des OHG bereits ausgeführt ist [vgl. die oben S. 96 citirten Stellen].

Betreffend endlich die Behauptung des Bekl., der Nebenvertrag sei auch nach dem Zustandekommen der Urkunde v. 23. Juni verabredet oder bestätigt worden: so fehlt es dem Vorbringen an der erforderlichen Substantiirung. Es ist schon sehr wenig wahrscheinlich, daß der Prokurist der Klägerin oder diese selbst, als sie einen perfekten Vertrag über Auflösung des Agenturverhältnisses in Händen hatte, dem Bekl., welcher sich als säumigen Zahler bewiesen hatte, durch einen anderen Vertrag doch wieder die Stellung ihres Agenten unter günstigen Bedingungen eingeräumt haben sollte. Um so mehr lag es dem Bekl. ob, mit größter Deutlichkeit und Bestimmtheit darzustellen, daß und wie der schriftliche Vertrag in jenem Punkte wieder rückgängig gemacht oder aufgehoben worden ist. Dies hat Beklagter aber nicht gethan, er beschränkt sich auf die allgemeine Redensart, auch nach dem Zustandekommen der Urkunde sei jener Nebenvertrag abgeschlossen worden. Zu

*) Anders, wenn durch die vorliegende Urkunde die wirklich getroffene, verpflichtende Vereinbarung unrichtig gegeben wird, vgl. Rspr. II S. 220, 224; III S. 314; IV S. 257.

solcher Substantiirung hatte Beklagter für die III. Instanz dadurch weiteren und dringenden Anlaß, daß der Appellrichter in seinen Entscheidungsgründen die Ansicht ausgesprochen hatte, Beklagter habe behauptet, der Nebenvertrag sei während der Abfassung der Urkunde v. 23. Juni zu Stande gekommen und es sei nicht behauptet, daß die schriftliche Uebereinkunft, nachdem dieselbe niedergeschrieben, wiederaufgehoben worden, ohne welche Aufhebung der angebliche Nebenvertrag gar nicht bestehen könne. Dem gegenüber mußte Beklagter darlegen, daß wirklich nach Vollziehung jener Urkunde durch ein neues Uebereinkommen der in der Urkunde enthaltene Vertrag abgeändert worden. Allein die in III. Instanz abgegebenen Erklärungen des Bekl. enthalten nur eine Wiederholung, keine Ergänzung oder Erläuterung seiner schon dem Appellrichter vorgelegenen Behauptungen, aus welchen der Richter die erwähnte, die fraglichen Ansprüche des Bekl. offenbar beseitigende Anschauung gewonnen hatte.

Ist es nun auch unzweifelhaft richtig, daß zufolge Art. 317 HGB ein schriftlich beurkundeter Vertrag durch späteres mündliches Uebereinkommen geändert oder aufgehoben werden kann*): so darf doch das eine solche Uebereinkunft betreffende Vorbringen nur dann berücksichtigt werden, wenn es in Beziehung auf Zeit, Umstände und Inhalt vollständig substantiirt ist. Diese Substantiirung wird aber in vorliegendem Falle um so mehr vermißt, als Beklagter, ohne die Aufhebung der im schriftlichen Vertrage enthaltenen Bestimmung auch nur zu erwähnen, sich auf die vage Behauptung beschränkt, als sei — so wie vor und bei — auch nach dem Zustandekommen des schriftlichen Vertrages eine Verabredung getroffen worden, welche (wie gezeigt) zum Theil das gerade Gegentheil vom schriftlichen Vertrag festgesetzt hätte und nach der Natur der Sache sich

*) Rspr. II S. 224; IV S. 368.

anders gestalten müßte, je nachdem sie vor und bei oder erst nach Abschluß des erwähnten schriftlichen Vertrages erfolgte. Demnach erscheint die Wiederklage verwerflich...

Nr. 18.

I. Senat. — Erkenntniß v. 5. März 72. (Ref.)

Steuber ./. Handelsgesellschaft J. & A. Schönstadt (Nr. 692 v. 71).

Preußen. **Revision.**

I. Instanz: Kreisgericht Erfurt,
II. Instanz: Appellationsgericht Naumburg.

Kommission, Anspruch des Kommittenten, Zinsen.

1. Wenn der Kommissionär gegen den Kommittenten die Garantie übernimmt, daß Letzterer aus fortgesetzten Spekulationen einen den bisherigen Schaden nicht übersteigenden Verlust haben werde: so ist seine Haftung demgemäß auf völlige Schadloshaltung des Kommittenten, einschließlich 6% Zinsvergütung, ausgedehnt.

HGB Art. 278, 361.

2. Der Kommittent braucht nicht auf Rechnungslegung zu klagen, wenn er anderweitig den Umfang seiner Forderungen, unter Berücksichtigung der Gegenansprüche des Kommissionärs, darzulegen vermag.

HGB Art. 361, 371.

Sachverhalt und Entscheidung des OHG:

Ein der Bekl. vom Kläger ertheilter Einkaufsauftrag von Sprit hatte zur Folge, daß Kläger per April — Mai 1863 20000 Quart Kartoffelsprit mit einem Verlust von (rund) 780 Thlrn. gegen den Einkaufspreis abzunehmen hatte. Um diesen Verlust wieder auszugleichen, wurde Kläger von der Bekl. veranlaßt, weitere 20000 Quart Sprit hinzuzukaufen, mit abzunehmen und mit diesen 40000 Quart bei der Berliner Zweigniederlassung der beklagten Gesellschaft, den Gebrüdern Schönstadt zu Lager gehen. Zugleich erklärte Beklagte dem Kläger unterm 2. April 63:

„Wir garantiren Ihnen, daß Sie durch diese Manipulation nicht mehr verlieren, als wenn Sie heute Ihre 20000 Quart Spiritus von früher verkaufen; wo der Kurs 14¼ Thlr. ist. Dagegen lassen Sie uns völlig freie Hand, das Geschäft zu geeigneter Zeit für Ihre Rechnung zu realisiren."

Beklagte [eine Handelsgesellschaft zu Erfurt] bzw. deren Berliner Zweighaus, war Kommissionär des Klägers und besorgte für dessen Rechnung den Einkauf, die Aufbewahrung und den Verkauf von Sprit. Nach allgemeinen Rechtsgrundsätzen hätte aller Gewinn wie Verlust aus den kommittirten Geschäften nur den Kläger getroffen und die Beklagte wäre nur mit ihrer Provision bei denselben interessirt gewesen. Nach der Gewinnseite wurde hieran durch den Garantieschein v. 2. April 63 nichts geändert; dagegen übernahm Beklagte durch denselben allen die vereinbarte Maximalgrenze von 780 Thlrn. übersteigenden Verlust des Klägers auf ihre alleinige Rechnung. Ein solches dem Delcredere-Vertrag wie den Prämiengeschäften ähnliches Abkommen war rechtlich durchaus statthaft, und es braucht, auch ohne die Absicht der „Ausbeutung" zu unterstellen, nicht einmal untersucht zu werden, ob Beklagte in der erwünschten Aufrechthaltung der Geschäftsverbindung, in der Hoffnung auf Provision, in der Benutzung des vom Kläger vorschußweise gewährten Wechselaccepts, endlich in der gewährten „freien Hand" ausreichende Veranlassung zu dessen Eingehung und vollkommen entsprechende Gegenleistung gefunden hat. Mit welchem Zeitpunkt Kläger die Beendigung der Spekulation trotz der gewährten „freien Hand" verlangen durfte und ob die Spekulation nicht mit dem Verkauf der 40000 Quart Sprit am 6. Juni 66 von selber ihr Ende erreichte, kann dahin gestellt bleiben. Jedenfalls war er zu deren Fortsetzung nicht verpflichtet, nachdem zuerst im November 66 das Berliner Zweighaus Gebrüder Schönstadt und demnächst Anfangs 67 die beklagte Erfurter Handelsgesellschaft selbst liquidirt und damit erklärt hatte, nur noch für den Zweck der Liquidation fortzubestehen.

HGB Art. 133 ff.

Von nun an spätestens durfte Kläger Rechnungslegung verlangen und auf diesem Wege Herabminderung seines ursprünglichen Verlusts, vielleicht gar Gewinn erzielen. Wenn er sich dagegen von vornherein das nach dem Garantieschein mögliche Maximum seines Verlusts in Abzug brachte, somit auf dessen Herabminderung oder gar auf möglichen Gewinn verzichtete: so durfte er direkt mit der actio mandati seine ganze Forderung ans dem Geschäft einklagen. Die Behauptung der Bekl., daß der Komittent nur mittelst der präparatorischen Klage auf Rechnungslegung seine Ansprüche geltend machen dürfe, ist grundlos. Das Gesetz verpflichtet den Kommissionär, dem Kommittenten „über das Geschäft Rechenschaft zu geben und ihm dasjenige zu leisten, was er aus dem Geschäfte zu fordern hat." (HBG Art. 361).

Vermag der Kommittent auf anderem Wege als durch ein Rechnungsverfahren den Umfang seiner Forderungen darzulegen, bringt er dabei sogar freiwillig sich die Gegenforderungen des Kommissionärs in deren denkbar weitestem Umfange in Abzug: so liegt zu einer Rechnungsstellung und einem an diese sich anschließenden Verfahren überall keine Veranlassung vor.

Vgl. Strieth. Arch. B. 3 S. 83 ff., B. 42 S. 194 ff., B. 67 S. 167 ff.

Es ist hienach nur noch der Umfang des Schadenersatzanspruchs festzustellen. Beklagte muß dem Kläger allen durch die Fortsetzung der Spekulation über die Summe von 780 Thlrn. hinaus erwachsenen **Verlust** vergüten, nicht lediglich dasjenige herausgeben, was sie über diese Summe hinaus vom Kläger empfangen hat. Sie muß ihn vielmehr insoweit völlig schadlos halten. Kläger fordert nun:

1. 4000 Thlr., als den Betrag des von ihm zuerst per 1. Juli 63 der Bekl. gegebenen, dann prolongirten, von der Beklagte verkauften und endlich am 12. Dez. 65 bezahlten Wechselaccepts. Dieser Anspruch ist gerechtfertigt. Ob (was Bekl. geltend macht) dieses Wechselaccept freiwillig und ohne Vorbehalt gegeben und eingelöst ist, und ob (was sie leugnet) dessen Betrag ein an die Beklagte gegebener „Vorschuß" war, erscheint unerheblich, sofern nur darin eine durch die fortgesetzte Spritspekulation veranlaßte Aufwendung des Klägers lag. — Kläger beansprucht

2. 532 Thlr. 18 Sgr. Provision, Zinsen und Spesen, welche er für Prolongation des am 13. März 64 fälligen Accepts dem Bankhaus Stürcke gezahlt haben will.

Allein von besonderen, hier nicht vorliegenden Umständen abgesehen, fallen diese Kosten nicht in den garantirten Maximalverlust, da dieselben nicht durch die Fortsetzung der Sprit-Spekulation, deren Verluste Beklagte durch ihre Garantie begrenzt hatte, sondern durch die nur von Klägers Wollen und Können abhängige Nichtzahlung des Wechsels herbeigeführt worden sind: nicht durch Sprit-Operationen der Bekl., sondern durch Wechsel-Operationen des Klägers. — Kläger fordert

3. 6% Zinsen von 4000 Thlrn. plus 532 Thlr. 18 Sgr. minus 780 Thlr., somit von 3752 Thlrn. 18 Sgr. seit dem 1. Jan. 66.

Dem Appellrichter ist darin beizutreten, daß der Bekl. bis zur Berichtigung der von ihr dem Kläger einstweilen kreditirten 780 Thlr. Zinsen à 6% zu Gute kommen, da Kläger selber anerkennt, daß sein Verlust sich unter diesen Betrag nicht vermindert hat, somit am 2. April 63 dieser

Verlust wirklich eingetreten und dadurch seine Erstattungspflicht an die Beklagte begründet war.

HGB Art. 290, 371; Einf.-Ges. v. 24. Juni 61 Art. 14.

Dagegen ist ungegründet, daß diese Zinsen bis zum 12. März 64, d. h. demjenigen Tage laufen, an welchem Kläger das am 13. März 64 fällige Wechselaccept bei Stürcke eingelöst hat. Denn es steht fest, daß Beklagte diesen Wechsel längere Zeit vorher an Stürcke verkauft hat und in dem Contocurrent der Gebrüder Schönstadt ist der Betrag dieses Wechsels nach Abzug von Disconto und Provision dem Kläger am 31. Dez. 63 mit 3935 Thlrn. gutgeschrieben. Es kann dahin gestellt bleiben, ob Kläger eine frühere Gutschreibung verlangen durfte; jedenfalls war mit dem Augenblick der Gutschreibung die Schuld getilgt und konnte nur, nach den Prinzipien des Contocurrentverkehrs, rückwärts wieder aufleben durch eine bei Nichteingang der Rimesse statthafte neue Debitirung. Da nun unstreitig der Wechsel auf die Beklagte nicht zurückgegangen ist, so war jedenfalls mit dem 31. Dez. 63 die Schuld des Klägers erloschen und weitere Verzinsung von da an unmöglich. Es können somit nur bis zu diesem Zeitpunkt Zinsen berechnet werden.

Ferner hat Kläger sich mit Recht darüber beschwert, daß ihm der ganze Zinsenanspruch bis zum Tage der Klagebehändigung aberkannt worden ist. Der Appellrichter gelangt zu diesem Ergebniß, weil für die Rückzahlung des Vorschusses von 4000 Thlrn. weder ein Zahlungstermin bestimmt noch eine frühere Mahnung behauptet sei. Allein diese Gesichtspunkte reichen nicht aus. Kläger darf nach den Garantiescheinen nicht sowohl Restitution eines Vorschusses als vielmehr Ersatz des ganzen Verlusts begehren, welcher ihm über das vertragsmäßige Maximum hinaus durch die Fortsetzung der Spekulation erwachsen ist. Hat er nun in Anlaß und zum Zweck der fortgesetzten Spekulation das Wechselaccept über 4000 Thaler gegeben und später eingelöst: so besteht sein Schade allerdings nicht lediglich in dem Verlust des Kapitals, sondern auch in der Entbehrung der weiteren Kapitalsnutzung. Wie die Leistung des Mandatars auf Rechnung des Mandanten geht, die Leistung des Bürgen auf Rechnung des Hauptschuldners, die Leistung des Gesellschafters auf Rechnung der Societät, — daher ihnen vom Tage der erfolgten Zahlung an gesetzliche Zinsen zustehen,

ALR Th. I Tit. 13 § 72, Tit. 14 § 354, Tit. 17 § 225; HGB Art. 93; Strieth. Arch. B. 36 S. 251 ff.; Windscheid Pand. § 259 n. 7,

und zwar nicht sowohl als Zinsen, d. h. als Leistungsentgelt, vielmehr als Schadenersatz,

Koch, Recht der Forderungen I § 10 u. Lehrbuch des preuß. Privat-R. II § 460; Förster Theorie ꝛc. I § 68; Arndts Pandekten § 207 n. 3:

so umfaßt hier der vertragsmäßig übernommene Ersatz aller durch die Fortsetzung der Spritspekulation entgangenen Nachtheile auch die Zinsvergütung.

ALR Th. I Tit. 5 § 270, 286; Tit. 6 § 1.

Unterliegt es nun keinem Zweifel, daß der Schade des Klägers, welcher zwar nicht Kaufmann ist, aber doch mit der Bekl. wie mit dem Banquier Stürcke sich in Handelsgeschäfte eingelassen hat, nicht unter dem Betrage des in Handelssachen allgemein bestehenden Maaßes von 6% gesetzlichen Zinsen zu veranschlagen ist,

Einf.-Ges. v. 24. Juni 61 Art. 14;

muß ferner angenommen werden, daß dieser Schade dem Kläger nicht erst mit der definitiven Zahlung des Wechsels am 12. Dez. 65, sondern bereits mit demjenigen Zeitpunkt erwachsen ist, in welchem ihm die Einlösung dieses Wechsels obgelegen hat, somit v. 13. März 64 ab, da nicht vermuthet werden kann, daß er die Prolongation des Wechsels zu einem geringeren Zinssatze zu bewerkstelligen vermocht habe: so ist, im Wesentlichen seinem eventuellen Antrage entsprechend, Beklagte zur Zahlung von 4000 Thlrn., abzüglich 815 Thlrn. [nämlich 780 Thlrn. nebst vorerwähnten Zinsen], somit von 3185 Thlrn. nebst 6% Zinsen seit dem 13. März 64 zu verurtheilen.

Nr. 19.

II. Senat. — Erkenntniß v. 6. März 72. (B.)

Breest & Gelpcke ./. Weimarische Bankfiliale zu Dresden (Nr. 107 v. 72).

Königreich Sachsen. **Weitere Berufung.**

I. Instanz: Handelsgericht im Bezirksgericht Dresden,
II. Instanz: Appellationsgericht Dresden.

Handel in Inhaberpapieren, Kauf eines im Amortisationsverfahren befindlichen Stücks. Eviktion. Wandelungsklage.

1. Wenn ein Inhaberpapier, bezüglich dessen ohne Wissen der Kontrahenten ein Amortisationsverfahren schwebt, Gegenstand des Kaufs gewesen ist und später wirklich mortifizirt wird: welche Ansprüche kann der Käufer erheben?

2. Die Amortisation einer Aktie, eines Staatspapiers ꝛc. nach erfolgtem öffentlichem Aufgebot ist der Entwehrung (Eviktion) durch Eigenthumsanspruch eines Dritten nicht gleich zu achten.

Windscheid Pandekten § 391, B. II S. 429 ff.

3. Das gemeine Recht gestattet — nach den römischen Grundsätzen de mortuo redhibendo — dem Käufer die Wandelung (Redhibition) auch rücksichtlich eines ohne seine Schuld untergegangenen oder abhanden gekommenen Kaufgegenstandes.

Windscheid Pandekten § 394 No. 2, n. 12; B. II S. 443 f. Kgl. sächs. bürgerl. GB § 912, 918.

Ebenso sind die §§ 327 u. 328 ALR I. 5 unanwend-

bar, wenn die Sache aus einer schon vor der Uebergabe vorhanden gewesenen Ursache sich verändert hat.

C. F. Koch Komm. zu § 327, B. I S. 269 der 5. Auflage. Rspr. III S. 189, 274.

Am 24. April 68 hat die Beklagte zu Berlin den Klägern u. a. die Aktien No. 76078 u. 85683 der galizischen Karl-Ludwigsbahn verkauft. Wegen beider Aktien schwebte, ohne daß die Kontrahenten davon Kenntniß hatten, beim Landesgericht Wien ein schon „vorlängst" auf Antrag des angeblichen Verlustträgers eingeleitetes Amortisationsverfahren, auf Grund dessen (nach öffentlichem Aufgebot) diese Stücke durch ein am 25. Mai verkündetes und am 5. Juni 68 in Rechtskraft übergegangenes Erkenntniß mortifizirt worden sind.

Kläger fordern nun (1870) den gezahlten Kaufpreis nebst Zinsen zurück, werden aber in allen Instanzen angebrachter Maaßen abgewiesen.

Entscheidung des OHG:

Aus dem (vorstehenden) Sachverhalt glauben Kläger zunächst die rechtlichen Unterlagen eines Entwehrungsanspruchs, gerichtet auf Erstattung der von ihnen der Bekl. als Kaufpreis der Aktien gezahlten Summe sammt Zinsen von erhobener Klage an, ableiten zu dürfen, indem sie das abgehaltene Amortisationsverfahren als denjenigen Rechtsstreit betrachtet wissen wollen, durch welchen ihnen das Kaufobjekt seitens eines Dritten entwehrt worden. Hierin war ihnen jedoch nicht beizustimmen. Wie schon die II. Instanz entwickelt hat, ist die Gleichstellung des Amortisationsverfahrens wegen aufgerufener Staats- oder Inhaberpapiere mit einem vom Ausbringer dieses Verfahrens gegen den aktuellen Inhaber der betr. Papiere angestellten Eviktionsprozeß unrichtig, weil der Zweck der im ersteren an diesen Inhaber ergangenen öffentlichen Aufforderung überhaupt nicht dahin geht, einen Rechtsstreit zwischen diesem und dem Ausbringer einzuleiten, oder die Frage, wer von ihnen der besser Berechtigte sei, zum Austrag zu bringen, vielmehr zunächst und unmittelbar nur dazu dienen soll, den unbekannten Inhaber zu ermitteln, bzw. dem zahlungspflichtigen Schuldner gegenüber den Ausbringer als wahren Gläubiger zu legitimiren, dafern ein anderer Berechtigter sich nicht meldet. Mit der rechtzeitigen Anmeldung des Letzteren schließt das eingeleitete Ediktalverfahren, und der nunmehr etwa beginnende Rechtsstreit über das bessere Recht des Einen oder Anderen ist, wenn auch durch die Ediktalien mittelbar veranlaßt, doch ein dem Gegenstand wie der prozessualen Form nach davon völlig unabhängiger selbständiger Prozeß, wie er ganz ebenso stattfinden könnte, wenn der angebliche Verlustträger des Papiers zufällig und ohne vorausgegangenen öffentlichen Aufruf den derzeitigen Inhaber des verlorenen Papiers erkundet und nun ihm gegenüber sein besseres Recht im Rechtswege auszuführen unternommen hätte. Die Präklusion wegen unterlassener Anmeldung im Ediktaltermin unterscheidet sich sonach (wie Kläger übersehen) von der Kontumazial-Verurtheilung im gewöhnlichen Prozeß wesentlich dadurch, daß diese auf der richterlichen Anerkennung des — durch fingirtes Zugeständniß — konstatirten, den Gegenstand des Prozesses bildenden Rechts beruht, während jene nur die positivrechtliche Folge des Ausbleibens für sich ohne alle Rücksicht darauf ausspricht, ob das Recht des Ausbringers der Ediktalien auf das ausgerufene Papier rechtlich begründet und erwiesen sei oder nicht. Es folgt dies auch schon daraus, daß eine Abweisung des Klägers — wie sie, der eingetretenen Kontumaz ungeachtet, im ordentlichen Prozeß bei mangelhaft befundener Begründung der Klage erfolgen kann — dem Ausbringer des ordnungsmäßig eingeleiteten und durchgeführten Ediktalverfahrens gegenüber im Falle unterbliebener Anmeldung dritter Berechtigter überhaupt undenkbar ist.

Kann aber hienach nicht gesagt werden, daß die in Folge ihres Ausbleibens im Ediktaltermin präkludirten Kläger der von der Bekl. auf sie kaufsweise übertragenen Rechte dadurch verlustig gegangen, daß sie in dem mit einem Dritten (dem Ausbringer des Aufrufs) über dieselben geführten Rechtsstreit besiegt worden sind: so fehlt es auch an der rechtlichen Voraussetzung der Verbindlichkeit zur Evriktionsleistung — der Entwehrung im rechtlichen Sinne. Die gemeinrechtlichen Vorschriften über diese Verbindlichkeit sprechen jene Voraussetzung unzweideutig aus (L. 21 § 2, L. 24, L. 28, L. 49, L. 56 § 1 Dig. 21, 2; L. 17 Cod. 8, 45); sie ist in der Bestimmung § 931 des bürgerl. GB für das Königreich Sachsen klar und mit ausdrücklichen Worten aufgestellt und liegt ganz unverkennbar auch den einschlagenden Vorschriften des preuß. Rechts im Tit. 11 Th. I des ALR zu Grunde. Denn in ihnen ist dem Erwerber die Streitverkündigung an seinen auctor sogleich, als ihm die Klage des Dritten behändigt worden, zur Pflicht gemacht (§ 143, 144), ihm für den Fall, daß er das verabsäumt und ohne Zuziehung des Verkäufers den Prozeß mit dem Dritten ausführt oder sich mit ihm vergleicht, der Nachtheil angedroht, daß er die Gründe und Beweismittel, welche sein Verkäufer gegen den Dritten hätte an die Hand geben können und wovon er selbst im Prozeß mit diesem keinen Gebrauch gemacht hat, nach näherer Bestimmung der Prozeßordnung wider sich gelten lassen muß (§ 145, 146, 147), endlich die Haftung des Verkäufers für den durch die Entwehrung dem Käufer entstandenen Schaden sich auf die bei dem Prozeß mit dem Dritten aufgelaufenen Kosten erstreckt (§. 155, 156). Auch nach preuß. Recht kann deshalb die Amortisation der fraglichen Aktien nach öffentlichem Aufgebot als Entwehrung durch den Eigenthumsanspruch eines Dritten um so weniger angesehen werden, als gegen die

Kläger in ihrer Stellung als redliche Besitzer ein Vindikationsanspruch seitens des Ausbringers des Aufgebots gar nicht Platz gegriffen hätte (Erk. des preuß. OTr. in Busch's Arch. für HR B. VII S. 251 ff.). Die Meinung der Kläger endlich, es seien die fraglichen Papiere durch den öffentlichen Aufruf res litigiosae geworden, deren Veräußerung seitens der Bekl. unzulässig gewesen, ist nicht blos nach gemeinem und sächsischem Recht verwerflich, sondern auch nach preuß. Recht unhaltbar. Noch abgesehen davon, daß zufolge der Vorschrift im § 383 ALR I. 11 die Veräußerung von Sachen, wegen deren ein Prozeß anhängig ist, nicht schlechthin als unzulässig zu betrachten ist, kann als res litigiosa überhaupt nur der unmittelbare Gegenstand des Rechtsstreits gelten (Förster Theorie u. Praxis des preuß. Privatrechts, B. I § 51 S. 235 u. Note 14). Wäre es daher überhaupt zulässig, das Amortisationsverfahren, wie Kläger wollen, als einen „Rechtsstreit" im gewöhnlichen technischen Sinne anzusehen: so würde doch den unmittelbaren Gegenstand desselben immer nur die Frage, wer der aktuelle Inhaber der aufgerufenen Papiere sei, nicht das Recht auf deren Inhabung oder Eigenthum bilden.

Demnächst wollen Kläger eine weitere, selbständige Begründung ihres Anspruchs aus dem Umstande ableiten, daß sie in Folge ihrer Unkenntniß des zur Zeit des Kaufabschlusses bereits eingeleiteten Amortisationsverfahrens sich in einem wesentlichen Irrthum über die Substanz und die Eigenschaften der erkauften Papiere befunden haben, dieser Irrthum aber den abgeschlossenen Kaufvertrag nichtig mache. Die II. Instanz hat das Vorhandensein eines wesentlichen, die Identität des Kaufgegenstands betreffenden Irrthums verneint, jedoch zugegeben, daß der Erwerber von kurshabenden Inhaberpapieren in der Regel voraussetze, es seien dieselben jederzeit um den Tageskurs verwerthbar, dies aber beim Bekanntwerden des ihrethalben eingeleiteten Amortisationsverfahrens nicht mehr der Fall sei und deshalb die Unbekanntschaft mit dem bereits erfolgten Aufruf einen Irrthum über gewöhnlich vorausgesetzte Eigenschaften des Kaufobjekts involvire. Unter Anwendung der einschlagenden Bestimmungen in § 81 Tit. 4, § 325 bis 329 u. § 331 Tit. 5, auch § 193, 197 und 198 Tit. 11 Th. I ALR ist die II. Instanz zu dem Resultat gelangt, daß die erhobene Klage auch in dieser Richtung der erforderlichen Begründung entbehre, weil Kläger nicht in der Lage seien, die erkauften, in Folge der inmittelst eingetretenen Mortifikation gänzlich entwertheten Aktien in dem Stande, in welchem sie dieselben empfangen, zurückgeben zu können, wie durch die angezogenen §§ 327 und 328 Tit. 5 zur Bedingung des Abgehens vom Vertrage gemacht sei, mithin ihnen nur der, in vorliegender Klage jedoch ohne thatsächliche Begründung gelassene, Anspruch auf soviel an Vergütung bleibe, als die Sache wegen der fehlenden Eigenschaften weniger werth sei.

Was die hier zu Grunde liegende Interpretation des § 328 ALR I. 5 anlangt, konnte der Ansicht II. Instanz nicht beigetreten werden, weil dieselbe ebensowenig mit der bekannten Auffassung des römischen Rechts — welches die Redhibition auch hinsichtlich des ohne des Käufers Schuld vernichteten Kaufobjekts gestattet (L. 31 § 11, 12, L. 47 § 1 Dig. 21, 1) — im Einklange steht, als andererseits durch eine Anforderung des natürlichen Rechtsgefühls geboten erscheint. Gerade in vorliegendem Falle, in welchem die gänzliche Entwerthung der Aktien durch das Amortisationserkenntniß nur als die Folge des schon beim Kaufabschluß ohne Wissen der Kontrahenten anhängig gewesenen Amortisationsverfahrens sich darstellt, würde dem durch die Entwerthung der Aktien benachtheiligten Käufer ein völlig ungenügender Rechtsschutz gegeben sein, wenn ihm das Gesetz aus dem Grunde, weil die Papiere schon zur Zeit des Kaufs zur Amortisation ausgerufen gewesen sind, zwar das Recht zum Abgehen vom Vertrage gewähren, dieses Recht aber hinwiederum deshalb entziehen wollte, weil in Folge jenes Amortisationsaufrufs (ohne Zuthun der Kontrahenten) die Aktien in einen Zustand gerathen sind, dessen Nachtheile eben durch das dem Käufer eingeräumte Recht zum Abgehen vom Vertrage abgewendet werden sollte. Daß der Wortlaut der in Rede stehenden Gesetzesdisposition zu solchem Ergebniß der Auslegung nicht schlechterdings nöthigt, haben auch die neueren Kommentatoren des preuß. Rechts anerkannt, indem sie die §§ 327 und 328 dann für unanwendbar erklären, wenn die Sache aus einer schon vor der Uebergabe vorhanden gewesenen Ursache verändert ist (Koch Kommentar zum ALR, B. 1 S. 269 Note 66, v. Rönne Ergänzungen und Erläuterungen des ALR I. Abth. S. 167). Insbesondere wird dabei mit Recht hervorgehoben, daß die Grundsätze des römischen Rechts de mortuo redhibendo durch § 327 nicht geändert seien; daß deshalb der Käufer eines bereits zur Amortisation aufgebotenen Staatspapiers auf die Forderung des Minderwerths nicht schon deshalb beschränkt werde, weil er es nach inzwischen erfolgter Mortifikation nicht mehr im früheren Zustande zurückgewähren könne, daß vielmehr auf diesen Fall §' 328 ebensowenig anwendbar sei, wie bei dem Kaufe eines Thiers, welches an den Folgen einer bei der Uebergabe nicht sichtbaren Krankheit stirbt; vgl. Koch a. a. O. S. 270.

Wiewohl demnach der Grund, aus welchem von II. Instanz die Klage auch in der jetzt fraglichen Richtung abgewiesen worden ist, nicht gebilligt werden konnte, hat man [das OHG] gleichwohl zu deren Aufrechterhaltung zu gelangen nicht vermocht.

Der Erwerber eines Inhaberpapiers erwirbt in und mit diesem die dadurch verbriefte Forderung. Ist das Papier ein zur Zeit der Erwerbung bereits mortifizirtes, so wird ihm das wirklich gewollte Vertragsobjekt nicht gewährt, mag man den (entgeltlichen) Vertrag als Forderungskauf oder im Hinblick auf § 401 ALR I. 11 (Förster a. a. O. B. I § 99 S. 622) als Kauf einer Sache oder Waare ansehen. In ersterem Falle fehlt die auch nach preuß. Recht vom Veräußerer zu gewährende Richtigkeit und Rechtsgiltigkeit der abgetretenen Forderung (§ 420 ALR I. 11), während im anderen Falle statt des geschuldeten Gegenstands, nämlich eines zur Erhebung der verbrieften Forderung legitimirenden Papiers, ein ungiltiges und unwirksames geleistet wird, das der Erwerber als Erfüllung des Vertrages seitens des Veräußerers nicht anzunehmen braucht; § 11 ALR I. 16. Keiner dieser Fälle liegt hier vor. Die fraglichen Aktien, waren zur Zeit des Veräußerungsvertrags und bis zur Mortifikationserklärung (durch das seit dem 5. Juni 68 rechtskräftige Erkenntniß) formell und materiell giltige Papiere, welche den Klägern alle mit dem Besitz von Aktien der galizischen Karl-Ludwigs-Bahn verbundenen Rechte sicherten. Sie entbehrten namentlich auch der Begebbarkeit im Verkehr nicht, welche die II. Instanz als die bei dem Vertragsschluß seitens des Erwerbers vorausgesetzte Eigenschaft derselben betrachtet.

Ist nun auch, soviel den letztgedachten Punkt betrifft, zuzugeben, daß im Verkehr mit Inhaberpapieren dem Bewußtsein des Käufers die Füglichkeit der Wiederveräußerung des Erworbenen und somit der erleichterten Realisirbarkeit des darin angelegten Kapitals in der Regel mehr oder minder klar vorschweben wird: so kann doch deshalb immer nicht die Berechtigung der Voraussetzung anerkannt werden, daß die erkauften Papiere bis zu dem gesetzlich oder statutarisch bestimmten Zeitpunkt ihrer Einlösung oder Zahlbarkeit in dieser Beziehung schlechthin unverändert bleiben. Die Rechtsanschauung, daß im Falle des Verlusts oder der

Vernichtung der vom Staate (oder mit dessen Ermächtigung von anderen Gemeinheiten oder Korporationen) ausgestellten Inhaberpapiere ein Mittel zur Abwendung der hieraus dem Verlustträger drohenden Nachtheile unerläßlich sei, ist allmälig zur herrschenden geworden und hat durch Anordnung eines diesfälligen Amortisationsverfahrens in so zahlreichen Fällen Ausdruck gefunden, daß die Amortisirbarkeit von Inhaberpapieren füglich als allgemeine Regel gelten kann. Man sinnt daher dem Erwerber derartiger Papiere keine außerordentliche, das Maaß der Bedachtsamkeit überschreitende Umsicht oder Fürsorge an, wenn man ihn für verbunden erachtet, die Möglichkeit einer Schädigung durch etwaiges Amortisationsverfahren zu berücksichtigen, darüber die nöthige Information zu suchen, nach Befinden durch Abkommen mit dem Veräußerer, dafern er dies thunlich und seinem Interesse entsprechend findet, sich zu sichern. Für den Unterlassungsfall trifft ihn mit Recht der Vorwurf eigener Verschuldung (§ 82 ALR I. 4), dafern das beim Vertragsabschluß bereits eingeleitete Amortisationsverfahren zur Mortifikation des Papiers geführt hat, bevor ihm von ersterem Kenntniß geworden. Damit ist, wie sich von selbst versteht, nicht ausgeschlossen, daß dieser Vorwurf dann unzutreffend werde, wenn schon zur Zeit des Vertragsabschlusses das Amortisationsverfahren soweit vorgeschritten war, daß die Mortifikation durch Anwendung der dagegen thunlichen Maaßregeln vom Verkäufer ebensowenig als vom Käufer abgewendet werden konnte, mithin das der äußeren Gestaltung der Sachlage zufolge vollkommen giltige Papier in Wahrheit als bereits mortifizirtes zu gelten hatte, weil es vor wirklicher Mortifikation gar nicht mehr geschützt werden konnte. Allein in gegenwärtigem Falle ist die Lage der Sache eine ganz andere. Vom 24. April bis zum 25. Mai bzw. zum 5. Juni 68 blieb den Klägern Zeit genug, durch Anmeldung oder

Einwendung eines Rechtsmittels den richterlichen Ausspruch der Mortifikation abzuwenden oder doch unschädlich zu machen. Zum Mindesten ist ein Bedenken gegen diese Voraussetzung weder aus dem Vorbringen der Kläger, noch sonst aus der aktenkundigen Lage der Sache zu entnehmen.

Nr. 20.

I. Senat. — Erkenntniß v. 8. März 72. (B.)

(Faasch & Wessendorf ./. J. Roeck & Co. (Nr. 155 v. 72).

Lübeck. **Ober-Appellation.**

I. Instanz: Handelsgericht Lübeck,
II. Instanz: Obergericht daselbst.

Distanzhandel. Untersuchungspflicht des Käufers, Dispositionsstellung. Originalverpackung.

1. Im Distanzhandel ist es rechtlich gleichgiltig, ob der Käufer am Bestimmungsort die Untersuchung der Waare selbst (oder durch einen Stellvertreter) vornimmt oder ob er dieselbe seinem Abnehmer überläßt, — vorausgesetzt, daß dadurch ein Zeitverlust nicht eintritt.

HGB Art. 347.

Rspr. II S. 137, III S. 79, IV S. 233, 331, V S. 33 f.

2. Ein Weiterverkauf der Waare hindert die Dispositionsstellung nicht.

HGB Art. 279, 347.

3. Konstatirung des Zustandes einer beanstandeten Waare ist nicht Bedingung des Rückgriffs auf den Verkäufer.

HGB Art. 346 Abs. 1, 348 Abs. 2.

4. Die Rechtzeitigkeit einer Untersuchung der Waare, bzw. die der erfolgten Rüge von Mängeln hat der auf den Verkäufer zurückgreifende Käufer im Streitfalle zu beweisen.

Rspr. III S. 79, 96, 108, IV S. 331.

Gleichwohl gehört die Darlegung dieser Rechtzeitigkeit (gemeinrechtlich) nicht zur Klagebegründung des Wandelung oder Preisminderung begehrenden Käufers.

Vgl. Rspr. I S. 165 Nr. 4, 280 Nr. 3; II S. 91.

5. Zur Dispositionsstellung genügt die Erklärung des Käufers, die Waare als Vertragserfüllung nicht gelten lassen zu wollen, oder die Anzeige, daß die Waare als nicht vertragsmäßig befunden worden. Ob Käufer in Folge dessen die Waare zurückweisen oder nur Preisminderung verlangen will, darüber kann er später (innerhalb der Frist des Art. 349 HGB) sich entscheiden und äußern.

HGB Art. 347, 349; vgl. Rspr. V S. 29 ff.

6. Was ist unter Original-Verpackung zu verstehen?

Kläger (Inhaber einer hamburger Firma) kauften von den Bekl. zu Lübeck 75 Tonnen Libauer Leinsaat, in Original-Tonnen nach Bremen zu verladen. Ihrer Weisung gemäß wurde die Waare per Bahn an ihren Agenten S. nach Bremen gesendet. Dort hatten Kläger die Waare in verschiedenen Partien verkauft, welche den betreffenden Abnehmern alsbald, ohne vorherige Untersuchung, übermittelt wurden. Diese Kunden der Kläger erhoben sofort Ausstellungen gegen die Beschaffenheit der Leinsaat, und Kläger rügten die gefundenen Mängel ihrerseits gegen die Bekl. In Folge dessen fanden Verhandlungen zwischen den Parteien Statt, Kläger stellten schließlich (am 24. April) die Waare den Bekl. zur Disposition und Letztere verweigerten die Rücknahme. Kläger fordern nun mit der Wandelungsklage Rückzahlung des Kaufpreises und Schadenersatz.

Entscheidung des OHG:

Beklagte haben

1) deshalb sofortige Abweisung der Klage beantragt, weil Kläger die Waare am Bestimmungsort (Bremen) nicht selbst (oder durch ihren dortigen Agenten S.) von der Eisenbahn in Empfang genommen und der Kontraktmäßig-

keit nach untersucht hätten, während dies auf Veranlassung des Agenten S. durch andere Bremer Firmen geschehen sei, welchen Letzteren Kläger die Waare verkauft gehabt hätten.

Die thatsächliche Grundlage des Vorbringens ist unbestritten. Kläger haben die Ende Februar 71 aus Lübeck abgefertigte Waare, und zwar schon am 7. Januar 71, in gewissen Abtheilungen an drei verschiedene Bremer Firmen verkauft und der klägerische Vertreter in Bremen hat wirklich in Betreff der Entgegennahme der Waare von der Eisenbahn die oben erwähnte Anordnung getroffen. Daß aber hieraus ein Verlust des Rechts der Kläger, wegen Kontraktwidrigkeit der Waare auf die Bekl. zurück zu kommen, abgeleitet werden könne, hat nicht einmal den Schein eines Grundes für sich. Ein Verzicht auf das Recht dieses Rückgriffs kann, wie von selbst einleuchtet, in dem Verkauf oder in jener den Käufern ertheilten Weisung nicht gefunden werden. Und ob die Untersuchung der Waare durch die Kläger selbst, bzw. durch deren Agenten geschah, oder ob Kläger die Vornahme der Untersuchung den Käufern überließen, war rechtlich gleichgiltig, vorausgesetzt, daß dadurch weder an dem Orte, wo, noch an der Zeit, zu welcher die Untersuchung der Waare stattfinden mußte (Art. 347 HGB), eine Aenderung herbeigeführt wurde, ein Punkt, welcher hier außer Frage steht.

Kläger berufen sich noch darauf, daß die Bedingungen des Bremer Verkaufs von denen des unter den Parteien abgeschlossenen Handels abgewichen seien und daß mithin die Bremer Monitur für das unter den Parteien bestehende Rechtsverhältniß unerheblich sei. Diesem Vorbringen ist keine rechtliche Bedeutung beizulegen. Ob Kläger überhaupt verkauften oder nicht verkauften, ob, wenn sie verkauften, sie dies zu denselben Bedingungen thaten, unter welchen der unter den Parteien abgeschlossene Handel zu Stande gekommen war, oder ob Abweichungen der Bedingungen stattfanden, ist für den jetzt in Verhandlung begriffenen Streitpunkt gleichgiltig. Auf der Grundlage des mit den Bekl. geschlossenen Geschäfts, und nur auf dieser, stehen Kläger den Bekl. gegenüber. Ist die ihnen gelieferte Waare den Bedingungen dieses Geschäfts nicht entsprechend, so sind sie berechtigt, auf die Bekl. zurückzugreifen, gleichviel wie sie ihren Käufern gegenüber gestellt sind. Die Ablehnung der Waare seitens der Bremer Käufer bildet für die Kläger nur das Motiv zum Rückgriff auf die Bekl. Die Prüfung dieses Motivs aber liegt außerhalb der Befugniß der Bekl. — Gegenwärtig handelt es sich nur um die Berechtigung der Kläger, die Waare zurückzuweisen. Diese Berechtigung aber hängt zufolge des Bemerkten nur davon ab, ob die Waare dem unter den Parteien geschlossenen Vertrage entspricht. Auf die Uebereinstimmung oder Verschiedenheit der Kontrakte könnte es dann ankommen, wenn es sich um Schadenansprüche der Kläger wegen den Bremer Käufern geleisteter Entschädigungen handelte. Wären diese zu leisten gewesen wegen Fehlens solcher Eigenschaften, welche Kläger ihren Käufern zugesagt hätten, ohne daß dieselbe Zusage ihnen von den Bekl. gemacht worden wäre: so würden Letztere für die bezüglichen Schadenbeträge nicht verantwortlich sein. Um diesen Gegenstand handelt es sich aber, wenigstens für jetzt, nicht.

Beklagte beantragen:

2) gänzliche Abweisung der Klage, eventuell Abweisung angebrachtermaaßen, in weiterer Eventualität Auflegung der Beweislast in Betreff der Kontraktwidrigkeit der Waare an die Kläger, aus dem Grunde, weil Kläger, bzw. deren Agent S., es unterlassen haben, eine glaubhafte Konstatirung des Zustands der Waare zu veranstalten.

Eine Pflicht zur Konstatirung des Zustands einer

beanstandeten Waare, bei Vermeidung des Verlusts des Rückgriffs auf den Verkäufer, existirt überhaupt nicht. Darauf, ob unter Umständen die Unterlassung einer Konstatirung des Zustands einer beanstandeten Waare auf die spätere Vertheilung der Beweislast von Einfluß sein kann, bedarf es hier keines Eingehens, da in vorliegendem Falle eine Veranlassung für Kläger, in der gedachten Weise Fürsorge zu treffen, nicht vorhanden war. Beklagte waren alsbald nach dem Eintreffen der Waare in Bremen von den gegen deren Beschaffenheit erhobenen Einwendungen unterrichtet worden und konnten mithin in kürzester Zeit selbst dasjenige anordnen, was sie in ihrem Interesse als nothwendig oder rathsam anzusehen hatten, namentlich eine Konstatirung des Zustands der Waare, worauf Art. 348 Abs. 2 HGB ausdrücklich hinweist. Jetzt, nachdem sie selbst unthätig sich verhalten haben, den Klägern einen Vorwurf daraus zu machen, nicht für sie gesorgt zu haben, ist ganz unpassend.

Beklagte treten

3) mit der Behauptung auf, eine in Veranlassung eines Distanzgeschäfts erhobene Wandelungs-, bzw. Preisminderungsklage sei dann angebrachter Maaßen verwerflich, wenn nicht schon in der Klageschrift das Genaue darüber angegeben worden sei, wann die Waare ihren Bestimmungsort erreicht habe. Diese Angabe sei ausreichend hier erst in der Replik erfolgt, was als prozessualisch unstatthaft nicht in Betracht kommen könne.

Dieses Vorbringen entbehrt jedes Grundes. Ohne Zweifel liegt es dem auf den Verkäufer zurückgreifenden Käufer ob, wenn jener die Rechtzeitigkeit der geschehenen Untersuchung der Waare, bzw. die der darauf erfolgten Monitur leugnet, diese Rechtzeitigkeit zu substantiiren u. eventuell zu beweisen*); allein ein Mangel der

* Rspr III S. 79, 96, 108; IV S. 331.

Klage wird dadurch, wenn die bezüglichen Angaben nicht sofort in derselben gemacht werden, nicht gebildet.

Beklagte suchen

4) auszuführen, Kläger seien dadurch ihres Klagerechts verlustig geworden, daß sie die Waare nicht alsbald nach deren Ankunft (4. März), sondern erst am 24. April förmlich „zur Disposition gestellt" hätten.

Auch dieses Vorbringen ist grundlos. Das Gesetz (Art. 347 Abs. 1 HGB) verlangt unter den in Betracht kommenden Umständen vom Käufer in der fraglichen Richtung nichts, als alsbaldige Untersuchung der Waare, nachdem sie angelangt ist, und demnächstige Anzeige vom Befunde, wenn dieselbe sich als nicht kontraktmäßig ausweisen sollte. Dies ist (vorausgesetzt, daß Kläger den in Betreff der Ankunftszeit der Waare von den Vorder-Richtern ihnen rechtskräftig aufgelegten Beweis führen) hier geschehen. Ob Kläger redhibitorisch oder auf Preisminderung klagen wollten, hing von ihrem Ermessen ab, und für den zu fassenden Beschluß sowie die in Folge desselben vorzunehmenden Schritte stand ihnen ein Zeitraum von 6 Monaten (Art. 349 Abs. 2) zu Gebote. In vorliegendem Falle haben Kläger den Bekl. schon im Schreiben v. 8. März und durch den demselben beigefügten Bericht des Agenten S. bestimmt erklärt, daß sie die Waare als Vertragserfüllung nicht gelten lassen könnten; wenn die schließliche Erklärung, die Waare in keinem Falle behalten zu wollen, sich bis zum 24. April hingezogen hat: so ist dies rechtlich gleichgiltig, überdies nur eine Folge der stattgehabten Versuche, die Sache gütlich zu ordnen.

Beklagte beantragen

5) die Anordnung eines Vorbeweises über den Begriff „Original-Tonnen". Zu solcher Verfügung besteht kein Grund. Darüber, was unter „Original-Tonnen" zu verstehen ist, kann eine Verschiedenheit der Meinungen nicht ange-

nommen werden. Die Original-Tonne ist diejenige, in welcher der Produzent der Waare diese in den Handel bringt und die fernerhin unverändert beibehalten worden ist.

Nr. 21.

I. Senat. — Erkenntniß v. 8. März 72. (B.)

Tauberths Erben c/. Magdeburger Lebensversicherungsgesellschaft (Nr. 166 v. 72).

Königreich Sachsen. **Weitere Berufung.**

I. Instanz: Handelsgericht im Bezirksgericht Dresden,
II. Instanz: Appellationsgericht Dresden.

Lebensversicherung. Reisen des Versicherten.

1. Allgemeine Versicherungsbedingungen sind nicht ausdehnend und im Zweifel gegen die Versicherungsgesellschaft, welche dieselbe aufgestellt hat, auszulegen.

Rspr. IV S. 345, V S. 382.

2. Welche Reisen sind bei der Lebensversicherung dem Versicherten verboten, wenn er die Versicherungssumme nicht preisgeben will?

Beispiel der Vertragsauslegung.
HGB Art. 278, 279, 271 Nr. 3.

Sachverhalt und Entscheidung des OHG:

Nach § 14 Nr. 5 des Geschäftsplans, welcher den Versicherungs-Abschlüssen der Bekl. zu Grunde gelegt wird, zessirt die Pflicht zur Zahlung der Versicherungssumme:

„wenn der Versicherte, ohne vorherige Vereinbarung mit der Gesellschaft, auf einer Reise zu Lande und zur See . . .
b) sich in Gegenden begiebt, von denen bekannt ist, daß daselbst die Pest oder das gelbe Fieber, oder Krieg oder Aufruhr herrschen,
und bei dieser Gelegenheit seinen Tod findet oder an seiner Gesundheit Schaden nimmt."

Die Auslegung dieser Vertragsstipulation bildet den Gegenstand des Streits.

Der kgl. sächs. Staats-Eisenbahn-Betriebs-Direktor T. war während des deutsch-französischen Krieges gegen Ende des Jahres 70 dienstlich genöthigt, seinen Aufenthalt in den von den deutschen Truppen okkupirten Theilen Frankreichs zu nehmen. Er war seit dem Jahre 70 bei der Bekl. versichert, theilte ihr vor Antritt der Reise sein Vorhaben mit und erbat die Zusicherung, daß auf diesen Fall die Bestimmung des § 14 Nr. 5 keine Anwendung finden sollte. Das Direktorium der Bekl. lehnte diese Zusicherung ab, und T. begab sich nunmehr nach Rheims, wo er am 3. Febr. 71 am Schlagfluß starb...

Beklagte verwahrt sich mit Unrecht gegen eine strikte Auslegung obiger Bestimmung. Letztere hat, sofern gewisse Handlungen des Versicherten die Rechtsverwirkung nach sich ziehen sollen, einen pönalen Charakter*). Es kommt jedoch hierauf nicht an. Schon die Erwägung, daß es sich dabei um vertragsmäßige Feststellung derjenigen Thatsachen handelt, welche die von der Bekl. im Allgemeinen übernommene Haftpflicht wiederum ausschließen sollen, und daß die Beklagte die Vertragsbedingungen dem Versicherten vorgezeichnet und redigirt hat, untersagt eine extensive Interpretation zu Gunsten der Bekl. Denn ihr lag ob, Umfang und Grenzen ihrer Haftpflicht genau zu fixiren. Und deshalb sind Bestimmungen, deren Sinn nach der Fassung zweifelhaft erscheint, gegen die Beklagte auszulegen.

Aber die streitige Bestimmung kann nicht einmal für zweifelhaft erachtet werden. Zwar ist richtig, daß der Betrieb der Versicherungsgesellschaften wesentlich auf Durchschnitts- und Wahrscheinlichkeitskalkulationen beruht und

*) Ist dies für die Auslegung überhaupt von Bedeutung? Vgl. Rspr. I S. 29, III S. 223 ff.]

daß die Gesellschaften deshalb die außer solcher Berechnung liegenden Fälle ausschließen müssen. Es kann auch zugegeben werden, daß auf diese Rücksicht der fragliche § 14 Nr. 5 zurückzuführen ist, und daß alle darin erwähnten Ereignisse und Vorgänge solche sind, welche unter Umständen die übernommene Gefahr gegen den Zustand bei der Vertragseingehung steigern. Allein hieraus folgt nur, daß Beklagte mit gutem Grunde die Beschränkungen des § 14 Nr. 5 dem Vertrage inserirt hat. Für die Tragweite derselben aber wird dadurch nichts gewonnen; denn diese bestimmt sich nicht durch das, was Beklagte zur Wahrung ihres Interesses hätte ausbedingen können, sondern durch das, was sie nach dem Vertragsinhalt ausbedungen hat. Ausbedungen ist aber nur, daß der Rechtsverlust eintreten soll, wenn der Versicherte in die im § 14 unter 5,b bezeichneten Gegenden reist **und** bei dieser Gelegenheit seinen Tod findet. Beide Momente müssen zusammentreffen. Ist der Versicherte also — das ist die Frage — im Dezember 70 in eine solche Gegend gereist, in der, wie ihm bekannt, „Krieg oder Aufruhr herrschten?" Hat er ferner „bei dieser Gelegenheit" — was im gegenwärtigen Zusammenhange nur heißen kann: während der Dauer der Reise in den bezeichneten, von Krieg und Aufruhr beherrschten Gegenden — seinen Tod gefunden? Die erste Frage kann unbeantwortet bleiben, wenn die zweite zu verneinen ist. Und sie ist zu verneinen. Notorisch ist mehrere Tage vor dem Tode des Versicherten, nämlich am 28. Jan. 71 zwischen den in und vor Paris kämpfenden französischen und deutschen Heereskörpern ein Waffenstillstand abgeschlossen worden, und der Kampf ist in demjenigen Theile Frankreichs, in welchem der Erblasser der Kläger seinen Aufenthalt genommen hatte, nicht wieder aufgenommen worden, vielmehr hat der Waffenstillstand einige Zeit darauf zum definitiven Frieden geführt. Die Gegend von Rheims war schon vor der Ankunft T.'s im festen Besitz deutscher Truppen, welche die äußere Ordnung aufrecht erhielten. Als T. starb, war dort Waffenruhe. Es „herrschte" also kein Krieg. Ebensowenig „herrschte" Aufruhr. Denn wenn schon eine definitive Regierungsgewalt in Frankreich noch nicht etablirt war, so fand doch gegen die faktisch bestehende Gewalt eine offene Auflehnung nicht statt. Wenn auch an sich wahr ist, daß den Gegensatz vom Kriege nur der Friedenszustand bildet, der das Zustandekommen eines Friedensschlusses voraussetzt: so entscheidet doch nach der Vertragsbestimmung nicht der staatsrechtliche Begriff des Friedens, sondern der faktische Zustand. Es folgt dies mit Nothwendigkeit daraus, daß dem Versicherten nicht untersagt ist, in Staaten, in welchen der Krieg herrscht, sich zu begeben, sondern das Verbot nur auf die Gegenden sich bezieht, welche dem Kriegszustande ꝛc. unterliegen.

Bei dieser Sachlage bedarf es, wie bereits erwähnt, eines Eingehens auf die Frage nicht, ob überhaupt angenommen werden dürfe, der Erblasser der Kläger sei „bei Gelegenheit einer Reise" in eine Gegend der gedachten Art gestorben, — eine Frage, die deshalb zweifelhaft, weil T. zur Zeit seines Ablebens in Rheims seinen amtlich geforderten, auch anscheinend der Dauer nach nicht beschränkten Aufenthalt genommen hatte.

Nr. 22.

I. Senat. — Erkenntniß v. 8. März 72. (B. Ref.)

Pommier ./. Kaltschmidt (Nr. 175 v. 72).

Königreich Sachsen. Wechselsache. Weitere Berufung.

I. Instanz: Handelsgericht im Bezirksgericht Leipzig,

II. Instanz: Appellationsgericht Leipzig.

Wechsel. Zahlungszeit: „drei Monat dato". Klage aus einem zerrissenen Wechsel.

1. Die Bestimmung der Zahlungszeit eines Wechsels auf „drei Monat dato" ist gleichbedeutend mit „drei Monat nach dato".

DWO Art. 4 Nr. 4, Art. 7, 96 Nr. 4.
Vgl. Rspr. III S. 20.

2. Inwieweit eine Wechselurkunde bei stattgefundener unabsichtlicher Beschädigung, Zerreißung ꝛc. ihre ursprüngliche Kraft behält, ist aus der DWO nicht unmittelbar zu entnehmen, daher nach Landesrecht zu beurtheilen.

3. Inwiefern erfordert das kgl. sächsische Prozeßrecht für den Wechselprozeß die Unverletztheit der der Klage zu Grunde liegende Urkunde?

Anhang § 4 zur sächs. Erläuterten Prozeß-Ordnung.

Sachverhalt und Entscheidung des OHG:

1. Die Bezeichnung der Zahlungszeit in den Klagewechseln ist mit den Worten: „drei Monat dato" erfolgt. Mit Unrecht bestreitet Beklagter die gesetzliche Zulässigkeit dieser Bezeichnung. Er vermißt die genügende Erkennbarkeit des Willens der Aussteller, daß 3 Monate nach dem Wechseldatum gezahlt werden solle; denn der Ausdruck „dato" bezeichne den Ausstellungstag, entspreche auch nicht der Formelvorschrift der DWO im Art. 4 Nr. 4.

Die DWO hat aber — indem sie a. a. O. gestattet, die Zahlungszeit auf eine bestimmte Zeit nach dem Tage der Ausstellung zu setzen, und indem sie dieser Vorschrift in Parenthese den Zusatz „nach dato" gegeben hat — keineswegs für die sogen. Datowechsel eine normale Form vorzuzeichnen beabsichtigt. Schon die Wortfassung der Gesetzesstelle ergiebt dies, indem der Zusatz offenbar nur der präzisen Beschreibung des Datowechsels halber beigefügt worden ist, während eine dahin gehende Verfügung, daß die Formgiltigkeit des Wechsels vom Gebrauch eines bestimmten Ausdrucks abhängig sei, vermißt wird. Eine solche Anordnung ist auch, wie klar aus den Protokollen der Wechselrechts-konferenz (S. 13, 14 der Hirschfeldschen Ausgabe) hervorgeht, in keiner Weise intendirt worden. Es wird dort ausdrücklich hervorgehoben, daß nicht beabsichtigt sei, den Wechselinteressenten in der Wahl entsprechender Ausdrücke einen Zwang anzulegen. Zulässig erscheint demnach jeder unzweideutige, denselben Sinn, wie das vom Gesetz gebrauchte Beispiel, wiedergebende Ausdruck. Zweifellos aber wird im Handels- und Wechselverkehr der Ausdruck „dato" — sofern er, wie hier, mit einer vorausgeschickten Zeitbestimmung in unmittelbare Verbindung gebracht wird — als gleichbedeutend mit dem Ausdruck „nach dato" gebraucht, — eine Auffassung, welche ebenso in der Wissenschaft wie in der Rechtsprechung ungetheilte Anerkennung gefunden hat.

Vgl. Renaud WR S. 42;
Wächter nordd. WR S. 221;
Thöl HR B. II § 176;
Borchardt ADWO Zusatz 94 S. 61 [vgl. Zusatz 95].

2. Die II. Instanz hat dem einen Klagewechsel die Eigenschaft einer für den Exekutivprozeß [nach kgl. sächs. Recht] tauglichen Urkunde deshalb abgesprochen, weil derselbe Spuren äußerer Verletzung trägt. Der Wechsel ist allerdings insofern verletzt, als zwei durch das Papier quer hindurch gehende Risse ihn nach seiner jetzigen Gestaltung in drei äußerlich erkennbare Theile trennen, deren Verbindung nur durch Hilfe aufgelegter Papierstreifen vermittelt wird. Ob aber diese Verbindungsmittel erst angelegt sind, nachdem die organische Verbindung zwischen jenen drei Theilen völlig gelöst war, oder ob sie zu Verhinderung vollständiger Lösung angebracht worden, das läßt sich aus der jetzigen äußeren Gestaltung des Papiers nicht erkennen. Das Erstere hat Beklagter, wenigstens in I. Instanz, nicht behauptet, sowenig als Kläger ausdrücklich das Letztere geltend gemacht haben. Ihre Auslassungen in der Appell-

instanz lassen aber ein Zugeständniß der ersten Alternative um so weniger annehmen, als sie mit dem I. Richter das Vorhandensein einer für den Exekutivprozeß tauglichen Urkunde vertreten. Jedenfalls ist die Scriptur nach ihrem vollen, ursprünglichen Inhalt noch erkennbar, und die (anscheinend) getrennten Bestandtheile erweisen sich hienach als zusammengehörig. Für die Annahme einer Unterschiebung fremdartiger (nicht ächter) Bestandtheile oder einer vorsätzlichen Vernichtung (Zerreißung) des Wechsels ist nach den aktenkundigen Verhältnissen auch nicht der entferntesten Anhalt geboten. Im Gegentheil zeigen die Rißlinien . . ., daß die Verletzungen lediglich durch längere Cirkulation (mehrfache Begebungen und den Rücklauf) des Wechsels und durch Unhaltbarkeit des Papierstoffs entstanden sind; denn, von einer kleinen Abweichung auf der rechten Seite des Wechsels abgesehen, folgen sie nur den durch die Zusammenfaltung des Papiers enstandenen Brüchen, auch sind sie im Protest nicht erwähnt, also (wie anzunehmen) zur Verfallzeit — wenigstens in ihrer jetzigen Ausdehnung — noch nicht vorhanden gewesen.

Die DWO gewährt keine unmittelbare Entscheidungsquelle zur Beantwortung der Frage, inwieweit eine Wechselurkunde dieser Art ihre ursprüngliche Kraft behalte. Es ist deshalb auf das Civilrecht zurückzugehen.

In gegenwärtigem Falle kommt in Betracht, daß der Sächsische Wechselprozeß eine Unterart des Exekutivprozesses ist, für welchen § 4 des Anhangs zur Erläuterten Prozeß-Ordnung vorschreibt:

> Instrumenta guarentigiata sind diejenigen, daraus alle Umstände, so zu einer condemnatoria in processu executivo nöthig, in continenti zu verifiziren, obgleich darunter kein Siegel zu befinden oder solche etwas schadhaft, wenn nur nicht der Mangel in essentialibus derer Urkunden sich ereig-

net und selbige nicht durchstrichen oder durchschnitten sind.

Von einem Durchstreichen*) oder Durchschneiden — Vorgängen, die nach regelmäßigem Sachverlauf immer eine absichtliche Einwirkung auf die Urkunde voraussetzen lassen — kann hier nicht die Rede sein. Entscheidend ist daß die Schadhaftigkeit der Urkunde an sich deren Wirkung nicht beeinträchtigen soll, wenn sich daraus nicht ein Mangel in essentialibus ergiebt. Offenbar würde dies der Fall sein, wenn die Schrift als solche ganz oder in einem wesentlichen Theile vernichtet wäre. Das trifft hier aber nicht zu, da der Wechseltext durchweg noch leserlich und die Unterschiebung eines fremdartigen Schriftbestandtheils keineswegs indizirt ist. — Der älteste Kommentator der Erläuterten PO, Griebner (Discurs ꝛc. S. 531) bemerkt zu obigen Worten: „etwas schadhaft": quod casu fortuito aut diuturnitate temporis contingere potest. Und die hieran sich anschließende Praxis hat alte Urkunden, auch wenn sie äußerlich verletzt sind, unter obiger Voraussetzung als beweiskräftig angesehen (Osterloh, sächs. Prozeß § 267, n. 4). Der Grund ist offenbar der, daß die zufällige oder durch den natürlichen Gang der Dinge (insbesondere durch Abnutzung des Papierstoffes) herbeigeführte Verletzung einer ihrem wesentlichen Inhalt nach erhaltenen Urkunde nicht die nur bei absichtlicher Zerstörung gebotene Annahme gestattet, es habe die Urkunde als solche — als beweisendes Dokument — vernichtet werden sollen. Der Fall einer solchen Abnutzung liegt nach dem Obigen hier vor. Beklagter bemerkt zwar, diese Annahme beruhe nur auf Wahrscheinlichkeitsmomenten, sei also im Wechselprozeß unbrauchbar. Allein es handelt sich hier nicht um bloße Vermuthungen, sondern um die durch unmittelbaren Augenschein gewonnene richterliche Ueberzeugung, also um

*) Vgl. Rspr. III S. 194, 220.

einen Beweisgrund, dem auch im Wechselprozeß entscheidende Geltung gebührt. Indeß versteht sich nach den Grundsätzen des Exekutivprozesses von selbst, daß dem Bekl. unbenommen ist, in der Widerklage oder im Wege besonderer Klage darzuthun, der Wechsel sei von den Klägern oder einem der Wechselverbundenen vorsätzlich und mit der Absicht einer Vernichtung der Urkunde in der jetzt ersichtlichen Weise verletzt worden.

Nr. 23.

II. Senat. — Erkenntniß v. 9. März 72. (V.)

Fr. Wildt ·/. R. Wildt's Konkurs-Verwalter (Nr. 13 v. 72).

Preußen. **Nichtigkeitsbeschwerde.**

I. Instanz: Kreisgericht Schwetz,
II. Instanz: Appellationsgericht Marienwerder.

Schriftform der Verträge nach ALR. Eigenwechsel als Schuldschein.

1. § 17 der Einleitung zum ALR ist auf wesentliche Vertragsformen nicht zu beziehen, hinsichtlich welcher daher Art. 317 HGB auf ältere Verträge nicht Anwendung findet.

2. Wirkt die Ausstellung oder Begebung und Annahme eines Wechsels in Bezug auf das veranlassende Rechtsverhältniß als Angabe an Zahlungsstatt, bzw. als Novation?

Vgl. Rspr. II S. 142 Nr. 3, III S. 75 ff., IV S. 68, V S. 234 Nr. 3.

3. Ein verjährter oder präjudizirter Eigenwechsel hat, wenn er das Bekenntniß empfangener Valuta enthält, im Gebiet des ALR noch als Schuldschein Geltung. (Nebst Beispiel der Anwendung, Bedeutung eines Zinsversprechens).

§ 730 ALR I. 11.

Feste Praxis des preuß. OTr.

4. Ein über Empfang eines Darlehns lautendes Schriftstück ist nach ALR geeignet, den Mangel der für Rechtsgiltigkeit des unterliegenden, nicht in einem Darlehns-

vertrage bestehenden Rechtsverhältnisses gesetzlich nothwendigen Schriftlichkeit zu ersetzen.

Erk. des preuß. OTr. III. Sen. v. 20. Febr. 54, Striethh. Arch. B. 12 S. 172.

Sachverhalt und Entscheidung des OHG:

Laut aktenmäßiger Sachdarstellung in den Vorerkenntnissen hat Kläger behauptet, es sei von ihm und dem Gemeinschuldner R. Wildt im Jahre 45 zu Bromberg ein Material- und Wein-Geschäft gegründet und bis 1. April 48 gemeinschaftlich betrieben worden, an diesem Tage aber hätten sie sich mittelst einer Uebereinkunft auseinandergesetzt, durch die der Gemeinschuldner, welcher keine Vermögenseinlage gemacht gehabt, die sämmtlichen Geschäfts-Aktiva und Passiva mit der Verpflichtung übernommen habe, dem jetzigen Kläger die von diesem eingeschossenen 950 Thlr. zurückzuzahlen. Zur Sicherheit dieser, so begründeten, Forderung habe R. Wildt ein Schriftstück ausgestellt, lautend:

„950 Thlr. zahle ich gegen diesen meinen Sola-Wechsel an Herrn W. [Kläger] am 1. April 50. Valuta habe baar und richtig empfangen und verspreche prompte Zahlung nach Wechselrecht.

Bromberg, 1. April 48. Robert Wildt.

Die Zinsen à 5% zahle ich quartaliter postnumerando.

Robert Wildt."

Auf Grund dieser — durchweg bestrittenen — Behauptungen erhebt Kläger wider R. Wildt's Konkurs-Verwalter Anspruch auf jene 950 Thlr. nebst Zinsen, indem er, gegenüber dem ihm — außer anderen Einreden — opponirten Einwande, daß der Auseinandersetzungs-Vertrag (vorgedachte Uebereinkunft) wegen mangelnder Schriftform der Rechtsverbindlichkeit entbehre, sich auf die Ausstellung und Aushändigung des fraglichen Wechsels beruft.

Vom I. Richter ist der Einwand nach § 131 ALR I. 5 mit dem Bemerken für begründet erklärt, daß der verjährte Wechsel den Mangel der Schriftform in keiner Weise ersetze. Der Appellrichter hat sich über diesen Punkt nicht ausgesprochen, sondern in Begründung seiner die Abweisung des Klägers bestätigenden Entscheidung sich begnügt hervorzuheben, daß vom Kläger die Schriftlichkeit des angeblichen Auseinandersetzungs-Vertrages nicht behauptet sei. Hieraus folgt, daß auch nach der Rechtsansicht des Appellrichters auf die Ausstellung und Aushändigung des fraglichen Wechsels kein Gewicht in der in Rede stehenden Beziehung zu legen.

Der gegen diese Rechtsansicht in der Nktbschw. erhobene Angriff mußte aber für begründet erachtet werden. Unzweifelhaft erforderte nach § 131 a. a. O. der angebliche Auseinandersetzungs-Vertrag v. 1. April 48 die Schriftform zu seiner Rechtsverbindlichkeit. Dieses Erforderniß ist auch — da § 17 der Einleitung zum ALR,

> wonach frühere Handlungen, welche wegen eines Mangels der Förmlichkeit nach den alten Gesetzen ungiltig sein würden, giltig sind, insofern nur die nach den neueren Gesetzen erforderlichen Förmlichkeiten zur Zeit des darüber entstandenen Streits dabei angetroffen werden,

auf wesentliche Vertragsformen nicht zu beziehen,

> vgl. Nr. VII (Schlußsatz) und XI des Publikations-Patents zum ALR v. 5. Febr. 1794; §§ 42, 43 ALR I. 3; Präjudiz des OTr. zu Berlin Nr. 2097 v. 7. Febr. 49 (Entsch. B. 17 S. 509); Bornemann System B. I S. 193; Koch Kommentar zum ALR n. 25 zu § 17 der Einl. zum ALR —

durch den inzwischen in Kraft getretenen Art. 317 HGB nicht aufgehoben worden.

Außerdem ist zweifellos und unbestritten, daß das vom Kläger produzirte Schriftstück v. 1. April 48 alle Requisite eines Sola-Wechsels enthält, aber seine rechtliche Bedeutung, als solcher, durch Verjährung längst verloren hat; Art. 96, 100 DWO; preuß. Einf.-Ges. v. 15. Febr. 50 § 1.

Dies vorausbemerkt, hängt — unter Voraussetzung thatsächlicher Richtigkeit der Eingangs mitgetheilten Behauptungen des Klägers — die Entscheidung über die Nichtigkeitsbeschwerde von der Beantwortung der Frage ab:

ob durch gedachtes Schriftstück der Mangel der Schriftlichkeit des Versprechens des Bekl., dem Kläger die Gesellschafts-Einlage von 950 Thlrn. herauszuzahlen, für beseitigt zu erachten ist?

Die Ansicht, daß die Begebung und Annahme eines Wechsels, wenn eine Zahlungsverpflichtung zu Grunde liegt, nicht schlechthin als Hingabe an Zahlungsstatt wirkt und daß einem wechselrechtlichen Akt die Natur und Wirkung der Novation in Ansehung des zu Grunde liegenden Rechtsgeschäfts nicht zu attribuiren ist, wenn eine hierauf gerichtete Absicht der Kontrahenten nicht konstirt, hat überwiegende Geltung in der Theorie und Rechtsprechung erlangt und ist im Bereich des ALR als geltender Rechtsgrundsatz zu betrachten.

Vgl. Renaud Lehrbuch des WR, § 94 und die Citate in den Noten 9 bis 12 S. 312 ff.;
Volkmar und Loewy DWO § 194 S. 314 ff.;
Wächter Wechsellehre § 174 S. 624;
Präjudiz des preuß. OTr. v. 2. Dezbr. 43 Nr. 1375, Sammlung I S. 192 und Entsch. B. 9 S. 331;
Erk. desselben Gerichtshofs v. 10. Okt. 64 (Entsch. B. 52 S. 126), v. 10. Mai 70 (Entsch. B. 63 S. 151), v. 1. März 70 (Central-Organ VI S. 192) u. v. 9. Juni 64 (Strieth. Arch. B. 55 S. 106) 2c.

Mit ihr steht auch der im kaufmännischen Verkehr allgemeine Gebrauch, den für eine Schuld des Wechselverpflichteten empfangenen Wechsel zwar als Zahlung zu buchen, jedoch nur provisorisch, nämlich unter der Voraussetzung der regreßlosen Einlösung des Wechsels, im Einklang.

Vgl. Erk. des OHG v. 6. Sept. 71 [Rspr. III S. 202, 207].

In gegenwärtigem Falle hatte — gemäß der klägerischen Sachdarstellung — die Wechsel-Ausstellung und Begebung überhaupt nur die Sicherung des Klägers in Betreff der stipulirten Auszahlung der Gesellschafts-Einlage zum Zweck, und es hat die Absicht der Aufrechterhaltung der ursprünglichen Verpflichtung im Schriftstück selbst durch das unter den Wechseltext geschriebene Zinsversprechen auch unzweideutigen Ausdruck erhalten.

Hienach kann diese Verpflichtung auf Grund des späteren Wechselgeschäfts für aufgehoben nicht erachtet werden.

Was nun die rechtliche Bedeutung des fraglichen Wechsels in Ansehung des ihm (angeblich) zu Grunde liegenden Vertrages anbetrifft, so ist — bei der Unanwendbarkeit des HGB Art. 301 — auf das schon citirte Präjudiz des OTr. zu Berlin v. 2. Dez. 43 (Nr. 1375) zu verweisen, welches den Rechtsgrundsatz aufstellt:

> „Das Erlöschen der Wechselverbindlichkeit nach Ablauf des Wechseljahres hat nur zur Folge, daß das Instrument nicht mehr als Wechsel gilt und von denjenigen Wirkungen entkleidet wird, die ihm als Wechsel anhingen. Nicht aber verliert es auch seine sonstigen Wirkungen, vielmehr gilt der verjährte, übrigens vollständige trockene Wechsel als Schuldschein, der verjährte gezogene als Anweisung."

An diesem Grundsatz hat in Betreff trockener Wechsel der höchste preußische Gerichtshof auch nach Einführung der DWO mit der Maaßgabe festgehalten, daß, nachdem das landrechtliche Requisit des Bekenntnisses der empfangenen

Valuta (§ 765 ff. ALR II. 8) fortgefallen ist, dieses Bekenntniß doch noch im Solawechsel enthalten sein muß, wenn derselbe als Schuldschein gelten soll. Vgl. Erk. v. 31. Okt. 54 (Entsch. B. 29 S. 192), Erk. v. 9. Juni 64 (daselbst B. 55 S. 106), Erk. v. 12. Okt. 58 (Strieth Arch. B. 32 S. 47), Erk. v. 1. März 70 (Central-Organ B. VI S. 196). Die Begründung ist im Wesentlichen als richtig anzuerkennen, wobei zu betonen, daß der, die Erfordernisse eines Schuldscheins aufführende, § 730 ALR I. 11 die Ausstellung desselben in Wechselform nicht ausschließt, und daß das Prinzip, wonach überflüssige Erklärungen im Wechsel als nicht geschrieben anzusehen sind, selbstredend nur für den Wechsel als solchen gelten kann. Was die insonderheit aus Art. 83 DWO hergeleiteten Bedenken, (vgl. z. B. Koch Kommentar zum ALR n. 28 zu Art. 83 DWO; Loewy in Gruchot's Beiträgen zur Erläuterung des preußischen Rechts B. VI S. 173, 182 ꝛc.) anbetrifft — welche Bedenken auf Wechsel vor Einführung der DWO (nach §§ 974, 1079, 1080, 1209 ALR II. 8), daher auch auf den vorliegenden Wechsel mitbezogen werden könnten —: so erledigen sich dieselben durch die Erwägung, daß das ALR im Abschn. 8 Tit. 8 Th. II sowie die DWO ausschließlich über die Rechte und Pflichten aus **Wechseln** Vorschriften enthalten, weshalb die von der DWO einem verjährten oder präjudizirten Wechsel noch zugestandenen Rechtswirkungen lediglich als Residuum der ursprünglichen Rechte aus dem Wechsel selbst zu betrachten sind.

Vgl. Erk. des preuß. OTr. v. 9. April 67 in Gruchot's Beiträgen XIII S. 507 [u. unten Fall Nr. 42].

Dazu kommt in vorliegendem Rechtsfalle, daß das Schriftstück v. 1. April 48 nicht blos den Solawechsel, sondern außerdem — wie schon hervorgehoben — ein Zinsversprechen enthält, welches mit ersterem insofern unzertrennbar verbunden ist, als es nur durch den Wechsel-Kontext verständlich wird. Danach ist der Inhalt des Schriftstücks aus zwei Bestandtheilen — einem Kapital- und einem bezüglichen Zinsversprechen — zusammengesetzt, welche Bestandtheile, unbeschadet der wechselrechtlichen Natur des einen von ihnen, ein einheitliches Ganzes bilden. Hieraus aber folgt, daß, wenn die Niederschrift des Verzinsungsversprechens — was nicht bezweifelt werden kann — dessen Beurkundung zum Zweck gehabt hat, auch die Absicht des Ausstellers speziell darauf gegangen sein muß, seine Schuldverschreibung in Ansehung des Kapitals gleichfalls urkundlich zu bekennen.

Anlangend die Angabe des Rechtsgrundes in der Urkunde bezüglich der Schuld, über welche sich diese verhält, so ist hervorzuheben, daß in ihr nicht blos in einer, den Bestimmungen der §§ 766 bis 768 ALR II. 8 genügenden Weise über Valuta-Empfang quittirt, sondern ausdrücklich gesagt ist:

„Valuta habe baar und richtig empfangen und verspreche Zahlung nach Wechselrecht."

Hiedurch hat der Aussteller (jetzige Gemeinschuldner) — die Echtheit des Dokuments vorausgesetzt — das Bekenntniß: eine baare Summe Geldes vom Kläger empfangen zu haben, unter dem Versprechen abgelegt, dieselbe im Betrage von 950 Thlrn. zurückzuzahlen. Durch die Beifügung des Satzes:

„die Zinsen à 5% zahle ich quartaliter postnumerando"

wird die rechtliche Natur des beurkundeten Geschäfts, als einer Darlehns-Obligation, vollends zweifellos, § 653 ALR I. 11; vgl. die Erkk. des OTr. in Berlin v. 8. März 51 und v. 3. April 55 (Strieth. Arch. B. I S. 305 und B. 19 S. 19).

Allerdings steht hiemit der klägerische Sachvortrag insofern nicht im Einklang, als diesem gemäß ein Darlehn nicht gegeben worden ist, sondern die verbriefte Schuld — ihrer unmittelbaren Entstehungsart nach — aus einem Vertrage herrührt, mittelst dessen sich Kläger und Gemeinschuldner in Betreff einer unter ihnen bestandenen Handlungsgemeinschaft auseinandergesetzt haben. Es erscheint jedoch diese Nichtübereinstimmung unerheblich.

Im Erk. v. 20. Febr. 54 (Strieth. Arch. B. 12 S. 172) hat das preuß. OTr. überzeugend ausgeführt,

> daß ein über Empfang eines Darlehns lautendes Schriftstück geeignet ist, den Mangel der für die Rechtsgiltigkeit des unterliegenden, nicht in einem Darlehnsvertrage bestehenden Rechtsgeschäfts gesetzlich nothwendigen Schriftlichkeit zu decken.

Dieser Rechtssatz erscheint namentlich dann unbedenklich, wenn — wie hier — das beurkundete und das wirkliche Rechtsgeschäft nicht heterogener Natur sind. Nach seinen Angaben über den Ursprung der Klageforderung von 950 Thlrn. hat Kläger diese Summe zum Geschäftsbetrieb der von ihm mit dem Gemeinschuldner eingegangenen Handlungssocietät vorgeschossen, also unter der Bedingung dereinstiger eventueller Erstattung aus dem Bestand des Gesellschaftsvermögens hergegeben, und Beklagter hat bei Auflösung der Societät die so entstandene, bedingte und auf dem Gesellschaftsvermögen lastende Rückzahlungsverpflichtung unbedingt und als Selbstschuldner übernommen. Demgemäß läßt sich in der That die Schuld, über welche sich die Urkunde v. 1. April 48 verhält, auf ein darlehnsartiges Rechtsgeschäft zurückführen; vgl. Erk. des OTr. zu Berlin v. 30. April 67 (Strieth Arch. B. 67 S. 157 ff.). Freilich wird letzteres nicht in seiner Eigenthümlichkeit und seinem ganzen Umfange dokumentirt; jedenfalls aber erscheint die Angabe des Schuldgrundes (causa debendi) in der Urkunde (wenn die Sachdarstellung des Klägers richtig ist) bei der Erwägung zutreffend und ausreichend, daß es sich nur um Erfüllung der im angeblichen Auseinandersetzungsvertrage stipulirten Zahlungsverpflichtung handelte. Insoweit ist in der fraglichen Urkunde ein partielles (schriftliches) Anerkenntniß im Sinne der §§ 185, 191 ALR I. 5 zu erblicken.

Hieraus ergiebt sich, daß der Appellrichter mit Unrecht den Einwand des Mangels der Schriftlichkeit für begründet angenommen. Durch diese Annahme, bei welcher er lediglich den § 131 a. a. O. vor Augen gehabt haben kann, hat er sich der gerügten Verletzung dieser Gesetzesbestimmung schuldig gemacht. Deshalb mußte seine hierauf beruhende Entscheidung vernichtet werden.

Demzufolge kommt es nach dem Vorausbemerkten darauf an,

> ob Kläger in ein mit dem Gemeinschuldner begründetes Handlungsgeschäft 950 Thlr. eingeschossen und der Gemeinschuldner bei der am 1. April 48 stattgefundenen Auseinandersetzung sich verpflichtet hat, diese Einlage herauszugeben, sowie
> ob zur Sicherung dieser Verpflichtung die Urkunde von demselben Datum seitens des Gemeinschuldners ausgestellt und dem Kläger ausgehändigt worden ist.

Wird der vom Kläger hiefür angetretene Beweis erbracht, so erledigt sich, obiger Rechtsausführung gemäß, der auf den Mangel der Schriftlichkeit des Zahlungsversprechens des Gemeinschuldners gestützte Einwand mit Rücksicht darauf, daß die Acceptation dieses Verspechens keiner Form bedurfte und aus dem klägerischen Besitz der Urkunde um so zuverlässiger entnommen werden kann, als die Acceptation nicht besonders angefochten ist.

Ist aber der fragliche Einwand beseitigt, dann erscheint der eventuelle Antrag der Appellationsrechtfertigung in Ansehung der Kapitalsforderung und der nicht verjährten Konventionalzinsen aus der Zeit vor der Konkurseröffnung unzweifelhaft als begründet, sofern ihm die außerdem von dem Bekl. erhobenen Einreden nicht entgegenstehen. Dabei ist nur darauf hinzuweisen, daß dieser Antrag formell dem § 43 der Ministerial-Instruktion v. 6. August 55 zur Konkursordnung entspricht und gegenüber dem ursprünglichen und prinzipalen Antrage auf Verurtheilung des Bekl. zur Anerkennung des Klageanspruchs eine Mehrforderung nicht enthält, weil die letztgedachte Verurtheilung ihrem Wesen nach mit jener eventuell verlangten Verurtheilung sich als identisch darstellt.

Von den Vorderrichtern sind die, außer dem erwähnten Einwand beklagterseits noch geltend gemachten Einreden unerwogen gelassen worden, weshalb auch gegenwärtig von ihrer Würdigung Abstand zu nehmen und diese, für den Fall, daß die Aufnahme des Beweises über jenen Einwand zu Gunsten des Klägers ausfallen sollte, dem I. Richter, an welchen behufs dieser Beweisaufnahme die Sache in Anwendung des § 17 der citirten Verordnung zurückgewiesen werden mußte, vorzubehalten war.

Nr. 24.

II. Senat. — Erkenntniß v. 11. März 72. (Ref.)

Kanne Günther (Nr. 192 v. 72).

Königreich Sachsen. **Weitere Berufung.**

I. Instanz: Gerichtsamt Chemnitz,
II. Instanz: Appellationsgericht Zwickau.

Handelskauf. Vorzeitige Lieferung, Rüge.

1. Wenn der Käufer ein rechtliches Interesse daran hat, daß ihm die Waare nicht vor der bedungenen Zeit geliefert werde: so findet Art. 347 HGB (analoge) An-

wendung auf eine dieserhalb erfolgende Ablehnung der angebotenen Waare.

2. Die nach Art. 347 HGB dem Käufer obliegende Anzeige über Nichtempfangbarkeit der Waare bedarf keiner ins Einzelne gehenden Rüge der gefundenen Mängel, muß aber doch den Verkäufer darüber ins Klare setzen, weshalb die Waare beanstandet oder abgelehnt werde.

In einer sächsischen Sache angenommen vom OHG aus folgenden

Gründen:

Wenn die Parteien bei Abschluß des Handels — wie Beklagter behauptet — vereinbart haben, die Lieferung des Hopfens sollte „bestimmt zu Weihnachten 70, weder früher noch später erfolgen": so kann diese Abweichung von dem Klagevorbringen, inhalts dessen die Lieferung im „November oder Dezember 70" geschehen sollte, nicht ohne Weiteres für unerheblich erachtet werden. Daß und welches rechtliche Interesse der beklagte Käufer an der genauen Einhaltung dieser Vertragsstipulation gehabt habe, braucht er — gegenüber den Bestimmungen im Art. 357 HGB, welche in der Anerkennung des Rechts zum Rücktritt vom Vertrage im Falle nicht frist- oder zeitgemäßer Erfüllung mit der Vorschrift im § 865 des bürgerl. GB für das Königreich Sachsen übereinstimmen — nicht noch besonders nachzuweisen. Jedenfalls ist die Möglichkeit, daß Beklagter wirklich in der (von der I. Instanz bezweifelten) Unzulänglichkeit seiner Lagerräumlichkeiten bzw. in etwaigen gegen dritte Lieferanten eingegangenen Verbindlichkeiten guten Grund und Anlaß zu jener strengen Begrenzung der Lieferzeit gehabt habe, nicht so undenkbar, daß der erkennende Richter die Existenz eines rechtlichen Interesse an Einhaltung der letzteren unbedenklich verneinen dürfte. Wenn man aber auch, von der Voraussetzung eines wirklichen rechtlichen Interesse des Bekl. ausgehend, die Zusendung der Waare vor der bestimmten Zeitfrist als eine Verletzung der Vertragsstipulation betrachten und dem Bekl. das Recht einräumen mag, die vorzeitig zugesendete Waare als eine nicht vertragsgemäße zurückzuweisen: so muß man ihn doch auch andererseits für verpflichtet halten, diese seine Ausstellung gegen die zugesendeten Waaren in Gemäßheit der Vorschriften im Art. 347 HGB rechtzeitig geltend zu machen, um die Annahme thatsächlicher Genehmigung der Waare auszuschließen. In vorliegendem Falle bedurfte es dessen um so mehr, als mit Rücksicht auf die zur fraglichen Zeit notorisch bestehenden Hemmnisse der Güterbeförderung im Eisenbahnverkehr, auf welche Beklagter bereits hingewiesen hat, möglicherweise Kläger eben nur, um die vertragsgemäße Ablieferung thunlichst zu sichern, die Absendung der Waare so beschleunigt hat, daß sie schon vor Weihnachten 70 an dem bedungenen Lieferungsort (Bahnstation Chemnitz) angelangt ist, und daß er, hätte er erfahren, Beklagter sehe die Lieferung vor jener Zeit als eine vertragswidrige an, sich herbeigelassen haben würde, ihm die Abnahme zur bedungenen Zeit ausdrücklich freizustellen. Die Füglichkeit hiezu ist aber dem Kläger entzogen gewesen, weil Beklagter zwar geständlich den Hopfen ihm zur Verfügung gestellt, dagegen nicht behauptet hat, die nach Art. 347 erforderliche Anzeige seiner Bemängelung ihm gemacht zu haben. Denn wenn auch im Sinne des angezogenen Artikels die sofortige Untersuchung der Waare nicht eine nach allen Seiten hin skrupulöse sein kann und soll und folgerecht auch die Anzeige diesfälliger Bemängelung keine in das Detail genau eingehende, andere, als die speziell gerügten Mängel ausschließende zu sein braucht: so muß sie doch wenigstens den Verkäufer darüber ausreichend ins Klare setzen, aus welchem Grunde Käufer die Waare als nicht vertragsmäßig oder gesetzmäßig beanstande, hier namentlich, ob er den Hopfen seiner Qualität wegen oder bzw. auch der vorzeitigen Lieferung halber zu empfangen sich weigere.

Nr. 25.

I. Senat. — Erkenntniß v. 12. März 72. (V.)

L. Lampmann ./. J. Stute (Nr. 764 v. 71).

Preußen. **Nichtigkeitsbeschwerde.**

I. Instanz: Kreisgericht Iserlohn,
II. Instanz: Appellationsgericht Hamm.

Mandatar, Unterzeichnung im Namen des Machtgebers.

1. Die in Vollziehung einer Vertragsurkunde gegebene Namens- (oder Firma-) Unterschrift enthält rechtlich die Willenserklärung, daß der Namensinhaber (bzw. die Firma) durch den Vertrag berechtigt und verpflichtet sein will. Bezüglich eines solchen Namensgebrauchs ist die betreffende Person durch nichts gehindert, einen Anderen zu beauftragen und zu ermächtigen, diese Willenserklärung an ihrer Statt zu beschaffen, also ihren Willen durch Unterzeichnung ihres Namens kundzugeben.

Abweichend: die Praxis des preuß. ObTr. (namentlich Plenarbeschluß v. 4. Dez. 54); vgl. Koch Kommentar zu § 116 ALR I. 5, n. 97.

2. Handelsrechtlich ist die Möglichkeit, in Stellvertretung des Berechtigten zu firmiren oder sonst in und mit dessen Namen giltig zu unterzeichnen*), längst und verschiedentlich anerkannt.

Vgl. HGB Art. 44, 48, 52, 88, 111, 114.

3. Die Artt. 44 u. 48 HGB enthalten nur Ordnungsvorschriften, sie wollen keineswegs die Giltigkeit der Unterzeichnung an die Beobachtung der angegebenen (geschäftsüblichen) Form binden.

So: Makower Komm. zu Art. **44**, n. 9.

*) Wegen wechselmäßiger Verpflichtungen, vgl. Fall 26 S. 153.

4. Aus dem ALR ist nicht herzuleiten, daß die Vollziehung einer Urkunde, wenn mit dem Namen des Vollmachtgebers von einem Bevollmächtigten unterzeichnet, als für den Machtgeber unverbindlich anzusehen sei.

5. Die Vollmacht zur Abschließung und Unterzeichnung eines Vertrages begründet nach ALR auch — ohne weitere ausdrückliche Ermächtigung — die Befugniß, mit dem Namen des Vollmachtgebers zu zeichnen.

Sachverhalt und Entscheidung des OHG:

Von der Unterstellung ausgehend, daß Friedrich St., der Sohn des Bekl., von diesem beauftragt gewesen, den Vertrag v. 18. Nov. 69 abzuschließen bzw. zu unterschreiben, und feststellend, daß Friedrich St. demnächst nicht seinen, sondern des Beklagten Namen unter diesen Vertrag gesetzt hat, erklärt zwar der Appellrichter, daß diese Art der Unterzeichnung abseiten des Mandatars an sich den Mandanten gegenüber dem anderen Kontrahenten verpflichten könne; allein er beschränkt diese verpflichtende Kraft auf den Fall, daß der Mandatar ausdrücklich ermächtigt gewesen, den Namen des Machtgebers zu zeichnen; denn eine Vollmacht zum Abschluß und zur Unterzeichnung eines Vertrages autorisire nicht zum Auftreten unter dem Namen des Machtgebers.

Gegen den ersten Theil dieser Ausstellung wendet sich die Nktbschw. des Bekl., gegen den zweiten die der Klägerin. Jene leugnet überhaupt die rechtliche Möglichkeit, einen Mandatar zur Vollziehung eines Vertrages unter (d. h. mit) dem Namen des Mandanten zu ermächtigen; diese erklärt den Rechtssatz für verletzt:

> daß die Giltigkeit eines von einem Dritten für einen Anderen mit dessen Namen, ohne einen das Mandats-Verhältniß andeutenden Zusatz unterzeichneten Vertrages schon dann anzunehmen, wenn der

Mandatar überhaupt zum Abschluß des Geschäfts beauftragt worden, also nicht dadurch bedingt sei, daß der Auftrag ausdrücklich auf diese Art der Unterzeichnung gegangen.

Es leuchtet ein, daß, wenn Beklagte in ihrer Behauptung Recht hat, es auf die Nktbschw. der Klägerin nicht ankommt. Die Nktbschw. der Bekl. ist also vorab zu prüfen.

Der Bekl. steht allerdings eine wichtige Autorität zur Seite. Der höchste preußische Gerichtshof hat wiederholt ausgesprochen: „der Name eines Menschen sei derart ein Theil seiner Persönlichkeit, daß sein Gebrauch mandatweise einem Anderen nicht übertragen werden könne; solle für einen Anderen gehandelt werden, so vertrete der Mandatar diesen nicht physisch, sondern juristisch, und deshalb könne jener nur in, aber nicht unter dem Namen des Vertretenen handeln; folgerecht habe der Mandatar den für den Mandanten abgeschlossenen Vertrag nicht mit dessen, sondern mit seinem eigenen Namen zu unterzeichnen, und der nur mit des Mandanten Namen vollzogene Vertrag verpflichte diesen nicht".

Entsch. des preuß. OTr. B. 12 S. 479; B. 17 S. 461; B. 18 S. 207; B. 29 S. 293; B. 60 S. 323 (namentlich S. 326, 327); Central-Organ Neue Folge B. 7 S. 99, 100; Siebenhaar's Archiv Neue Folge B. 2 S. 74.

Allein dieser Ansicht — welcher der genannte Gerichtshof selber nicht immer treu geblieben, vgl. Erk. v. 23. Jan. 64, Strieth. Arch. B. 51 S. 352 ff.; Goldschmidt Ztschr. VII S. 589 — und welche sich nach dem eben Angeführten nicht etwa auf Besonderheiten des preußischen Rechts stützt, kann nicht beigetreten werden.

Wer seinen Namen unter einen Vertrag setzt, der ihn als Kontrahenten aufführt, giebt durch diesen Gebrauch seines Namens eine Willenserklärung: die Namensunterschrift soll besagen, daß der Namensinhaber durch diesen Vertrag berechtigt und verpflichtet sein will. Dieser Gebrauch des Namens ist also, als Ausdruck eines bestimmten Willens, eine Aeußerung nicht der physischen, sondern der rechtlichen Persönlichkeit. Auch ist der Name eines Menschen überhaupt kein Bestandtheil der physischen Persönlichkeit, sondern nur ihre Bezeichnung. Verbietet auch das Interesse der bürgerlichen Ordnung die beliebige Annahme oder Ablegung eines Namens als solchen, so verändert doch weder die irrthümliche oder absichtliche Führung eines falschen, noch die berechtigte Annahme eines anderen Namens (in Folge von Adoption, Legitimation, Nobilitirung) die Person des Namenträgers.

Ist aber der Namensgebrauch als Unterschrift in dem angegebenen Sinne Willenserklärung, so liegt in dem Begriff des Namens nichts, was den Namensinhaber hindern könnte, einen Anderen zu beauftragen, diese Willenserklärung statt seiner zu beschaffen, d. h. den Willen des Auftraggebers durch Unterzeichnung seines Namens kund zu thun. Der Mandatar, der demgemäß mit dem Namen des Mandanten zeichnet, arripirt dadurch nicht für sich „die Führung eines fremden Namens"; sondern er erklärt, daß sein Mandant, welchen er beim Vertragsabschluß vertritt und der im Vertrage als der Kontrahent bezeichnet ist, an diesen Vertrag gebunden sein soll und will, und daß er (der Mandatar) deshalb und zum Zeichen dessen als Stellvertreter des Mandanten unter dessen Namen den Vertrag vollziehe.

Die rechtliche Zulassung dieser Art der Zeichnung ist namentlich im Handelsverkehr von altersher anerkannt. Gewisse Handlungsbevollmächtigte, namentlich Prokuranten und Administratoren, sind für berechtigt erachtet worden, zu firmiren, d. h. mit dem Handelsnamen eines Anderen, nämlich des von ihnen vertretenen Prinzipals, verpflichtend für diesen zu zeichnen. Gesellschafter zeichnen giltig mit der Societätsfirma, d. h. mit einem Namen, der ihnen für ihre Person nicht zusteht, den sie aber in Vertretung der Societät zu verpflichtenden Abschlüssen für letztere gebrauchen dürfen. Handelsnamen, d. i. Firmen, können sogar mit dem dazu gehörigen Geschäft überhaupt auf Andere übertragen werden.

Im HGB ist diese Auffassung nicht verlassen. Art. 44 bestimmt, daß der Prokurist zunächst nicht seinen Namen, sondern die Firma zeichnen soll; in gleicher Weise zeichnet der vertretungsberechtigte Gesellschafter für die Societät (Art. 86. 88, 111, 114); und daß der Handlungsbevollmächtigte nicht die Firma zeichnen dürfe, ist weder aus der Fassung noch aus der Entstehungsgeschichte des Art. 48 erkennbar.

Vgl. Preuß. Entwurf Art. 40; Oesterreich. Entwurf § 123. — Entwurf erster Lesung Art. 42, 44, 46; zweiter Lesung Art. 43, 47.

Allerdings ist es meist üblich gewesen, der Firma-Zeichnung eines Vertreters einen Zusatz beizufügen, aus welchem die Stellung des Zeichnenden zum Repräsentirten erkennbar. Diese Beweis-erleichternde, Verkehr-sichernde Uebung hat in den Artt. 44 und 48 HGB insofern Ausdruck gefunden, als in ihnen verordnet ist, daß der Firma-Zeichnung ein die Prokura bzw. die Vollmacht ausdrückender Zusatz, der Zeichnung des Prokuristen auch dessen Name beigefügt werden soll. Aber es ist nicht die Absicht gewesen, von der Beobachtung dieser Art der Zeichnung die Rechtsbeständigkeit der letzteren abhängig zu machen. Vielmehr ist die Bestimmung im Art. 44 des Entwurfs erster Lesung, welche diese Art der Zeichnung zur Rechtsgiltigkeit der letzteren erforderte, deshalb in die jetzige Vorschrift umgeändert, weil es nur auf eine „Ordnungsvorschrift", nicht aber auf eine Disposition über die civilrechtliche Giltigkeit der Zeichnung abgesehen war.

Vgl. über dies Alles: Protokolle S. 72—76 einschließlich, 79, 80, 81, 949, 952, 953, 955; Thöl I S. 202 (§ 33 a. und b.); Endemann DHR 2. Auflage S. 139, 345; Anschütz u. v. Völderndorff Komm. S. 337 ff., S. 359 ff.

Für die Verpflichtung des Prinzipals durch die von seinem Prokuristen oder Bevollmächtigten bewirkte Zeichnung der Firma ist also nicht jener Zusatz, nicht die Beifügung des Namens des Stellvertreters, sondern die Thatsache entscheidend, daß der Zeichnende als Prokurist oder Handlungsbevollmächtigter die Firma gezeichnet hat, bzw. daß die Zeichnung innerhalb der ihm durch die Vollmacht übertragenen Befugnisse lag.

Anschütz u. v. Völderndorff a. a. O. S. 337, 338, 360; Hinschius (Behrend) Zeitschrift für Rechtspflege 2c. III S. 574.

Auch die DWO hat dem bisher Entwickelten Widersprechendes nicht verordnet. Weder fordert sie, wie wol behauptet worden,

— Entsch. des OTr. B. 60 S. 327 —

die eigenhändige Unterschrift des Ausstellers, Acceptanten, Indossanten; noch läßt sich aus Art. 95 folgern, daß die vom gehörig Bevollmächtigten mit dem Namen des Mandanten bewirkte Wechselunterschrift unstatthaft, den Mandanten nicht verpflichtend sei.

Prot. der Leipziger Wechselrechts-Konf. v. 18. Nov. 47 S. 154 (Ausgabe v. Hirschfeld).

Es ist vielmehr vermieden worden, die Frage von der Berechtigung eines Mandatars, für den Mandanten eine Wechselunterschrift abzugeben, in der Wechselordnung zu berühren.

Prot. a. a. O.; vgl. Hoffmann Erläuterungen

der ADWO, 2. Ausg. S. 198 — 200; vgl. Siebenhaar's Arch. B. 7 S. 338 u. Neue Folge I S. 236, 396; Borchardt ADWO Zusatz 114; Wächter WR des nordd. Bundes S. 191 n. 52;

weshalb denn auch aus der Vorschrift des Art. 94 über die Unterkreuzung von Wechselerklärungen für die vorliegende Frage nichts entnommen werden kann.

Eine Spezialbestimmung des ALR, auf dessen Boden die Entscheidung des Appellrichters steht, hat die Nktbschw. des Bekl. nur insofern geltend gemacht, als sie behauptet, der Appellrichter habe sich mit § 116 ALR I. 5 in Widerspruch gesetzt. Allein dieser § — indem er verordnet,

daß Verträge, welche vermöge des Gesetzes oder einer Abrede der Parteien schriftlich geschlossen werden sollen, ihre Giltigkeit „erst durch die Unterschrift" erhalten —

wiederholt nur eine allgemein giltige Regel, ohne darüber zu disponiren, wie der Vertrag im Fall des Abschlusses durch einen Vertreter und namentlich dann unterschrieben werden müsse, wenn, wie hier, der Vertrag selber nicht des abschließenden Vertreters, sondern nur des Vertretenen als Kontrahenten erwähnt.

In der That enthält das ALR keine Bestimmung, welche für diesen Fall die Unterzeichnung mit dem Namen des Mandanten als für Letzteren unverbindlich reprobirt. Wenn darauf verwiesen ist, daß nach preußischem Recht Verträge, welche von Lesens- und Schreibensunkundigen oder durch Zufall am Schreiben Verhinderten schriftlich geschlossen werden müßten, gerichtlich oder notariell errichtet werden sollen — § 172 ff. ALR I. 5 —: so entzieht diese Vorschrift in Verbindung mit der anderen, wonach nur der schriftlich Beauftragte durch seine Mandatshandlungen den Mandanten Dritten verpflichten kann — § 8 ALR I. 13 —, den genannten Personen allerdings die Fähigkeit zum Abschluß schriftlicher Verträge durch einen nur mündlich Beauftragten: aber sie enthält kein Gebot, daß der gehörig, also gerichtlich und notariell Beauftragte des Analphabeten den für diesen geschlossenen schriftlichen Vertrag nur mit seinem und nicht mit des Machtgebers Namen vollziehen dürfe. Wollte man daher auch jene Vorschriften auf diejenigen anwenden, welche, obwohl des Lesens und Schreibens kundig und fähig, nicht schreiben wollen:

— Plenar-Beschluß des OTr. v. 4. Dez. 54 (Entsch. B. 29 S. 293) —

so würde doch aus ihnen nicht gefolgert werden können, daß in den Fällen, in denen ein mündlicher Auftrag zum Abschluß eines Vertrages genügt, um den Mandanten aus dem so geschlossenen Vertrage dem Gegenkontrahenten zu verpflichten, diese Verpflichtung zessire, wenn der Mandatar den Vertrag nicht mit seinem, sondern mit des Mandanten Namen vollzogen hat.

Es ergiebt sich, daß die Nktbschw. des Bekl. aus den Art. 44, 48 HGB und aus § 116 ALR I. 5 unhaltbare Folgerungen zieht, mithin die Rüge der Verletzung dieser Bestimmungen grundlos ist. Daß aber die Entscheidung des Appellrichters sich mit den Art. 273, 274, 277 HGB nicht in Widerspruch gesetzt hat, ist ohne Weiteres klar. Und wenn der Appellrichter für seine Meinung, daß der Mandatar rechtsgiltig mit dem Namen des Mandanten ohne weiteren Zusatz zeichnen könne, in der Verweisung auf die Norm des Diffessionseides

— § 134 AGO I. 10 —

einen unzutreffenden Grund gegeben haben sollte: so würde dieser Irrthum die Nktbschw. nicht stützen können, — nicht nur weil § 134 a. a. O. eine nichtwesentliche Prozeßvorschrift enthält, sondern auch, weil es genügt, daß der vom Appellrichter vertretene Rechtssatz richtig ist [vgl. Rspr. II S. 238].

Aber zu Ungunsten der Klägerin hat der Appellrichter in der That geirrt. „Die (mündliche) Vollmacht zur Abschließung und Unterzeichnung eines Vertrages" — heißt es in den Urtels-Gründen — „ermächtigt den Bevollmächtigten noch nicht, unter dem Namen des Machtgebers aufzutreten; geht aber die Vollmacht ausdrücklich dahin, daß der Bevollmächtigte den Namen des Machtgebers zeichnen soll, so ist nicht abzusehen, weshalb eine dieser Vollmacht gemäß geleistete Unterschrift den Machtgeber nicht binden soll."

Hätte der Appellrichter mit dieser Ausführung nur sagen wollen, daß ein Auftrag zum Abschluß eines Vertrages den Beauftragten noch nicht berechtige, den Auftraggeber in dem Vertrage als Kontrahenten zu bezeichnen, also dessen Namen und Namens-Unterschrift in den Kontrakt zu bringen, so wäre dieser Satz unter Umständen vertretbar. Denn der Auftrag, für den Auftraggeber ein Rechtsgeschäft abzuschließen*), enthält nicht nothwendig die Ermächtigung des Beauftragten, statt in eigenem Namen im erklärten Auftrage des Mandanten als des Kontrahenten zu paktiren, dem Dritten also den Mandanten als Gegenkontrahenten haftbar zu machen. Aber der Appellrichter hat unverkennbar jenen Satz in weiterem Sinne verstanden. Ihm lag der Thatbestand zur Beurtheilung vor, daß Beklagter persönlich am 17. Nov. 69 mit Carl B. den jetzt streitigen Vertrag vereinbart und bei seinem Weggange dem B. angekündigt hatte, er werde am folgenden Tage seinen Sohn Friedrich zum Abschluß des (schriftlichen) Kontrakts senden. Hier handelte es sich also um einen Abschluß, bei welchem der Beauftragte nicht in eigenem Namen kontrahiren, sondern unzweifelhaft der von ihm Vertretene als Kontrahent genannt werden sollte. Auf einen derartigen Fall aber ist die Aufstellung des

*) Vgl. Rspr. III S. 116.

Appellrichters unanwendbar. Denn ist, wie oben gezeigt, der Gebrauch des Namens des Mandanten als Vertrags-Unterschrift nur die vom Mandatar gegebene Erklärung seines Willens, daß der Mandant an diesen Vertrag gebunden sein will und soll: so liegt auch im vorausgesetzten Falle in der „Vollmacht zur Abschließung und Unterzeichnung des Vertrages" die Ermächtigung zur Ertheilung dieser Namens-Unterschrift, und es bedarf nicht außerdem einer ausdrücklichen Vollmacht zur Zeichnung mit dem Namen des Mandanten.

Dies hat der Appellrichter verkannt und deshalb gegen den oben mitgetheilten, von der Klägerin im Wesentlichen richtig formulirten Rechtsgrundsatz verstoßen. Seine Entscheidung beruht allein auf dieser Verkennung und hebt demgemäß ausdrücklich hervor:

> wenn Beklagter zwar den Auftrag zum Abschluß des Vertrages eidlich nicht ablehnen, wohl aber beschwören könne, daß er seinen Sohn Friedrich nicht beauftragt habe, mit des Beklagten Namen den Vertrag zu unterzeichnen, so sei Klägerin abzuweisen. ꝛc.

Das Urtel war daher zu vernichten.

Nr. 26.

I. Senat. — Erkenntniß v. 12. März 72. (V.)

Wittwe Böhme c. L. von Oertzen (Nr. 115 v. 72).

Preußen. **Wechselsache.** **Revision.**

I. Instanz: Kreisgericht Cottbus,
II. Instanz: Appellationsgericht Frankfurt a. O.

Wechselunterzeichnung durch einen Stellvertreter. Wesentlicher Inhalt des Wechsels.

1. Bei Eingehung wechselmäßiger Verbindlichkeiten für

einen Anderen darf der Bevollmächtigte einfach mit dem Namen des Machtgebers unterzeichnen.

DWO Art. 4 No. 5, Art. 12, 21, 95.

Anders: Praxis des preuß. OTr., vgl. Borchardt ADWO Zus. 770 S. 590 ff.

2. Welche für die Begründung oder Erhaltung des Wechselanspruchs wesentlichen Momente müssen aus dem Wechsel selbst erhellen?

Vgl. Rspr. V S. 119 ff.

Sachverhalt und Entscheidung des OHG:

Die beiden Klagewechsel v. 1. Sept. 71 sind gezogen auf „Herrn Leo v. O. und Marie v. Sch. geb. v. O." Das Accept lautet auf beiden:

„Angenommen: Leo von O.
Marie von Sch. geb. von O."

Es ist zugestanden, daß die Schwester des Bekl., die mitbezogene Frau Marie von Sch. diese Accepte geschrieben hat und daß sie zur Zeit der Acceptirung vom Beklagten schriftlich und „generaliter" bevollmächtigt war, alle seine Angelegenheiten zu führen, insbesondere Wechselverbindlichkeiten für ihn einzugehen.

Die Fassung der Acceptvermerke zeigt und die Auslassungen des Bekl. bestätigen, daß Frau von Sch. die Tratten für beide Bezogene hat annehmen wollen, daß also das Accept nicht als das alleinige des Bekl., nämlich nicht so zu verstehen ist, als lautete es:

„Angenommen Leo von O.
(durch seine Generalbevollmächtigte) Marie v. Sch."

Steht dies fest, so kann nicht zweifelhaft sein, daß Beklagter vermöge der seiner Schwester ertheilten schriftlichen Ermächtigung zur Eingehung von Wechselverbindlichkeiten für ihn aus dem Accept dann haftbar ist, wenn ein gehöriges Accept vorliegt.

Letzteres ist geleugnet. Der Bevollmächtigte, so wird behauptet, kann schriftliche Verträge für den Machtgeber überhaupt nur in, nicht unter (mit) dem Namen des Machtgebers zeichnen; wenigstens muß er, wenn er sie mit dem Namen des Mandanten vollzieht, diesem seine eigene Namensunterschrift mit einem das Vollmachtsverhältniß ausdrückenden Zusatz beifügen.

Dieser Ansicht kann weder im Allgemeinen, noch für Wechselerklärungen insbesondere beigetreten werden.

Allerdings steht ihr eine wichtige Autorität zur Seite. Der höchste preußische Gerichtshof hat wiederholt ausgesprochen ꝛc. [wörtlich, wie vorher S. 146 bis 149].

Auch die DWO hat dem bisher Entwickelten Widersprechendes nicht verordnet. Weder fordert sie (wie wol behauptet worden, Entsch. des OTr. B. 60 S. 327) die eigenhändige Unterschrift des Ausstellers, Acceptanten, Indossanten; noch läßt sich aus Art. 95 folgern, daß die vom gehörig Bevollmächtigten mit dem Namen des Mandanten bewirkte Wechselunterschrift unstatthaft, den Mandanten nicht verpflichtend sei.

Prot. der Leipziger Wechselrechts-Konferenz v. 18. November 47, S. 154 der Hirschfeld'schen Ausgabe.

Es ist vielmehr vermieden worden, die Frage von der Berechtigung eines Mandatars, für den Mandanten eine Wechselunterschrift abzugeben, in der Wechselordnung zu berühren.

Protokolle a. a. O., vgl. Hoffmann Erläuterungen, 2. Ausgabe, S. 198—200. — Siehe übrigens Siebenhaar's Archiv B. 7 Seite 338 und Neue Folge B. I S. 236, 396; Borchardt ADWO Zusatz 114, S. 73; Wächter nordd. WR S. 191 n. 52;

weshalb denn auch aus der Vorschrift des Art. 94 über

die Unterkreuzung von Wechselerklärungen für die vorliegende Frage nichts entnommen werden kann.

Zwar ist zuzugeben, daß im Art. 95 vorausgesetzt ist der für den Mandanten zeichnende Mandatar habe nicht blos dessen, sondern auch den eigenen Namen und zwar mit einem Vollmachtszusatz unterschrieben, und es mag richtig sein, daß diese Art der Zeichnung in manchen von der DWO beherrschten Gebieten die übliche ist: aber die Rechtsbeständigkeit einer abweichenden Zeichnung kann nicht durch diese Thatsachen, sondern nur aus den bisher erörterten allgemeinen Richtpunkten entschieden werden.

Wenn letzteren die „streng formale Natur der Wechselobligation als eines Literalkontrakts“ entgegengestellt, und aus dieser die Nothwendigkeit der Kundbarmachung des für den Wechselnexus wichtigen Vollmachtsverhältnisses auf dem Wechsel selbst gefolgert wird: so fußt anscheinend diese Folgerung auf der irrthümlichen Anschauung, es müsse das für die Wechselverpflichtung Wichtige (geschweige das Wesentliche) schlechthin in dem Wechsel selbst beurkundet werden. In den Wechsel gehört nur, was Art. 4 DWO als „wesentliche Erfordernisse“ desselben aufführt; ferner diejenigen Erklärungen, deren ausdrückliche Angabe die DWO selbst vorschreibt (Art. 9, 11, 14, 15, 17, 21, 22, 42, 59, 66, 85); zahlreiche Momente aber, welche außerdem für Entstehung, Erhaltung, Umfang und Uebergang der Wechselverpflichtung wesentlich sind, können im Wechsel nicht zum Ausdruck gelangen; z. B. in Ansehung der Wechselfähigkeit: die Majorennität, Majorennitäts-Erklärung, Entlassung aus der väterlichen Gewalt, Konsense, Entmündung 2c.; in Ansehung der Erhaltung: Protesturkunden, in Ansehung der Repräsentation: Prokuren und Extrakte aus den Handelsregistern; in Ansehung des Uebergangs: Testamente und Erbatteste 2c. Kann aber gehörige Beurkundung selber in den angebenen Richtungen im Wechsel überhaupt keinen Platz finden, so ist auch die bloße Andeutung jener wichtigen Rechtsverhältnisse im Wechsel durch dessen rechtliche Natur nicht geboten.

Siehe über Wechselzeichnungen durch Bevollmächtigte: Borchardt Sammlung der geltenden Wechselrechte rc. S. 120 (Ungarn), 320 (Mexico), 364 (Rußland), 419 (St. Gallen), 431 (Zürich), 437 (Aarau), 447 (Basel-Stadt), 459 (Bern), 483 (Schaffhausen), 495 (Solothurn) „die Unterschrift des Ausstellers, eigenhändig oder durch Bevollmächtigte,“ 554 (Spanien), 168 (Großbritannien). —

Muß hienach das von Frau v. Sch. geschriebene Accept „Leo v. O.“ kraft der ihr vom Bekl. ertheilten Vollmacht als für ihn verpflichtend erachtet werden, so erweisen sich auch die eventuell erhobenen Einreden als unhaltbar. Es mag sein, daß die Bevollmächtigte die Vollmacht zum eigenen Nutzen mißbraucht, nämlich jenes Accept zur Deckung eigener Wechselschulden gegeben habe. Allein dieser Thatbestand würde die von ihr für den Bekl. eingegangene Wechselverpflichtung an sich nicht annulliren, sondern die Bevollmächtigte nur dem Mandanten gegenüber haftbar machen*; §§ 62, 63 ALR I. 13. Dem Remittenten, bzw. der Klägerin könnte er mit Erfolg nur dann entgegengestellt werden, wenn behauptet wäre, daß jene bei der Erlangung des Accepts den Mißbrauch des Mandats gekannt, nämlich gewußt hätten, die zu deckenden Wechselschulden gingen nur die Bevollmächtigte an, und der Umfang der ihr ertheilten Ermächtigung gestatte ihr nicht, zu deren Deckung von dem Kredit und der Unterschrift des Mandanten Gebrauch zu machen. Eine solche Kenntniß, welche unter Umständen die exceptio doli allerdings begründen könnte, ist nicht behauptet.

Die weitere Einrede:

* Vgl. Rspr. I S. 178, II S. 154, V S. 144 ff., VI S. 25.

O. B. [der Remittent] habe von Frau v. Sch. zur Deckung ihrer früheren Accepte ihr und des Bekl. Accept gefordert, „ihr dabei gesagt, daß ihr Bruder daraus niemals in Anspruch genommen werden würde," und mit der Klage aus den alten Accepten gedroht, wenn sie die neuen nicht gäbe,

würde Klägerin zwar an sich gelten lassen müssen, wenn wirklich B. bei Kreirung der neuen Wechsel in ihrem erklärten Auftrage gehandelt hätte. Allein jene angebliche, nur unter Eid gestellte Erklärung des O. B. enthält weder den Worten nach eine Zusicherung, den Bekl. aus dem Accept nicht belangen zu wollen*), noch kann sie dem Sinne nach so aufgefaßt werden. Denn sonst würde das Dringen des O. B. auf ein Accept gerade des Beklagten widersinnig gewesen sein. Jene angebliche Erklärung muß vielmehr dahin verstanden werden, daß, wenn Frau v. Sch. pünktlich zahle oder doch zu zahlen bereit und im Stande sei, Beklagter nicht behelligt werden solle. So verstanden, stimmt die Erklärung mit den Auslassungen des Bekl. auch insofern überein, als es der Frau v. Sch. danach anscheinend darauf angekommen ist, die neue Wechseloperation vor dem Bekl. möglichst geheim zu halten.

Endlich die Einrede, daß weder Beklagter noch seine Bevollmächtigte auf die neuen Accepte Valuta empfangen habe, ist für sich genommen ungeeignet, die Verpflichtung des Beklagten aus dem Accept zu entkräften**). Auch steht sie mit der Darstellung des Bekl., daß die neuen Accepte zur Deckung älterer der Frau v. Sch. begehrt und gegeben worden, im Widerspruch.

Sonach war das I. [den Bek. verurtheilende] Erkenntniß herzustellen.

*) Vgl. Rspr. V S. 265, 270.

**) Rspr. II S. 374, V S. 270.

Nr. 27.

I. Senat. — Erkenntniß v. 12. März 72. (B.)

A. Lübcke ⁄. D. Vogler (No. 12 v. 72.)

Preußen. **Nichtigkeitsbeschwerde.**

I. Instanz: Kreisgericht Brieg,
II. Instanz: Appellationsgericht Breslau.

Stromschifffahrt. Stellung des Steuermanns. Handelsgebrauch.

1. Die Rechtsstellung des Steuermanns (regelmäßig zugleich Führers) eines Stromfahrzeugs ist gesetzlich nicht bestimmt, vielmehr von den Handelsgebräuchen abhängig und in der Praxis schwankend.

Makower Komm. zu Art. 390 HGB.

2. Soll der erkennende Richter auf einen bestimmten Handelsgebrauch verwiesen sein, so muß dieser behauptet und nöthigenfalls dargethan werden.

Vgl. Entwurf einer deutschen CivilPO v. 1872 § 250, 445.

Beklagter ist Eigenthümer- eines Oderkahns, welchen er an den Vorbesitzer S. auf 3 Jahre zur Frachtschifffahrt vermiethet hat. Der betreffende Vertrag sagt u. a., daß S. das Fahrzeug „als Steuermann des Bekl." führen solle. In letzterer Eigenschaft hat S. zu Breslau einen Frachtvertrag geschlossen, aus welchem jetzt der Stettiner Ladungsempfänger den Bekl. auf Ersatz eines Mancos belangt. Beklagter bestreitet die Befugniß des Steuermanns S., ihn zu verpflichten, und dringt damit durch.

Entscheidung des OHG:

Der Appellrichter hat aus dem Eingang des Ladescheins:

„Ich Endesunterschriebener Schiffer Dietrich V. Steuermann Friedrich S."

und aus dessen Alleinunterschrift

„F. S."

entnommen, daß sich „S. als Vertreter des Bekl. gerirt zu haben scheine." Er hat aber diese Frage, ohne sie bejahend oder verneinend zu entscheiden, demnächst für unerheblich und nur die andere für entscheidend erklärt, ob S. zu dieser Vertretung befugt gewesen. Seine Erörterung dieser Befugniß trifft also auch den Fall, wenn S. in der That als Vertreter des Bekl. aufgetreten ist. Für die Nichtigkeitsinstanz folglich kann dieses Auftreten als feststehend angenommen werden. Damit erledigt sich die Rüge, welche die Nichtigkeitsbeschwerde deshalb erhoben hat, weil der Appellrichter nicht für erwiesen erachtet habe, daß der Ladeschein von S. in Vertretung des Bekl. gezeichnet sei.

Die erwähnte Befugniß des S. ist vom Appellrichter verneint, weil nach seiner Auffassung von der Rechtsstellung eines Strom-Steuermanns diesem nur eine „wesentlich technische" Funktion, nämlich die „Leitung des Schiffsgefäßes" zusteht, — nicht aber die „Leitung des Frachtsgeschäfts im Namen des Schiffseigenthümers."

Es mag sein, daß diese Auffassung nicht oder doch häufig nicht zutrifft. Aber die Rechtsstellung eines Stromsteuermanns ist weder gesetzlich bestimmt, noch rechtlich feststehend. Im Gegentheil, sie ist eine schwankende.

> „Der Stromschiffer — so heißt es in der amtlichen Denkschrift, welche in Folge Emanation des HGB die Räthlichkeit oder Nothwendigkeit ergänzender Gesetze über die Stromschifffahrt erwog, (preuß. Staatsanzeiger v. 1862 No. 7; theilweis abgedruckt auch in Makower's Komm. zu Art. 390) — ist keineswegs eine unter einen bestimmten Begriff fallende Person, über deren Rechte und Pflichten das Gesetz ähnliche Vorschriften wie über die des Seeschiffers erlassen könnte. Die Stellung der Stromschiffer ist so verschieden, daß es bedenklich erscheint, den Umfang ihrer Rechte und Pflichten

durch das Gesetz zu entscheiden, anstatt den einzelnen Fall entscheiden zu lassen. Wenn der Eigenthümer des Fahrzeugs seinem Kahnschiffer die Selbständigkeit eines Seeschiffers angewiesen hat, was nicht immer der Fall ist: so fehlt es auch an Bestimmungen des HGB nicht, nach welchen das Verhältniß zu beurtheilen ist; es werden alsdann die Vorschriften über Handlungsbevollmächtigte, insbesondere Art. 47, anwendbar sein."

Die Rüge also, daß der Appellrichter die „rechtliche Stellung eines Stromsteuermanns verkannt habe", involvirt nicht den Vorwurf eines rechtsgrundsätzlichen Irrthums (§ 4 Nr. 1 der Verordnung v. 14. Dez. 33 und Nr. 9 der Instruktion v. 7. April 39), und die Hinzufügung, daß die Funktion des S. als „Schiffsführer (Capitän)" omittirt sei [vgl. Rspr. I S. 97], verkennt, daß der Appellrichter „die Leitung des Fahrzeugs" ausdrücklich hervorgehoben, die Anstellung zu dieser Leitung aber nicht für genügend erachtet hat, um den Angestellten gleich einem Seeschiffer (Capitän) zur Abschließung von Frachtgeschäften Namens des Schiffseigenthümers zu ermächtigen.

Daß ferner der Appellrichter mit den Worten:

„das HGB erwähnt des Steuermanns nur im Seerecht, in den Art. 484, 486, 487, 543, und in ganz in anderen Beziehungen, als die, welche hier vorliegen,"

den Strom- und Seesteuermann nicht identifizirt, die genannten Artikel also nicht durch „unpassende Heranziehung" verletzt hat, bedarf kaum der Andeutung.

Entscheidend für die Stellung des Steuermanns werden meistens die Handelsgebräuche sein. Auch jene amtliche Denkschrift verweist auf deren regulirende Kraft, in Uebereinstimmung mit den Artt. 1 u. 279 HGB. Soll aber der Richter auf einen bestimmten Handelsgebrauch verwiesen sein, so muß dieser behauptet und im Fall des Bestreitens erwiesen werden.

Nun hat auch Kläger den Handelsgebrauch der Oderschifffahrt geltend gemacht, aber in I. Instanz nur dahin,

daß der Ladeschein ihm entsprechend von S. in seiner Eigenschaft als Steuermann ausgestellt und unterschrieben worden.

Nur für diese Behauptung sind Beweismittel angegeben. In II. Instanz ist zwar gesagt:

schon in I. Instanz sei unter Beweis gestellt, daß der Ladeschein seiner handelsgebräuchlichen Form nach ein solcher, welcher von S. als Steuermann des Bekl. ausgestellt worden, das Mandatsverhältniß des S. als Steuermann bezeichne und den Bekl. als Eigenthümer des Kahns verpflichte.

Allein diesen unterstrichenen Schlußsatz enthält die erstinstanzliche Behauptung nicht. Derselbe ist folglich beweislos, und er ersetzt auch keineswegs die nöthig gewesene Aufstellung thatsächlichen Inhalts:

daß auf und an der Oder der Steuermann nach Handelsgebrauch als Bevollmächtigter im Schiffergewerbe des Kahneigenthümers gelte.

Im Appellurtel ist jener Schlußsatz nicht erwähnt — vielleicht, weil der Appellrichter darin nicht eine thatsächliche Behauptung, sondern nur eine persönliche Rechtsmeinung des Klägers gefunden hat. Die Nichterwähnung ist in der Nktbschw. nicht gerügt. Wohl aber ist die Verletzung der Artt. 1, 278, 279 HGB behauptet, weil gegen den „vom Kläger wiederholt angerufenen Handelsgebrauch, daß der Steuermann und Führer eines Oderkahns als Geschäfts-Repräsentant des Schiffers und Frachtführers zu fungiren pflege und im Verkehr rechtlich gelte", verstoßen sei. Auch diese Rüge ist grundlos. Gegen Art. 1 und 279 a. a. O.

könnte nur gefehlt sein, wenn die Existenz eines derartigen Handelsgebrauchs behauptet und ihm vom Appellrichter aus nichtigen Gründen Beachtung versagt wäre. Jene Behauptung aber ist, wie bereits erwähnt, nicht aufgestellt. Wollte man sie zu Gunsten des Klägers in jenem Schlußsatze finden, und daraus, daß sie der Appellrichter nicht erörtert hat, entnehmen, er habe sie für unerheblich erklärt: so würde auch damit dem Kläger nicht geholfen sein, weil nur die Omission einer erheblichen und mit Beweismitteln unterstützten Thatsache Nichtigkeit begründet (§ 5 Nr. 10,a der Verordnung v. 14. Dez. 33), für jenen Schlußsatz aber eine Beweisangabe fehlt.

Bleibt also der Hauptgrund des Appellrichters:

> in der Anstellung als Steuermann liege keine Ermächtigung zur Vertretung des Schiffseigenthümers im Frachtgewerbe, sondern nur ein Vertrag über die technische Führung des Schiffs,

bestehen: so kann unerörtert bleiben, ob richtig ist, was der Appellrichter unter der Voraussetzung, daß der Steuermann als Handlungsgehilfe des Schiffseigenthümers [Frachtführers] angesehen werden könnte, weiter bemerkt hat.

Nr. 28.

I. Senat. — Erkenntniß v. 15. März 72. (Z.)

Böddecker c. Wittwe Remstedt (Nr. 157 v. 72).

Preußen. Wechselsache. Nichtigkeitsbeschwerde.

I. Instanz: Kreisgericht Altona,
II. Instanz: Appellationsgericht Kiel.

Verjährung der Litispendenz. Wechselklage, Zurücknahme, Verjährungsfrist.

1. Die nach neuerem römischem Recht eintretende Verjährung der sogenannten Litispendenz (der Verlust des

Klagerechts durch 40jähriges Liegenbleiben des begonnenen Prozesses) bezieht sich nicht auf den Fall, daß Kläger die erhobene Klage zurücknimmt.

L. 9 Cod. 7, 39; L. 1 § 1 Cod. 7, 40.

2. Nach gemeinem Recht beginnt, wenn Kläger die erhobene Klage zurückzieht, die gewöhnliche (30jährige) Verjährung, an deren Stelle im Bereich des Wechselrechts die kurze Verjährung der DWO (Art. 77 — 79) getreten ist.

Hartmann DWR § 148 S. 459.

Entscheidung des OHG:

Kläger ist Inhaber eines mit der Unterschrift sowie mit dem Blancogiro des F. Remstedt [Ehemanns der Bekl.] versehenen, am 13. März 69 fällig gewesenen und mangels Zahlung protestirten Wechsels über 120 Thlr. Er fordert von der Bekl., als Erbin ihres Ehemanns, Zahlung der Valuta nebst Zinsen; seine erst am 12. Sept. 71 eingegangene Klage würde nach Art. 78 DWO an sich verjährt sein. Aber Kläger hatte bereits am 18. März 69 wider den Erblasser der Bekl. Klage erhoben und dieselbe erst nach erfolgter Klagebeantwortung, nämlich am 30. März 69, zurückgenommen. — Der Appellrichter hat die jetzige Klage als verjährt abgewiesen. Zwar hat er angenommen, daß die durch die Vorklage bewirkte Unterbrechung der Verjährung nicht durch deren Zurücknahme beseitigt sei, vielmehr mit dieser Zurücknahme eine neue Verjährung begonnen habe; allein er statuirt für diese nur die kurze wechselrechtliche Frist.

Hiedurch soll der Appellrichter gegen den Rechtssatz verstoßen haben,

> daß nach Eintritt einer Unterbrechung der Wechselverjährung bei dem Fehlen einer abweichenden Vorschrift in der DWO die gemeinrechtlichen Verjährungsfristen als maaßgebend zu betrachten seien.

Mit Recht hat aber der Appellrichter hier die Möglichkeit eines Zurückgehens auf die Grundsätze des gewöhnlichen Civilrechts betreffs der Zeitdauer der Verjährungsfrist für ausgeschlossen angesehen. Zwar hat die DWO sich begnügt, im Art. 80 die Rechtsakte, durch welche eine Unterbrechung der in den vorausgehenden Artt. 77 bis 79 geordneten kurzen Verjährungsfristen herbeigeführt werden soll, zu fixiren, ohne darüber sich auszusprechen, welche Verjährungsfristen nach erfolgter Unterbrechung Platz zu greifen haben. Auch ist richtig, daß das Institut der Wechselverjährung, soweit es durch spezielle Normen der DWO nicht geregelt ist, auf die Basis der gewöhnlichen civilrechtlichen Grundsätze zurückgeführt werden muß, somit durch letztere seine etwa nöthige Ergänzung erhält. Immerhin nöthigt dies in vorliegendem Falle nicht zur Anerkennung der gemeinrechtlichen Verjährungsfrist.

Von angesehenen Lehrern des gemeinen Rechts (vgl. Renaud Lehrbuch des gem. Civilprozeßrechts § 73 n. 35 S. 171 und die dortigen Citate) wird die auch von mehreren neueren Gesetzbüchern (z. B. dem kgl. sächs. bürgerl. GB im § 166) adoptirte Ansicht vertreten, die durch Klageanstellung erfolgte Verjährungsunterbrechung werde durch spätere Zurücknahme der Klage dergestalt rückgängig gemacht, daß die Verjährung als überhaupt nicht unterbrochen gelte, der Berechtigte also zur Erhaltung seines Anspruchs innerhalb des Rests der ursprünglich laufenden (wechselmäßigen) Verjährungsfrist anderweit Klage erheben müsse. Ob diese Ansicht nach gemeinem Recht haltbar ist, und ob sie namentlich als begründete Konsequenz der allgemeinen Grundsätze über den Verzicht erscheint, kann dahingestellt bleiben. Denn selbst bei ihrer Verwerfung ist nur zu der Rechtsfolgerung zu gelangen, daß die durch Klageanstellung unterbrochene Verjährung mit dem Wegfall des Grundes der Unterbrechung wiederum, d. h. von Neuem zu laufen beginnt. Dies folgt aus dem Begriff der Unterbrechung (Puchta Pandekten § 90), welche an sich nur den Effekt hat, daß die bis dahin laufende Verjährung außer Kraft gesetzt wird, welche also in der Regel den Berechtigten lediglich in diejenige Rechtslage zurückversetzt, in welcher er sich beim Beginn der gegen ihn laufenden Verjährung befand. In gegenwärtigem Falle lief gegen den Kläger die kurze wechselrechtliche Verjährung. Auf deren Dauer mußte nun auch, da der ältere Prozeß bei seinem Fallenlassen bis zu rechtskräftiger Verurtheilung des damaligen Bekl. noch nicht vorgeschritten, somit eine Novation des Rechtsverhältnisses nicht herbeigeführt war, die vermöge der Unterbrechung neu eintretende Verjährung beschränkt sein, wenn nicht etwa die besonderen Bestimmungen des gemeinen Rechts über die Verjährung der sogen. Litispendenz Abweichendes gebieten. Dies ist jedoch nicht der Fall.

Nach älterem römischem Recht wurde das Klagerecht durch die Litiskontestation perpetuirt, d. h. unverjährbar; der Anspruch konnte nur durch Prozeßverjährung indirekt und nicht absolut erlöschen. Theodosius II. aber führte mit der dreißigjährigen Klageverjährung auch die dreißigjährige Verjährung der sogenannten Litispendenz ein, d. h. eine neue Verjährung von dreißig Jahren, falls nach der Litiskontestation der Prozeß 30 Jahre liegen blieb; L. un. Cod. Th. IV, 14; im justinianischen Recht: L. 3 Cod. 7, 39. Diese Frist erweiterte Justinian auf 40 Jahre, und zwar von der letzten gerichtlichen Handlung an; L. 9 Cod. 7, 39; L. 1 § 1, L. 3 Cod. 7, 40. Die nothwendige und wesentliche Voraussetzung für diese längere Verjährung war aber das Liegenbleiben des begonnenen Prozesses. Auf die Zurückziehung der Klage bezieht sich die Verjährung der Litispendenz nicht.

L. 1 § 1 Cod. 7, 40: — et postea silentio traditae sunt — litigatores tacuerunt —

L. 9 Cod. 7, 39: non ad certum finem litis perducebant, sed taciturnitate in medio tempore adhibita, propter potentiam forte fugientium etc. Nahm also Kläger die Klage zurück, so blieb nach römischem Recht — nach welchem überhaupt nach erfolgter Litiskontestation ein Fallenlassen der Klage ohne Verlust des Klagerechts nur mit Zustimmung des Gegners denkbar war (Wetzell Civilprozeß, § 14 bei Note 91 S. 120) — die gewöhnliche dreißigjährige Verjährung in Kraft, an deren Stelle im Bereich des Wechselrechts gegenwärtig die kurze Verjährung der DWO (Art. 77 bis 79) getreten ist. Diese Frist war aber bei Anstellung der jetzigen Klage abgelaufen, mag man den Beginn der neuen Verjährung unmittelbar vom Unterbrechungsakt — der Klagebehändigung — oder vom Zeitpunkt der Zurücknahme der älteren Klage datiren.

Nr. 29.

II. Senat. — Erkenntniß v. 16. März 72. (B.)

Wiesbadener Aktien-Bierbrauerei-Gesellschaft ./. das Bankhaus Berle (No. 662 v. 71).

Preußen (Nassau). **Revision.**

I. Instanz: Kreisgericht Wiesbaden,
II. Instanz: Appellationsgericht daselbst.

Aktiengesellschaft, Vertretungsbefugniß des Vorstands.

Eine Aktiengesellschaft wird durch Rechtsgeschäfte des sie vertretenden Vorstands auch dann verpflichtet, wenn der Vorstand dabei etwaige (ihm von der Gesellschaft auferlegte und dieser gegenüber von ihm zu beobachtende) Beschränkungen seiner Dispositionsbefugniß außer Acht gelassen, und selbst wenn der Dritte, mit welchem der Vorstand verhandelte, von solchen Beschränkungen Kenntniß*) gehabt hat.

*) Anders in den Fällen Rspr. II S. 154, VI S. 25, 157.

HGB Art. 230, 231; vgl. 43, 116 u. Rspr. IV S. 95.

Ebenso (abgesehen vom Falle einer arglistigen Kollusion des Dritten mit dem untreuen Gesellschaftsrepräsentanten): Erk. des I. Sen. v. 14. Mai 72, unten S. 172.

Für die beklagte Aktien-Brauerei-Gesellschaft zu Wiesbaden hat deren Vorstand ein Darlehn von 60000 Gulden, unter Verpfändung eines Gesellschaftsgrundstücks, aufgenommen. Die Gesellschaft befindet sich im Konkurse, und der Darlehnsgeber macht seine Forderung geltend, Beklagter Seits wird u. a. eingewendet, daß nach dem Gesellschaftsstatut der Vorstand ein so bedeutendes Darlehn nicht habe aufnehmen dürfen, daß auch das geborgte Geld nicht die von der Generalversammlung bestimmte Verwendung gefunden habe. Der Appellrichter verwirft diese Einrede.

Entscheidung des OHG:

Nach dem zur Begründung des Appellurtels in Bezug genommenen Art. 231 HGB ist der Vorstand einer Aktiengesellschaft dieser gegenüber zwar verpflichtet, die ihm etwa auferlegten Beschränkungen einzuhalten. Gegen dritte Personen jedoch hat eine Beschränkung seiner Befugniß, die Gesellschaft zu vertreten, keine rechtliche Wirkung. Dieselbe Bestimmung findet sich in den Artt. 43 und 116 bezüglich der Befugnisse eines Prokuristen und des Gesellschafters einer offenen Handelsgesellschaft.

Indem das Gesetz an diesen verschiedenen Stellen, mit solcher Bestimmtheit und so unbeschränkt und unbedingt, einer Einschränkung der Befugnisse des Vorstands — bzw. Prokuristen und Gesellschafters — Dritten gegenüber jede rechtliche Wirkung abspricht, hat es darin auch dann keinen Unterschied machen wollen, wenn der Dritte bei der Verhandlung mit dem Vorstand ꝛc. von der etwa festgesetzten Beschränkung Kenntniß gehabt hat. Denn der Dritte hat eben nur gewußt, daß eine Beschränkung gewollt ist, welche das Gesetz für ungiltig erklärt. Vgl. Thöl Handelsrecht I S. 291 § 47.

Es kann einem Kontrahenten nicht wohl böser Glaube vorgeworfen werden, wenn er unbeachtet läßt, was das Gesetz bestimmt und ausdrücklich für nicht beachtenswerth erklärt*).

Beklagter bezieht sich zur Widerlegung dessen auf die Verhandlungen der Kommission zur Berathung des HGB. Dieselben ergeben, daß sich bei jenen Berathungen zwei extreme Meinungen gegenüberstanden. Einerseits, die Haftung des Vereins ganz vom auftragsmäßigen Handeln des Vorstands abhängig zu machen; andererseits dagegen, den Verein ganz unbedingt für die Handlungen der Vorsteher einstehen zu lassen. Letztere Ansicht überwog; es machte sich aber die Meinung geltend, daß ein Dritter, welcher wüßte, daß der Vorstand seine Befugnisse überschreite, aus einem trotzdem eingegangenen Geschäft gegen die Gesellschaft Rechte nicht erwerbe. Diesem entsprechend wurde auch im ausgearbeiteten Entwurf ein Art. (209) eingeschaltet, welcher bestimmte;

„Die Gesellschaft wird aus den Rechtsgeschäften eines Vorstehers nicht verpflichtet: [u. a]

2) wenn das Geschäft mit dem Vorsteher abgeschlossen ist, ungeachtet dem Betheiligten bekannt war, daß der Vorsteher gegen den Inhalt seiner Vollmacht handle."

Später dagegen, bei zweiter Lesung, ist die völlige Beseitigung jenes Art. 209 beschlossen und Art. 208 (jetzt Art. 231) wesentlich in der gegenwärtigen Fassung angenommen.

Dieser Hergang für sich allein würde allerdings zweifellos dafür sprechen, daß es auf die Kenntniß des Dritten von dem Ueberschreiten der Vollmacht des Vorstands über-

*) Vgl. Rspr. I Fall 10 S. 59 ff.

all gar nicht ankommen soll. Beklagter macht aber nicht ohne Grund darauf aufmerksam, daß nach den Protokollen der Kommission als Grund für die Beseitigung jener Bestimmung (des Art. 209 des Entwurfs) S. 1061 angeführt ist,

„weil der Art. zu dem nunmehr adoptirten System nicht mehr paßt, theilweise selbstverständlich ist."

Das Protokoll ergiebt nicht, was in dem gestrichenen Art. 209 für selbstverständlich angesehen ist, ob namentlich die Nichthaftung der Gesellschaft, wenn der Dritte die Ueberschreitung der Vollmacht des Vorstands gekannt hat. Es kann das aber nicht wohl die Meinung gewesen sein. Denn durch die so bestimmt und ganz unbeschränkt hingestellte Vorschrift,

daß die Beschränkung ... für Dritte keine rechtliche Wirkung haben soll,

muß die anfänglich beschlossene Ausnahme im Art. 209 Nr. 2 des Entwurfs unbedingt als beseitigt angesehen werden. Es läßt sich daher daraus, daß sie gestrichen worden, sehr wohl ein Argument dafür entnehmen, daß sie keineswegs wegen Selbstverständlichkeit in Fortfall gebracht, sondern daß sie als nicht vereinbar mit dem Prinzip betrachtet ist.

Auf dieses Prinzip ist auch bei Berathung des Art. 116 verwiesen, welcher bezüglich der Wirksamkeit eines Gesellschafters eine ähnliche Bestimmung enthält. Es ist dort nämlich bemerkt, S. 1004:

bei dem angenommenen Prinzip könne man dem Dritten nicht zumuthen, sich um das Innere der Gesellschaft zu bekümmern und zu erforschen, ob in einzelnen Fällen ein Widerspruch vorliege, ob ein bekannter Widerspruch ein berechtigter sei oder nicht,

und weiterhin:

Ohnehin sei ja auch beim Prokuristen angenommen worden, daß seine Handlungen den Prinzipal verpflichten, gleichviel ob sie den ihm ertheilten Instruktionen gemäß seien oder nicht, ob dies der Dritte wisse oder nicht, wenn nur keine dolosen Kollusionen vorlägen. Es sei deshalb nicht abzusehen, weshalb man bei geschäftsführenden Gesellschaftern nicht ebensoweit gehen solle.

Damit steht auch die Auffassung von Treue und Glauben im kaufmännischen Verkehr keineswegs im Widerspruch. Denn nicht in jeder Ueberschreitung der Befugnisse des Vorstands ist eine Verletzung des Interesses der Gesellschaft enthalten; es ist im Gegentheil davon auszugehen, daß der Vorstand auch im Falle einer Ueberschreitung seiner Befugnisse das Beste der Gesellschaft im Auge hatte. Eine Verletzung der Treue gegen die Gesellschaft würde erst dann vorliegen, wenn der Vorstand von jener ihm gesetzlich eingeräumten unbeschränkten Befugniß in der Absicht Gebrauch machte, sich oder Anderen zum Nachtheil der Gesellschaft einen Vortheil zu verschaffen.

v. Hahn bemerkt (in der 2. Auflage seines Kommentars) zu Art. 231: „Der Dritte befindet sich erst dann in dolo, wenn die Absicht des Vorstands dahin gegangen, der Gesellschaft Nachtheil zu bereiten, namentlich sich auf deren Kosten Vortheil zu verschaffen, und der Dritte daran Theil genommen."

Aehnlich äußern sich Endemann (Handelsrecht § 60, II n. 8 u. § 37, III n. 12) u. Anschütz (Komm. zu Art. 231); vgl. auch Koch und Makower zu Art. 231. Darauf läuft endlich auch der Aufsatz in Busch's Archiv I. 52 hinaus, wenn dort als Resultat der Erörterung der Satz aufgestellt wird: „Der Dritte, der die Beschränkung kennt und daraus Nutzen ziehen will, befindet sich in dolo." Renaud (Recht der Aktiengesellschaften § 56 S. 520) und

Löhr (HGB zu Art. 231 n. 3) stellen dagegen generell die Ansicht auf, daß der Dritte, welcher gewußt, daß der Vorstand gegen seine Vollmacht handle, aus dem Geschäft gegen die Gesellschaft keine Rechte erlange. In dieser Allgemeinheit kann jedoch aus den oben entwickelten Gründen dieser Ansicht nicht beigetreten werden.

Nachtrag.

In gleichem Sinne hat am 14. Mai 72 der I. Senat des OHG entschieden in der altpreußischen Revisionssache der Stettiner Germania ·/. J. Reichstein (Nr. 133 v. 72, I. Instanz: Kreisgericht Posen) aus folgenden Gründen:

Beklagter hatte [als Agent der Germania] im Januar 69 Vorschüsse der Klägerin in Händen und machte gleichzeitig eine aus dem Jahre 68 stammende höhere Gegenforderung, somit ein Guthaben (von 154 Thlrn.) geltend. Klägerin hat dieses Guthaben bestritten, vielmehr ihrerseits ein Guthaben von 398 Thlrn. geltend gemacht. Die Differenz zwischen diesen gegenseitigen Ansprüchen setzt sich zusammen aus einer Transportkostenforderung von 153 Thlrn. und einer Provisionsforderung von 400 Thlrn., bzw. noch 500 Thlrn.

Nach dem zwischen dem Bekl. und der Direktion der klagenden Gesellschaft am 18. April 68 geschlossenen, von dem Direktor und einem Mitglied des Verwaltungsraths unterzeichneten schriftlichen Dienstvertrage hätte Beklagter die Transportkosten neben der Provision gar nicht zu beanspruchen; ebenso einstweilen nicht die letzterwähnte Provision von 500 Thlrn., weil der Versicherte, Graf W. K. die erste Prämie noch nicht gezahlt hat und der darüber schwebende Prozeß noch nicht entschieden ist; endlich statt dieser in Rechnung gestellten Provision von 500 Thlrn. höchstens 412½ Thlr., und statt der in Rechnung gestellten Provision von 400 Thlrn. für die Versicherung des Rittergutsbesitzers v. S. höchstens 337½ Thlr., weil bei Versicherungen von mehr als 15000 Thlrn. auf ein Leben Beklagter als Vermittler vom Mehrbetrage nur ¾ % Provision zu empfangen hatte.

Durch Schiedseid des Bekl. ist nun festgestellt, daß in Abänderung des schriftlichen Dienstvertrags v. 18. April 68 der Direktor Dr. A., welcher allein nach § 16 des Statuts „die Direktion" und nach dem Eintrag im Gesellschafts-Register des kgl. See- und Handelsgerichts Stettin v. 11. März 64 den „Vorstand" der klagenden Aktiengesellschaft bildet, dem Bekl. auch bei solchen Versicherungen auf ein Leben, welche die Summe von 15000 Thlrn. übersteigen, die volle Provision von 1% zugesichert, ferner neben der Provision allgemein auch Ersatz der baaren Transportkosten bewilligt, endlich sich damit einverstanden erklärt hat, daß Beklagter noch vor Entscheidung des zwischen dem Grafen W. K. und der Gesellschaft über die Prämienzahlung schwebenden Prozesses die ihm für diese Versicherung zustehende Provision in der im Januar 69 einzureichenden Rechnung liquidiren dürfe.

Das hienach erwiesene Abkommen zwischen dem Bekl. und dem „Vorstand" der klagenden Gesellschaft muß Letztere gegen sich gelten lassen. Offenbar ungegründet ist ihre Behauptung, daß solches eine wegen mangelnder Schriftform ungiltige Nebenabrede enthalte oder daß die abändernde spätere Uebereinkunft nothwendig in den Formen der ursprünglichen Uebereinkunft habe geschlossen werden müssen*). Ebenso wenig greift Berufung auf § 16 des Gesellschaftsstatuts durch, welcher bestimmt:

> „Alle von der Gesellschaft ausgehenden, dieselbe verbindenden Urkunden müssen, um die Gesellschaft zu verpflichten, von dem Direktor und einem Mitglied des Verwaltungsraths vollzogen werden."

Diese Bestimmung des Statuts ist freilich in das

* Vgl. Rspr. II S. 224, IV S. 368, VI S. 96.

Gesellschafts-Register mit eingetragen; auch ist (obwohl dies nicht ausdrücklich behauptet worden) anzunehmen, daß Beklagter den Inhalt des Statuts, somit auch die angeführte Bestimmung des § 16 gekannt habe, da sein Dienstvertrag auf die Statuten hinweist. Indessen, wollte man auch die vorbezeichnete, zunächst nur die Form schriftlicher Willenserklärungen betreffende Vorschrift des § 16 dahin verstehen, daß jede auch mündliche* Willenserklärung des Vorstands der Mitwirkung oder Genehmigung eines Mitglieds des Verwaltungsraths bedürfe: so steht doch der Klägerin die absolute Vorschrift der Art. 230, 231 HGB entgegen . . . [Es folgt der Wortlaut dieser Artikel].

Allerdings ist behauptet worden, daß die bloße Kenntniß des Dritten um die statutenmäßige Beschränkung der Vertretungsbefugniß des Vorstands ausreiche, eine gegen Art. 231 HGB durchgreifende Einrede des dolus zu begründen.

Busch Archiv B. I S. 53;
Auerbach, das Gesellschaftswesen S. 386 n. 5 und Neues Handelsgesetzbuch I. S. 68, 69, 125, 198, 203;
Renaud Recht der Aktiengesellschaften S. 520;
v. Kraewell in Busch's Archiv B. IV S. 22—24, 27—32;
Lincke daselbst B. VII S. 90;
Löhr ADHGB zu Art. 231 n. 3 (im Widerspruch mit Anmerkung 5 zu Art. 116).

Weit überwiegend dagegen wird in Literatur und Praxis die Annahme vertreten, daß Dritten gegenüber jede nicht im Vertrage selber ausdrücklich in Bezug genommene Beschränkung der Art als gar nicht vorhanden gelte, mögen sie von ihr Kenntniß haben oder nicht, daß gegen Dritte somit aus

* Vgl. Rspr. IV S. 54.

solcher Beschränkung niemals ein Einwand entnommen werden könne, sondern lediglich der Einwand des dolus nach allgemeinen Rechtsgrundsätzen: somit nur in dem Falle, daß sie mit dem absichtlich zum Nachtheil der Gesellschaft handelnden Vorstand kolludirt haben.

Thöl Handelsrecht I. S. 202, 234, 235, 290, 291;
die Kommentare zu HGB Art. 43, 116, 138, 231 von: v. Hahn, Anschütz und v. Völderndorff, Makower, v. Kraewell, C. F. Koch, Brix;
Endemann DHR S. 134, 135, 181, 182, 312;
O. Wächter HR I. S. 73, II. S. 30, 115;
Laband in der Ztschr. für HR, B. X S. 218—224;
Keyssner ebenda B. XI S. 498, 506 und in Busch's Archiv B. XI S. 73;
h. h. im Centralorgan 1863. S. 141.
Urtel des Handelsgerichts und des Appellhofs zu Cöln, Centralorgan 1863. S. 138 u. Ztschr. für HR B. XI S. 579;
Erk. des preuß. OTr., Entsch. B. 59 S. 277; Strieth. Arch. B. 68 S. 348; B. 73 S. 340.
Urtel des Handels-App.-Ger. Nürnberg, Centralorgan, Neue Folge I. S. 53.

Die entgegenstehende Ansicht stützt sich theils auf die völlig ungegründete Annahme, daß der Dritte, welcher in Kenntniß der beschränkten Vollmacht kontrahirt, schon dadurch allein sich eines Betrugs im Sinne des bürgerlichen Rechts oder einer dolosen Kollusion schuldig mache; theils auf die allerdings erheblichen Bedenken, welche vor endgiltiger Feststellung des von den Verfassern des HGB angenommenen Systems gegen dasselbe erhoben wurden, —

Schliemann kritische Bemerkungen zum Entwurf eines ADHGB S. 36;

Goldschmidt Gutachten über den Entwurf rc. S. 37 — und auf die vor Feststellung dieses Systems in der Nürnberger Handelsgesetzgebungskonferenz selber aufgestellten Ansichten. Sie ist dagegen unvereinbar mit dem aus dem Wortlaut der Artt. 231, 43, 116, 138 (vgl. auch Gesetz des nordd. Bundes über die Erwerbs- und Wirthschafts-Genossenschaften v. 4. Juli 68 Art. 21, 44) und dem aus dem Gange der Berathungen, wie aus dem inneren Zusammenhang des Gesetzbuchs erhellenden, wirklich angenommenen System. Dieses System war dem preuß. Entwurf, wie dem bisher in Deutschland geltenden Recht fremd. Es wurde zuerst, und zwar bereits in erster Lesung der Nürnberger Konferenz, durchgreifend für die Prokura dahin festgestellt, daß der gesetzliche Umfang der Prokura mit rechtlicher Wirkung gegen Dritte nicht beschränkt werden könne, und zwar in dem Sinne, daß dadurch Beschränkungen von Prokuren in Erklärungen an Dritte und in Einträgen in die Handelsregister für unstatthaft bezeichnet, und daß da, wo sie gleichwohl vorgenommen werden würden, die Beschränkungen für nicht beigesetzt erachtet werden sollten, ohne daß dadurch auch Beschränkungen mit alleiniger Wirkung des Prokurainhabers zum Prinzipal abgeschnitten würden. (Prot. S. 73—76, 86).

In der weiteren Berathung wurde dieses System nicht bemängelt und ausdrücklich, ohne allen Widerspruch, hervorgehoben, daß die Handlungen des Prokuristen den Prinzipal verpflichten, gleichviel, ob sie den ihm ertheilten Instruktionen gemäß seien oder nicht, ob dies der Dritte wisse oder nicht, wenn nur keine dolosen Kollusionen vorlägen. (Prot. S. 952, 1004, 1005, 1425).

Es ist daher vollkommen gegründet, wenn der Referent

der Handelsgesetzgebungs-Kommission in seiner „Darstellung des Verhältnisses der Erinnerungen, welche von den Staatsregierungen gegen den Entwurf 2c. erhoben worden, zu den bisherigen Verhandlungen bei der Konferenz" S. 11, 12 hervorhebt: „liegt nach dem neuen Gesetze die Unbeschränktheit im Begriff und Wesen der Prokura als solcher, so findet das Bedenken zum Vortheil des Prinzipals, der eben die Prokura, gleichviel in welcher Weise ertheilt hat, keinen Raum, und die Konferenz hat diesem Bedenken um so weniger nachgegeben, als nach der von ihr eingeschlagenen Richtung das innere Verhältniß zwischen dem Prinzipal und dem Prokuristen die dritten Personen nicht betreffen soll, die Letzteren sich nach diesem inneren Verhältniß nicht zu erkundigen und in dasselbe nicht einzumischen haben, und die Beweise, daß die dritten Personen dies Verhältniß und eine daraus folgende Machtüberschreitung des Prokuristen gekannt hätten, wegen der damit verbundenen Rechtsunsicherheit abgeschnitten werden solle."

Demgemäß wurden die zur dritten Lesung von Hamburg (Nr. 58), Mecklenburg (Nr. 62), (Baden Nr. 89) gestellten Erinnerungen — welche darin übereinstimmten, daß Berufung auf die Unbeschränktheit der Prokura, dem wissenden Dritten gar nicht oder doch nur in dem Falle zustehen soll, daß die Prokura in das Handelsregister eingetragen sei —, als den angenommenen Grundsätzen zuwiderlaufend, von der Berathung völlig ausgeschieden, und es wurde nur, ohne Aenderung des Sinnes, dem Art. 43 HGB die gegenwärtige Fassung gegeben:

„Eine Beschränkung des Umfangs der Prokura (Art. 42) hat dritten Personen gegenüber keine rechtliche Wirkung."

Prot. S. 4630, 4634 bis 4636, 4663 bis 4670.

Ganz das gleiche System wurde von vornherein für

die Rechtsstellung der Liquidatoren der Handelsgesellschaften befolgt, hinsichtlich deren Art. 138 HGB vorschreibt:

„Eine Beschränkung des Umfangs der Geschäftsbefugnisse der Liquidatoren (Art. 137) hat gegen dritte Personen keine rechtliche Wirkung."

Prot. S. 251, 1012, 1013, 1048 bis 1052.

Anders verhielt es sich ursprünglich mit der Rechtsstellung der offenen Gesellschafter, sowie der Vorsteher von Aktiengesellschaften. Man trug hier anfänglich Scheu, das neue und einschneidende, für die Prokuren angenommene Prinzip auch auf diese zu übertragen. So behielt man ursprünglich den § 114 Nr. 2 des preuß. Entwurfs bei, nach welchem die Gesellschaft durch die Rechtshandlungen eines Gesellschafters nicht verpflichtet wird, „sofern dem Betheiligten bekannt war, daß der Gesellschafter dem berechtigten Widerspruch eines anderen Gesellschafters oder einem zuständigen Beschluß der Gesellschaft zuwiderhandelt", obwohl von einer Seite geltend gemacht wurde, daß dieser Satz nicht alle Fälle statthafter exceptio doli erschöpfe, von anderer, daß damit die ausgeschlossene Beschränkung der Vertretungsbefugniß indirekt wieder eingeführt werde.

Prot. S. 210 bis 214.

In gleicher Weise wurde hinsichtlich der Vorsteher der Aktiengesellschaften als Ueberzeugung der meisten Konferenzmitglieder ausgesprochen, daß ein Dritter, welcher wußte, daß der Vorsteher gegen seine Vollmacht zu handeln in Begriff stehe, aus dem gleichwohl geschossenen Geschäft gegen die Gesellschaft keine Rechte erlange; Prot. S. 358 bis 361.

Auf diesen Beschlüssen beruht die Fassung von Art. 115 Nr. 2, Art. 209 Nr. 2 des ersten Nürnberger Entwurfs.

Art. 115. Jedoch wird die Gesellschaft aus Rechtsgeschäften eines Gesellschafters nicht verpflichtet: ...

2) wenn das Geschäft mit dem Gesellschafter abgeschlossen ist, ungeachtet den Betheiligten bekannt war, daß der Gesellschafter dem berechtigten Widerspruch eines anderen Gesellschafters oder einem zuständigen Beschluß der Gesellschafter zuwiderhandelte.

Art. 209. Jedoch wird die Gesellschaft aus Rechtsgeschäften eines Vorstehers nicht verpflichtet: ...

2) wenn das Geschäft mit dem Vorsteher abgeschlossen ist, ungeachtet den Betheiligten bekannt war, daß der Vorsteher gegen den Inhalt seiner Vollmacht handelt.

In zweiter Lesung wurden jedoch diese Bestimmungen gestrichen. Die erste einstimmig, aus verschiedenen, zum Theil entgegengesetzten Gründen, indem dagegen theils die früheren Gesichtspunkte geltend gemacht, theils bemerkt wurde, daß in den hervorgehobenen Fällen nicht immer ein wahrer dolus vorliege, und daß die Konsequenz des für die Prokura angenommenen Systems auch hier die gleiche Irrelevanz der bloßen Wissenschaft des Dritten erfordere. Die zweite, auf die Vorsteher der Aktiengesellschaften bezügliche Bestimmung wurde gestrichen „weil dieselbe theilweise zu dem nunmehr angenommenen System nicht mehr passe, theilweise selbstverständlich sei."

Prot. S. 1004, 1005, 1060 bis 1062.

Dem entsprechend erhielten in dritter Lesung die Artt. 116 und 231 ihre gegenwärtige, mit Art. 43 durchaus übereinstimmende Fassung, „damit an der gleichen Auffassung des Inhalts kein Zweifel bestehe" (Darstellung des Verhältnisses 2c. S. 13, 31), und es wurde hervorgehoben, daß selbstverständlich nicht alle betrügerischen Handlungen des socius und des an dem dolus desselben partizipirenden Dritten legalisirt würden, ja von den Gegnern des angenommenen Systems die Ansicht ausgesprochen, daß nunmehr von einer exceptio doli überhaupt nicht mehr die Rede sein könne (Prot. S. 4663 bis 4670). —

Zu gleichem Ergebniß führt der innere Zusammenhang des Handelsgesetzbuchs. Art. 55 unterscheidet zwei Fälle: den gänzlichen Mangel der Vollmacht und deren Ueberschreitung; beide Fälle kommen bei der bloßen Handlungs-Vollmacht, nur der erste Fall bei der Prokura in Betracht, weil es hier keine Ueberschreitung der unbeschränkbaren gesetzlichen Vollmacht giebt. Und da die gesetzliche Vollmacht des Prokuristen, des offenen Gesellschafters, des Liquidators und des Vorstands einer Aktiengesellschaft völlig unbeschränkbar ist: so konnte das HGB über etwaige Eintragung solcher Beschränkung in das Handelsregister und die Wirkung des Eintrags oder Nichteintrags Dritten gegenüber — wie solches hinsichtlich des Erlöschens der Vollmachten in den Artt. 25, 46, 115, 129, 135, 233 geschehen ist — keinerlei Bestimmungen aufnehmen. Das Erlöschen der Vollmacht muß der wissende Dritte gegen sich gelten lassen, und sogar der nichtwissende in der Regel, falls die Aufhebung gehörig eingetragen und bekannt gemacht ist; die Beschränkung braucht er niemals gegen sich gelten zu lassen, mag sie auch unstatthafterweise in das Handelsregister eingetragen sein. Auch die eingetragene Beschränkung gilt als nicht vorhanden, da die Akte des Registerrichters das gesetzliche Recht nicht zu ändern vermögen. Bezweckt somit hier § 16 des Statuts in Wahrheit eine Beschränkung der Vertretungsbefugniß des Vorstands und nicht die bloße Feststellung der Form seiner Willenserklärungen (HGB Art. 229): so durfte er in das Handelsregister nicht eingetragen und mußte, wenn ursprünglich statthafterweise eingetragen, später gelöscht werden, (§ 43, 55, 76, 79 Nr. 2 der Instruktion v. 12. Dez. 61) als nämlich seit Einführung des HGB mehr als fünf Jahre verflossen waren und damit die auf Art. 67 Abs. 4 des Einf.-Ges. v. 24. Juni 61 beruhende Suspension des Art. 231 HGB ihr Ende erreicht hatte.

Endlich begründet auch das keinen Unterschied, daß Beklagter durch den Dienstvertrag v. 18. April 68 als „Beamter" der Germania angestellt worden ist, sowie, daß dieser Dienstvertrag bestimmt, es sollen die bei Verwaltung des ihm übertragenen Amtes zu erfüllenden Verpflichtungen durch diesen Vertrag „und außerdem durch den Inhalt der Statuten der Germania und die besonderen, von der Direktion ihm ertheilten Instruktionen und Anordnungen" normirt werden. Denn der „Beamte" einer Aktiengesellschaft ist nur innerhalb seines Geschäftskreises oder seiner Vollmacht Organ der Gesellschaft (HGB Art. 234, 235); im Uebrigen steht er, gleich jedem Anderen, der Gesellschaft als „Dritter" gegenüber. Das Gesetz unterscheidet nicht, mit wem der Vertrag geschlossen wird. Die „dritten Personen" bilden den Gegensatz zur „Gesellschaft", welche der Vorstand „vertritt". Jeder, welchem gegenüber der Vorstand die Gesellschaft vertritt, ist ein Dritter im Sinne des Gesetzes, somit jeder Gegenkontrahent des Vorstands als solchen. Jede Beschränkung wirkt nur nach innen, d. h. begründet im Falle ihrer Ueberschreitung die Verantwortlichkeit der Gesellschaft gegenüber, nicht nach außen. Die Verträge zwischen den Beamten der Gesellschaft und dem die Gesellschaft vertretenden Vorstande sind nicht innere, sondern äußere Beziehungen. Die „dritten Personen" bilden nach dem durchgehenden Sprachgebrauch des HGB überall den Gegensatz zu dem Prinzipal, mag dieser ein Einzelkaufmann oder eine Gesellschaft sein, und zu dessen Vertretern.

vgl. HGB Art. 25, 43, 46, 52, 55, 87 Abs. 2; Art. 96, 98, 110, 112, 113, 115, 116, 118, 135,

138, 144, 145, 159, 163, 166, 168, 233, 256, 260, 269, 298, 360, 460, 461, 462, 463, 474, 475, 477, 496 2c.

Indem Beklagter somit die ihm, wie jedem Dritten, gegenüber als nicht geschrieben geltende Bestimmung des Statuts hinsichtlich der Unterzeichnung verbindender Urkunden durch den Direktor und ein Mitglied des Verwaltungsraths ignorirte, hat er weder statutenwidrig noch dolose gehandelt. Das Gesetz überhebt ihn aller Prüfung, ob die vom Direktor der Gesellschaft kontrahirten Verbindlichkeiten statutenmäßige waren oder nicht. Er brauchte nicht zu wissen, ob zur mündlichen (und an sich ausreichenden) Zusicherung des Direktors ein Mitglied des Verwaltungsraths seine Zustimmung ertheilt habe; er durfte dies mit gutem Grunde voraussetzen, und es ist nicht einmal behauptet, daß es an dieser Zustimmung gefehlt habe; ebenso wenig, daß etwa gar der Direktor zum Nachtheil der Gesellschaft mit dem Beklagten kollu- dirt habe.

War somit die vom Direktor A. mit dem Bekl. getroffene Uebereinkunft für die Gesellschaft verbindlich: so durfte Beklagter die streitigen Beträge an Transportkosten und verdienter Provision in Rechnung stellen, auch die Graf W. K.'sche Provision, da seine eventuelle Restitutionspflicht die Liquidität dieses Postens nicht beeinträchtigt.

Nr. 30.

II. Senat. — Erkenntniß v. 16. März 72. (Z.)

Mumm & Co. ./. Schmidt (No. 31 v. 72).

Preußen (Frankfurt). **Ober-Appellation.**

I. Instanz: Stadtgericht Frankfurt a. M.,
II. Instanz: Appellationsgericht daselbst.

Widerruf einer Verkaufskommission.

1. Hat bei einer Verkaufskommission der Kommissionär die Waare an einen Dritten verkauft, so ist damit der ertheilte Auftrag vollzogen und ein Widerruf des Kommittenten ausgeschlossen.

v. Hahn Komm. zu Art. 377 § 1, B. II S. 374.
Endemann DHR § 169, II, B.; Seite 811.

2. Dagegen darf der Kommissionär einem bei ihm eingehenden Widerruf des Kommittenten nicht entgegenhalten, daß er bereits (jedoch ohne eine an den Kommittenten gerichtete Erklärung dieses Willens) den Entschluß gefaßt hatte, selbst als Käufer einzutreten.

HGB Art. 377.

Am 20. Juli 70 übergab Kläger den Beklagten (einem Bankhause zu Frankfurt a. M.) 50 Stück Aktien der österreichischen Südbahn, sogen. Lombarden, zum Verkauf. Am folgenden Tage widerrief er diesen Auftrag. Beklagte erhielten die Zurücknahme vor Abgang eines Briefs, durch welchen dem Kläger die Anzeige gemacht werden sollte, daß der Verkauf am Abend des 20. Juli in der Frankfurter Effekten-Societät stattgefunden habe.

Kläger will den (angeblichen) Verkauf nicht gelten lassen und fordert Rückgabe der Aktien, unter der Behauptung, daß Beklagte die Papiere gar nicht verkauft, vielmehr als Selbstkäufer übernommen hätten, hiezu aber nicht mehr befugt gewesen seien. Beklagte stützen sich auf erfolgte Vollziehung des Verkaufsauftrags, welche den erst später ihnen zugegangenen Widerruf wirkungslos mache.

Entscheidung des OHG:

Beklagte suchen der Frage auszuweichen, ob sie die Aktien an einen Dritten verkauft oder ob sie den Entschluß gefaßt hatten, dieselben zum Kurse vom 20. Juli als Selbstkäufer zu übernehmen. Sie beschränken sich auf die Behauptung: der Verkauf habe am 20. Juli Abends auf der Effekten-Societät stattgefunden. Diese Behauptung läßt sich naturgemäß nicht wohl anders, als auf einen Verkauf an Dritte beziehen. In ihrer Vernehmlassung bestreiten Beklagte, daß ein Kauf zwischen den Streittheilen stattgefunden habe. In der Rechtfertigung ihrer Ober-Appellation gehen sie auf die Anschauung ein, daß es sich um einen Selbstkauf handle und suchen ihre Berechtigung, einen solchen geltend zu machen, aus Art. 377 HGB nachzuweisen.

In der That kann die Frage, ob ein Verkauf an Dritte stattgefunden oder die Beklagten Selbstkäufer zu werden intendirt haben, nach Lage der Sache nicht umgangen werden, und haben daher die vorigen Richter mit Recht Beweiserhebung darüber für nothwendig erachtet.

Vermöge der durch Art. 376 dem Kommissionär eingeräumten Befugniß kann derselbe da, wo es sich blos um Vollziehung des Auftrags handelt, sich darauf beschränken, das Gut zu liefern (den Verkaufspreis zu zahlen), ohne sich darüber auszusprechen, ob er selbst oder ein Dritter geliefert (gekauft) hat. Er vollzieht in der einen oder andern Form den ihm gewordenen Auftrag. Anders dagegen gestaltet sich das Verhältniß, wenn es sich um den Widerruf des Auftrags und dessen Wirkungen handelt. Hier tritt die Unterscheidung zwischen dem Verkauf an einen Dritten und dem Selbstkauf ꝛc. in den Vordergrund. Ist ein Verkauf an einen Dritten erfolgt, so ist das Mandat objektiv, nachweisbar vollzogen. Es ist nicht mehr res integra. Der Widerruf kann das konsummirte Verhältniß nicht mehr rückgängig machen. Beim Selbstkauf dagegen ist der Uebergang des Mandats in ein anderes Rechtsverhältniß, das Kaufgeschäft zwischen den Parteien, die sich bis dahin nur als Mandant und Mandatar gegenüberstanden, ein Moment von wesentlichster Bedeutung. Der Verkauf an einen Dritten ist eine in die äußere Erscheinung tretende Thatsache; die Annahme der (nach Art. 376) in der Kommission liegenden Kaufofferte* ist ein factum internum, ein Willensakt, der in der Annahme-Erklärung dem Offerenten gegenüber seinen Ausdruck und seine Verwirklichung findet. So lange diese Erklärung nicht erfolgt ist, ist das an die Stelle des Mandats tretende Kaufgeschäft noch nicht perfekt geworden**. Das Recht zur Annahme erlischt daher durch den vor der Annahme eintreffenden Widerruf.

Dem Widerruf gegenüber kann der Beauftragte auch nicht geltend machen, daß der Entschluß in ihm zur Vollendung gekommen sei, die Offerte zu acceptiren und in dieser Form den Auftrag zu vollziehen, denn in solcher (wenn auch etwa Dritten gegenüber ausgesprochenen) Absicht liegt keine Acceptation der Offerte dem Kommittenten gegenüber.

Hieraus folgt, daß im untergebenen Falle Beklagte, wenn sie nicht behaupten konnten, die Aktien am 20. Juli an Dritte verkauft zu haben, nicht mehr in der Lage waren, des am 21. ihnen zugegangenen Widerrufs ungeachtet, sich der Befugniß, als Selbstkäufer einzutreten, noch bedienen zu können. Es verdient keinen Beifall, wenn man die im Art. 377 gebrauchten Worte: „nicht mehr" urgiren und in diese den Sinn legen will, daß vermöge derselben der Kommissionär sich immerhin noch darauf berufen könne, vor dem Widerruf die Absicht, die Offerte zu acceptiren, gehabt zu haben, und daß ihm dies nur von da ab untersagt werde. Die Worte des Artikels sagen weiter nichts, als daß es mit dem Eintreffen des Widerrufs für den Selbstkauf zu spät ist, daß der Kommissionär damit nicht mehr kommen kann, ohne Unterschied, ob er die Ab-

* Vgl. Rspr. V S. 190.

** Vgl. Rspr. V Fall 4 S. 17 ff.

sicht dazu vorher schon hatte, oder nicht. Gerade auf diesen Sinn weist der gewählte Ausdruck: „als Käufer . . . einzutreten" hin.

Man kann nun (von Hahn Komm. zu Art. 377 § 4) weitergehen und sagen: daß Art. 377 nur für die durch **Worte** erfolgende Annahme-Erklärung formulirt sei; daß es bei einer Offerte vorkommen könne, daß der Offerent eine Antwort überhaupt nicht erwarte, jedenfalls nicht eine solche, welche die Annahme-Erklärung selbst enthalte: daß dies insbesondere der Fall sei, wenn sofortige Ausführung verlangt werde, wo die Offerte so aufzufassen sei, daß die Annahme durch die Erfüllung erfolgen solle. Allein auch diese Anschauung (ihre Berechtigung dahingestellt) würde in vorliegendem Falle zu einer anderen Beurtheilung nicht führen. Denn erstlich behaupten zwar Beklagte, unter Bezugnahme auf Briefe des Klägers, daß sie zu **ungesäumter** Vollziehung des erhaltenen Auftrags verpflichtet gewesen seien; es spricht indeß der Inhalt der Briefe hiefür nicht, und es sind auch sonst keine Gründe vorhanden, welche die Annahme geböten, daß der Auftrag sich unbedingt auf **sofortigen** Verkauf bezogen habe. Dann aber ist es doch auch im Sinne der obigen Anschauung nothwendig und der ratio legis entsprechend, daß die, eine Acceptationserklärung ersetzende, Erfüllung **erkennbar** in unzweifelhaften Handlungen an den Tag tritt, (v. **Hahn** a. a. O.). An diesem Moment gebricht es hier vollständig. Beklagte haben keinerlei Umstände behauptet, die sich als Akte der **Erfüllung** des Auftrags durch Selbstkauf des Kommissionsguts **manifestirten**.

Ist das Resultat der bisherigen Ausführung, daß Beklagte mit Erfolg auf Selbstkauf sich nicht berufen können: so folgt daraus von selbst, daß ihnen nichts übrig bleibt, als der Nachweis des vor dem Widerruf bewirkten Verkaufs an einen Dritten. Hiemit verbindet sich denn auch die Beantwortung der Frage in Betreff der Beweislast* ...

Das Fundament der Klage auf Rückgabe der Aktien ist der Widerruf des ertheilten Auftrags. Daß der Auftrag in dem Augenblick, wo der Widerruf eintraf, noch nicht vollzogen war, gehört nicht zum Klagegrunde. Es ist vielmehr eine Einrede, welche Beklagte der auf den Widerruf gestützten Klage entgegengesetzt: der Widerruf sei wirkungslos, weil bei seinem Eintreffen der Auftrag bereits vollzogen gewesen. Kann nun nach Lage der Sache diese Einrede nicht auf den Selbstkauf, sondern nur auf den Verkauf an Dritte wirksam gestützt werden, so liegt der Beweis dieses letzteren den Beklagten ob.

* Der I. Richter hatte dem Kläger den Beweis auferlegt, daß Beklagte an sich selbst verkauft; der Appellrichter fordert dagegen von den Bekl. den Beweis, daß und wann sie an Dritte verkauft haben.

Nr. 31.

II. Senat. — Erkenntniß v. 16. März 72. (Ref.)

S. Spier ./. Gebr. Löbbecke & Co. (No. 102 v. 72).

Braunschweig. **Revision.**

I. Instanz: Handelsgericht Braunschweig,
II. Instanz: Obergericht Wolfenbüttel.

Depotgeschäft, Rückforderung des Unterpfands.

1. Aus zweiseitig verpflichtenden Verträgen ist — nach gemeinrechtlicher Praxis — unter Umständen (namentlich wenn Beklagter seine Verbindlichkeit zu der geforderten Leistung in Abrede stellt und demzufolge auch die Annahme der Vertragsleistung des Klägers ablehnt) eine Klage auf beiderseitige, Zug um Zug zu bewerkstelligende Leistung zuläßsig.

In solchem Falle ist, wenn Kläger vertragsmäßig vor-

leisten muß, das in der Klage enthaltene (Verbal-)Erbieten dazu als ausreichend anzunehmen.

Wetzell System (2. Auflage) S. 506.
Vgl. Rspr. V S. 366.

2. Die Klage des Pfandschuldners auf Rückgabe des Unterpfands actio pigneraticia — regelmäßig nur nach Tilgung der Schuld oder sonstiger Beendigung des Pfandrechts zulässig — kann ausnahmsweise (namentlich bei einem Annahmeverzuge des Gläubigers) auch früher angestellt und dahin gerichtet werden, daß der Beklagte schuldig erkannt werde, nach (bzw. gegen) Zahlung der Schuld das Pfand herauszugeben.

L. 9 § 5, L. 20 § 2 Dig. 13, 7.
Windscheid Pandekten § 382 Nr. 1, B. II S. 398.

3. Ein Privatverkauf des Pfandgläubigers ist dem Schuldner gegenüber nur giltig, wenn dabei die gesetzlichen Formen beobachtet sind.

Bestimmungen des römischen Rechts.
HGB Art. 310, 311, 375, 409; vgl. Art. 343.

4. Verpfändung eines Pfandscheins überträgt die Rechte des Schuldners gegen den Pfandbesitzer (die actio pigneraticia) und berechtigt zur Einlösung des Pfandguts, welches der Einlösende dann als Unterpfand für ein Guthaben behalten mag. Etwaige besondere Befugnisse des Pfandschein-Ausstellers (z. B. das Recht zu formlosem Pfandgutsverkauf) aber gehen in solchem Falle nicht auf denjenigen über, welcher — als procurator in rem suam — das Pfandgut einlöst.

Diese Grundsätze hat das OHG in einer braunschweiger Revisionssache — bei Abänderung des Appellurtels und Herstellung des I. Erkenntnisses — unter Erörterung des Sachverhalts angenommen.

Entscheidungsgründe:

Die Beklagte [eine braunschweiger Banquierfirma] hat

in Folge Auftrags des Klägers am 16. Fbr. 70 15000 Thlr. braunschweiger Bankaktien, und am 1. März 70 10000 Thlr. Thüringer Bankaktien an der Berliner Börse kommissionsweise für Rechnung des Klägers ankaufen lassen und die angekauften Papiere — in Folge der unter den Parteien getroffenen Abrede, daß Beklagte dieselben als Pfand für den von ihr auszulegenden Kaufpreis 2c. behalten solle — in ihrer Gewahrsam behalten, nachher aber die 15000 Thlr. Braunschweiger Bankaktien (in Folge zweier vom Leihhause in Braunschweig, bzw. von Oppenheim & Meyer daselbst für den Kläger geleisteter Abschlagszahlungen von 13903 und 3195 Thlr.) zurückgegeben.

Am 9. Juli 70 hat Kläger von der Braunschweiger Bank 6000 Thlr., rückzahlbar am 9. Okt. 70, entliehen und dafür 8400 Thlr. von den noch bei der Bekl. beruhenden 10000 Thlrn. Thüringer Bankaktien verpfändet; die Bank zahlte die 6000 Thlr. an die Beklagte, welche dieselben auf ihr Guthaben an Kläger abschrieb und 8400 Thlr. Thüringer Bankaktien an die Braunschweiger Bank als Pfand abgab, dagegen den von der Bank für den Kläger ausgestellten Pfandschein als Sicherheit für ihre Forderung an den Kläger erhielt. Zur ferneren Sicherheit hat Kläger der Bekl. einen Pfandschein übergeben, welchen die Braunschweiger Bank dem Kläger am 8. Juli 70 über 10000 Thlr. Dessauer Bankaktien, welche Kläger der Bank zur Sicherheit für ein am 8. Sept. rückzahlbares Darlehn von 8500 Thlrn. gegeben, ausgestellt hat. Im Sept. 70 hat Beklagte der Braunschweiger Bank die beiden Darlehne des Klägers von 6000 und 8500 Thlrn. zurückgezahlt und gegen Rückgabe der beiden Pfandscheine die der Bank verpfändeten 8400 Thlr. Thüringer nnd 10000 Thlr. Dessauer Bankaktien ausgehändigt erhalten. Aus Veranlassung eines Briefs des (damals in Lötzen inhaftirten) Klägers v. 3. Nov. 70, inhalts dessen Kläger über einen Theil der nach seiner

Meinung noch bei der Bekl. beruhenden Papiere disponirte, antwortete ihm Beklagte am 4. Nov. 70:

„Sie könne die Disposition des Klägers nicht mehr ausführen, da sie das fragliche Depotgeschäft bereits erledigt habe. Kläger habe in Folge der durch den Krieg herbeigeführten Krisis seinen Verpflichtungen gegen Beklagte nicht genügen können, sich deshalb seines Verfügungsrechts über sein Depot begeben, und es sei der Bekl. überlassen geblieben, den Moment der Realisation zu wählen. Beklagte habe es nun ihrem Interesse entsprechend gefunden, am 13. Sept. die vom Kläger an die Braunschweiger Bank verpfändeten 8400 Thlr. Thüringer und 10000 Thlr. Dessauer Aktien durch Zahlung von 14361 Thlrn. einzulösen, und dann die 10000 Thlr. Thüringer und 10000 Thlr. Dessauer Aktien am 17./18. Sept. zu 104%, bzw. 86½% für Rechnung des Klägers zu begeben, und die 935 Thlr., welche Kläger danach an Beklagte gutbehalten, zur Deckung eines Accepts des Klägers an Oppenheim & Meyer bezahlt."

Kläger protestirte mittels Briefs v. 9. Nov. 70 gegen den Verkauf, welchen er überdies „stark anzweifle," und erhob dann am 11. Mai 71 die vorliegende Klage, worin er — indem er sich bereit erklärt, bei Aushändigung der verlangten Papiere an Beklagte deren Guthaben zu bezahlen — den Antrag stellt:

die Beklagte zur Rückgabe der 1600 Thlr. Thüringer Bankaktien und der Pfandscheine der Braunschweiger Bank über die bei derselben vom Kläger verpfändeten 8400 Thlr. Thüringer und 10000 Thlr. Dessauer Bankaktien, eventuell der von der Bank entnommenen 8400 Thlr. Thüringer und 10000 Thlr. Dessauer Bankaktien (zugleich mit Coupons, Talons und Dividenden-Scheinen) zu verurtheilen.

Der Appellrichter hat die Klage, welche er als actio pigneraticia auf Rückgabe eines Pfandes auffaßt, deshalb angebrachtermaaßen, bzw. als verfrüht abgewiesen, weil Kläger nicht behauptet, daß er die Schuld, wofür die zurückgeforderten Papiere verpfändet worden, bezahlt oder deponirt, weil er auch nicht einmal im Lauf des Prozesses den Betrag der Pfandschuld realiter offerirt habe. Diese, vom Kläger mittels der Revision angefochtene Entscheidung konnte nicht aufrecht erhalten werden.

In der Klageschrift wird die Klage nirgend als actio pigneraticia bezeichnet. Auch der thatsächliche Inhalt der Klage, nach welchem die Natur derselben zunächst beurtheilt werden soll (§ 103 Abs. 2, § 177 der braunschweiger Civil-PO), läßt keineswegs darauf schließen, daß die actio pigneraticia habe angestellt werden sollen. In der Klage ist nämlich behauptet, daß Kläger von der Bekl. die 10000 Thlr. Thüringer und 15000 Thlr. Braunschweiger Bankaktien gekauft habe. Das Hauptfundament der Klage bildet der angeblich zwischen den Parteien geschlossene Kaufkontrakt; die in der Klage außerdem noch behaupteten, die Sicherstellung der Bekl. wegen ihres Guthabens betreffenden Abreden sind nur accessorischer Natur, und, soweit sie die Dessauer Aktien betreffen, als spätere zusätzliche, accessorische Abreden zum ursprünglichen Kaufkontrakt anzusehen. Das Klagepetitum ist demgemäß, wenngleich dasselbe das unpassende Wort „Rückgabe" enthält, als auf beiderseitige Erfüllung des Kaufkontrakts (einschließlich der accessorischen Abreden) Zug um Zug gerichtet aufzufassen. In der Einlassung hat Beklagte das in der Klage behauptete Kaufgeschäft bestritten und behauptet, daß Kläger ihr Auftrag zum kommissionsweisen Ankauf der fragl. Effekten an der Berliner Börse gegeben, daß sie demgemäß die Papiere an dieser Börse für Klägers Rechnung angekauft, bzw. habe ankaufen lassen, und daß verabredet worden, daß die Papiere als Pfand für den von den Bekl. als Kommissionär auszulegenden, bzw. zu garantirenden Kaufpreis in den Händen der Bekl. bleiben sollten. Diese Behauptungen der Bekl. hat Kläger sodann in der Replik als richtig zugestanden und seinen Klageantrag wiederholt. Hiedurch ist nun das Klagefundament (in einer § 184 der Civil-PO zulässigen, insoweit auch von der Bekl. nicht beanstandeten Weise) geändert, jedoch, soweit es hier darauf ankommt, nur insofern, als der Klage auf Erfüllung eines Kaufkontrakts die Klage auf Abwickelung eines Kommissionsgeschäfts durch beiderseitige Leistung Zug um Zug substituirt ist. Diese Klage ist die nach Art. 361 HGB dem Kommittenten gegen den Kommissionär zustehende Klage auf Erfüllung, auf Leistung desjenigen, was der Kommittent aus dem Geschäft vom Kommissionär zu fordern hat.

Das praktische Bedürfniß hat dahin geführt, in Fällen der vorliegenden Art — insbesondere, wo Beklagter seine Verpflichtung zur eingeklagten vertragsmäßigen Leistung in Abrede stellt und in Folge dessen auch die Annahme einer Vertragsleistung seitens des Klägers ablehnt — eine Klage auf beiderseitige Erfüllung Zug um Zug zuzulassen, und selbst, wenn Kläger vertragsmäßig vorleisten muß, das in der Klage enthaltene Verbal-Erbieten hiezu als ausreichend anzunehmen. Der Gerichtshof trägt kein Bedenken, diese Praxis zu adoptiren. Das Gericht I. Instanz bemerkt mit Recht, daß es in solchen Fällen eine völlig unnütze Formalität sein würde, wenn Kläger sich mit einer Summe Geldes bewaffnen sollte, obwohl es im Voraus zweifellos sei, daß Beklagter die Annahme zurückweisen werde. Die Lage des Bekl. wird durch eine Entscheidung des angegebenen Inhalts in keiner Weise zu dessen Nachtheil alterirt: er braucht auch nach einem solchen Urtel nur Zug um Zug oder, wenn Kläger nach dem Vertrage vorleisten muß, erst nachdem Kläger erfüllt, seinerseits zu leisten. In vorliegendem Falle hat nun Beklagte angeblich die Papiere, deren Herausgabe Kläger fordert, schon vor der Klage veräußert; sie hat dem Kläger schon durch Brief v. 4. Nov. 70 eröffnet, daß sie die Papiere verkauft und sich dadurch wegen ihres Guthabens vollständig gedeckt habe, daß sie also weder vom Kläger noch etwas zu fordern habe, noch eine Verpflichtung zur Herausgabe der fragl. Papiere anerkenne. Die Klage ist daher in der erhobenen Art für zulässig zu erachten.

Es läßt sich auch nicht mit Grund hiegegen geltend machen, daß Kläger sich zur Zahlung einer bestimmten Summe nicht bereit erklärt habe, daß vielmehr der Betrag des vom Kläger ev. zu berichtigenden Guthabens der Bekl. erst noch in einem späteren Liquidations-Verfahren festgestellt werden müsse. Wenngleich regelmäßig nur fällige und alsbald exequirbare Leistungen den Gegenstand einer Klage bilden sollen, so muß doch in Fällen der vorliegenden Art von jener regelmäßigen Voraussetzung einer Klage abgesehen und der Vorbehalt der Feststellung des Betrages der klägerischen Schuld zu einem Separat-Verfahren für zulässig erachtet werden. Der Hauptstreitpunkt unter den Parteien besteht darin, ob der angeblich seitens der Bekl. erfolgte Verkauf der fraglichen Effekten giltig ist oder nicht, ob demnach Bekl. die Effekten überhaupt dem Kläger ausantworten muß oder nicht, und von der Entscheidung dieser Frage hängt es allein oder doch hauptsächlich ab, ob und welche Ansprüche die Parteien gegen einander noch machen können. Es liegt daher im Interesse beider Parteien, daß diese Hauptstreitfrage zunächst richterlich entschieden werde. Ueberdies ist Kläger nicht im Stande, das der Bekl. zustehende Guthaben zu berechnen, ohne daß Beklagte als Kommissionärin ihm Rechenschaft über ihre Auslagen, Gebühren ꝛc. giebt. Beklagte, welche eine solche Rechenschaft vor der Klage abgelegt zu haben selbst nicht behauptet, trägt daher allein die Schuld, daß Kläger den Betrag ihres Guthabens nicht kennt. Es wäre daher Sache der Bekl. gewesen, die Gegenforderungen — welche sie an den Kläger macht, wegen deren sie ein Retentions- und bzw. Pfandrecht geltend machen will, und deren Betrag sie dem Kläger vor der Klage nicht mitgetheilt hat — mit ihrer Einlassung zu liquidiren und in quali et quanto zu begründen.

Wenn man die erhobene Klage mit dem angefochtenen Urtel als actio pigneraticia ansehen könnte, so würde sie auch als solche unter den besonderen Umständen des vorliegenden Falles für zulässig erachtet werden müssen. Die L. 20 § 2 Dig. 13, 7 bestimmt: si per creditorem stetit quominus ei solvatur, recte agitur pigneraticia; ebenso L. 3 Cod. de luit. pign. (8, 31). Die Voraussetzungen dieser gesetzlichen Bestimmung liegen hier offenbar vor. Einmal hat Beklagte dem Kläger den Betrag seiner Schuld nicht mitgetheilt und denselben dadurch außer Stand gesetzt zu zahlen. Außerdem hat Beklagte dem Kläger bereits mitgetheilt, daß sie sich durch den Verkauf der Pfänder gedeckt habe, deshalb die Pfänder nicht restituiren könne und wolle, andererseits auch vom Kläger nichts mehr zu fordern habe und keine Zahlung mehr von ihm annehme. Beklagte ist hienach im Annahme-Verzuge, und es kann daher, wenn sie auch die Pfänder erst nach Bezahlung der Schuld herauszugeben braucht, doch nach dem allegirten Gesetze schon jetzt gegen sie dahin geklagt werden, daß sie nach (bzw. gegen) Zahlung der Schuld das Pfand restituire. Dazu kommt noch die Bestimmung der L. 9 § 5 Dig. 13, 7:

> Qui ante solutionem egit pigneraticia, licet non recte egit, tamen si offerat in judicio pecuniam, debet rem pignoratam et quod sua interest consequi.

Es mag zugegeben werden, daß regelmäßig eine

Real-Oblation zu erfordern ist; eine bloße Verbal-Oblation muß aber für genügend erachtet werden, wo, wie in vorliegendem Falle nach dem bereits Ausgeführten, eine Realoblation bei der bereits erklärten Annahme-Weigerung des Gläubigers nur eine zwecklose Formalität sein würde.

Hienach sind die Gründe, aus welchen der Appellter die Klage angebrachtermaaßen, bzw. als verfrüht abgewiesen hat, hinfällig. Auch die in der mündlichen Verhandlung vom Vertreter der Bekl. entwickelten Gründe, aus welchen derselbe auf Abweisung der Klage angetragen hat, können nicht für zutreffend erachtet werden. Daß in der Klage die verlangten Papiere nicht näher (insbesondere nach Nummern, die Dividenden-Scheine und Coupons nicht nach der Zahl derselben ꝛc.) bezeichnet worden, ist um so weniger erheblich, da es nach der oben entwickelten Natur der vorliegenden Klage auf die species nicht entscheidend ankommt.

Von den Einreden der Bekl. ist nur die (schon vom I. Richter zum Eide verstellte) Einrede, daß Beklagte vermöge der am 15./16. Juli 70 mit dem Kläger getroffenen Abreden ermächtigt gewesen sei, die fragl. Papiere beliebig zu verkaufen, erheblich. Alle anderen Einreden sind als unbegründet zu verwerfen.

a) Die Gerichte beider Vorinstanzen haben richtig ausgeführt, daß der seitens der Bekl. erfolgte Verkauf der fraglichen Papiere ungiltig sei, weil die gesetzlichen Formen nicht beobachtet sind. Nach römischem Recht konnte der Pfandgläubiger allerdings die Pfänder privatim verkaufen, ohne der Mitwirkung des Gerichts zu bedürfen [Windscheid Pandekten § 237 Nr. 2, B. I S. 702]; allein er durfte diesen Verkauf erst nach Verlauf von zwei Jahren nach der vorgeschriebenen, dem Schuldner zu machenden Anzeige vornehmen. Diese römischrechtlichen Bestimmungen sind zwar [gemeinrechtlich] noch heute in Kraft, aber wegen der langen, auch in vorliegendem Falle nicht abgelaufenen Frist thatsächlich ganz oder doch fast ganz außer Anwendung gekommen. Vor Ablauf der zweijährigen Frist kann der Pfandgläubiger nur nach vorgängiger Klage und in den Formen der gerichtlichen Hilfsvollstreckung zur Veräußerung der Pfänder gelangen. Diese Formen sind eben so wenig beachtet, wie die im Art. 374, 375 HGB für die Realisirung des dem Kommissionär an dem von ihm retinirten Kommissionsgut beigelegten Pfandrechts, da nach Art. 375 beim Verkauf die Vorschriften des Art. 310 befolgt werden sollen, die Beklagte aber namentlich die im Art. 310 vorgeschriebene Bewilligung des zuständigen Handelsgerichts nicht nachgesucht hat*).

b) Inhalts der Schuld- und Pfandverschreibungen v. 8. und 9. Juli 70, durch welche Kläger der Braunschweiger Bank für die beiden Darlehne von 8500 und 6000 Thlrn. die 8400 Thlr. Thüringer und 10000 Thlr. Dessauer Aktien verpfändete, war die Bank unter gewissen Voraussetzungen, welche nach Behauptung der Bekl. hier vorgelegen haben sollen, ermächtigt worden, das Faustpfand sofort und ohne daß es eines gerichtlichen Dekrets bedurfte, verkaufen zu lassen. Die von der Bank über diese Verpfändungen ausgestellten Pfandscheine hat unbestritten Kläger der Bekl. zur weiteren Sicherstellung ihres Guthabens an den Kläger übergeben, und Beklagte hat dann im Sept. 70 die der Bank verpfändeten Papiere eingelöst, indem sie die Darlehne mit Zinsen zurückgezahlt hat. Beklagte glaubt hienach diejenigen Verkaufsrechte erlangt zu haben, welche Kläger der Bank in den beiden Schuldverschreibungen eingeräumt hatte, und verlangt zum Beweise zugelassen zu werden, daß die vertragsmäßigen Voraussetzungen im Sept. 70 vorlagen, und daß die Bank das Verkaufsrecht aus-

* Vgl. die analoge Vorschrift des Art. 343 HGB u. Rspr. IV S. 296 Nr. 3, V S. 139.

geübt haben würde, wenn Beklagte nicht die Schuld des Klägers an die Bank berichtigt hätte. Diesem Verlangen ist nicht stattzugeben, da die Annahme der Bekl., daß die der Bank nach den Schuldverschreibungen zustehenden Rechte auf sie übergegangen seien, eine irrthümliche ist. Indem Kläger die ihm von der Bank ausgestellten Pfandscheine der Bekl. zur Sicherheit ihres Guthabens übergab, verpfändete er der Bekl. die ihm eventuell gegen die Bank zustehende actio pigneraticia, also seinen Anspruch auf Rückgabe der Pfänder nach Rückzahlung des Darlehns, und die Beklagte war namentlich dagegen gesichert, daß die Bank die verpfändeten Effekten dem Kläger selbst zurückgab. Beklagte erlangte auch das Recht, als Prokurator (des Klägers) in rem suam das Pfand bei der Bank einzulösen und sodann die eingelösten Effekten selbst als Pfänder für ihr Guthaben an den Kläger zu behalten. Es mag auch zugegeben werden, daß Beklagte, indem sie die fragl. Effekten bei der Bank einlöste, nicht blos in eigenem Interesse handelte, sondern auch die negotia des Klägers utiliter gerirte. Allein die der Bank vom Kläger eingeräumten Rechte auf formlosen Pfandverkauf gingen durch die Einlösung nicht auf die Beklagte über, der Bekl. waren ja nicht die Rechte der Bank, sondern nur die Rechte, welche dem Kläger gegen die Bank zustanden, verpfändet; sie erlangte durch Einlösung der Effekten zwar die Rechte zum Pfandverkauf, aber nur unter Beachtung der oben unter a entwickelten Formen, und diese hat sie eben nicht beachtet. Daß Beklagte durch den Verkauf der fragl. Effekten die negotia des Klägers utiliter gerirt habe, läßt sich nicht ohne Weiteres annehmen, und ist von der Bekl. nicht genügend substantiirt.

c) Beklagte sucht ihr Recht zum fragl. Verkauf noch aus Art. 366 HGB abzuleiten. Dieser Art. ermächtigt aber den Kommissionär nur, im Interesse des Kommittenten das Kommissionsgut zu verkaufen, um drohende Nachtheile vom Kommittenten abzuwenden, wenn dieser selbst wegen Eile der Sache nicht disponiren kann oder zu disponiren unterläßt. Beklagte hat aber dem Kläger im Briefe v. 4. Nov. 70 mit dürren Worten geschrieben, daß sie in ihrem Interesse, um die ihr zustehenden Rechte zu realisiren, die Papiere verkauft habe; sie ist daher an die im Art. 375 vorgeschriebenen Formen gebunden, und kann sich zu deren Umgehung nicht auf Art. 366 berufen.

Aus gleichem Grunde erledigt sich auch die Berufung der Bekl. auf Art. 363 HGB; außerdem können die Verkaufsaufträge, welche Kläger der Bekl. in der zweiten Hälfte des Juli und in der ersten Hälfte des August 70 ertheilt hat, und welche auf augenblickliche Ausführung berechnet waren, mit Rücksicht auf die wechselnden Kurse, besonders in damaliger Zeit, nicht dazu dienen, einen erst am 17./18. Sept. erfolgten Verkauf zu stützen und die Ansprüche des Klägers auf die nach Art. 363 zu berechnende Preisdifferenz zu reduziren.

Aus diesen Gründen ist Beklagte durch das I. Urtel nicht beschwert.

Nr. 32.

II. Senat. — Erkenntniß v. 16. März 72. (Ref.)

A. Rauer ./. Schlesischer Bankverein zu Breslau (No. 158 v. 72).

Preußen. **Wechselsache.** **Revision.**

I. Instanz: Kreisgericht Beuthen,
II. Instanz: Appellationsgericht Ratibor.

Arglist des Wechselklägers.

Beispiel ungehöriger Geltendmachung des formellen Wechselrechts (aus Altpreußen).

Zu DWO Art. 82.

Beklagter war Wechselschuldner des Klägers und übersendete Letzterem kurz vor der Zahlungszeit unterm 27. Febr. 70 einen neuen, von ihm in blanco acceptirten Wechsel, um, seine Schuld prolongirend, diesen am 31. Mai 70 fälligen Wechsel an die Stelle des älteren treten zu lassen. Kläger lehnte die begehrte Prolongation ab, behielt aber den eingesendeten Wechsel und suchte zunächst seine Wechselforderung gegen einen dritten Wechselverpflichteten zur Geltung zu bringen. Kläger ist unbefriedigt geblieben, sein Wechselregreßrecht gegen den Bekl. aber inzwischen verjährt. Nunmehr wird das Accept v. 27. Febr. 70 eingeklagt, Beklagter erhebt die Einrede der Arglist und dringt damit in I. Instanz durch. Der Appellrichter verurtheilte, das OHG hat das I. Urtel hergestellt.

Gründe:

Der Appellrichter findet in dem Schreiben des Bekl. v. 27. Febr. 70 eine Pfandbestellung mit dem beigefügten, jetzt eingeklagten Accept für alle Verpflichtungen des Bekl. aus dem älteren Wechsel (v. 12. Januar desselben Jahres). Er folgert dies hauptsächlich aus dem Schlußsatz:

„Der Sicherheit wegen sende ich anbei mein Accept per ultimo Mai für 506 Thlr. 17 Sgr. 6 Pf. und an Discont und Stempel 9 Thlr. 10 Sgr“.

Dem kann nicht beigetreten werden. Es ist an sich schon bedenklich, allein aus jenen Worten auf die Absicht zu schließen, zur größeren Sicherheit des Wechselgläubigers ein Pfand zu bestellen. Die besonderen Umstände und der vorausgegangene Inhalt jenes Schreibens sprechen aber ganz entschieden gegen eine solche Absicht.

Der I. Richter weis't schon darauf hin, daß Beklagter damals sich in Warschau aufhielt, den Kläger um Uebersendung des Protestes dorthin bat, um — wie es im Briefe heißt — Weiteres besorgen zu können; d. h. offenbar, um gegen den eben dort sich aufhaltenden Acceptanten des älteren, am 28. Febr. fälligen Domizilwechsels M. vorgehen zu können. Wenn er nun der Sicherheit wegen das neue Accept v. 27. Febr. beifügte, so geschah das augenscheinlich, um den Kläger, welcher durch Uebersendung des Protestes an der Verfolgung seiner Ansprüche aus jenem älteren Wechsel gehindert worden wäre, durch den neuen Wechsel sicher zu stellen, ihm ein anderes Werthpapier zu übergeben, aus welchem er eventuell den Anspruch gegen den neuen Acceptanten verfolgen konnte. Gleichzeitig aber verlangte Beklagter für sich auch durch den neuen Wechsel Prolongation.

Es hat danach Beklagter offenbar nur in der Voraussetzung, daß Kläger ihm zur Verfolgung des Anspruchs gegen den Acceptanten des älteren Wechsels — den M. in Warschau — den Protest (selbstverständlich mit dem Wechsel) übersenden und ihm wegen seiner Verpflichtung als Aussteller Prolongation gewähren würde, den fraglichen neuen Wechsel übersendet. Insofern die Erfüllung dieser Offerte vom freien Willen des Klägers abhing, dieser aber weder den Protest schickte, noch auch Prolongation bewilligte, letztere vielmehr ausdrücklich zurückwies und den Wechselanspruch aus dem älteren Wechsel wider den Acceptanten M. ꝛc. verfolgte: gab er deutlich zu erkennen, daß er auf die Offerte des Bekl. nicht eingehen wolle. Er hatte nun aber auch kein Recht, das mit dem Schreiben v. 27. Febr. 70 empfangene Blanko-Accept des Bekl. zurückzubehalten und von demselben Gebrauch zu machen. Beklagter wäre berechtigt gewesen, aus § 200 ALR I. 16 die sofortige Rückgabe des neuen Wechsels zu verlangen. Daraus, daß er dies nicht gethan hat, folgt weder ein Verlust seines Rechts, noch auch ein Einverständniß damit, daß Kläger das Blanco-Accept ausfüllen und aus demselben selbständige Rechte geltend machen solle. Kläger handelt daher auch wider Treue und Glauben — dolose — wenn er jetzt, nachdem er durch eigene Schuld den Regreß aus dem alten Wechsel verloren, den Besitz des neuen Wechsels benutzt, einen Anspruch daraus geltend zu machen, der ihm rechtlich nicht zusteht.

Die Replik des Klägers, daß Beklagter sich mit seinem Schaden bereichern würde, trifft nicht zu; denn Kläger wird nur mit dem Wechselanspruch aus dem Wechsel v. 27. Febr. 70 abgewiesen, der Anspruch aus dem jenem Wechselverkehr zu Grunde liegenden Rechtsgeschäft wird dadurch nicht berührt.

Der Anspruch aus dem Wechsel v. 27. Febr. 70 ist somit unbegründet, und war demgemäß . . . zu erkennen.

Nr. 33.

I. Senat. — Erkenntniß v. 19. März 72. (B.)

K. Knaur ./. E. G. Behrens' Konkursverwalter (No. 739 v. 71).

Preußen. **Nichtigkeitsbeschwerde.**

I. Instanz: Kreisgericht Burg,
II. Instanz: Appellationsgericht Magdeburg.

Kaufmännisches Zurückbehaltungsrecht. Geltendmachung durch den Cessionar.

1. Unter welchen Voraussetzungen steht das kaufmännische Zurückbehaltungsrecht dem Cessionar — sei es als mit der cedirten Forderung übergegangen, sei es aus eigenem Recht — zu?

Daß der Cessionsakt zwischen dem Cedenten und dem Cessionar ein Handelsgeschäft war, reicht nicht aus, um zwischen Cessionar und Schuldner diejenige unmittelbare handelsgeschäftliche Beziehung zu begründen, welche zu den gesetzlichen Voraussetzungen des kaufmännischen Zurückbehaltungsrechts gehört.

HGB Art. 313—315.

2. Inwiefern hat das kaufmännische Zurückbehaltungsrecht die Natur eines dinglichen (Pfand-) Rechts?

Vgl. Rspr. II S. 69 ff.

Entscheidung des OHG:

Der Spinnereibesitzer Schulz zu Burg hat eine ihm gegen den (inzwischen verstorbenen) Kaufmann E. G. Behrens in Berlin zukommende Forderung an Spinnerlohn und damit zusammenhängenden Auslagen im Betrage von 276 Thlrn. an den Kaufmann K. Knaur zu Burg cedirt. Letzterer hat diese Forderung, nebst weiteren 4 Thalern Lagergeld, im Behrensschen Konkurs — unter gleichzeitiger Inanspruchnahme eines Pfandrechts an den ihm von Schulz zur Verfügung des Behrens übergebenen und bei ihm lagernden Garnen — angemeldet. Im Konkurs ist die ganze liquidirte Forderung, vorbehaltlich der Kürzung des Pfanderlöses, laut Tabellen-Vermerk „festgestellt", somit für anerkannt zu erachten. (Preuß. Konkurs-Ordnung § 171 bis 173, 175, 242 ff.).

Unstreitig hat an den gedachten Garnen dem Cedenten Schulz gegen Behrens wegen seiner Gesammtforderung ein kaufmännisches Zurückbehaltungsrecht (im Sinne der Art. 313 ff. HGB) zugestanden. Streitig ist nur, ob auch dem Cessionar Knaur ein kaufmännisches Zurückbehaltungsrecht in gleichem oder noch höherem Umfange an den Garnen zusteht. Der Behrenssche Konkurs-Verwalter, welcher Herausgabe der Garne verlangt, will solches nur wegen des Lagergelds von 4 Thalern und wegen einer durch Verspinnung gerade der streitigen Garne erwachsenen Forderung von 43 Thlrn. Spinnerlohn gelten lassen.

Beklagter stützt seinen Anspruch auf einen zweifachen Grund:

1) Das kaufmännische Zurückbehaltungsrecht des Schulz sei auf ihn übergegangen, und

2) es stehe ihm aus eigenem Recht das kaufmännische Zurückbehaltungsrecht zu.

Für das zweite Fundament legt die Nichtigkeits-Beschwerde darauf Gewicht, daß der Cessionsakt selber ein Handelsgeschäft gewesen sei, und daß Behrens gegen den Bekl. persönlich die Schuld in Höhe von 233 Thlrn. anerkannt habe.

Indessen, daß der Cessionsakt zwischen Schulz und Knaur ein Handelsgeschäft war, reicht nicht aus, um zwischen Letzterem und Behrens, bzw. dessen Konkursmasse diejenige unmittelbare handelsgeschäftliche Beziehung zu begründen, welche zu den gesetzlichen Voraussetzungen des kaufmännischen Zurückbehaltungsrechts gehört. Denn wollte man auch gegen den klaren Wortlaut des HGB Art. 313:

„aus den zwischen ihnen geschlossenen beiderseitigen Handelsgeschäften", —
vgl. Goldschmidt Handbuch des HR I. S. 1039, 1040;
Laband, Ztschr. für HR IX. S. 491;
v. Hahn Komm. zu Art. 313 § 5, B. II S. 126 —

einer Aeußerung der Berathungsprotokolle (S. 1421, 1422) folgend, annehmen, daß es zur Herbeiführung dieser unmittelbaren Beziehung genüge, wenn „die Veranlassung zum Erwerb der cedirten Forderung ein zwischen Cessionar und Cessus abgeschlossenes Handelsgeschäft war": —

z. B. Makower Komm. zu Art. 313, n. 54,b S. 234;
Auerbach Neues Handelsgesetz I. S. 279;
Entsch. des preuß. OTr. B. 62 S. 198 —

so erhellt doch aus der thatsächlichen Feststellung des Appellrichters nirgend, daß zwischen Cessionar und Cessus — somit zwischen Behrens oder dessen Konkursmasse und dem Beklagten — ein solches Handelsgeschäft vollzogen sei. Auch die (unter Beweis gestellte) Behauptung, daß die Forderung des Schulz „seitens des C. Behrens auf Höhe von 233 Thlrn. gegen den Bekl. persönlich als Schuld anerkannt sei", reicht hiefür nicht aus. Denn es ist nicht behauptet, daß Behrens sich zum Schuldner des Beklagten bekannt habe (ALR I. 11 § 412), und seine, wenngleich gegen den Bekl. abgegebene Erklärung, daß er an Schulz die bezeichnete Summe schulde, stellt zwar ein Zugeständniß, aber kein Rechtsgeschäft* dar. Endlich erhellt nicht, daß die Garne mit Willen des Behrens oder dessen Konkurs-Masse in den Besitz des Bekl. gelangt seien. —

Bezüglich des ersten Fundaments verneint der Appellrichter nicht, daß der aus eigenem Recht zur Ausübung des kaufmännischen Zurückbehaltungsrechts befugte Gläubiger mit seiner Forderung auch sein Retentionsrecht übertragen könne und übertrage, soweit für den Cessionar die gleichen thatsächlichen Voraussetzungen für dessen Ausübung vorliegen. Auch nach der Ausführung des Appellrichters fällt die Frage von der Cessibilität des Zurückbehaltungsrechts keinesweges mit der Frage von der Statthaftigkeit der Retention aus eigenem Recht für cedirte Forderungen zusammen. Allein der Appellrichter verneint: 1) daß das kaufmännische Zurückbehaltungsrecht des Schulz von selber mit der cedirten Forderung auf den Bekl. übergegangen sei, 2) daß Schulz solches auf den Bekl. übertragen habe.

Die erste Annahme bekämpft die NktBschw. aus dem unzutreffenden Grunde, daß das kaufmännische Zurückbehaltungsrecht schlechthin und in allen Beziehungen den Charakter eines generellen, dinglichen, mit dinglicher Klage verfolgbaren gesetzlichen Unterpfandsrechts trage und daß das gesetzliche Sicherungsmittel der Forderung mit dieser auf den Cessionar übergehe. Denn obwohl das durch

* Vgl. Rspr. II S. 363, III S. 156, V S. 222 u. Koch Komm. zu § 413 ALR I. 11, n. 43 (B. I S. 696 der 5. Auflage).

Art. 313 HGB (in Uebereinstimmung mit älterem Handelsgebrauch) geregelte kaufmännische Zurückbehaltungsrecht insofern ein wahres gesetzliches Pfandrecht ist, als es den Berechtigten befugt, sich aus fremdem Gut zu befriedigen:

Goldschmidt Handbuch I. S. 1031 ff., 1053;
Rspr. II S. 69 ff.;

so ist es doch nur ein unvollkommenes, nicht durch dingliche, sondern lediglich durch Besitz-, Kontrakts- und Deliktsklagen geschütztes Pfandrecht, und keineswegs, gleich dem vollkommenen Pfandrecht, in dem Sinne eine accessorische Qualität des gesicherten Anspruchs, daß es mit diesem schlechthin auf jeden Erwerber desselben überginge.

Goldschmidt a. a. O. S. 988, 1053, 1054, 984, 1032, n. 14.

Das Gegentheil kann auch nicht aus ALR I. 11 § 402 bis 404 gefolgert werden. Denn nur in „alle abgetretenen Rechte und damit verbundenen Pflichten des Cedenten" tritt der Cessionar ein, und nur „die besonderen Vorrechte" der cedirten Forderung gehen ohne Weiteres auf den Cessionar über. Ein „Vorrecht" der gesicherten Forderung aber ist das Zurückbehaltungsrecht nicht, und ob es zu den „abgetretenen" Rechten gehört, steht eben in Frage. —

Seine zweite Annahme, daß nämlich Schulz sein Zurückbehaltungsrecht auf den Bekl. nicht übertragen habe, stützt der Appellrichter auf zwei von einander unabhängige Gründe: a) weil sein Wille nicht auf Uebertragung gegangen sei, b) weil er es den Umständen nach gar nicht mehr habe übertragen können. Bleibt der erste Grund stehen, so ist die Richtigkeit des zweiten Grundes unerheblich.

Der Appellrichter sagt:

„Schulz hat dies aber auch nicht gethan (nämlich sein Zurückbehaltungsrecht übertragen). Die unter die

Rechnung v. 15. Okt. 69 geschriebene Cession überträgt einfach den Rechnungsbetrag auf den Bekl. Die Rechnung selbst konstatirt, daß die fraglichen Garne schon vorher bei dem Beklagten auf Lager gegeben waren. Letzterer beantragt wiederholt, den Schulz als Zeugen darüber zu vernehmen, daß derselbe sein Zurückbehaltungsrecht auf ihn habe übertragen wollen und übertragen habe; eine derartige, selbst besprochene Absicht der Parteien ist aber dem deutlichen Wortlaut der Cession gegenüber, nach welchem lediglich die Schulzsche Forderung auf den Bekl. übertragen wird, ohne Belang, da sie keine entsprechende Verwirklichung gefunden hat und solche nach Lage der Sache mit Erfolg nicht mehr nachzuholen ist."

Nun könnte freilich die Frage aufgeworfen werden, ob nicht die Cession einer Forderung mit gleichzeitiger oder voraufgehender Uebergabe der Retentions-Objekte eine stillschweigende Cession des Zurückbehaltungsrechts in sich schließe. Hätte indeß der Appellrichter auch durch Verneinung dieser Frage gefehlt, so träfe ihn doch lediglich der Vorwurf einer irrigen Vertragsauslegung, welche sich der Nichtigkeitsbeschwerde entzieht, sofern nicht gleichzeitig eine Verletzung von Interpretationsgrundsätzen gerügt ist [vgl. oben S. 42]. Die erhobenen Angriffe treffen nicht zu. Eine Aktenwidrigkeit liegt nicht vor; denn durch die Cessions**urkunde**, welche einer Cession des Zurückbehaltungsrechts nicht Erwähnung thut, hat in der That „lediglich" die Schulzsche Forderung übertragen werden können. In der Behauptung, daß Schulz sein Zurückbehaltungsrecht auf den Bekl. habe übertragen wollen und übertragen habe, findet der Appellrichter eine besprochene, aber nicht verwirklichte „Absicht" der Parteien. Auch hier bewegt sich der Appellrichter somit lediglich auf dem Gebiet der Vertragsauslegung. Daß neben der schriftlichen Cessionsurkunde eine mündliche, auf Uebertragung des Zurückbehaltungsrechts gerichtete „Uebereinkunft“ für diesen Zweck nicht genügt haben würde, unterstellt der Appellrichter nicht, kann somit die Art. 1, 277, 313, 317 HGB nicht verletzt haben, ebensowenig den Art. 278, da er keineswegs an dem „buchstäblichen Sinn des Ausdrucks“ haftet, vielmehr umgekehrt die Behauptung, daß Schulz sein Zurückbehaltungsrecht auf den Bekl. habe übertragen wollen und „übertragen habe“, dahin interpretirt, daß der Wille auf solche Uebertragung nicht gegangen sei.

Hienach war, ohne daß es einer Prüfung der anderweitigen Angriffe bedurfte, die Nichtigkeitsbeschwerde zurückzuweisen.

Nr. 34.

I. Senat. — Erkenntniß v. 19. März 72. (V.)

Rychlewski c. Preußische Feuer-Versicherungs-Aktien-Gesellschaft zu Berlin.
(No. 763 v. 71).

Preußen. **Nichtigkeitsbeschwerde.**

I. Instanz: Stadtgericht Berlin,
II. Instanz: Kammergericht daselbst.

Feuerversicherung. Erhöhung der Gefahr, Anzeigepflicht des Versicherten.

1. Bei der Feuerversicherung geht eine ohne Zuthun des Versicherten eintretende Gefahrserhöhung grundsätzlich auf Rechnung des Versicherers.

Vgl. Rspr. IV S. 345, V S. 382.

2. Soweit nicht vertragsmäßig festgestellt worden ist, was der Versicherer unter (der ihm anzuzeigenden) Feuergefährlichkeit und deren Vermehrung verstanden haben will: kommt es darauf an, was nach der regelmäßigen Anschauung des Verkehrs dafür zu gelten hat.

HGB Art. 278, 279; Rspr. II S. 347, V S. 199.

Diese Verkehrsanschauung kann ihren Ausdruck auch im Gesetz gefunden haben. Dann besteht die Anzeigepflicht erhöhter Feuergefährlichkeit regelmäßig nur insoweit, als das Gesetz eine Vermehrung der Feuergefährlichkeit annimmt. Doch werden durch derartige (landesgesetzliche) Vorschriften die Fälle erhöhter Feuergefährlichkeit weder durchaus erschöpft, noch für alle Zukunft fixirt.

Vgl. ALR II. 8 § 2053 ff., 2117 ff.

3. Nach der im ALR niedergelegten Verkehrsanschauung gilt ein Tischlereibetrieb bei bestehender Feuerversicherung nicht als eine zur Anzeige verpflichtende Gefahrsvergrößerung.

Auch heutzutage darf der Betrieb von Tischlerei als „feuergefährlich" im Sinne des Gesetzes und der üblichen Versicherungsbedingungen nicht ohne Weiteres, sondern nur in dem Falle angesehen werden, daß Umfang und Art des Betriebs dafür einen sicheren Anhalt gewähren.

4. Der Versicherte verliert (nach den üblichen Versicherungsbedingungen), sobald die Feuergefahr sich erhöht, seinen Entschädigungsanspruch nur, wenn ihn bezüglich der Herbeiführung der Gefahrsvermehrung oder bei Unterlassung der Anzeige von deren Eintritt eine Schuld trifft.

Rspr. V S. 370 Nr. 4.

Ein Wohnhaus in Posen war bei der beklagten Gesellschaft gegen Feuergefahr versichert. Nach dem Brandfall vom 21. Juni 69 wird ein Schadenbetrag von etwa 4500 Thlrn. gefordert. Beklagte verweigert die Zahlung, weil die Police das versicherte Gebäude nur als zum Wohnen bestimmt bezeichnet hatte, gleichwohl ohne Anzeige seit dem Dez. 67 im Kellergeschoß eine Tischlerei mit drei Hobelbänken eingerichtet und zur Zeit des (im Dachstuhl ausgebrochenen) Feuers noch im Betrieb gewesen war.

Der I. Richter verurtheilte die Beklagte, der Appellrichter wies den Kläger ab.

Entscheidung des OHG:

Der Appellrichter geht ersichtlich davon aus, daß nicht jeder Betrieb des Tischlereigewerbes als eine Vermehrung der „Feuergefährlichkeit" im Sinne des § 5 der Allg. Versicherungsbedingungen* zu erachten sei. Denn obwohl durch Zugeständniß des Klägers feststand, daß in der Kellerwohnung des versicherten Gebäudes Tischlerei betrieben worden, ist über die von der Bekl. behauptete Art und Ausdehnung dieses Betriebs Beweis erhoben und, wie der Appellrichter selber bemerkt, „damit die für das Gutachten Sachverständiger nothwendige Unterlage gewonnen." Indessen stimmen die Aussagen der vernommenen 3 Zeugen in erheblichen Punkten keineswegs überein und Niemand hat die Behauptungen der Bekl. in vollem Umfang bestätigt. Wenn nun Kläger den Gegenbeweis mit drei Zeugen dahin angetreten hat, daß G. die Tischlerei nur in sehr geringem Umfang betrieben und immer nur einige Bretter in Vorrath gehabt habe, wenn er ferner sachverständige Zeugen über die Beschaffenheit des Kellers und die Feuergefährlichkeit eines in diesem Keller betriebenen Gewerbes in Vorschlag gebracht hat: so durfte dieser Gegenbeweisantritt weder unerwähnt, noch unberücksichtigt bleiben, da allerdings nach dem Ausfall des Gegenbeweises eine andere Grundlage für die ohnehin divergirenden Gutachten der Sachverständigen gewonnen werden konnte. Den Appellrichter trifft hienach der Vorwurf, gegen Art. 3 Nr. 4 der Deklaration v. 6. April 39 gefehlt zu haben.

Nur dann würde dies sich anders verhalten, wenn nach der Praxis der Versicherungsgesellschaften und insbesondere der Bekl. jeder, noch so geringfügige Betrieb des

* Vgl. Rspr. I S. 95, V S. 381.

Tischlergewerbes schlechthin als feuergefährlich im Sinne der §§ 4, 5 der Versicherungsbedingungen zu erachten und diese Praxis für die Beurtheilung vorliegenden Falles maaßgebend wäre. Letzteres hat jedoch der Appellrichter mit Recht verneint.

Allerdings steht es bei dem Versicherer, vertragsmäßig zu präzisiren, was er unter Feuergefährlichkeit und deren Vermehrung verstanden haben will. Hat er dies aber unterlassen, so kommt es nicht darauf an, was er und andere Versicherer regelmäßig für feuergefährlich ansehen, sondern nur darauf, was nach der regelmäßigen Anschauung des Verkehrs* dafür zu gelten hat. Was insbesondere die Vermehrung der Feuergefährlichkeit im Laufe der Versicherung anlangt, so darf nicht verkannt werden, daß ein allzustrenger Maaßstab den Interessen der Versicherten sowohl wie dem Wesen und Zweck des Versicherungsinstituts völlig zuwiderlaufen würde. Aus dem Wesen des Versicherungsvertrags folgt keineswegs, wie wol behauptet worden ist [vgl. Malß Betrachtungen, S. 42 ff.], daß jede objektive Erhöhung, ja auch nur Aenderung der Gefahr den Vertragsgegenstand ändert und die Versicherung aufhebt. Vielmehr geht prinzipiell die ohne Zuthun des Versicherten eintretende Gefahrserhöhung auf Rechnung des Versicherers, und schon darin liegt eine empfindliche rein positive Benachtheiligung des Versicherten, daß er durch Gesetz oder Vertrag auch nur zur Anzeige der ohne sein Zuthun eingetretenen Veränderungen verbunden ist und die Genehmigung des Versicherers zur Fortsetzung des Vertrages zu erwirken hat (ALR II. 8 § 2118, 2161, 2162), ja daß wol gar (wie nach § 5 der vorliegenden Versicherungsbedingungen) inzwischen die Versicherung ruht.

Vgl. HGB Art. 817, 818, 820;

* Vgl. Rspr. II S. 347, III S. 313, V S. 199, 220, 357.

v. Kübel, Ztschr. für Versicherungsrecht von Malß B. II S. 34 ff.;

v. Lichtenfels, über einige Fragen des Binnenversicherungsrechts. 1870 S. 36, 53 ff.;

Wolff, Ztschr. für Versicherungsrecht II. S. 355 ff.;

Malß, Ztschr. für Handelsrecht XIII. S. 112 ff.

Die regelmäßige Anschauung des Verkehrs kann auch im Gesetz ihren Ausdruck gefunden haben, und die Anzeigepflicht erhöhter Feuergefährlichkeit besteht dann regelmäßig nur insoweit, als das Gesetz eine Vermehrung der Feuergefährlichkeit annimmt. Dies gilt im Gebiet des preuß. Landrechts.

Das ALR bestimmt Th. II Tit. 8:

§ 2117: „Während der Versicherungszeit darf der Versicherte bei Verlust seines Rechts nichts vornehmen oder durch Andere vornehmen lassen, wodurch die Umstände, unter welchen die Versicherung geschlossen worden, zu des Versicherers Nachtheil geändert werden oder seine Gefahr vergrößert wird."

§ 2118: „Ereignen sich Vorfälle dieser Art ohne Zuthun des Versicherten, so muß er die erhaltenen Nachrichten, bei Verlust seines Rechts in Ansehung aller nachher sich ereignenden Unglücksfälle, dem Versicherer mittheilen." —

§ 2160: „Wenn durch Veranlassung des Versicherten eine gefährliche Nachbarschaft entsteht, so ist der Versicherer für den daraus erwachsenden Schaden nicht verhaftet."

§ 2161: „Ein Gleiches findet Statt, wenn die gefährliche Nachbarschaft zwar ohne des Versicherten Zuthun entstanden ist, derselbe aber die davon erhaltene Nachricht dem Versicherer nicht binnen der § 2137 bestimmten Frist mitgetheilt hat."

Von der „gefährlichen Nachbarschaft" handelt das ALR

bei Gelegenheit des Abschlusses von Versicherungsverträgen über Mobilien gegen Feuersgefahr. Hier bestimmen:

§ 2056: „Ferner muß derjenige, welcher Versicherung gegen Feuersgefahr nachsucht, gewissenhaft angeben, ob die Sachen in feuerfesten Gebäuden aufbewahrt werden und ob sie gefährliche Nachbarschaft haben."

§ 2059: „Für gefährliche Nachbarschaft wird gehalten, wenn im Gebäude selbst oder in einem der drei nächsten Häuser, welche das versicherte Gebäude umgeben, gefährliche Gewerbe getrieben werden."

§ 2060: „Ferner, wenn in einem dieser Gebäude feuerfangende Sachen in größerer Quantität, als zum gewöhnlichen Wirthschaftsgebrauch erforderlich sind, aufbewahrt sind".

§ 2062 zählt dann die „gefährlichen Gewerbe" auf, darunter das Tischlergewerbe nicht. § 2063 betrachtet als „leicht feuerfangende Sachen" die im § 2054 genannten; unter diesen befindet sich Holz nicht.

Nach der Verkehrsanschauung, welche im ALR niedergelegt ist, gilt somit der Betrieb von Tischlerei nicht als eine zur Anzeige verpflichtende Gefahrsvergrößerung. Dies entspricht durchaus der damaligen Assekuranz-Praxis, aus welcher die betreffenden Vorschriften des ALR entnommen sind. In der schon damals, namentlich in der für den Kontinent maaßgebenden Londoner Feuerversicherungspraxis hergebrachten Scheidung der gefährlichen und der ungefährlichen Gewerbe und Waaren wird die Tischlerei nicht zu den ersteren und Holz nicht zu den leicht feuerfangenden Gütern gezählt.

Vgl. die Vorschläge der privilegirten Londoner

Assekuranzcompagnie von 1747 Art. I, II, IV, V, VI, VII, XI und deren Police bei [Magens] Versuch über Assekuranzen, Havereyen und Bodmereyen, Hamburg 1753, S. 1091 ff., 1105, 1109; und die spätere Londoner Police bei: Weskett, Theorie und Praxis der Assekuranzen, übersetzt von Engelbrecht, Lübeck 1782, Th. I S. 245.

Das ALR hat den Katalog vermehrt, und noch Benecke — System des Assekuranz- und Bodmereiwesens, B. IV (1810) S. 530 — bezeichnet die Vorschriften des ALR in dieser Hinsicht als „sehr ausführlich und streng", „so daß, wer sich nach ihnen richtet, nirgend Gefahr läuft, zu wenig zu thun", und er findet es (Seite 532) „hart und wider die allgemeinen Versicherungsgrundsätze", daß eine ohne Schuld des Versicherten entstehende Vergrößerung der Gefahr den Versicherer berechtigen soll, sich vom Vertrage loszusagen.

Nun versteht sich freilich von selbst — und hieran scheitert der wegen Verletzung der gedachten Vorschriften des ALR erhobene Angriff der RktBschw.* —, daß durch dergleichen gesetzliche Vorschriften die Fälle erhöhter Feuergefährlichkeit weder durchaus erschöpfend noch für alle Zukunft fixirt sind, und es können namentlich Aenderungen in der Betriebsweise, die Entdeckung neuer Stoffe (z. B. Petroleum, Schießbaumwolle), die Anwendung neuer Sicherungsmittel rc. erhebliche Modifikationen begründen. Das Gesetz schließt nicht aus, daß der Richter nach den Zuständen und Erfahrungen der Gegenwart die Frage, was nach Verkehrsbegriffen als Vermehrung der Feuersgefahr zu erachten sei, prüfe. Allein auch angenommen, daß die heutige Praxis der Versicherungsgesellschaften jeden Tischlereibetrieb für gefährlich erachtet, und deshalb mindestens einer bedeutend höheren Versicherungsprämie unterwirft: so reicht dies nicht aus, dem Versicherten

* Vgl. oben S. 42 n.

schlechthin die Anzeige eines Tischlereibetriebs aufzuerlegen. Denn der gegenwärtige Betrieb der Tischlerei unterscheidet sich schwerlich von dem von jeher und auch bei Emanation des ALR üblichen Betrieb, und er darf daher als feuergefährlich im Sinne des Gesetzes wie der Versicherungsbedingungen nicht ohne Weiteres, sondern nur in dem Falle angesehen werden, daß Umfang und Art seines Betriebs dafür einen sicheren Anhalt gewähren.

Sonach war der klägerischer Seits angetretene Gegenbeweis erheblich und das Appellurtel, welches diesen Gegenbeweis unerwähnt und unberücksichtigt gelassent hat, unterliegt der Vernichtung.

In der Sache selbst bedarf es jedoch, bei nunmehr eintretender freier Beurtheilung, der Vervollständigung des Beweises nicht, vielmehr war das die Beklagte nach dem Klageantrage verurtheilende I. Erkenntniß zu bestätigen. Zunächst ist die bestrittene Aktivlegitimation des Klägers anzuerkennen...

Der aus § 5 und 12 der Versicherungsbedingungen entnommene Einwand aber greift gegen den Kläger nicht durch. Nicht die objektive Thatsache der erhöhten Feuersgefahr, sondern nur die Schuld des Versicherten, sei es durch Herbeiführung der Gefahrserhöhung, sei es durch unterlassene Anzeige von ihrem Eintritt, zieht den Verlust des Entschädigungsanspruchs nach sich. (Vgl. ALR II. 8 § 2117, 2118, 2160—2162, und Erk. des OHG v. 13. Febr. 72. [Rsp. V S. 369 ff.])

In dieser Richtung aber ist der Einwand nicht gehörig begründet und unter Beweis gestellt.

Daß Kläger den fragl. Tischlereibetrieb in dem von ihm angegebenen Umfang veranlaßt oder auch nur gestattet habe, ist von der Bekl. nicht einmal behauptet worden. Kläger hat nur zugestanden, daß er an den Tischler G. eine Wohnung, aus zwei Stuben bestehend, im Keller des versicherten Gebäudes vermiethet habe, und ausdrücklich geleugnet, ihm eine Werkstatt vermiethet zu haben. Er hat ferner zwar zugestanden, daß G. in dieser Wohnung Tischlerarbeiten in geringfügigem Umfang gefertigt habe, aber nirgend anerkannt, daß er auch nur darum gewußt habe, und er will selber keinen Grund zu der Annahme gehabt haben, daß durch G.'s Gewerbebetrieb die Feuergefährlichkeit des Gebäudes vermehrt worden sei. War nun Kläger zur „Anzeige" der erhöhten Feuersgefahr erst in dem Augenblick verbunden, in welchem er „Nachricht" davon erhielt,

vgl. ALR Th. II Tit. 8 § 2118, 2161,

und wollte man sogar der erhaltenen Nachricht gleichstellen, wenn Kläger durch mäßiges Versehen sich außer Stand gesetzt hatte, diese Kenntniß zu erlangen, der Art, daß schon die unterlassene Ueberwachung ihm schadete: so hätte doch Beklagte mindestens behaupten und unter Beweis stellen müssen, daß Kläger noch vor dem Brande um Umfang und Art des G.'schen Tischlereibetriebs gewußt habe, oder doch bei gehöriger Aufmerksamkeit hätte wissen müssen. Sie hat aber nur unter Eidesdelation behauptet, daß Kläger bereits vor dem Brande von der Provinzialfeuersocietät, bei welcher er anderweitige Versicherung beantragt habe, zur Zahlung der höheren Prämie von $1^2/_3$ pro mille für die Tischlerei aufgefordert sei, und daß Kläger längere Zeit vor dem Brande als Agent der Versicherungsgesellschaft Providentia erfahren habe, daß diese Gesellschaft für Tischlereien eine höhere Prämie als für Wohngebäude berechne. Aus diesen Thatsachen, wenn erwiesen, würde selbstverständlich nicht die erforderliche Kenntniß des Klägers von Umfang und Art des G.'schen Gewerbebetriebs folgen.

Diese Behauptungen sind auch in II. Instanz nirgend vervollständigt, noch ist über die Kenntniß des Klägers ein anderweitiger Beweis angetreten.

Hienach braucht nicht untersucht zu werden, ob schon

der völlige Mangel eines Kausalzusammenhanges zwischen dem eingetretenen Brande [im Dachstuhl] und der angeblich durch den Tischlereibetrieb im Keller des versicherten Gebäudes für dieses erhöhten Feuersgefahr — HGB Art. 818 Abs. 2, Nr. 1 — den Einwand der Bekl. ausschließt. Vielmehr mußte auf Appellation der Bekl. das I. Urtel lediglich bestätigt werden.

Nr. 35.

I. Senat. — Erkenntniß v. 19. März 72. (B.)

M. Sinning ./. G. Löwenberg, in Firma: G. Löwenberg & Co. (No. 792 v. 71).

Preußen. **Revision.**

I. Instanz: Stadtgericht Berlin,
II. Instanz: Kammergericht daselbst.

Börsenusanz. Prolongationsgeschäfte, Klagefrist.

1. Bei Börsengeschäften, welche nach den Usanzen eines bestimmten Handelsplatzes eingegangen sind, bleiben für seine Prolongation im Zweifel alle Bestimmungen maaßgebend, die für das ursprüngliche Geschäft geltend waren.

HGB Art. 278, 279.
Berliner Handelsbrauch.

2. Wer bei Börsengeschäften Verpflichtungen eingeht, die sich vorzugsweise nach den Usanzen des betreffenden Handelsplatzes bestimmen sollen, hat sich nach diesen Usanzen zu erkundigen oder die Folgen verschuldeter Unwissenheit zu tragen.

Rspr. I S. 148, IV S. 341f.

3. Die Berliner Börsenusanz, nach welcher „bei Zeitkäufen im Effektenhandel die Ansprüche wegen Nichterfüllung erlöschen, wenn dieselben nicht binnen 6 Wochen nach dem Stichtage klageweise geltend gemacht werden“, ist nicht

als eine Aenderung der gesetzlichen Verjährungsfrist zu charakterisiren.

Vgl. ALR I. 9 § 565, 568; auch Rspr. B. II S. 355, IV S. 377 ff.

4. Ist eine Streitverkündung der Klageerhebung gleichzuachten für die Wahrung der Ansprüche aus solchen Börsenzeitgeschäften?

Laut Schlußscheins v. 9. März 68 hatte Beklagter dem Kläger zu Berlin 60000 Dollars amerikanische Staatsbonds verkauft. Nach Behauptung des Klägers ist das Geschäft zu Cassel im Juni prolongirt worden bis zum 5. Sept. 66. Lieferung ist nicht nicht erfolgt, auch eine Wiederverkaufsorder des Klägers vom 25., bzw. 28. August 66 unbeachtet geblieben. Deshalb erhebt Kläger Entschädigungsansprüche. Er wird in II. Instanz wegen Nichteinhaltung der bei Berliner Börsenzeitgeschäften üblichen Klagefrist abgewiesen.

Entscheidung des OHG:

Der Appellrichter erachtet die Klage für unhaltbar, weil Kläger versäumt habe, seine Ansprüche innerhalb der usanzmäßigen Frist (von sechs Wochen nach Ablauf des Stichtags) im Wege gerichtlicher Klage geltend zu machen. Der Entscheidungsgrund ist in der That durchgreifend.

Bei Abschluß des Zeitgeschäfts v. 9. März 66 haben die Parteien ausdrücklich vereinbart, daß für dasselbe ergänzungsweise die Berliner Börsenusanzen gelten sollen. Diese Vereinbarung macht die Prüfung entbehrlich, ob nicht bei dem eigenthümlichen Charakter des Geschäfts — welches, zu den Börsengeschäften im engeren Sinne gehörend und auf der Voraussetzung eines umfassenden Börsenverkehrs beruhend, nur in den Usanzen einer bestimmten Börse einen festen, beide Parteien sichernden Anhalt findet — in Hinblick auf die übrigen Umstände des Falles die vertragsmäßige Verbindlichkeit der Berliner Börsenusanzen sich von selbst verstanden habe.

Es steht fest, daß nach den [im Jahre 1866 geltenden] Usanzen der **Berliner** Börse die Ansprüche aus solchen Zeitgeschäften

> „in den nächsten sechs Wochen nach dem letzten Erfüllungstage durch gerichtliche Klage geltend gemacht werden müssen, widrigenfalls sie unbedingt erlöschen und nicht mehr verfolgt werden können."

Zwei von den Aeltesten der Berliner Kaufmannschaft [am 29. Juli 67] und 24. April 71] erstattete Gutachten geben hierüber volle Gewißheit. Allerdings leitet Kläger seine Ansprüche nicht unmittelbar aus dem Geschäft v. 9. März 66 her. Er stützt dieselben, den nächsten und unmittelbaren Klagegrund betreffend, auf einen **Prolongationsvertrag** v. 5. Juni 66. Dieser soll (nach seinen Angaben) **in Cassel** mündlich geschlossen und darin vereinbart sein:

> „Beklagter habe die verkauften 60000 Dollars gegen 1/8 % Vergütung bis zum 5. Sept. 66 zu prolongiren und Kläger während dieser Zeit das Recht, täglich **nach seiner Wahl** die Lieferung zu zu begehren, bzw. deren kursmäßigen Wiederverkauf an der Berliner Börse zu verlangen."

Die Gutachten der Aeltesten der Kaufmannschaft von Berlin sprechen sich nicht mit Bestimmtheit darüber aus, ob die gedachte Usanz **auch** für solche **Prolongations**geschäfte gelte. Allein im Gutachten v. 24. April 71 heißt es doch:

> „Die betreffende Frage sei zwar eine **Rechtsfrage**, deren Erledigung durch eine spezielle Usanz sich nicht behaupten lasse, die indeß nach Ansicht der Gutachter in bejahendem Sinne entschieden werden müsse, auch wenn (wie in vorliegendem Falle) in Abweichung von den gebräuchlichen Maklerschluß-

scheinen Käufer sich ein alternatives Recht ausbedungen habe."

Das Gutachten genügt, um die Geltung der Usanz auch für Prolongationsgeschäfte und insbesondere für das vom Kläger behauptete Geschäft für zweifellos zu erachten. Denn während es auf der einen Seite (wie der Appellrichter mit Recht betont) das Nichtbestehen einer abweichenden Usanz zur Gewißheit erhebt, beruht es andererseits auf dem vollkommen befriedigenden und den juristischen Auslegungsregeln entsprechenden logischen Schluß, daß für das Prolongationsgeschäft im Zweifel alle Bestimmungen maaßgebend bleiben müssen, welche für das prolongirte Geschäft vereinbart waren. Die in der Revisionsinstanz vom Kläger aufgestellte Behauptung: nach kaufmännischer Auffassung gelte jede Prolongation als selbständiges neues Spekulationsgeschäft, ist gewiß richtig, aber einleuchtend völlig ungeeignet, die erwähnte logische Folgerung oder das auf dieser fußende Gutachten im Geringsten zu erschüttern.

Gegen die Anwendbarkeit der gedachten Usanz läßt sich noch weniger einwenden, bei dem Prolongationsgeschäft sei (nach den Angaben des Klägers) auf die Berliner Börsenusanzen nicht besonders Bezug genommen. Gerade weil ein Prolongationsgeschäft in Frage stand, war eine solche Bezugnahme als selbstverständlich nicht erforderlich. Dies ist um so einleuchtender, als der Erfüllungsort nicht geändert wurde und, wie schon oben erwähnt, das dringendste Bedürfniß vorlag, die Usanzen einer bestimmten Börse für ein so charakteristisches Spekulationsgeschäft, wie es auch das Prolongationsgeschäft war, zur Sicherung beider Theile für maaßgebend zu erklären. Hieraus erhellt zugleich die völlige Unerheblichkeit der Bestimmung des Prolongationsgeschäfts, „Kläger könne auch am Stichtage den kursmäßigen Wiederverkauf an der Berliner Börse verlangen", zumal dieser Bestimmung nur eine nebensächliche Bedeutung beiwohnt, indem sie anscheinend nur bestimmt war, bei der Nichtanwesenheit des (in Ochshausen bei Cassel wohnenden) Klägers am Börsenplatze einen angemessenen Weg für die Differenzberechnung zu finden. Uebrigens wird auch in der Klage für das Prolongationsgeschäft, wiewohl bei einem andern Punkte, auf die Berliner Börsenusanzen als normgebend verwiesen.

Kläger bestreitet noch aus anderen Gründen die Zulässigkeit der Berücksichtigung jener Usanz. Zunächst meint er, dieselbe müsse gemäß Art. 1 HGB unbeachtet bleiben, weil sie den Art. 357 und 358 widerstreite. Diese Erinnerung ist kaum verständlich. Weder enthalten die Artt. 357 und 358 eine Bestimmung, die das Gegentheil der Usanz besagte, noch kommt in vorliegendem Falle die angerufene Usanz als objektive Rechtsnorm in Betracht; vielmehr wird ihre Verbindlichkeit ausschließlich auf eine kontraktliche Vereinbarung gestützt, und daß die Bestimmungen der Art. 357 und 358 absolute Rechtsnormen enthielten, welche einer Aenderung durch Vertrag entgegen seien, läßt sich nicht einmal mit einigem Schein behaupten.

In der Revisionsschrift schützt Kläger [Oekonom aus der Umgegend von Cassel] vor, die so eingreifende und bedenkliche Usanz sei ihm nicht bekannt gewesen, und es lasse sich nicht vermuthen, daß er beim Abschluß des Vertrages auch ihr sich habe unterwerfen wollen. Der Einwurf ist ohne rechtlichen Werth. Wenn eine Partei in Börsen-Spekulationsgeschäfte der vorliegenden Art sich einläßt, wenn sie dabei in vollem Einklang mit der Natur der Dinge sich einverstanden damit erklärt, daß der Umfang ihrer Rechte und Pflichten sich ergänzungsweise nach den Börsenusanzen bestimmen solle: so liegt ihr ob, sich nach den letzteren zu erkundigen. Versäumt sie die Erkundigungspflicht, so muß sie auch die Folgen einer verschuldeten Unwissenheit tragen. Noch unleugbarer aber ist, daß ein diesfälliger Irrthum unmöglich die Partei berechtigen kann, aus dem Geschäft (wie Kläger versucht) einen Anspruch geltend zu machen, welcher nicht die Auflösung des Geschäfts oder die Abwendung eines Schaden, sondern die Erlangung eines Gewinns auf Kosten des Gegners bezweckt.

Kläger bekämpft die Giltigkeit der Vereinbarung über die Anwendbarkeit der Usanz ferner auf Grund der landrechtlichen Vorschriften (I. 9 §§ 565, 566), nach welchen ein die Verjährungsfrist abändernder Vertrag der gerichtlichen Form bedarf. Es mag dahin gestellt bleiben, ob nicht dieser Versuch, die Einrede des Bekl. zu entkräften, aus dem doppelten Grunde verfehlt sei, einmal weil der Prolongationsvertrag (nach Angabe des Klägers) in Cassel, also im Geltungsbereich des gemeinen Rechts, abgeschlossen worden und das preußische Recht den Grundsatz adoptirt hat, die Form der Verträge bestimme sich regelmäßig nach dem am Orte der Vertragserrichtung geltenden Recht (ALR I. 5 § 111, 115), weil ferner (wie Bekl. geltend macht) die betr. Verträge insgesammt unzweifelhaft Handelsgeschäfte waren (HGB Art. 271, 272, 273, 274), deren Giltigkeit nach dem den Landesgesetzen derogirenden** Art. 317 (durch schriftliche Abfassung oder andere Förmlichkeiten nicht bedingt ist. Denn die Voraussetzung, von welcher Kläger ausgeht, durch die Vereinbarung sei die gesetzliche Verjährungsfrist geändert, kann als richtig nicht anerkannt werden. Die bei einem Zeitgeschäft über geldwerthe Papiere von den Parteien getroffene Uebereinkunft, „im Falle der Nichterfüllung seien alle Ansprüche aus dem Geschäft binnen 6 Wochen nach dem Stichtage durch gerichtliche Klage geltend zu machen,

* Vgl. Rspr. B. I S. 316, II S. 224, IV S. 368, V S. 210, 277 n**, 345.

widrigenfalls sie erlöschen und nicht mehr verfolgt werden können", hat auf die Verjährung keinen Bezug. Gegen einen Vertrag über die Verjährung spricht nicht allein die Kürze der Frist und der aus dem Wortverstande sich ergebende Sinn, welcher nur die Auffassung zuläßt, die Versäumung der Klageerhebung innerhalb der Entscheidungsfrist solle als Rücktritt vom Vertrage, gleich als ob derselbe nicht geschlossen wäre, oder als stillschweigender Verzicht auf alle Erfüllungs- oder Entschädigungs-Ansprüche gelten, sondern noch mehr die Erwägung, daß die Vereinbarung einer solchen Frist bei Zeitgeschäften auf Gründen beruht, welche mit den Gründen, welchen das gesetzliche Institut der Extinktivverjährung seine Entstehung verdankt, kaum eine Aehnlichkeit haben (vgl. ALR I. 9 § 568). Es erscheint deshalb ungerechtfertigt, der Vereinbarung einen Sinn beizulegen, auf welchen der eine Ausdehnung der sog. Erlöschungsklausel ergebende Wortverstand in keiner Weise hindeutet.

Kläger hat sich endlich gegen die Einrede mit der Behauptung zu schützen gesucht, die sechswöchige Frist sei gewahrt. Die Einhaltung soll sich aus der Streitverkündung eines Vorprozesses ergeben, welchen die Handlung M. und B. gegen den jetzigen Kläger wegen einer Kautions-Wechselforderung von 5000 Thlrn. angestellt hatte. Allein die Unerheblichkeit dieser Streitverkündung liegt klar vor. Zugegeben, die Streitverkündung (insbesondere auch diejenige, welche nach den Prozedurnormen des gemeinen, bzw. des kurhessischen Prozeßrechts erfolgt) sei in gleicher Art wie die Klageerhebung zur Unterbrechung sowohl der Verjährung als der in Frage stehenden Frist geeignet, angenommen ferner, die rechtzeitige Unterbrechung der letzteren genüge, um der diesfälligen Vereinbarung ihre Wirksamkeit für die Zukunft zu entziehen: so kann doch nur eine solche Streitverkündung Rücksicht verdienen, welche den Regreß wegen des innerhalb der Frist geltend zu machenden Anspruchs zu sichern bezweckt. Diese Voraussetzung trifft aber, wie schon der Appellrichter ausgeführt hat, gerade nicht zu. Im Vorprozeß war Kläger nur wegen der Wechselforderung in Anspruch genommen. Er suchte sich gegen die Klage mit demselben Prolongationsvertrage zu vertheidigen, auf welchen die gegenwärtige Klage gestützt ist. Die Vertheidigung erheischte die Darlegung, nach dem Prolongationsvertrage habe der jetzige Beklagte keine Ansprüche erworben, es bestehe daher keine Pflicht zur Einlösung des behufs Deckung solcher Ansprüche ausgestellten Wechsels, welcher zur Ungebühr und vertragswidrig in Verkehr gesetzt sei. Kläger ging in seiner Vertheidigung noch weiter als nöthig war, indem er ausführte, nach dem Prolongationsvertrage habe der gegenwärtige Beklagte nicht allein nichts zu fordern, sondern umgekehrt ihm noch (aus den im vorliegenden Prozeß geltend gemachten Gründen) eine erhebliche Summe zu zahlen. Durch die Streitverkündung wurde der jetzige Bekl. auch von diesen Ansprüchen in Kenntniß gesetzt, da die Klagebeantwortung, worin die Darlegung sich fand, ihm mitgetheilt ist. Indessen die Streitverkündung konnte sich doch nur beziehen und bezog sich auch in der That *nur* auf die *eingeklagte Wechselforderung*, keineswegs auch auf die noch weiter gehenden, die eingeklagte Wechselforderung nicht berührenden Ansprüche des jetzigen Klägers. Die betr. Stelle der Klagebeantwortung lautet: „Uebrigens würden mir nach dem Vorgestellten, falls ich den Wechsel auslösen müßte, die Herren G. Löwenberg & Co. regreßpflichtig sein. Ich will denselben deshalb hiemit den Streit verkündigen und bitten: denselben von dieser Streitverkündung Kenntniß zu geben und dieselben zu meiner Assistenzleistung und Ergänzung meiner Einreden unter den geeigneten Praejudizien zu laden." Dem Antrage entsprechend verordnete das Prozeßgericht die Ladung der Litisdenunziaten — „um, wenn sie wollen, dem Bekl. Beistand zu leisten." Weder die Streitverkündung noch die Ladung des Prozeßgerichts ergeben also auch nur entfernt, daß die in gegenwärtigem Prozeß erhobenen Ansprüche zum Zweck der gerichtlichen Geltendmachung gegen den jetzigen Beklagten angebracht oder auch nur angekündigt seien. Bei dieser Sachlage wird dahingestellt bleiben können, ob denn die Streitverkündung wirklich innerhalb der sechswöchigen Frist zugestellt sei. Sie ist dem Bekl. am 9. Okt. 66 insinuirt . . . Nach den vom Kläger aufgestellten Behauptungen ist aber der 25. August als der entscheidende Tag zu betrachten, denn Kläger hat im Vorprozeß mit Bestimmtheit angegeben, am 25. August habe er Auftrag zum Verkauf der Papiere ertheilt, während demnächst erst durch ein Vorbringen des Bekl. die Erneuerung des Auftrags unterm 28. August zur Sprache kam. Auch in der gegenwärtigen Klage sowie in der Replik wiederholt Kläger die Behauptung, er habe am 25. August den Verkauf verlangt und am 28. August den Auftrag erneuert. Ist das Verlangen am 25. August gestellt, so muß auch dieser bei dem eigenthümlichen Charakter des vorliegenden Spekulationsgeschäfts als der Stichtag gelten, welcher durch eine Erneuerung des Auftrags nicht mehr geändert werden konnte. Den 25. August als Stichtag betrachtet, so wäre auch die Streitverkündung verspätet, überdies sogar die Haltbarkeit der Klage in angebrachter Art überhaupt in Frage zu stellen.

Das Appelurtel muß hienach bestätigt werden.

Nr. 36.

I. Senat. — Erkenntniß v. 23. März 72. (B.)

H. J. Silberstein ./. J. Nowicki's Erben (Nr. 171 v. 72).

Preußen. Wechselsache. Nichtigkeitsbeschwerde.

I. Instanz: Kreisgericht Posen,
II. Instanz: Appellationsgericht daselbst.

Domizilwechsel, Protestnothwendigkeit. Nichtigkeitsbeschwerde.

1. Der Domiziliat, welcher zugleich Aussteller des an eigene Order gezogenen Wechsels ist und den weiter begebenen Wechsel am Verfalltage gegen Quittung einlöst, ohne ihn zuvor Mangels Zahlung protestiren zu lassen, verliert den wechselmäßigen Anspruch gegen den Acceptanten.

DWO Art. **41, 43**; vgl. oben S. 12.

2. Beurtheilung einer auf Aktenwidrigkeit gestützten Nichtigkeitsbeschwerde. (Beispiel).

Preuß. Verordnung v. 14. Dez. 33 § 4 Nr. 2, § 5 Nr. 10, a. u b.

Einen an eigene Order gezogenen, bei ihm selbst domizilirten und mehrfach begebenen Wechsel hat der Aussteller am Verfalltage, ohne daß Protest erhoben worden, gegen Quittung des Inhabers bezahlt. Die gegen die Erben des Acceptanten gerichtete Wechselklage des Ausstellers wird in allen Instanzen zurückgewiesen.

[Entscheidung des OHG]:

Der Appellrichter hat angenommen, Kläger habe auf Präsentation des bei ihm domizilirten Wechsels durch den letzten Giratar Zahlung nicht geweigert, sondern „lediglich in seiner Eigenschaft als Domiziliat" geleistet. Dadurch — sagt er — ist die Wechselschuld getilgt, des Klägers Wechselverhältniß zum Acceptanten hat aufgehört, und da ihn kein Giro des letzten Inhabers legitimirt, ist er zur Anstellung der Wechselklage gegen den Acceptanten nicht berechtigt. Um diese Berechtigung zu erwerben — fügt der

Appellrichter hinzu — hätte Kläger auf Präsentation des Wechsels Zahlung verweigern, Protest abwarten und dann erst Zahlung leisten müssen. Ihm stehe also der Rechtssatz entgegen:

> der Domiziliat, welcher zugleich Aussteller des an eigene Order gezogenen Wechsels ist und den weiter begebenen Wechsel am Verfalltage gegen Quittung einlöst, ohne ihn zuvor Mangel Zahlung protestiren zu lassen, verliert den wechselmäßigen Anspruch gegen den Acceptanten.

Scheinbar hat hienach der Appellrichter seine Entscheidung auf zwei Gründe gestützt: 1) auf einen prinzipalen, thatsächlichen Inhalts, nämlich den, daß Kläger „lediglich als Domiziliat" Zahlung geleistet habe, 2) auf einen eventuellen: daß, wenn auch Kläger als Girant vermöge seiner Regreßpflicht zu zahlen Willens gewesen sein möge, er doch den Wechselanspruch gegen den Acceptanten durch das Unterbleiben einer Protesterhebung vor der Zahlung verloren habe.

Wäre diese Existenz zweier selbständiger Gründe anzuerkennen, so würde es auf den zweiten nicht ankommen, falls der erste ungenügend angegriffen wäre. [Vgl. Rspr. B. II S. 200] Und letzteres ist in der That der Fall. Denn damit die scheinbare Feststellung, Kläger habe als Domiziliat gezahlt, als wortwidrig (§ 5 Nr. 10b der Verordnung v. 14. Dez. 33) fallen könnte, wäre nöthig gewesen, genau die Erklärung, mit deren Wortlaut jene Feststellung im Widerspruch stehen soll, und die Schrift, in der sie anzutreffen, zu bezeichnen (Art. 8 der Deklaration v. 6. April 39, vgl. Rspr. I S. 63 n.). Dies ist nicht geschehen. Es kommt hinzu, daß der Appellrichter jene Thatsache natürlich nicht aus der (in der Nktbschw. offenbar gemeinten) Erklärung des Klägers in der Appellationsrechtfertigung, wonach Kläger durch die Zahlung seiner Regreßpflicht als

Girant genügt haben will, sondern ausdrücklich aus der unbeanstandeten Zahlung auf erfolgte Präsentation entnommen hat.

Allein in Wahrheit hat der Appellrichter nicht eine thatsächliche Feststellung der Qualität, in welcher vom Kläger Zahlung geleistet worden, bewirken, sondern ersichtlich nur die Rechtsansicht aussprechen wollen:

> die Zahlung des Klägers müsse, weil sie auf Präsentation bei Verfall ohne Protest geschehen, rechtlich als eine nicht im Regreßwege geleistete, sondern als eine vom Domiziliaten in dieser Eigenschaft bewirkte erachtet werden.

Dies ergiebt sich nicht nur aus dem von ihm hinzugefügten Rechtssatze, den er ausdrücklich „als Zusatz 422 in Borchardt's ADWO" [S. 271] eingeführt hat, sondern insbesondere aus der dortigen kurzen Begründung desselben.

Es kommt also darauf an, ob dieser Rechtssatz, wie die Nktbschw. rügt, durch unrichtige Anwendung verletzt ist.

Was die Nktbschw. zur Begründung dieser Rüge hervorhebt — nämlich:

> der Satz gelte nur für den Fall, wenn der Aussteller in seiner gleichzeitigen Eigenschaft als Domiziliat Zahlung geleistet habe, was hier bestritten sei —

ist allerdings wenig geeignet, den Angriff zu verstärken; denn der Sinn jenes Rechtssatzes ist eben, daß die Zahlung ohne Protest als gewöhnliche Zahlung, nicht als Einlösung im Regreßwege behandelt werden soll. Indeß für die formelle Begründung der Nktbschw. genügt es, daß die ungehörige Anwendung, also Verletzung jenes Rechtssatzes auf den vorliegenden Fall behauptet ist, wenn auch die Motivirung dieser Behauptung unzutreffend sein sollte, und wennschon Implorant unterlassen hat, die gesetzlichen Bestimmungen zu bezeichnen, auf die er seine Rüge stützt.

Nr. 27 der Instruktion v. 7. April 39.

[Vgl. Rspr. B. IV S. 238, V S. 44, 47n.]

Diese Rüge selbst aber ist grundlos.

Der Klagewechsel ist vom Kläger an eigene Order gezogen und beim Aussteller domizilirt. Wenn der Wechsel unbegeben in der Hand des Ausstellers geblieben wäre, so könnte fraglich sein, ob es zur Erhaltung des Wechselanspruchs gegen den Acceptanten eines rechtzeitigen Protests Mangels Zahlung bedurft hätte*. Diese Streitfrage steht jedoch in vorliegendem Falle nicht zur Entscheidung. Denn der Wechsel ist vom Aussteller als Remittenten indossirt, durch eine Reihe von Blanco- und Nominat-Giri zuletzt auf das kgl. Bank-Comtoir in Posen übertragen und durch Giro auf den Aussteller nicht zurückgelangt.

In Folge dieser Begebung wird die von mancher Seite für den eigentlichen Domizilwechsel geforderte Verschiedenheit der drei Personen — des Acceptanten, des Domiziliaten und des Inhabers — hergestellt. Daraus folgt:

1) Der letzte Giratar (das Bankcomtoir in Posen) hatte gegen den Domiziliaten als solchen keinen Wechselanspruch; denn der Domiziliat ist nicht Acceptant, und vermöge welchen Rechtsgeschäfts er dem Acceptanten gegenüber zur Bezahlung der Tratte verpflichtet sein mag, ist für den Inhaber unwesentlich, der Giratar aber ist nicht Rechtsnachfolger des Acceptanten;

2) das Bankcomtoir hatte auch keinen direkten Wechselanspruch gegen den Acceptanten; denn die Bedeutung des Domizilvermerks in dieser Richtung ist, daß der Acceptant nur dann zu zahlen sich verpflichtet, wenn der

* Vgl. Borchardt ADWO Zusatz 420,a S. 268; Hartmann DWR § 89, II S. 230 ff.

Domiziliat nicht zahlen und die Nichtzahlung durch rechtzeitigen Protest konstatirt werden sollte; Art. 43 DWO;

3) das Bankcomtoir endlich hatte keinen direkten, sondern nur einen Regreßanspruch gegen den Aussteller und Remittenten. Freilich ist dieser zugleich Domiziliat, und es ist richtig, daß deshalb seine Begebung des Wechsels dem Nehmer vorschreibt, die Zahlung zunächst nicht vom Acceptanten, sondern von ihm zu fordern. Aber dadurch wird weder er — wie wol behauptet ist — Prinzipal-Verpflichteter, noch die Tratte in Bezug auf ihn zum Eigenwechsel.

Erk. des preußischen OTr. v. 9. Mai 57 (Strieth. Arch. B. 24 S. 299; Arch. für WR B. 7 S. 179) vgl. auch Erk. des Oberlandes-Ger. Prag im Arch. für WR B. 6 S. 296.

Hoffmann Erläuterung der ADWO, 2. Ausgabe, S. 399.

Denn als Domiziliat ist er, wie schon bemerkt, überhaupt nicht Wechselverpflichteter, die Verweisung bei der Begebung auf das Domizil ändert also die rechtliche Natur der aus der Begebung entspringenden Verpflichtung nicht; letztere aber ist die des Regreßschuldners, und ihre Erfüllung kann nur gefordert werden, wenn die „Nichthonorirung des Domizils" (vgl. Erk. des Obersten Ger.-Hofs in Wien v. 1. April 56 am Ende, bei Seuffert B. 15 S. 103 und Arch. für WR B. 6 S. 303) durch die für den Wechselregreß vorgeschriebene Form dargethan und der Wechselanspruch dem Regreßschuldner intakt zurückgewährt wird. In beiderlei Beziehung also bedarf es des Protests. Denn muß anerkannt werden, daß der Anspruch gegen den Acceptanten durch Unterlassung des Protests gegen den Domiziliaten verloren geht, wennschon der Aussteller Domiziliat, der Wechsel aber in dritter Hand ist (vgl. obiges Erk. v. 9. Mai 57): so braucht der Aussteller nach diesem Verlust für den Wechsel nicht aufzukommen.

Hienach hatte Kläger auf Präsentation des Wechsels bei Verfall folgende Wahl: entweder er honorirte als Domiziliat in Gemäßheit des zwischen ihm und dem Acceptanten bestehenden Rechtsverhältnisses, oder er weigerte die Zahlung als Domiziliat. Ersteren Falls hatte er gegen Quittung und Aushändigung des Wechsels zu zahlen; dieser hatte alsdann seinen Umlauf vollbracht und war als Wechsel erloschen, war folgerecht fortan ungeeignet, einen Wechselanspruch gegen den Acceptanten zu begründen; — unberührt jedoch blieb der civilrechtliche Anspruch, welcher aus der Zahlung in Verbindung mit dem besonderen, zwischen dem Acceptanten und Domiziliaten bestehenden Rechtsverhältniß zu begründen sein mochte. Im zweiten Falle (also bei der Weigerung des Klägers, den Wechsel als Domiziliat zu bezahlen) blieb dem Bankcomtoir nur der Regreßweg. Um diesen zu beschreiten und zugleich den Wechselanspruch gegen den Acceptanten zu erhalten, mußte der Wechsel rechtzeitig gegen den Domiziliaten protestirt werden; es bedurfte dieses Protests — wie oben unter 3 gezeigt worden — namentlich auch gegen den Kläger als Aussteller, Art. 43 DWO. Erst nach gehörigem Protest also durfte Kläger seine Regreßschuld tilgen. Genügte er seiner Regreßpflicht ohne vorgängigen Protest, so leistete er eine Zahlung, zu der er wechselmäßig nicht verpflichtet war, und zwar auf einen Wechsel, dessen Acceptant nicht mehr haftete. Eine solche Zahlung kann selbstverständlich einem Domiziliaten nicht ohne Weiteres zugetraut, also nicht vermuthet werden. Und deshalb gilt seine innerhalb der Protestfrist geleistete Zahlung im Zweifel als Honorirung der Tratte nicht durch den Regreßschuldner, sondern durch den Domiziliaten als solchen*

* Vgl. oben Fall 3 S. 12 ff.

— ohne daß es hierin einen Unterschied macht, ob der Domiziliat nach Verfall in seiner Behausung auf „Präsentation" durch den Inhaber, oder ob er noch vor dieser förmlichen Präsentation im Geschäftslokal des Inhabers gezahlt hat.

Es resultirt, daß der Appellrichter den oben (S. 226) formulirten Rechtssatz mit Recht gegen den Kläger zur Geltung gebracht, mithin durch irrthümliche Anwendung nicht verletzt hat.

Auch im Uebrigen ist die Nktbschw. unbegründet.

Der Rechtssatz nämlich:

„zur Wechselklage des Einlösenden gegen den Acceptanten legitimirt schon der Besitz des Wechsels ohne die Protesturkunde"

hat vom Appellrichter nicht angewendet werden können, weil der Satz, wie gezeigt, dann nicht zutrifft, wenn es sich um einen domizilirten Wechsel handelt; Art. 44 DWO. Eine Verletzung dieses Rechtsgrundsatzes durch Nichtanwendung liegt also nicht vor.

Die Behauptung des Klägers endlich, daß ihm „der Acceptant vor Verfall Deckung nicht gegeben," ist zwar vom Appellrichter nicht erwähnt; allein diese Omission enthält keinen prozessualen Verstoß im Sinne des § 5 Nr. 10 a der Verordnung v. 14. Dez. 33; denn die behauptete Thatsache ist bestritten und mit Beweismitteln nicht unterstützt; sie ist aber auch unerheblich*, weil selbst bei Annahme ihrer Richtigkeit Kläger vermöge besonderen Uebereinkommens mit dem Acceptanten dennoch zur Zahlung verpflichtet sein konnte, und jedenfalls der Mangel der Deckung den Kläger nicht zu hindern brauchte, in Erwartung derselben das Domizil zu honoriren.

* Vgl. Rspr. I S. 97 n., 396.

Nr. 37.

I. Senat. — Erkenntniß v. 23. März 72. (Ref.)¹

A. Mazurkiewicz ./. R. v. Biesiekierski (Nr. 188 v. 72).

Preußen. Wechselsache. Revision.

I. Instanz: Kreisgericht Wongrowiec,
II. Instanz: Appellationsgericht Bromberg.

Sichtwechsel, Präsentation. Verzugszinsen.

1. Dem Aussteller eines eigenen Sichtwechsels gegenüber gilt die Vorschrift des Art. 31 Satz 2 DWO nicht.

Ebenso: Erk. v. 10. Okt. 71, Rspr. IV S. 86.

2. Der Aussteller eines Eigenwechsels hat, wenn im Zahlungsverzuge befindlich, 6% Zinsen von der Wechselsumme zu entrichten.

Ebenso: Erk. v. 24. Januar 71, Nachtrag S. 234.

3. Kann, wenn die Präsentation eines Sichtwechsels unterblieben ist, der Klagezustellung und der gerichtlichen Verhandlung des Falles die rechtliche Wirkung einer Vorzeigung des Wechsels, bzw. eines Nachforschungsprotests (im Sinne des Art. 91 und 98 Nr. 10 DWO) beigemessen werden?

DWO Art. 31.

Vgl. einerseits Rspr. IV S. 40 Grundsatz 4, andererseits Rspr. IV S. 351.

Kläger ist durch Blancogiro Eigenthümer eines bei Sicht fälligen Eigenwechsels des Bekl. v. 31. Dez. 66 geworden. Gegen die am 31. Dez. 71 behändigte Klage wendet Beklagter ein, daß der Wechsel nicht zur Zahlung präsentirt worden und mit Ablauf der zweijährigen Frist des Art. 31 DWO der Wechselanspruch erloschen sei.

Entscheidung des OHG.

Der Einwand des Bekl. [daß mit Ablauf der gesetzlichen Präsentationsfrist seine wechselrechtliche Verpflichtung aufgehört habe] ist vom Appellrichter mit Recht zurückgewiesen; denn die Vorschrift des Art. 31 (Satz 2) DWO hat blos den Verlust von Regreßrechten im Auge, und kann vom Aussteller eines eigenen Sichtwechsels, da dieser zugleich die Verpflichtung eines Acceptanten hat und Hauptwechselschuldner ist, nicht angerufen werden. (Rspr. B. IV S. 86.)

Wenn aber der Appellrichter die Ansprüche des Klägers dennoch abweist und zwar deshalb, weil sie wegen Mangels der Präsentation nicht als fällig betrachtet werden könnten, so ist ihm der Hauptsache nach nicht beizupflichten.

Allerdings bestimmt Art. 31 (Satz 1) DWO, daß ein auf Sicht gestellter Wechsel erst bei der Vorzeigung fällig wird; allein hieraus folgt nicht, daß jede auf Zahlung eines solchen Wechsels gerichtete Klage abgewiesen werden müsse, wenn nicht eine vorausgegangene Präsentation behauptet und bewiesen werden könne. Denn nach den bestehenden allgemeinen Prozeßgrundsätzen dürfen auch Forderungen, welche zur Zeit der Klagestellung noch nicht fällig waren, berücksichtigt werden, wenn sie zur Zeit des Urtelsspruchs fällig sind und nicht ausschließlich wegen Mangels der Fälligkeit bestritten wurden. — Wenn auch in vorliegendem Falle eine Präsentation des Wechsels vor Anstellung der Wechselklage nicht stattgefunden hat oder [gegen den, nach Behauptung des Klägers, nicht aufzufindenden Bekl.] versucht worden ist: so genügte doch jedenfalls die gerichtliche Verhandlung, sie zu ersetzen, und nachdem Beklagter die Wechselforderung an sich als nicht bestehend bestritten, war der Richter nicht befugt, den Anspruch als verfrüht abzuweisen, um so weniger, als ein bezüglicher Einwand nicht ausdrücklich geltend gemacht war.

In Betreff der Hauptsumme erscheint daher die Wechselklage begründet; nicht aber hinsichtlich der seit dem 31. Dez. 68 verlangten Zinsen.

Der Schuldner hat von der Wechselsumme 6% Zinsen vom Verfalltage an zu zahlen (DWO Art. 51, 81)*, also bei Sichtwechseln vom Tage der Vorzeigung (Art. 31). Ist die Präsentation nicht möglich, weil der Schuldner am Zahlungsort keine Wohnung und kein Geschäftslokal hat (wie dies zugestandenermaaßen hier der Fall war): so wird sie durch den Nachforschungsprotest ersetzt (DWO Art. 91 bzw. 98). Dieser Protest ist in vorliegendem Falle versäumt. Hieraus folgt, daß Kläger Zinsen erst von dem Tage verlangen kann, an welchem die Klage zugestellt worden ist. Denn die Klagezustellung muß nach den Umständen des Falles dieselbe Wirkung äußern, welche der Nachforschungsprotest gehabt haben würde.

Nachtrag.

Den Satz, daß der Aussteller eines Eigenwechsels 6% Verzugszinsen zu zahlen habe, hat das OHG in der mecklenburger Sache Busch ·/. v. Walsleben (Nr. 35 v. 71) durch Erk. v. 24. Januar 71, wie folgt, näher begründet: 1) In den Art. 50 u. 51 DWO ist der gesetzliche Zinsfuß für die Regreßsumme auf 6% fixirt. Laut Leipziger Konferenzprotokoll v. 9. Nov. 47 (Nr. 16) war man darin einverstanden,

„daß alles dasjenige, was der Indossant oder Aussteller einer Tratte einem Nachmann zu gewähren habe, auch vom Acceptanten, wenn dieser in Anspruch genommen werde, gefordert werden dürfe.“ Demgemäß bestimmt Art. 81 (Satz 2) DWO:

„Die Verpflichtung des Ausstellers, Acceptanten und Indossanten erstreckt sich auf alles, was der Wechselinhaber wegen Nichterfüllung der Wechselverbindlichkeit zu fordern hat.“

Der Ausdruck ist nicht glücklich gewählt, der Sinn

* Vgl. Rspr. B. I S. 101, IV S. 48 f. und Nachtrag zu diesem Falle.

der Worte kann aber, zumal in Beihalt der vorstehenden Bemerkung, nur dahin gehen, daß die Verpflichtung der gedachten Personen als eine gleiche hat bezeichnet sein sollen. Demnach steht denn fest, daß, wenn die Weiterbegebung einer Tratte stattgefunden hat und der Wechsel Mangels Zahlung protestirt ist, auch vom Acceptanten Zinsen in der Höhe von 6% gefordert werden dürfen. Es ist aber kein Grund einzusehen, wie die Verpflichtung des Acceptanten zu solcher Zinszahlung durch die Weiterbegebung des Wechsels bedingt sein und weshalb es zur Erhebung dieser Forderung gegen den Acceptanten einer Protesterhebung bedürfen sollte. Demnach wird man den Acceptanten einer Tratte unbedingt, die Präsentation zur Zahlung vorausgesetzt, zur Zahlung von sechs Prozent Zinsen für verpflichtet halten müssen.

2. Wenn nun auch insoweit keineswegs ein volles Einverständniß herrscht, so geht doch vorherrschend die Praxis der Gerichte, wie die Ansicht der Mehrzahl der Theoretiker, von den eben entwickelten Grundsätzen aus. Zweifelhafter ist aber die Frage, ob auch eine Verpflichtung für den Aussteller eines eigenen Wechsels zur Zahlung von 6% Verzugszinsen schlechthin (abgesehen von einem Regreßfalle) begründet ist.

Für die Bejahung spricht aber einestheils die im Wesentlichen gleiche Stellung der Acceptanten einer Tratte und des Ausstellers eines eigenen Wechsels sowie der Umstand, daß von der entgegenstehenden Annahme aus ein Unterschied des eigenen Wechsels von der Tratte statuirt würde, der innerlich keineswegs begründet ist. So muß man denn annehmen, daß, wie das App.-Ger. Rostock (Entscheidungen von Buchka und Budde B. 5 S. 304) sagt, für Wechselschulden überhaupt das gesetzliche Verzugsinteresse auf 6% festgestellt ist, und eben damit steht auch die im Archiv für Wechselrecht B. 18

S. 271 abgedruckte Entscheidung des OApp.Ger. Dresden im Einklang. Bemerklich muß endlich noch gemacht werden, daß auch die Kommission zur Berathung des HGB in ihrem Kommissionsbericht S. LVI, betreffend mehrere zur DWO in Anregung gekommene Fragen, sich in dem entwickelten Sinne ausgesprochen hat.

Nr. 38.

I. Senat. — Erkenntniß v. 26. März 72. (B.)

J. D. Majoewski ·/. Mück & Laudien (Nr. 729 v. 71).

Preußen. **Nichtigkeitsbeschwerde.**

I. Instanz: Kommerz- und Admiralitäts-Kollegium zu Königsberg i. Pr.,

II. Instanz: Ostpreußisches Tribunal daselbst.

Börsenpreis-Notirung, Anfechtbarkeit.

1. Ob die in einem Börsenschlußschein für den Fall der Nicht-Erfüllung enthaltene Bezugnahme auf die offizielle Kursnotirung des Stichtages eine unbedingte Unterwerfung der Kontrahenten unter die ortsübliche Festsetzung des Regulirungspreises enthalte, ist Sache der Auslegung und der thatsächlichen Feststellung.

HGB Art. 278, 279, 331, 353, 357 Abs. 3;
Preuß. Einf.-Ges. v. 24. Juni 61 Art. 3 § 3.

2. Börsenamtliche Preisnotirungen haben nach dem HGB an sich nicht den Charakter einer unanfechtbaren, den Beweis einer Unrichtigkeit ausschließenden Festsetzung. Sie liefern nur einen Prima-facie-Beweis, widerlegbar durch Gegenbeweis.

3. Art. 353 HGB enthält, sofern er die Nachweisbarkeit der Unrichtigkeit ortsüblicher Preisfeststellungen hervorhebt, den Ausdruck einer allgemeinen Regel, nicht eine Ausnahme für den dort vorausgesetzten besonderen Fall.

Zwischen den Parteien ist zu Königsberg i. Pr. ein Börsen-Fixgeschäft in Roggen geschlossen worden. Stichtag war der 31. Juli 69. Verkäufer hat nicht geliefert; Käufer fordert daher den Betrag, um welchen der offiziell publizirte Königsberger Tageskurs von Terminsroggen den bedungenen Kaufpreis überstieg. Nach dem Schlußschein ist die Waare unter den am Orte bestehenden Handelsgebräuchen und gewissen allgemeinen (börsenüblichen) Bedingungen verkauft worden.

Nach § 12 der letzteren durfte Kläger „den für den Stichtag gemäß § 4 festzustellenden Regulirungspreis liquidiren"; § 4 aber bestimmte: „am Stichtage erfolgt die Feststellung des Regulirungspreises durch die vom Vorsteher-Amt der Kaufmannschaft ernannten Börsen-Kommissarien." Nach der Königsberger Börsen-Ordnung v. 12. Sept. 65 (§ 7 und 8) hat der Börsen-Kommissar, nach Anhörung der Makler, den Tagespreis zu ermitteln und festzustellen, die festgestellten Kurse und Preise aber, in Gegenwart der Makler, ins Börsenbuch einzutragen; „die im Börsenbuch notirten Kurse und Preise gelten (nach § 9) als Markt- und Börsenpreis."

Der 31. Juli 69 war als Stichtag für viele und sehr bedeutende Spekulationsgeschäfte bestimmt; es wurden daher für diesen Tag in Königsberg ausnahmsweise 3 Kommissare zur Feststellung des Regulirungspreises ernannt. Dieselben — L., R. u. G. — traten auch am Schluß der Börse zusammen, konnten sich aber über einen bestimmten Kurs nicht einigen; Einer der Kommissare (G.) protestirte dabei gegen die Auffassung der beiden Anderen, ward für überstimmt erklärt und entfernte sich, ohne der Preisnotirung beizuwohnen. L. u. R. nahmen nun 90 Sgr. als Regulirungspreis an, trugen den Betrag ins Börsenbuch ein und ihre Notirung ward in ortsüblicher Weise publizirt. Der Kommissar G. legte alsbald gegen diese Feststellung Verwahrung ein, auch protestirten mehrere betheiligte Firmen gegen die erfolgte Notirung; das Vorsteheramt der Kaufmannschaft erklärte sich außer Stande, eine Aenderung eintreten zu lassen.

Beklagte erkennt hienach den vom Kläger liquidirten Satz von 90 Sgr. als maaßgebend nicht an. Es ist deshalb über die effektiven Tagespreise kontraktlicher Locowaare sowie über den Preis von Terminswaare per 31. Juli Beweis erhoben worden, worauf die Richter I. und II. Instanz $62^2/_3$ Sgr. als wahren Durchschnittspreis, zu welchem kontraktliche Locowaare am Stichtage in Königsberg wirklich gehandelt worden, festgestellt und danach die Differenzforderung der Klägerin ermäßigt haben. Die Nktbschw. der Klägerin wird zurückgewiesen.

Gründe*:

Zuvörderst können alle diejenigen Rügen dahin gestellt bleiben, welche darauf abzielen zu zeigen, daß der Appellrichter irrthümlich angenommen habe, die Feststellung des Regulirungspreises v. 31. Juli 69 sei nicht formell-giltig zu Stande gekommen. Allerdings hat der Appellrichter diese Ansicht ausgesprochen und sie auf die Thatsachen gestützt, daß eine Uebereinstimmung der drei Kommissarien nicht erzielt, ein Ueberstimmen des Dissentirenden von der Majorität durch die Instruktion der Kommissarien nicht statuirt und die Eintragung im Börsenbuch vom Kommissar G. nicht vollzogen sei. Aber er hat hinzugefügt, man könne von einer näheren Erörterung des Verfahrens der Kommissarien absehen, weil die Feststellung des eingetragenen Regulirungspreises auf materiell-unzulässigen Voraussetzungen beruhe. Die Hervorhebung des formellen Mangels also ist ihm nur ein Nebengrund, und dessen Irrigkeit würde nur dann in Frage kommen, wenn es der Nktbschw.

* Wörtlich gleichlautend ist das Erk. v. 26. März 72 in Nktbschw.-Sachen der Gebr. Frommer ./. B. Grun u. Gen. (Nr. 719 v. 71) motivirt.

gelungen wäre, den Hauptgrund, nämlich die objektive Unrichtigkeit der Feststellung zu beseitigen.

Dies aber ist nicht der Fall.

Im Eingang der vom Appellrichter gegebenen „Beurtheilung" des Falles sind die entscheidenden Bestimmungen der den Schlußscheinen beigefügten „Bedingungen", namentlich der §§ 12 und 4, ferner des § 9 der Königsberger Börsenordnung wörtlich mitgetheilt; auch ist erwähnt, daß nach Art. 3 Nr. 3 des preuß. Einf.-Ges. zum HGB v. 24. Juni 61 in den Börsenordnungen die Art der Feststellung und Veröffentlichung der laufenden Kurse und Preise vorzuschreiben sei. Aus jenen Bestimmungen entnimmt sodann der Appellrichter, daß die Kontrahenten vertragsmäßig **nicht** festgesetzt hätten, es sei der von den Börsenkommissarien festgestellte Regulirungspreis von ihnen unbedingt als maaßgebend anzuerkennen, er folgert vielmehr aus den §§ 13 und 17 der „Bedingungen", in welchen für andere Fälle den Börsenvorstehern bzw. ihren Kommissarien endgiltige Entscheidung übertragen wird, daß eine „solche Abrede" nicht in der Absicht der Kontrahenten gelegen habe. Er fügt hinzu, daß es einer ausdrücklichen Bestimmung bedurft hätte, um die Anfechtbarkeit jener Feststellung des Regulirungspreises auszuschließen; den Börsenkommissarien nämlich sei weder eine richterliche Kognition noch eine gutachtliche, lediglich subjektive Werthschätzung zugewiesen, vielmehr fungirten sie als Organe des Handelsstandes nach Art von Urkundszeugen. Die Anfechtung ihrer Preisfeststellung sei hienach unbedenklich zuläßig, wie dies auch aus Art. 353 HGB folge.

Die angefochtene Argumentation beruht also vorab auf dem Inhalt der Vereinbarung der Kontrahenten; der Appellrichter versteht diesen dahin, daß die Parteien nicht den Willen gehabt hätten, sich der Feststellung der Regulirungs-Kommissarien mit Ausschluß der Anfechtung zu unterwerfen.

Wenn dieser Auffassung die Nichtigkeitsbeschwerde zunächst ihr abweichendes Verständniß der §§ 12 und 4 der „Bedingungen" sowie der §§ 8 und 9 der Börsenordnung entgegenstellt: so ist solche widersprechende Auslegung für die Nichtigkeitsinstanz werthlos. Für diese bleibt es bei dem vom Appellrichter festgestellten Thatbestande der Vereinbarung, so lange letzterer nicht durch wirksamen prozessualen Angriff oder durch Aufzeigung eines rechtsgrundsätzlichen Verstoßes beseitigt ist. [Vgl. oben S. 42]

In dieser Beziehung rügt die Nktbschw. eine Wortwidrigkeit [Rspr. B. I S. 396 unter b. 1] . . . Sie behauptet jedoch selbst nicht, daß die „Bedingungen" mit ausdrücklichen Worten die Anfechtung ausschließen; gegen ihren Wortlaut also kann nicht verstoßen sein.

Hat sich aber der Appellrichter auf die „als Bedingungen" formulirten Gebräuche der Königsberger Börse und auf den von ihm ermittelten Willen der Kontrahenten gestützt: so hat er eben gethan, was nach Artt. 1, 278, 279 HGB seines Amts war; er kann also diese Artikel durch seine Entscheidung nicht verletzt haben.

Es scheint jedoch die Nktbschw. die Verletzung jener Bestimmungen hauptsächlich in dem Sinne haben rügen zu wollen, als ob § 9 der Königsberger Börsenordnung als ortsgesetzlich-fixirter Handelsgebrauch die Kontrahenten der Feststellung des Regulirungspreises schlechthin und ohne Anfechtungsrecht unterwerfe, — wie denn auch diese Auffassung von der Nktbschw. in weitläufiger Ausführung vertreten und nebenher die Verletzung jenes § 9 gerügt ist. Allein wenn auch jener Bestimmung des § 9:

> „die im Börsenbuch notirten Kurse und Preise gelten als Markt- und Börsenpreise"

der behauptete Sinn zukäme: so würde doch keine Vorschrift derselben die Kontrahenten im Einzelfalle hindern, die Anfechtbarkeit der Preis-Notirung zuzulassen. Und daß der Wille der Kontrahenten in vorliegendem Falle dahin gegangen ist, sich der Feststellung des Regulirungspreises nicht schlechthin zu unterwerfen, steht nach Obigem für die Nichtigkeits-Instanz fest.

Es kann aber der börsen-amtlichen Preisnotirung, beim Mangel ausdrücklicher Ausschließung der Anfechtbarkeit, überhaupt nicht die Bedeutung beigelegt werden, für die Betheiligten eine durch den Beweis der Unrichtigkeit nicht zu entkräftende Festsetzung zu sein. Will man auch den amtlichen Preis- und Kurs-Notirungen nicht die geringe Zuverlässigkeit nachsagen, welche bei der Berathung des HGB so stark betont wurde: so kann ihnen doch, nach dem Resultat dieser Berathung und der Natur der Sache, nur die Bedeutung eines prima-facie-Beweises zukommen — widerlegbar durch Gegenbeweis nicht nur wegen dolus, Versehen, Schreibfehler, sondern auch wegen objektiver Unrichtigkeit.

Vgl. Prot. S. 110 — 112, 667, 669, 1394 — 1399, 4572, 4573. (Preuß. Entw. Artt. 64, 270; Entwurf I. Lesung Art. 296; II. Lesung 288, 330)
v. Hahn Komm. (I. Ausgabe) B. I S. 119 bis 121, 261;
Goldschmidt Handbuch B. I S. 589, 591 bis 594.

Allerdings ist die Nachweisbarkeit der Unrichtigkeit der Preisnotirungen ausdrücklich nur im Art. 353 HGB hervorgehoben, allein nicht als eine Ausnahme für den dort vorausgesetzten besonderen Fall, sondern als Ausdruck einer allgemeinen Regel.

Daß nun mit dem § 9 der Königsberger Börsenordnung ausnahmsweise die Anfechtung der Preisfeststellung habe ausgeschlossen werden sollen, ist nicht ersichtlich, und daß für diese Ausschließung in Königsberg ein Handelsbrauch bestehe, ist nicht behauptet. — Es ergiebt sich, daß der Appellrichter, indem er einen ausdrücklichen Ausschluß der Anfechtung in den Kontraktsbedingungen für erforderlich erachtete, aber vermißte und die Anfechtbarkeit auch aus Art. 353 HGB folgerte, gegen diesen Artikel und die Artt. 1, 278, 279 HGB nicht verstoßen haben kann.

War aber der Nachweis der Unrichtigkeit der Feststellung v. 31. Juli 69 zulässig, so mußte der Appellrichter auch auf die Prüfung der von der Bekl. in dieser Richtung vorgetragenen Thatsachen eingehen. Der Vorwurf einer Kompetenzüberschreitung hat daher hier keinen Sinn.

Den Art. 357 HGB ferner hat der Appellrichter nur insofern erwähnt, als er findet, daß § 12 der „Bedingungen" vom Abs. 3 desselben Abweichendes nicht bestimme, nämlich gleichfalls dem Käufer die Differenz zwischen dem Kaufpreise und dem Markt- und Börsenpreise zur Zeit der geschuldeten Lieferung (am Stichtage) zuspreche. Er entnimmt hieraus, daß der Regulirungspreis mit dem Börsendurchschnittspreis zusammenfalle. Hiedurch ist Art. 357 keineswegs verletzt.

In Ansehung der „Durchschnittsberechnung" (der Berechnung des Durchschnittspreises am Stichtage) hat sich der Appellrichter der von ihm als sachgemäß bezeichneten Beweiswürdigung des I. Richters angeschlossen; dabei ist besonders erörtert, weshalb die (erwiesenen) Verkäufe verhältnißmäßig geringer Quantitäten dennoch maaßgebend, und daß dieselben (nach den Zeugnissen der Makler) über „kontraktgemäße" Waare abgeschlossen sind, für die Börsenpreis-Ermittelung aber unerheblich bleibe, daß bei der Erfüllung sich die Waare möglicher Weise als nicht kontraktgemäß erwiesen haben könne. Auch hiedurch ist gegen die als verletzt bezeichneten Artikel des HGB [namentlich 279, 331, 357] nicht verstoßen; denn in jenen Artikeln ist über die Grundsätze, nach denen der Durchschnittspreis eines Stichtags zu ermitteln, nichts zu finden.

Nr. 39.

I. Senat. — Erkenntniß v. 26. März 72. (Ref.)

A. E. Krieger ./. W. Jolitz (Nr. 761 v. 71).

Preußen. **Revision.**

I. Instanz: Kreisgericht Memel,
II. Instanz: Ostpreuß. Tribunal zu Königsberg.

Maschinenlieferung. Mängel der Maschine, Rügefrist, Schadenersatz.

1. Welchen Charakter hat ein Vertrag über Anfertigung (Herstellung) und Lieferung einer zu gewissen Zwecken bestimmten Dampfmaschine, geschlossen im Geltungsbereich des ALR?

Vgl. Rspr. II S. 199 ff.

2. Welche Rechte stehen dem Besteller eines Werks nach ALR zu, wenn dieses sich als fehlerhaft oder untüchtig herausstellt?

ALR Th. I Tit. 5 § 319 ff., Tit. 11 § 943 ff.

3. Binnen welcher Frist verjährt die betreffende Klage des Bestellers (actio locati) nach ALR?

4. Die §§ 320 bis 322 ALR I. 5 sind in die Lehre von der Gewährleistung eingeschoben, nicht um die von ihnen geregelten Fälle den Grundsätzen von der Gewährleistung zu unterwerfen, sondern umgekehrt, um sie den gesetzlichen Vorschriften über Gewährleistung zu entziehen.

§ 320 insonderheit bezieht sich überall nicht auf die Gewährleistung (im Sinne der §§ 325 ff. ALR I. 5); er begreift einen Fall, in welchem Verschulden des Gegenkontrahenten (nicht Gesetz oder Zusage) den Anspruch begründet und dieser Anspruch auf Schadenersatz nach dem Maaß der Verschuldung (§ 285 ff. ALR I. 5) geht. Der Fall des § 320 ist daher nicht unter den der kurzen Verjährungsfrist der §§ 343, 345 ALR I. 5 unterworfenen „Rechten" begriffen.

5. Welche Bedeutung hat bei der Werkverdingung eine vertragsmäßige, auf eine bestimmte Frist erstreckte Garantie für sich herausstellende Mängel des gelieferten Werks?

6. Die (im öffentlichen Interesse erforderliche) polizeiliche Genehmigung zur Inbetriebsetzung einer Dampfmaschine mindert die privatrechtliche Verantwortlichkeit des Fabrikanten in keiner Weise.

Preuß. Ministerial-Erlaß v. 20. Juni 65 (Ministerialblatt für die innere Verwaltung, 1865 S. 185).

7. Beispiel der Beurtheilung einer mangelhaften Dampfschiffs-Maschine sowie der Schadenersatzpflicht des Fabrikanten.

Kläger fordert Bezahlung eines dem Beklagten von Frankfurt a. O. nach Memel für das Schiff „Memel I" gelieferten Dampfmaschinen-Apparats. Beklagter erhebt wegen verschiedener Mängel des Werks Wiederklage auf Schadenersatz. Das OHG hat, als Revisionsrichter, das I. dem Bekl. günstige Urtel hergestellt.

Entscheidungsgründe:

Für ein betrügerisches oder auch nur vorsätzlich rechtswidriges Verfahren des Klägers liegt hier keinerlei Anhalt vor . . .

Gleichwohl greift der Einwand der Verjährung, auf Grund dessen der Appellrichter die Wiederklage zurückgewiesen hat, nicht durch.

Inhalts der Klagebeantwortung ist am 15. Juli 64 das Werk — eine Dampfmaschine nebst Kessel — in „Betrieb gesetzt" worden; in der Berufungsgegenschrift dagegen ist als Lieferungstag der Maschine der 20. Juli 64 bezeichnet, und damit stimmt auch die klägerische Rechnung überein . . Die Wiederklage auf Ersatz des durch die Mängel des Kessels erwachsenen Schaden ist erst am 24. Juni 66 eingereicht. Unterläge somit dieser Ersatzanspruch der sechsmonatigen Verjährung des HGB Art. 349 oder der sechsmonatigen Garantiefrist des Vertrages v. 25. Nov. 63 oder endlich der sechsmonatigen Verjährungsfrist des § 343 ALR I. 5: so wäre er erloschen. Das erste behauptet Kläger, das zweite nimmt anscheinend der Appellrichter an.

Die erste Behauptung ist ungegründet. Allerdings bezeichnet sich der Vertrag als „Lieferungsvertrag", und es ist über denselben ein „Schlußschein" ausgestellt. Indessen nach dem Kontext des Vertrages verpflichtet sich der Fabrikant J. [Kläger] zur „Anfertigung" einer Dampfmaschine nebst Kessel u. s. w. Die der Klage zu Grunde liegende Rechnung ergiebt, daß es sich nicht sowohl um das „Beschaffen" einer Sache, als vielmehr um die Herstellung und Vergütung von Arbeitsprodukten handelt. Ein solcher Vertrag ist kein „Lieferungsvertrag" im Sinne des ALR Th. I Tit. 11 § 981; er ist aber auch, worauf es hier allein ankommt, weder ein „Kauf" im Sinne des preuß. Rechts, noch auch ein nach den Bestimmungen des HGB über den Kauf zu beurtheilendes Handelsgeschäft — HGB Art. 338 —, da seinen Gegenstand nicht die Lieferung einer Quantität vertretbarer Sachen bildet, sondern die Herstellung einer Dampfmaschine nebst Zubehör für ein individuell bestimmtes Schiff, somit die Anfertigung eines durchaus eigenartiges Werks. Wenngleich Handelsgeschäft — HGB Art. 271 Nr. 1, Art. 273 Nr. 1 u. 2, Art. 4 — unterliegt demgemäß solcher Vertrag nicht den nur auf den Kauf bezüglichen Artt. 347, 349 HGB, sondern, da das HGB über derartige Handelsgeschäfte keine einschlägigen Vorschriften enthält, nach Art. 1 lediglich den Grundsätzen des bürgerlichen Rechts, somit den §§ 925 ff. ALR I. 11 über die Werkverdingung.

Vgl. Erk. des OHG v. 12. Mai 71 (Rspr. II S. 199 ff.), auch Strieth. Arch. B. 73 S. 274,

B. 74 S. 220, Entsch. des preuß. OTr. B. 62 S. 77 ff.

Auch die zweite, vom Appellrichter vertretene Annahme ist nicht gerechtfertigt.

Der Schlußschein v. 25. Nov. 63 bestimmt wörtlich:

„Ferner verpflichtet sich [Kläger] für vorstehende Arbeiten sechs Monate, vom Tage der Inbetriebssetzung an gerechnet, in der Weise zu garantiren, daß er jeden durch seinen oder seiner Leute Schuld entstandenen Schaden bzw. Versehen unentgeltlich wiederherstellt."

Hierin findet der Appellrichter „eine vertragsmäßige Festsetzung der Verjährungsfrist für Verschuldungen bei Erfüllung des Vertrages", welche nach Art. 317 HGB nicht der im § 566 ALR I. 9 vorgeschriebenen gerichtlichen Verlautbarung bedurft habe. Der Ablauf jener Garantiefrist befreie den Kläger von seiner Verantwortlichkeit und präkludire den Bekl. mit seinen Ansprüchen. Freilich legt der Richter bei der nunmehrigen thatsächlichen Prüfung das entscheidende Gewicht nicht darauf, daß die Schadenersatzforderung erst nach Ablauf jener Frist eingeklagt, sondern darauf, daß die eingeklagten Schäden „erst nach Ablauf der sechsmonatigen Verjährungsfrist konstatirt sind," und es bleibt hienach unklar, ob er die Garantiefrist als Verjährungsfrist oder als bloße Anzeigefrist hat auffassen wollen.

Die letztere Annahme entspricht am meisten den Worten des Schlußscheins, wie der vermuthlichen Intention der Betheiligten. Unzweifelhaft sollte danach die Abnahme und Benutzung des Werks nicht für eine, jeden Anspruch des Bestellers ausschließende, Billigung erachtet, vielmehr jeder innerhalb der Garantiezeit angezeigte, wenngleich früher erkennbare Fehler wie ein heimlicher Mangel angesehen werden. Dieser Erweiterung der

Haftpflicht korrespondirte dann die Beschränkung, daß lediglich die innerhalb der Garantiefrist angezeigten Mängel, wenn gleich erst später entdeckt und erkennbar, vertreten werden sollten. So scheint Beklagter selber den Vertrag verstanden zu haben, wenn er im Briefe v. 15. Dez. 64 schreibt: „— zeige ich hiemit an, daß ich bei Ablauf der Garantiezeit der von Ihnen gefertigten Maschine .... behufs Feststellung etwaiger Schäden dieselbe durch einen Sachverständigen habe besichtigen lassen und überreiche Ihnen anliegend das Protokoll über die Besichtigung". Haftung für Arglist war dadurch selbstverständlich nicht ausgeschlossen; ja es steht dahin, ob nicht jede durch ein Verschulden des Klägers veranlaßte Unkenntniß des Bekl. der Berufung des Klägers auf den Ablauf der vertragsmäßigen Anzeigefrist entgegenstand.

ALR Th. I Tit. 4 § 81, 82; Tit. 5 § 329;
Gruchot Beiträge zur Erläuterung des preuß. R. B. XIII S. 42 ff.

Indessen erscheint, auch bei der dem Bekl. ungünstigsten Auffassung, dessen Anspruch durch unterlassene Anzeige nicht verwirkt. In dem mittelst Schreibens v. 15. Dez. 64, somit rechtzeitig, übersendeten Gutachten des Technikers G. v. 13. desselben Monats heißt es:

„Die Rohrwand in der Feuerbuchse des Dampfkessels zeigt an verschiedenen Stellen durch Feuer aufgetriebene Blasen, welche durch Abmeißeln zum Theil entfernt sind. Wie weit sich diese unganzen Stellen erstrecken, ist gegenwärtig nicht genau zu bestimmen; da sich aber derartige schadhafte Stellen zwischen den Rohröffnungen befinden, so wäre es für sicheres Dichten der 64 eingezogenen Röhren erforderlich, dies durch stählerne Brandringe zu bewirken."

Rechtzeitig angezeigt war somit die Undichtigkeit des Kessels, das Vorhandensein unganzer und schadhafter

Stellen. Eine weitere Spezialisirung lag dem Bekl. nicht ob, zumal solche ohne Oeffnung des Kessels nicht bewirkt werden konnte, ja die einzelnen Mängel vielleicht erst durch weiteren Gebrauch sich herausstellen mochten. Sache des Klägers war es nunmehr, der Undichtigkeit dauernd abzuhelfen. Ob er die von G. vorgeschlagenen Reparaturen hat ausführen lassen, ist unerheblich, sofern durch solche die Undichtigkeit nicht beseitigt wurde. Wenn nun die gegenwärtige Schadenersatzklage gerade auf die Undichtigkeit des Kessels gestützt ist, deren Grund theils in schlechtem Material, theils in fehlerhafter Konstruktion liegen soll: so kann derselben nicht mit dem Appellrichter entgegen gehalten werden, daß die im Dez. 64 hervorgetretenen Mängel beseitigt und nicht Gegenstand der vorliegenden Forderung seien.

Eine Verjährungsfrist aber ist im Schlußschein nicht enthalten. Nicht jede Garantiefrist schließt eine Verjährungsfrist in sich.

Goldschmidt Ztschr. für HR B. XV S. 320 ff.

Daß nach Ablauf von 6 Monaten die Klage auf Schadenersatz, ja auch nur auf die erforderlichen Reparaturen ausgeschlossen sein solle, ist nicht bedungen, und ein solcher Wille der Parteien darf nicht supplirt werden.

Mit größerem Recht dürfte die Frage aufgeworfen werden, ob nicht umgekehrt durch den Vertrag die gesetzliche Verjährungsfrist des § 343 ALR I. 5 hat ausgeschlossen oder doch deren Beginn auf den Ablauf der Garantiefrist verlegt werden sollen, endlich ob die aus einem die gesetzlichen Verpflichtungen erweiternden Garantievertrage entspringenden Forderungen nicht lediglich der dreißigjährigen Verjährung unterliegen. Einer Entscheidung dieser Frage bedarf es jedoch nicht. Beklagter hat seine Widerklage weder auf den Garantievertrag gestützt, noch nachträgliche Instandsetzung des Kessels gefordert, noch hat er die Wandelungs- oder Preisminderungsklage, sondern die Schadenersatzklage wegen Mangelhaftigkeit des gelieferten Dampfkessels angestellt und seinen Anspruch auf Verschulden des Klägers gestützt.

Diese Klage ist an sich statthaft. Der Besteller eines Werks ist bei Untüchtigkeit oder Fehlerhaftigkeit desselben befugt, vom Vertrage abzugehen, bzw. Preisminderung zu begehren oder Schadenersatz zu fordern; ob er verpflichtet oder auch nur berechtigt ist, eine der Vereinbarung entsprechende Neuherstellung oder Umarbeitung zu verlangen, kann dahin gestellt bleiben.

Auf dieses Recht hat er auch durch den Vertrag nicht, oder doch nur für die Dauer der Garantiefrist, verzichtet. Ebensowenig hat er sein Recht durch Billigung verloren. Noch innerhalb der Garantiefrist hat er die Mangelhaftigkeit des Kessels gerügt; der späteren Anzeige v. 25. Nov. 65, nachdem sich die völlige Unbrauchbarkeit des Kessels herausgestellt hatte, bedurfte es zur Erhaltung seiner Ansprüche nicht mehr.

Verjährt aber ist die Schadenersatzklage nicht.

Nach gemeinem Recht unterliegt die actio locati des Bestellers auf Schadenersatz nur der dreißigjährigen Verjährung, und eine andere Klage steht demselben bei vertragswidriger oder fehlerhafter Ausführung nicht zu. Die 30jährige Frist bildet die Regel auch des preußischen Rechts, sofern nicht die Gesetze „ausdrücklich eine andere Frist bestimmen"; § 546 ALR I. 9. Solche Bestimmung findet sich im Abschnitt von Verträgen über Handlungen, ALR Th. I Tit. 11 § 829 ff. nicht; nur für Bauten ist festgestellt, daß die Haftung des Baumeisters wegen solcher Fehler, die aus der Bauart und Nichtbeobachtung der Kunstregeln entstanden sind, 3 Jahre nach der Uebergabe, wegen solcher Fehler hingegen, welche in der schlechten Beschaffenheit der Materialien ihren Grund haben, die gewöhnliche Verjährungsfrist, somit 30 Jahre, währt; ALR I. 11 § 968, 969. Unzweifelhaft jedoch unterliegt der Werkverdingungsvertrag den im Landrecht (abweichend vom gemeinen Recht) aufgestellten allgemeinen Grundsätzen von der Gewährleistung (ALR I. 5 § 317 bis 348, vgl. Th. I Tit. 11 § 135 bis 241 und wenngleich mit einzelnen Modifikationen: ALR I. 11 § 943 bis 953). Zur Gewährleistung rechnet das ALR anscheinend auch die Schadenersatzpflicht wegen Mangelhaftigkeit, da § 319 Th. I Tit. 5 dem Geber auferlegt, die bei der Sache gewöhnlich vorausgesetzten und die im Kontrakt ausdrücklich vorbedungenen Eigenschaften zu „vertreten", und da § 320 fortfährt:

> „Liegt an dem Geber die Schuld, daß sich der Empfänger der gegebenen Sache nach der Natur und dem Inhalt des Vertrages nicht bedienen kann, so muß er den Empfänger schadlos halten (§ 285 bis 291)".

Wenn nun § 343 mit dem Marginale: „Zeit, binnen welcher die Gewährleistung gefordert werden muß" bestimmt, daß der Uebernehmer einer Sache die Rechte, welche ihm wegen natürlicher, die Sache selbst betreffender Fehler zukommen, bei beweglichen Sachen innerhalb 6 Monaten nach Empfang der Sache ausüben muß, und nach § 345 sein Recht verloren geht, wenn er diese Frist verstreichen läßt, ohne die Klage wider den Geber gerichtlich anzumelden: so unterliegt anscheinend auch die Schadenersatzklage wegen Mangelhaftigkeit der kurzen Verjährungsfrist des § 343.

Indessen ist in der Praxis des preuß. OTr. überwiegend die Ansicht zur Geltung gelangt, daß die Verjährungsbestimmungen der §§ 343 bis 345 ALR I. 5 nicht zu den generellen, die Gewährleistung in ihrem ganzen Umfang betreffenden Vorschriften zählen, daß es vielmehr Fälle der Gewährleistung im Sinne der § 317 ff. des Tit. 5 giebt, welche durch § 343 bis 345 nicht gedeckt werden;

Entsch. des OTr. B. 15 S. 11, B. 55 S. 19 ff., B. 64 S. 12;

Strieth. Arch. B. 24 S. 368 ff.;

vgl. auch Präjudizien des OTr. Abth. I S. 17 (Präj. Nr. 345);

und es ist namentlich anerkannt, daß die auf Verschulden des Gebers gestützte Schadenersatzklage wegen Mangelhaftigkeit der kurzen Verjährung des § 343 nicht unterliegt.

Urtel v. 17. Dez. 59 (Strieth. Arch. B. 32 S. 268 ff.), v. 18. Mai 65 (daselbst B. 59 S. 169, 170), v. 10. Jan. 67 (daselbst B. 67 S. 20), vgl. auch das Urtel v. 28. Juni 64 (Entsch. B. 52 S. 20 ff.) und Neues Arch. für preuß. R. von Sommer und Böle B. XIII S. 578 ff.

Dieser Ansicht haben sich Förster (Theorie und Praxis des preuß. Privatrechts I § 85) und neuerdings auch C. F. Koch, welcher früher die kurze Verjährung nur beim dolus des Gebers versagte, angeschlossen (vgl. Recht der Forderungen II § 130, Lehrbuch des preuß. Privatrechts I § 566 und Kommentar zum ALR 5. Auflage n. 62 zu Th. I Tit. 5 § 320).

Von dieser Auffassung abzugehen, liegt um so weniger Anlaß vor, als ihr gewichtige, äußere und innere Gründe zur Seite stehen.

Aus den Vorarbeiten des ALR —

Bornemann systematische Darstellung des preuß. Civilrechts, 2. Auflage, B. II S. 341 bis 343, 348;

OTr. Entsch. B. I S. 121, Anmerkung 2; B. XV S. 12 ff.;

Suarez' Schlußrevision, v. Kamptz Jahrbücher B. 41 S. 5;

vgl. „Entwurf eines allgemeinen Gesetzbuchs für die

preuß. Staaten Th. II (1787) Tit. II § 232 bis 249 —

ergiebt sich, daß die Schadloshaltung wegen Schuld des Gebers nicht nach den Grundsätzen der Gewährleistung beurtheilt werden sollte. So wurde die Hinweisung auf die Grundsätze von der praestatio culpae im § 246 (nicht, wie Bornemann angiebt, § 236) des Entwurfs Th. II Tit. 2, jetzt § 333 — 336 Tit. 5 gestrichen; auf das Monitum, daß wenn der Geber in dolo oder culpa lata sei, die Wandelungsklage unbedingt freistehen müsse, erwiderte Suarez, daß dieser Fall gar nicht hieher, sondern zu § 251 ff. des Entwurfs (ALR I. 5 § 349 ff.) gehöre; zu § 235 des Entwurfs (§ 320 Tit. 5) wurde die Verweisung auf die allgemeinen Prinzipien vom Schadenersatz wegen Verschuldung: § 285 ff. Tit. 5 (Entwurf § 195 ff.) beigefügt. Endlich zeigt zwar die Bemerkung von Suarez in der Schlußrevision, daß man bezweckte, die Grundsätze des römischen Rechts über die ädilitischen Klagen zu vereinfachen, auch deren Anwendungsgebiet der damaligen Praxis entsprechend zu erweitern; aber es findet sich keine Andeutung, daß man das ganze Recht der Kontraktsklagen (actio emti, locati ꝛc.) im Recht der „Gewährleistung" habe aufgehen lassen wollen. Hiegegen sprechen folgende, für sich entscheidende Umstände. Ueberall, wo Mängel einer Sache, gleichviel ob physische (§ 343 Tit. 5) oder rechtliche (§ 344 Tit. 5) in Frage kommen, sind — ohne Unterschied, ob die Vertretung nur auf das Gesetz (§ 329) oder auf den Vertrag (§ 325), oder auf beides (§ 318, 319 Tit. 5) gestützt wird — neben der prinzipalen Kontraktsklage auf nachträgliche Gewährung der fehlenden Eigenschaften (§ 325, 326 Tit. 5) die beiden ädilitischen Klagen, welche von den das gleiche Ziel der Wandelung oder Preisminderung verfolgenden Kontraktsklagen des römischen Rechts nicht weiter gesondert sind, mit ihren gleichmäßig normirten kurzen Verjährungsfristen (§ 326, 328, 331, 334, 335, 343 bis 345) anwendbar. Ihre Voraussetzung ist (wie im gemeinen Recht) nicht Schuld, sondern Gesetz oder Vertrag.

Koch Recht der Forderungen II § 128; Komm. zum ALR Th. I Tit. 5 § 320 n. 62, 65 a (5. Auflage);

Plathner Geist des preuß. Privatrechts B. I S. 212, 214;

Gruchot Beiträge II S. 308;

Förster Theorie und Praxis I § 85;

Strieth. Arch. B. 32 S. 268 ff.

Ob auch die Kontraktsklage auf nachträgliche Gewährung (Th. I Tit. 5 § 325) der gleichen kurzen Verjährungsfrist unterliegt, kann dahin gestellt bleiben. Die nach römischem Recht wegen Mangels zugesagter Eigenschaften ohne Rücksicht auf die Schuld des Promittenten statthafte Kontraktsklage auf das Interesse kennt das preuß. Recht nicht*; vertretbare Schuld des Promittenten dagegen verpflichtet auch nach preuß. Recht zum Schadenersatz, und die darauf gerichtete Kontraktsklage (§ 320 Tit. 5) gehört nicht zu den nur innerhalb der kurzen Verjährungsfrist auszuübenden Rechten. Die §§ 320 bis 322 Tit. 5 sind in die Lehre von der Gewährleistung eingeschoben, nicht um die von ihnen geregelten Fälle den Regeln von der Gewährleistung zu unterwerfen, sondern umgekehrt, um sie den gesetzlichen Vorschriften von der Gewährleistung zu entziehen. So fällt nach § 321, 322 Tit. 5 die Vertretung nach den Grundsätzen der Gewährleistung fort, falls den Empfänger eine Schuld trifft oder falls ein Zufall nach der Uebergabe den gehörigen Gebrauch verhindert, und ebenso ist umgekehrt, nach § 320, der Empfänger bei Schuld des Gebers auf die Rechte aus der Gewährleistung

* Vgl. Rspr. III S. 188, IV S. 205, V S. 313.

nicht beschränkt, darf vielmehr Schadenersatz nach den allgemeinen, hier ausdrücklich allegirten Vorschriften der § 285 ff. Tit. 5 begehren. Es darf somit aus § 320 (im Widerspruch mit den anderweitigen Bestimmungen der § 317 ff.) weder gefolgert werden, daß die Gewährleistungspflicht ein Verschulden des Gebers voraussetze, noch auch nur, daß der Umfang der Verschuldung den Umfang der Gewährleistungspflicht bestimme. Vielmehr bezieht sich § 320 überall auf die Gewährleistung im Sinne der § 325 ff. nicht, er begreift einen Fall, wo nicht Gesetz oder Zusage, sondern Verschulden den Anspruch begründet, und dieser Anspruch nicht der allein gleichmäßig geregelte auf nachträgliche Gewährung, Wandelung oder Minderung ist, sondern auf Schadenersatz nach dem Maaß der Verschuldung geht. Er kann daher unter den der kurzen Verjährungsfrist unterworfenen „Rechten" (§ 343, 345 Tit. 5) nicht begriffen sein.

Der hienach nicht verjährte Anspruch des Beklagten auf Schadenersatz ist thatsächlich wie rechtlich begründet.

Nach den zunächst maaßgebenden Vorschriften des HGB hatte Kläger bei Anfertigung des Dampfkessels die Sorgfalt eines ordentlichen Kaufmanns anzuwenden und steht bei Schadenersatzpflicht für das volle Interesse ein; HGB Art. 282, 283. Zu gleichem Ergebniß führen in vorliegendem Falle die Grundsätze des bürgerlichen Rechts, da der Werkmeister für ein auch nur geringes Versehen einsteht, sofern er entweder gegen die Regeln seiner Kunst verstoßen oder untüchtige Materialien verwendet hat (ALR Th. I Tit. 11 § 954, 956, Th. I Tit. 3 § 22 und 23), und da Kunst- oder Sachverständige im Falle eines auch nur geringen Versehens das volle Interesse, somit allen Schaden und entgangenen Vortheil zu ersetzen haben (ALR Th. I Tit. 5 § 287, 289; Th. I Tit. 6 § 5 bis 7).

Beklagter hat nun eine mindestens fahrlässige Verschuldung des Klägers behauptet. Eine Verschuldung des Letzteren aber würde daraus, daß der gelieferte Kessel gegen die Vereinbarung nicht soviel geleistet habe, wie der Kn.sche, nicht folgen, zumal es an jeder Angabe über Stärke und Konstruktion des Kn.schen Kessels fehlt. Erheblich dagegen ist die Behauptung, daß die Schadhaftigkeit des Kessels, welche zur Außerdienststellung des betr. Dampfschiffs nöthigte, in fehlerhafter Konstruktion und schlechtem Material ihren Grund gehabt habe.

Es muß auch [nach den Ergebnissen der stattgehabten Beweisaufnahme] die fehlerhafte Konstruktion des Kessels und daß diese schon für sich die Schadhaftigkeit des Kessels herbeigeführt hat, für vollständig erwiesen gelten; AGO Th. I Tit. 13 § 10 Nr. 7; Th. I Tit. 14 § 60. Es kommt daher auf die weiter behauptete schlechte Beschaffenheit des Kesselmaterials — worüber zwei Gutachten sich direkt entgegenstehen und Kläger einen umfassenden Gegenbeweis angetreten hat — nicht weiter an. Ob aber bei der polizeilichen Revision der Kessel die gesetzlich bestimmte Wasserdruckprobe ausgehalten hat, ist gleichgiltig, da durch diese Thatsache das Vorhandensein von nachtheiligen Konstruktionsmängeln nicht ausgeschlossen ist und die polizeiliche Genehmigung zur Inbetriebsetzung der Dampfmaschine die privatrechtliche Verantwortlichkeit des Fabrikanten in keiner Weise mindert. Zweck der polizeilichen Prüfung und Genehmigung ist ausschließlich ein öffentlich rechtlicher, der Beginn des Betriebs vor erfolgter Genehmigung ist mit Strafe bedroht,

§ 12 des (preuß.) Gesetzes betr. die Errichtung gewerblicher Anlagen v. 1. Juli 61 (Ges. Sammlung S. 749 ff.);

Regulativ des Ministers für Handel, Gewerbe und

öffentliche Arbeiten v. 31. Aug. 61 (Ministerialblatt für innere Verwaltung v. 1861 S. 176 ff.); auf die Beziehungen zwischen Fabrikant und Besteller hat sie keinen Einfluß. — Im Gegentheil hebt der Cirkular-Erlaß des Ministers für Handel, Gewerbe und öffentliche Arbeiten v. 20. Juni 65 (Ministerialblatt für innere Verwaltung 1865 S. 185) ausdrücklich hervor:

„Die im § 14 des Regulativs v. 31. August 61 angeordnete Prüfung der Dampfkessel mittelst Wassers hat lediglich den Zweck, die gute und dichte Zusammenfügung des Kessels festzustellen. Sie ist weder geeignet, noch dazu bestimmt, die dauernde Widerstandsfähigkeit des Kessels gegen einen bestimmten Dampfdruck in verläßlicher Weise zu konstatiren 2c."

Ebensowenig vermag sich Kläger mit dem Einwand zu schützen, daß die gedachten Regulative dem Verfertiger von Dampfkesseln die Stärke des zu verwendenden Materials und die Konstruktion des Kessels, namentlich die Zahl der Stechbolzen vollkommen überließen. Denn soweit dies der Fall ist, erachteten sie nähere Vorschriften durch das öffentliche Interesse nicht für geboten, ohne überall über die Rechte des Bestellers gegen den Fabrikanten eine Norm aufstellen zu wollen. Ueberdies aber bestimmt § 13 des Regulativs v. 31. Aug. 61:

„Um die Dampfkessel gegen das Zerreißen und Zerspringen durch den Dampfdruck zu sichern, darf zur Fertigung derselben nur gutes Material verwendet werden. Bei allen Dampfkesseln bleibt die Bestimmung der Stärke des Materials dem Verfertiger des Kessels überlassen. Derselbe hat dafür zu sorgen, daß die Wandstärke des Kessels, sowie der Siede- und Feuerröhren, bzw. des Feuerkastens mit Rücksicht auf die etwa vorhandene Verankerung durch Stehbolzen dem beabsichtigten Dampfdruck entsprechend bestimmt, auch jedes Feuerrohr, dessen Durchmesser mehr als vier Zoll beträgt, durch eine angemessene Verstärkung gegen ein Zusammendrücken und Abreißen gesichert werde. In allen diesen Beziehungen, sowie für die Zweckmäßigkeit der gewählten Konstruktion ist der Verfertiger des Kessels verantwortlich."

Endlich hat Kläger behauptet, die Schadhaftigkeit des Kessels habe im Einspritzen von Fettsubstanzen ihren Grund gehabt, und er hat, nachdem der in I. Instanz vernommene Fabrikbesitzer G. nur im Allgemeinen die Schädlichkeit solcher Einspritzungen bestätigt, hierüber in II. Instanz umfassenden Sachverständigenbeweis angetreten. Es fehlt jedoch für die Vernehmung der laudirten Sachverständigen an irgend ausreichender thatsächlicher Grundlage, da selbstverständlich die [vom Bekl. zugestandene] Einbringung einer kleinen Quantität Oel jene zerstörende Wirkung nicht gehabt haben kann. Ferner kann zwar wegen mangelnden Wassers ein Kessel sehr bald durchbrennen, aber Kläger hat nicht einmal behauptet, daß die Schadhaftigkeit des Kessels auf diese Ursache zurückzuführen sei. —

Erscheint hienach der Anspruch des Beklagten gerechtfertigt, so war hinsichtlich der Bemessung der Schadenersatzhöhe durchaus dem I. Richter beizutreten. Die Nothwendigkeit und Verausgabung der Reparaturkosten ist festgestellt. Daß durch die Reparatur der Kessel in einen mit der Zeichnung übereinstimmenden Zustand gebracht, zugleich aber den Mängeln der Zeichnung selber abgeholfen worden ist, gereicht dem Kläger nicht zur Beschwerde. Denn durch Uebersendung der Zeichnung, wenngleich zu nur polizeilichen Zwecken, hatte Kläger anerkannt, daß der Kessel normalerweise der Zeichnung zu entsprechen habe. Beklag=

ter durfte also bei der Reparatur die Zeichnung zu Grunde legen lassen; aber er war selbstverständlich nicht gehalten, die in der Zeichnung selber befindlichen Konstruktionsmängel ausführen zu lassen, da er ein kontraktliches Recht auf ein gut und solide gearbeitetes und betriebsfähiges Werk hatte. Die zur Herstellung des Kessels in betriebsfähigen Stand aufgewendeten Kosten darf Beklagter ersetzt verlangen, und nur diese hat er eingeklagt.

Nicht minder begründet ist der Anspruch auf entgangenen Gewinn in der vom I. Richter zugesprochenen Höhe. Daß Beklagter die Reparatur des lecken Dampfkessels bis zum Schluß der Schifffahrt habe aussetzen sollen, ist ein völlig grundloses Verlangen. Kapitän H. hat bekundet, daß am Schluß des Oktober 64 der Dampfer wegen Schadhaftigkeit des Kessels außer Thätigkeit gesetzt werden mußte. Ein Gutachten ergiebt, daß die ganze innere Feuerkammer des Kessels unbrauchbar war.

Daß ein zur Frachtfahrt bestimmtes Schiff von der Erwerbsgelegenheit Gebrauch macht, ist selbstverständlich — ALR Th. I Tit. 6 § 6 —, und nach den Zeugenaussagen steht fest, daß der betr. Dampfer von Ende Oktober bis zum Schluß der Schifffahrt des Jahres 64 Frachten für drei Doppelreisen von Memel nach Kowno gefunden und daran die Summe von 378 Thalern verdient haben würde.

Nr. 40.

I. Senat. — Erkenntniß v. 26. März 72. (B.)

A. Fürstenwalde ./. Nagel (Nr. 118 v. 72).

Preußen. Wechselsache. Nichtigkeitsbeschwerde.

I. Instanz: Kreisgericht Conitz,
II. Instanz: Appellationsgericht Marienwerder.

Klage des Indossatars, Einwand des Procuragiro. Arglist, Erfolg.

Die Einrede des Wechselschuldners, der Klagewechsel sei dem Kläger nur zur Einklagung

und zu dem Behuf girirt worden, um dem Beklagten die Einwendungen gegen den Giranten abzuschneiden,

ist an sich — wenn nicht unter Darlegung der betreffenden Einwendungen eine rechtswidrige Benachtheiligung des Beklagten behauptet wird — unerheblich.

DWO Art. 10, 36, 82; vgl. Rspr. V S. 55, 302.

Sachverhalt und Entscheidung des OHG:

In I. Instanz ist durch Eid des Bekl. in Gewißheit gesetzt, daß der eingeklagte Wechsel dem Kläger vom letzten Indossanten K. nur zu dem Behuf girirt worden, um ihn einzuklagen und um dadurch dem Bekl. die Einwendungen gegen K. abzuschneiden. Ob und welche Einwendungen dem Bekl. in seinem Verhältniß zu K. zugestanden haben, ist in I. Instanz unermittelt geblieben. Der Appellrichter hat diesen Mangel erkannt und ausgesprochen, daß der eidlich ermittelte Sachverhalt zur Konstatirung eines dolus des Klägers nicht genüge, so lange nicht gleichzeitig feststehe, daß Bekl. durch das beim Erwerb des Wechsels bethätigte Verhalten des Klägers einen wirklichen Vermögensschaden erlitten habe, von dem ohne den Beweis derjenigen materiellen Einwendungen, welche dem Bekl. gegen den Indossanten K. zugestanden haben sollen, nicht die Rede sein könne. Unmöglich kann hiedurch der Appellrichter den Art. 82 DWO verletzt haben.

Art. 82 sichert allerdings dem Wechselschuldner den Gebrauch derjenigen Einreden, welche ihm unmittelbar gegen den jedesmaligen Kläger zustehen, und zu diesen gehört die exceptio doli. Der dolus setzt aber seinem civilrechtlichen Begriffe nach nicht blos eine widerrechtliche Absicht, sondern auch einen rechtswidrigen Erfolg voraus. Ob erstere aus dem durch Eid des Bekl. ermittelten Verhalten des Klägers beim Erwerb des Wechsels sich ergebe, ist jetzt nicht zu untersuchen. Jedenfalls gebricht es aber an letzterem, wenn in Wahrheit dem Beklagten Einreden aus der Person des Indossanten K. gar nicht zugestanden haben. Der Vorwurf einer Verletzung des Art. 82 DWO ist sonach verfehlt.

Ebenso wenig hat aber der Appellrichter dadurch, daß er den zur Ermittelung jener Einreden vom Bekl. angetragenen Eid dem Kläger anvertraut hat, einen Verstoß gegen Art. 10 DWO begangen. Beklagter findet denselben darin, daß aus dem von ihm geleisteten Eide sich ergebe, Kläger habe nur die Eigenschaft eines Incassomandatars des Indossanten K. gehabt, woraus folge, daß die Legitimation des Klägers zur Klageanstellung erschüttert sei. Bekagter verkennt das Wesen der Vorschrift des angezogenen Art. 10. Dieser ordnet das Rechtsverhältniß des Indossatars zu dritten Personen, läßt aber dabei das Rechtsverhältniß, welches zwischen Indossatar und Indossanten besteht, unberührt. Das letztere Verhältniß ist ein Internum. Soll dasselbe nach dem Vertragswillen der Betheiligten in maaßgebender Weise gegen Dritte zur Erscheinung kommen, so ist den Betheiligten dazu der geeignete Weg im Art. 17 DWO durch Wahl des Procuraindossaments vorgezeichnet. Wo dieser Weg nicht beschritten, vielmehr das reine unbeschränkte Indossament gewählt ist, hat der Indossatar dritten Personen gegenüber das Recht eines Wechselgläubigers erlangt, welches ihm durch die nackte Behauptung eines zwischen ihm und dem Indossanten bestehenden abweichenden Vertragsverhältnisses nicht entzogen werden kann.

Das OHG hat diese Ansicht über die Bedeutung der erwähnten Einrede bereits in einem früheren Falle (Rspr. I. S. 99 ff., 264) näher entwickelt, auch seitdem konstant daran festgehalten, und die Verhältnisse des konkreten Falles bieten keinen Anlaß, davon abzugehen. Es liegt demnach eine Nichtigkeit nicht vor.

Nr. 41.

II. Senat. — Erkenntniß v. 27. März 72. (B.)

Lemmerzahl ./. Bäucker (Nr. 138 v. 72).

Sachsen-Meiningen. Wechselsache. Ober-Appellation.

I. Instanz: Kreisgericht Saalfeld,
II. Instanz: Appellationsgericht Hildburghausen.

Wechselklage bei bestehendem Contocurrent-Vertrage.

Ist, wenn unter den Parteien ein (eigentliches) kaufmännisches Contocurrentverhältniß besteht, aus einem im Bereich des letzteren liegenden Wechselgeschäft eine besondere Klage zulässig?

HGB Art. 279, 291; DWO Art. 82.
Vgl. Rspr. I S. 373, II S. 141, III S. 202, 307, V S. 305.

Sachverhalt und Entscheidung des OHG:

Den Vorderrichtern muß in der Annahme, daß zwischen den Parteien ein Contocurrent-Verhältniß bestand, beigetreten werden. Auch ist als feststehend und nicht mehr streitig anzusehen, daß die im Rechnungsabschluß des Klägers v. 9. Febr. 71 unterm 31. Okt. 70 eingetragene Post von 8826 Fl. 43 Kr. den eingeklagten Wechsel zum Gegenstand hat. Abgesehen von der Höhe der Klageforderung ist nur noch streitig:

ob dieselbe trotzdem im Wechselprozeß geltend gemacht werden kann.

Im Erk. des OHG v. 6. Sept. 71 (Rspr. III S. 202 ff.) wird ausgeführt, daß, wenn es sich um Erfüllung einer auf Grund eines Contocurrent-Verhältnisses von dem einen Theile (dem Korrespondenten) gegen den anderen Theil (den Banquier) übernommenen Wechselverbindlichkeit handelt, der Rechtsgrundsatz, nach welchem nur der Saldo der Contocurrent-Rechnung — nicht aber eine einzelne

Debet-Post — eingeklagt werden kann, keine unbedingte Anwendung leidet, daß vielmehr der Anspruch des Banquiers auf Erfüllung einer solchen Verpflichtung von der separaten Geltendmachung nur dann ausgeschlossen ist, wenn diese Ausschließung — nach Inhalt des Contocurrent-Vertrages oder der, dem Wechsel-Geschäft zu Grunde liegenden Vereinbarung — als von den Kontrahenten beabsichtigt angesehen werden kann. Zwar war im damaligen Falle der Regreßanspruch des Indossatars gegen den Wechsel-Indossanten und Aussteller geltend gemacht, während die jetzt vorliegende Klage vom Aussteller gegen den Acceptanten des Wechsels gerichtet ist. Diese Verschiedenheit der Sachlage begründet jedoch keine abweichende Beurtheilung des Rechtsverhältnisses. Denn es erscheint in fraglicher Beziehung gleichgiltig: ob der Banquier einen Wechsel von seinem Korrespondenten zufolge dessen Giro oder zufolge dessen Accepts angenommen hat. In dem einen wie in dem anderen Falle ist, beim Mangel einer (ausdrücklichen oder stillschweigenden) entgegenstehenden Uebereinkunft, zu supponiren, daß die Annahme des Wechsels bzw. die Eingehung des Wechsel-Geschäfts in der Erwartung geschehen, daß der Korrespondent seine Wechselverbindlichkeit auch wirklich erfüllen und somit den Banquier dem Wechselregreß nicht aussetzen werde. In beiden Fällen muß die Täuschung dieser Erwartung von gleichem Erfolg sein.

Abweichend aber von jenem älteren Rechtsfalle ist allerdings in dem gegenwärtigen die Verfolgung des klägerischen Wechselrechts im Wechselprozeß für vertraglich ausgeschlossen zu erachten. Hierin läßt sich auch der Schwerpunkt der Entscheidung II. Instanz erkennen. Der Appellrichter geht zwar von dem Rechtssatze aus:

> daß bei einem Contocurrent-Verhältniß immer nur der Saldo, gleichviel ob er anerkannt oder seine

Anerkennung verweigert worden, das Klageobjekt bilden könne,

scheint jedoch selbst eine ausnahmslose Geltung für diesen Satz nicht in Anspruch zu nehmen, da er in gegenwärtigem Falle noch darauf Gewicht gelegt wissen will:

> daß Kläger während der Dauer seines Contocurrent-Verhältnisses wiederholt für den Bekl. Wechsel eingelöst und demselben die hiezu verwendeten Summen, um so im Saldo des Rechnungsabschlusses die Erstattung zu erlangen, in Ausgabe gestellt habe, und daß hiedurch sich die Annahme rechtfertige, daß Kläger in Gemäßheit des Contocurrent-Vertrages durch die Einlösung des Klagewechsels nur einen Aktivposten in der laufenden Rechnung gewinnen und die zur Einlösung verwendete Summe nur im Saldo habe zur Ausgleichung bringen wollen.

In dieser Hinsicht ist thatsächlich Folgendes hervorzuheben.

Außer dem obgedachten Rechnungsabschluß v. 9. Febr. 71 liegen noch vier halbjährige Abschlüsse vor. Laut des ältesten derselben, datirend v. 11. Jan. 69, besteht das Contocurrent-Verhältniß der Parteien seit dem Sept. 68. Darüber, daß die Abschlüsse dem Bekl. regelmäßig mitgetheilt worden, herrscht kein Streit; und daß die Abschlüsse mit Ausnahme des letzten vom Kläger — wenngleich nur stillschweigend — genehmigt worden sind, folgt aus der Fortsetzung des Contocurrent-Verkehrs.* In den betreffenden Rechnungen findet nun jene — vom Bekl. in thatsächlicher Hinsicht auch nicht angefochtene — Auffassung des Appellrichters dahin ihre Bestätigung, daß in jeder Rechnungsperiode vom Kläger bezahlte Rimessen, aus denen Beklagter verhaftet war, gebucht sind. Daß mit anderen solchen

* Vgl. Rspr. I S. 339, II S. 347, IV S. 247, V S. 196, 305.

Rimessen in anderer Weise verfahren worden sei, hat Kläger selbst nicht behauptet.

Demgemäß muß hier die im Erk. v. 6. Sept. 71 vorgesehene Ausnahme für vorliegend erachtet, nämlich dem, durch die Vereinbarung und Ausführung des Contocurrent-Verkehrs der Parteien zustandegekommenen, „Contocurrent-Vertrage" eine Auslegung gegeben werden, vermöge welcher er die Wechselforderungen des Klägers derartig mitumfaßt hat, daß letztere, gleich anderen Forderungen, durch ihre Aufnahme in die laufenden Rechnungen zur Berichtigung gelangen sollten. In ihrer Buchung muß mit Rücksicht darauf, daß sie regelmäßig stattgefunden und sich — wie nach Vorbemerktem als feststehend anzusehen ist — auf jede Wechselforderung erstreckt hat, in Ansehung jeder einzelnen von diesen eine Offerte des Klägers erblickt werden: sie als bloße Aktivpost zu behandeln. Die Acceptation dieser Offerte liegt in der Anerkennung des bezüglichen Saldo durch Fortsetzung des Contocurrent-Verkehrs. Letztere läßt, als ihre Voraussetzung, die Willensübereinstimmung erkennen, daß in der laufenden Rechnungsperiode die Buchung und Ausgleichung in ebenderselben Weise, wie in den vorausgegangenen Rechnungsperioden erfolge. Vgl. die Erk. v. 14. März und 8. Nov. 71, Rspr. B. I S. 339, IV S. 247. Auch in gegenwärtigem Falle bildet daher die contocurrentmäßige Buchung und Tilgung der Klageforderung ein Recht und eine Pflicht aus dem Contocurrentvertrage nach dem Inhalt und Umfang, welchen derselbe bis zum Abschluß v. 9. Febr. 71, also noch vor Acceptirung des Klagewechsels, erlangt hatte. Es ist dadurch die Annahme begründet, daß Beklagter sein Accept dem Kläger nicht ertheilt hätte, wenn er nicht erwartet gehabt, daß Kläger für den Fall seiner Einlösung des Wechsels — zu welcher Kläger infolge seiner Begebung des Wechsels als Aussteller desselben verpflichtet war — die Erstattung der Einlösungssumme nebst Zinsen und Spesen, nicht im Wechselprozeß, sondern im Saldo des nächsten Rechnungsabschlusses verlangen werde. Die, in dieser berechtigten Erwartung des Beklagten liegende, Rechtsbeschränkung auf Seiten des Klägers dokumentirt sich daher als ein Ausfluß des Contocurrent-Verhältnisses und als eine stillschweigende Bedingung des Wechselgeschäfts selbst, muß also auch vom Kläger als rechtsverbindlich anerkannt werden.

Nr. 42.

II. Senat. — Erkenntniß v. 27. März 72. (B.)

Meyer & Co. ./. Stavenhagen (Nr. 193 v. 72).

Mecklenburg. **Appellation.**

Vorinstanz: Obergericht der Stadt Rostock.

Bereicherungsklage, Amortisationsverfahren.

1. Die Bereicherungsklage aus Art. 83 DWO ist der (gesetzlich anerkannte) Ueberrest der dem Wechselgläubiger — dessen Legitimation sich auch hier gemäß Art. 36, bzw. 73 DWO bestimmt — zuständig gewesenen Rechte. Aus der Wechselurkunde selbst kann dieser Gläubiger Ansprüche nicht mehr herleiten, civilrechtlich aber darf er sich an den Aussteller, bzw. Acceptanten des Wechsels halten, soweit er darzuthun vermag, daß in Folge eingetretener Präjudizirung des Wechsels das Vermögen des Bekl. wirklich vermehrt ist und diese Vermehrung eine Bereicherung zum Schaden des Klägers enthält.

DWO Art 36, 73, 83.

2. Das Mortifikationsverfahren bezüglich abhanden gekommener Wechsel richtet sich in seinen Einzelheiten nach dem Landesrecht des Zahlungsorts. Zweck desselben ist, dem Gläubiger durch Richterspruch die Befugniß zu verschaffen, ohne Besitz der Wechselurkunde Zahlung vom Hauptschuldner zu fordern; zu diesem Behuf wird der Wech-

sel für den Fall, daß er noch — gleichviel wo und in wessen Besitz — vorhanden sein sollte, für erloschen und wirkungslos erklärt.

DWO Art. 22, 39, 73, 98 Nr. 9.
Vgl. oben Fall 19 S. 109 ff.

Sachverhalt und Entscheidung des OHG:

Der auf Grund des Art. 83 DWO [wegen des Betrags zweier präjudizirter und amortisirter Domizilwechsel] erhobene Klageanspruch setzt die Behauptung, bzw. den Nachweis voraus, daß

1) in Folge eingetretener Präjudizirung der fragl. Wechsel das Vermögen des Bekl. um den eingeklagten Betrag wirklich vermehrt sei, und

2) diese Vermehrung eine Bereicherung im Sinne des angezogenen Artikels zum Schaden der Kläger enthalte.

Beides ist in der Klage genügend behauptet, auch vom Vorderrichter... als erwiesen angesehen und demgemäß die unbedingte Verurtheilung des Bekl. in Gemäßheit der Klagebitte ausgesprochen worden.

Soweit diese Verurtheilung auf der Annahme beruht, daß die zu 1) bezüglichen Behauptungen bereits in Liquidität gesetzt seien, bedarf sie keiner eingehenden Rechtfertigung. Des Bekl. Beschwerde, daß die vorgeschützten Einreden verworfen und nicht vielmehr die Klage in angebrachter Art abgewiesen worden, ist vielmehr nur auf solche Einwendungen gestützt, welche das zu 2) in Rede stehende Aktenmaterial betreffen und zum Hauptangriffspunkt die Ansicht I. Instanz machen, daß die Kläger durch das (der Klage im Original beigefügte) rechtskräftige Mortifikationserkenntniß des hamburger Niedergerichts — welches die abhanden gekommenen beiden Wechsel zu Gunsten der Kläger für mortifizirt erklärt hat — als letzte berechtigte Inhaber dieser Wechsel zur Anstellung der sog. Bereicherungsklage genügend legitimirt seien. Während die erstrichterliche Entscheidung hiebei davon ausgeht, daß die nur gegen einen Wechselverbundenen gegebene Klage des Art. 83 die Legitimation des Klägers als Wechselinhabers nach den Grundsätzen des Wechselrechts bedinge und ein Gleiches auch dann gelte, wenn Kläger im Falle des Art. 73 DWO sich durch Aushändigung nicht des Originalwechsels, sondern blos der Mortifikationsurkunde zu legitimiren vermöge: sucht Beklagter darzuthun, daß die Klage aus Art. 83 eine rein civilrechtliche sei, mithin die Berechtigung zu deren Anstellung nicht nach den Vorschriften der DWO und insbesondere auch bei abhanden gekommenen Wechseln nicht nach Art. 73 zu beurtheilen sei, sondern der Feststellung nach allgemeinen civilrechtlichen Grundsätzen unterliege. Die hieraus gezogenen Folgerungen, welche nach des Bekl. Ansicht die Abweisung der Klage herbeiführen sollen, kommen auf die Behauptung hinaus, daß das beigebrachte Mortifikationserkenntniß zur Herstellung der klägerischen Legitimation unzulänglich sei, weil

a) der Umstand, daß Kläger zur Zeit des Verlusts der Wechsel deren rechtmäßige Inhaber gewesen seien, als ein zur Begründung der Klage gehöriges Moment dem Beklagten gegenüber in gegenwärtigem Prozeß, mithin, soweit er durch Mortifikation der Wechsel dargethan werden solle, mittelst eines vor der zuständigen Behörde seines Wohnorts durchgeführten Mortifikationsverfahrens nachgewiesen werden müsse, hieraus aber die Nichtigkeit des vor dem Niedergericht zu Hamburg, als Zahlungsort der Wechsel, stattgehabten Verfahrens wegen Inkompetenz von selbst sich ergebe, überdies aber

b) dieses Verfahren wegen sonstiger formeller Mängel nichtig und kraftlos sei.

Gegen diese Argumentation ist jedoch zu bemerken:

Soll der den Ausgangspunkt derselben bildende Satz, daß die Klage aus Art. 83 DWO rein civilrechtlicher Natur sei, etwas Weiteres sagen, als daß dieselbe auf einem, außerhalb des Wechsels und des durch diesen begründeten Rechtsverhältnisses liegenden Grunde beruht, soll er insbesondere die vom Bekl. vertheidigte Konsequenz rechtfertigen, daß bei Beurtheilung dieser Klage von den Vorschriften der DWO gänzlich zu abstrahiren sei: so ist er entschieden unrichtig. Der Zweck der Vorschriften des Art. 83 ist — nach Ausweis der Konferenzberathungen (Prot. XXVIII, S. 192 ff. der Hirschfeld'schen Ausgabe; vgl. Hoffmann Erläuterung der ADWO § 110 S. 594, Straß ADWO S. 166 ff.) — dahin gegangen, die rechtlichen Folgen der eingetretenen Verjährung oder Präjudizirung des Wechsels festzustellen und insbesondere dem Mißverständniß entgegenzutreten, als ob, ungeachtet des Erlöschens der wechselmäßigen Verbindlichkeit, eine civilrechtliche Haftung der Wechselinteressenten aus der Wechselurkunde — sofern deren Inhalt streng in den Grenzen des Art. 4 und 96 DWO sich hält — erhalten bleibe. Das Gesetz hat sich jedoch nicht darauf beschränkt, die Existenz einer Verbindlichkeit der letztgedachten Art zu verneinen, es hat zugleich positiv ausgesprochen, daß und welches Klagerecht dem durch Erlöschung der wechselmäßigen Verbindlichkeit Geschädigten aus Anlaß des Wechsels noch verbleiben solle. Hat das Gesetz als solches den Anspruch auf den Inhalt der Bereicherung gewisser vormaliger Wechselinteressenten in ähnlicher Weise sanktionirt, wie auf dem Gebiet des Civilrechts in besonderen Rechtsverhältnissen eine Klage auf Herausgabe desjenigen Betrages, um welchen der Gegner zum Nachtheil des Klägers bereichert erscheint, gesetzlich gestattet ist: so wird damit der Geschädigte nicht auf eine bereits bestehende civilrechtliche Klage aus dem Grundsatze: nemo cum damno alterius locupletior fieri debet, hingewiesen. Denn eine allgemeine, jedem Beschädigten ohne Unterschied zustehende Klage dieser Art gewährt auch das Civilrecht nicht (vgl. v. Savigny System B. III S. 451; Sintenis praktisches Civilrecht B. I § 102 S. 382 ff., n. 86; v. Holzschuher Theorie und Kasuistik B. III S. 218 n. 15, S. 107; Windscheid Pandekten § 483 n. 5, B. II S. 757); es ist vielmehr, in Anwendung jenes Grundsatzes auf ein in wechselrechtlichen Beziehungen hervortretendes besonderes Verhältniß, ein Rechtsmittel geschaffen, welches ebendeshalb, weil es aus der DWO seine Entstehung ableitet, nach den Vorschriften derselben beurtheilt werden muß*. Abgesehen von dem, nach allgemeinen Rechtsgrundsätzen sich bestimmenden Begriff von „Bereicherung" hat das Gesetz die subjektiven Beziehungen dieses Rechtsmittels (den Klageberechtigten und Klageverpflichteten) speziell geordnet, und der positive Charakter seiner Bestimmungen spricht sich gerade darin aus, daß die Klage nur gegen den Aussteller und Acceptanten, nicht auch gegen die Indossanten zugelassen wird, obschon (wie in der Wechselkonferenz in der That geltend gemacht wurde) auch in Ansehung der Letzteren eine Bereicherung mit dem Schaden des Inhabers nicht undenkbar ist. Es kann hienach nicht zweifelhaft sein, daß, wenn die Klage aus Art. 83 DWO in diesem Artikel dem Inhaber des Wechsels eingeräumt ist, der Begriff des „Inhabers" sich ebenso gewiß nach den Vorschriften der DWO bestimmt, wie der Begriff des „Ausstellers" und „Acceptanten", gegen welchen die Klage geht. Dafür, daß die Vertauschung des im preuß. Entwurf § 75 gebrauchten Ausdrucks „Eigenthümer des Wechsels" mit den Worten: „Inhaber des Wechsels" eine sachlich wichtige Abweichung von jenem Entwurf bezweckt habe, geben die Protokolle der Wechsel-

* Vgl. oben S. 132, 137.

Konferenz keinerlei Anhalt, und im Hinblick auf Art. 36 (vgl. auch Art. 73) hat es keinen Anstand, diese Wortverschiedenheit als bedeutungslos in der jetzt fraglichen Richtung anzusehen. Es unterliegt daher keinem Bedenken, als Wechselinhaber, welchem in der Bereicherungsklage ein annähernd ausgleichender Ersatz der verlorenen Wechselklage gewährt werden soll, denjenigen Inhaber zu betrachten, welcher, ohne die dazwischen tretende Erlöschung des wechselmäßigen Anspruchs, im ordnungsmäßigen Gange des Wechselgeschäfts die Zahlung des Wechsels in Gemäßheit der Bestimmungen in Art. 36 ff. zu fordern legitimirt sein würde. Zu den für die Legitimation des Wechselgläubigers maaßgebenden Bestimmungen der DWO gehören aber auch, wie der I. Richter mit Recht angenommen hat, die im Art. 73 für den Fall des Abhandenkommens des Wechsels gegebenen. Die Gründe, aus welchen Beklagter die Unanwendbarkeit dieser Bestimmungen auf den vorliegenden Fall zu deduziren sucht, sind unzutreffend. Der Eingang des Art. 73 spricht ganz allgemein aus, daß der Eigenthümer eines abhanden gekommenen Wechsels die Amortisation desselben bei dem Gericht des Zahlungsorts beantragen könne. Die weiter folgende Bestimmung darüber aber, ob und unter welchen Bedingungen der Eigenthümer des in der Amortisation begriffenen Wechsels Zahlung vom Acceptanten verlangen dürfe, macht zwar eine spezielle Anwendung von jenem Ausspruch, drückt aber keinerlei Beschränkung desselben aus und rechtfertigt daher in keiner Weise die Schlußfolgerung des Bekl., daß die DWO, weil sie hiebei blos einen vor der Verfallzeit abhanden gekommenen, noch nicht präjudizirten Wechsel im Auge gehabt habe, auch in dem vorausgegangenen, ganz allgemeinen und unbeschränkten Passus solche Wechsel, welche, wie die jetzt im Streit befangenen Domizilwechsel, durch unterlassene Präsentation nach Art. 24

präjudizirt sind, nicht berücksichtigt haben könne. Ein sachlicher Grund, aus welchem in dem zuletzt gedachten Falle dem Verlierer die in ersterem Falle gewährte Hilfe der Amortisation zu versagen sei, ist unerfindlich.

Aus Vorbemerktem folgt zugleich die Unerheblichkeit des zu a) vom Bekl. erhobenen Inkompetenzeinwands. Es kann dahin gestellt bleiben, ob zur Begründung der Klage aus Art. 83 die vorgängige Amortisation des betr. Wechsels schlechthin unerläßlich und nicht vielmehr der Nachweis, daß Kläger in der That der allein und ausschließlich Berechtigte sei, mithin im Falle seiner Klaglosstellung der verklagte Acceptant von einem anderweiten Anspruch nicht bedroht werde, auch auf anderem Wege hergestellt werden könne. Denn in vorliegendem Falle hat Beklagter behufs seiner Sicherstellung gegen anderweite Ansprüche Dritter die Mortifikation der in Rede stehenden Wechsel ausdrücklich verlangt, und schon in den gegenwärtigem Prozeß vorausgegangenen Verhandlungen hat man die Differenz im Wesentlichen auf die Frage beschränkt, ob die Amortisation beim Gericht des Zahlungsorts Hamburg oder im ordentlichen Gerichtsstand des Beklagten zu Rostock auszubringen sei. Ist aber das Mortifikationsverfahren bezüglich der fragl. Wechsel — nach dem Einverständniß der Parteien, wie nach den Entscheidungen in der Vorklagesache — einmal nothwendig: so kann auch die Durchführung desselben vor dem Gericht des (Domizil-) Zahlungsorts der Wechsel, Hamburg, den klaren Worten des Art. 73 DWO gegenüber nicht zweifelhaft sein. Der Zahlungsort ist gewissermaßen der Wohnsitz des Wechsels, in welchem der Umlauf des Papiers sich endigt und das Geschäft sich abwickelt (Archiv für WR B. I S. 455*), und an welchem daher das Interesse der an den

* Ein Wechsel, welcher mehrere Zahlungsorte angiebt, ist deshalb ungiltig. Erk. des I. Sen. v. 27. Sept. 72 in Sachen 709 v.

verschiedensten Orten verstreuten Betheiligten des Wechselverhältnisses voraussetzlich am meisten zusammentrifft, beziehentlich Vertretung findet. Mit Recht hat schon der I. Richter hervorgehoben, daß auch in dem Falle, wenn (wie hier) nach dem Erlöschen der wechselmäßigen Haftung nur noch der Anspruch aus Art. 83 in Frage kommt, die Lage der Sache nicht dergestalt verändert erscheint, um die für die Wahl des Zahlungsorts im Art. 73 maaßgebend gewesenen Erwägungen für unzutreffend und die klare Disposition desselben ohne Weiteres für hinfällig erachten zu können.

Soviel demnächst die

zu b) noch erhobenen Ausstellungen gegen das Verfahren des hamburger Gerichts in sonstigen Beziehungen anlangt, war im Allgemeinen den Gründen der erstrichterlichen Entscheidung beizutreten. Die Normirung des Mortifikationsverfahrens in seinen Einzelheiten hat die DWO (vgl. Konf. Prot. XXII, S. 141 der Hirschfeld'schen Ausgabe) der Landesgesetzgebung überlassen, Beklagter aber hat vom Standpunkt der hier einschlagenden hamburger Gesetzgebung aus Einwendungen gegen das Verfahren des mortifizirenden Gerichts in keiner Weise begründet. Gegenüber der für die Legalität des gerichtlichen Verfahrens streitenden Präsumtion ist die bloße Unterstellung, daß das Amortisationsverfahren nicht in Ordnung gegangen sei, weil weder Beklagter noch seine Bekannten ein bezügliches Proklam in den öffentlichen Blättern gelesen, offenbar unbeachtlich. Ebenso unerheblich ist die Unterlassung spezieller Benachrichtigung des Bekl. von der Einleitung des Mortifikationsverfahrens, auf welche Beklagter als am Ausgang desselben wesentlich Betheiligter ein Recht zu haben glaubt; obschon er nicht zu behaupten vermag, daß diese Anforderung überhaupt und speziell in der Gesetzgebung

72 (vgl. die analoge Entscheidung bezüglich alternativer Zahlungszeiten, Rspr. II S. 287, V S. 70, 263 u.).

Hamburgs Anerkennung gefunden habe, vielmehr nur im Wesen und Zweck des ganzen Verfahrens, das zu seiner Sicherstellung gegen weitere künftige Ansprüche dienen solle, die Nothwendigkeit seiner Konkurrenz bei demselben begründet findet. Es ist jedoch die hiebei zu Grunde liegende Auffassung der Tendenz des Mortifikationsverfahrens unzutreffend. Nach der richtigen Ansicht (vgl. Neues Archiv für HR B. I S. 17 und 25) kann als Zweck des Mortifikations-Verfahrens wegen abhanden gekommener öffentlicher Kreditpapiere bzw. Wechsel zunächst nur der betrachtet werden dem Gläubiger dadurch zu helfen, daß ihm durch richterlichen Spruch die Befugniß ertheilt wird, ausnahmsweise ohne den sonst unerläßlichen Besitz des Schulddokuments vom Schuldner Zahlung des verlorenen Papiers zu fordern, und daß zu diesem Behuf das letztere für den Fall daß es, gleichviel in wessen Besitze, noch existiren sollte, für erloschen und wirkungslos erklärt wird. In letztgedachter Beziehung schlägt selbstverständlich auch das Interesse des unbekannten Besitzers ein, dessen Schutz durch Bestimmung einer zur Wahrnehmung seiner Rechte genügenden, gegen den Vorschlag des preuß. Entwurfs erweiterten Frist und überhaupt durch Feststellung entsprechender, der Landesgesetzgebung überlassener prozessualer Normen auch in der Wechselkonferenz bei Berathung des Art. 73 (Art. 70 des Entwurfs) hauptsächlich betont wurde. Das Interesse des Schuldners dagegen ist für das Mortifikationsverfahren ein blos sekundäres, insofern es nur dahin geht, durch Zahlung an den in Folge des Mortifikationsverhältnisses legitimirten Gläubiger liberirt und gegen fernerweite Ansprüche vollständig gesichert zu sein. Die Wahrung dieses Interesses durch Einhaltung des ordnungsmäßigen Mortifikationsverfahrens ist schon an sich amtliche Aufgabe des dasselbe leitenden und abschließenden Richters, mithin die Ueberwachung und Unterstützung des letzteren durch den

Schuldner, wo sie (wie hier) vom Gesetz nicht speziell vorgeschrieben ist, auch durch die Natur der Sache keineswegs geboten.

Nr. 43.

II. Senat. — Erkenntniß v. 27. März 72. (B.)

Gebr. Meyer c. Hildebrand & Söhne (Nr. 210 v. 72).

Hessen. **Ober-Appellation.**

I. Instanz: Landgericht Friedberg,
II. Instanz: Hofgericht Gießen.

Handelskauf. Annahmeverzug nach Verurtheilung des Verkäufers zur Erfüllung.

Eine rechtskräftige Verurtheilung des Verkäufers zur Erfüllung giebt dem bestehenden Rechtsverhältniß dahin eine feste Gestaltung, daß nunmehr auf eine andere der im Art. 354, bzw. 355 HGB bestimmten Alternativen — auch wegen eines erst nach dem Urtel eintretenden Verzuges der einen oder anderen Partei — nicht ferner übergegangen werden darf.

Macht nach dem Urtel eine Partei sich eines neuen Verzuges schuldig, so kann dadurch nur ein Entschädigungs-Anspruch begründet werden, welcher aber in besonderem Verfahren durchzuführen ist.

HGB Art. 354, 355, 357.

Sachverhalt und Entscheidung des OHG:

Unbestritten hat Beklagte durch Vertrag v. 17. Aug. 67 sich verpflichtet, der Klägerin 80000 Pfund Weizen — zur Hälfte Anfangs Sept., zur Hälfte Anfangs Okt. — „ab Friedberg" käuflich zu liefern. Beklagte hat nur etwa 20000 Pfd. geliefert und Klägerin hat in einer, am 4. Nov. 67 erhobenen Klage Vertrags-Erfüllung verlangt, indem sie der Bekl. Erfüllungs-Verzug vorwarf und auf Grund des Art. 355 HGB von den drei dort statuirten Alternativen die Vertrags-Erfüllung wählen zu wollen erklärte. Beklagte bestritt, daß sie im Erfüllungs-Verzuge sei, warf vielmehr der Klägerin Verzug vor, indem dieselbe die zur Einfüllung des Weizens erforderlichen Säcke nicht geliefert habe; Bekl. erklärte deshalb, ihrer Seits von den drei, im Art. 354 HGB statuirten Alternativen die dritte (Abgehen vom Vertrage) wählen zu wollen. Durch das in höchster Instanz bestätigte Urtel des Hofgerichts Gießen v. 31. Aug. 68 ist rechtskräftig entschieden:

> daß Beklagte zur Lieferung von 59382 Pfd. Weizen gegen Bezahlung des stipulirten, in der Klage erwähnten Kaufpreises zu verurtheilen sei.

Diese Entscheidung gründet sich auf die Annahme, daß auf Seiten der Klägerin keine mora solvendi, sondern, wenn sie ihrer Pflicht, die Säcke zu liefern nicht nachgekommen sei, höchstens eine mora accipiendi vorliege, daß also Beklagte nicht den Art. 354, sondern etwa Art. 343 habe anrufen dürfen, daß vielmehr Klägerin auf Grund des Art. 355 Erfüllung zu fordern berechtigt sei.

Nunmehr hat in Folge einer Aufforderung der Bekl., den Weizen abzunehmen, ein Vertreter der Klägerin sich am 3. Febr. 69 und wiederholt am 12. März 69 nach Friedberg begeben, um den Weizen abzunehmen, sich jedoch nur bereit erklärt, den vertragsmäßigen, unbestritten 4116 Gulden betragenden Kaufpreis nach Abzug von 1756 Gulden, welche Klägerin als Entschädigung für die verspätete Lieferung liquidirte, zu zahlen. Hierauf hat Beklagte die Lieferung des Weizens, welche sie nur gegen Zahlung des vollen Kaufpreises ohne Abzug zu leisten sich bereit erklärte, abgelehnt und in einer am 24. März 69 dem Prozeßgericht überreichten Eingabe erklärt, daß sie auf Grund der mora solvendi der Klägerin jetzt nach Art. 354 HGB vom Vertrage abgehen wolle, wenn nicht Klägerin binnen 8 Tagen den Weizen gegen Zahlung des vollen Kaufpreises abnehme. Die Klägerin hat hiegegen alsbald Verwahrung eingelegt, indem sie ihr Recht, den liquidirten Schaden zu fordern und bzw. abzuziehen, auszuführen suchte. Nach Verlauf von fast zwei Jahren hat dann Klägerin mittelst Schreibens v. 18. März 71 der Bekl. angezeigt, daß sie den Weizen gegen Zahlung des vollen Kaufpreises abnehmen wolle, und als Beklagte dies nunmehr unter Verweisung auf ihre Erklärung v. 24. März 69 ablehnte, am 21. Juli 71 ein Exekutionsgesuch eingereicht, in welchem sie (mit der Erklärung, daß sie vorläufig im Exekutions-Verfahren von ihrem Entschädigungsanspruch absehen und bei Abnahme des Weizens in Friedberg den vollen Kaufpreis zahlen wolle) gebeten, die Beklagte anzuhalten, 59382 Pfd. Weizen franco Bahnhof Friedberg zu liefern. Das Landgericht Friedberg hat auch durch Bescheid v. 24. Juli 71 die Exekution auf Lieferung von 59382 Pfd. Weizen gegen Zahlung von 4116 Gulden franco Bahnhof Friedberg erkannt. Dieser in II. Instanz bestätigte Bescheid muß auf Ober-Appellation der Bekl. aufrecht erhalten werden, wenngleich die Gründe der zweitrichterlichen Entscheidung nicht als zutreffend anerkannt werden können.

Der Appellrichter führt zunächst aus: Klägerin sei nicht in mora solvendi gewesen; bei dem vorliegenden Distanzgeschäft sei Beklagte nach Vertrag und Urtel verpflichtet gewesen, der Klägerin den Weizen zuzusenden, und Klägerin sei erst nach dieser Zusendung Zahlung zu leisten schuldig gewesen; Beklagte sei dieser Pflicht zuzusenden bis heute noch nicht nachgekommen und davon auch durch die, allerdings ungerechtfertigte, Zahlungs-Weigerung der Klägerin v. 12. März 69 nicht entbunden; Klägerin habe deshalb nicht in Zahlungs-Verzug kommen können. — Diese Ausführung ist weder rechtlich zutreffend, noch steht sie mit der aktenmäßigen Sachlage im Einklang. Beklagte war unbestritten nur schuldig, franco Bahnhof Friedberg zu liefern. Klägerin erklärte sich schon in der Replik bereit, dafür zu sorgen, daß Beklagte bei Lieferung des Weizens an die Bahnhof=Verwaltung in Friedberg die Bezahlung des Preises erhalte, wenn nur Beklagte der Klägerin vorher den Tag, an welchem sie liefern wolle, anzeige. Das rechtskräftige Urtel v. 21. Aug. 68 verurtheilt die Beklagte zur Lieferung des Weizens gegen Zahlung des Kaufpreises. Klägerin hat dann zwar . . . beiläufig einmal bemerkt, daß sie nicht nöthig gehabt habe, nach Friedberg zu kommen, daß vielmehr Beklagte ihr den gekauften Weizen kostenfrei nach Weinheim habe senden, mindestens ihrerseits den Anfang mit der reellen Bereitwilligkeit zur Leistung habe machen müssen. Allein sowohl im Briefe v. 18. März 71, als in ihrem Exekutionsgesuch erklärt Klägerin sich ausdrücklich bereit, mit Geld und Säcken zum Bahnhof Friedberg zu kommen und dort den Weizen gegen Zahlung in Empfang zu nehmen. Der Appellrichter hat also der Klägerin thatsächliche Momente suppeditirt, welche Klägerin selbst überall nicht geltend gemacht hat. Klägerin bzw. ein Vertreter derselben ist auch am 12. Mai 69, einer Aufforderung der Bekl. entsprechend, nach Friedberg gekommen, um dort den Weizen gegen Zahlung in Empfang zu nehmen; die Beklagte hat sich dort zur Lieferung des Weizens gegen Zahlung des vollen Kaufpreises bereit erklärt, und die Lieferung ist lediglich dadurch vereitelt, daß Klägerin von dem zu zahlenden Kaufpreise eine mindestens durchaus illiquide Schadenforderung abziehen wollte. Durch diese, völlig unmotivirte Weigerung, den vollen Kaufpreis zu zahlen, ist Klägerin in Zahlungs=Verzug gekommen, und es konnte, nachdem Klägerin bestimmt erklärt, daß sie den Kaufpreis nur nach jenem Abzug zahlen wolle, über diesen Hergang sogar ein gerichtliches Protokoll hatte aufnehmen lassen, der Bekl. überall nicht mehr zugemuthet werden, der Klägerin weiter die Lieferung des Weizens zu offeriren, oder gar denselben nach Weinheim zu senden, während sie nach der bestimmten Erklärung der Klägerin nicht erwarten durfte, daß selbige den vollen Kaufpreis zahlen werde.

Ein zweiter Entscheidungsgrund des Appellrichters besteht darin, daß Beklagte, um nach Art. 354 HGB vom Vertrage abgehen zu können, nach Art. 356 der klagenden Firma selbst die vorgeschriebene Anzeige habe machen und eine Frist zur Nachholung des Versäumten gewähren müssen, dazu aber die nur dem klägerischem Anwalt zugestellte, an das Prozeßgericht gerichtete Eingabe der Bekl. v. 24. März 69 nicht genügt habe. Allein abgesehen davon, ob es der bestimmten Erklärung der Klägerin v. 12. März 69 gegenüber noch der Bewilligung einer Nachfrist bedurfte*, kann die im Art. 356 vorgeschriebene Anzeige zweifellos auch einem legitimirten Stellvertreter des anderen Kontrahenten mit rechtlicher Wirkung gemacht werden. Der klägerische Anwalt war aber — nach der, mit der Klage überreichten umfassenden Vollmacht — zum Betrieb dieser Rechtsangelegenheit bis zu deren völliger Erledigung, einschließlich der die Vollstreckung des Judikats betreffenden Verhandlungen, Namens der Klägerin ermächtigt, und ihm konnte daher auch die Erklärung der Bekl., daß sie wegen Verzugs der Klägerin das Judikat nicht mehr erfüllen wolle, giltig zugestellt werden. Ueberdies hat Klägerin sich darauf, daß die fragliche Anzeige nicht ihr selbst gemacht sei, nirgend bezogen; der Appellrichter hat ihr auch dieses Moment suppeditirt, was um so weniger motivirt war, da nach Lage der Akten nicht der mindeste Zweifel darüber obwalten kann, daß der klägerische Anwalt die fragliche Erklärung der Bekl. alsbald der Klägerin, seiner Mandantin, mitgetheilt hat.

* Vgl. Rspr. III S. 2 n., IV S. 59 Nr. 2, 124 Nr. 1 a; V S. 362.

Entscheidend zu Gunsten der Klägerin ist das von ihr im Exekutionsgesuch allein geltend gemachte Moment, daß Beklagte dem vorliegenden rechtskräftigen Urtel gegenüber nicht mehr befugt ist, unter Berufung auf Art. 354 HGB wegen Verzugs der Klägerin vom Vertrage abzugehen. Es ist zuzugeben, daß durch das verurtheilende Erkenntniß nicht ein neues Rechtsverhältniß geschaffen, das alte Rechtsverhältniß nicht novirt, sondern nur festgestellt und insofern bestärkt wird, als dem ursprünglichen Grunde des Anspruchs ein neuer Grund hinzugefügt und die Geltendmachung von Einreden abgeschnitten wird. Aber insoweit wird durch das Urtel allerdings auch eine Aenderung herbeigeführt, als das streitige Rechtsverhältniß durch das Urtel seine definitive Gestaltung erhält. Wieweit diese Aenderung reicht, wird davon abhängen, was Gegenstand des Streits und folgeweise der richterlichen Entscheidung gewesen ist. Wäre unter den Parteien nur der Abschluß des Vertrages streitig gewesen, und durch das Urtel nur der Streit, ob und wie kontrahirt worden, entschieden: so möchte es sich rechtfertigen lassen, bei einem nach rechtskräftiger Entscheidung dieses Streits hervortretenden Erfüllungs-Verzug des einen oder anderen Theils die Berufung auf Art. 354, bzw. 355 HGB nicht für schlechthin ausgeschlossen zu erachten. In vorliegendem Falle ist aber über Abschluß und Inhalt des Kaufvertrags überall kein Streit unter den Parteien gewesen. Der Streit hat vielmehr, inhalts der dem rechtskräftigen Urtel vorhergegangenen Verhandlungen, nur die Frage betroffen: ob bei Erfüllung des (unstreitigen) Vertrages die eine oder andere Partei sich eines Erfüllungs-Verzugs schuldig gemacht habe, und ob deshalb Klägerin nach Art. 355 Erfüllung fordern oder aber Beklagte nach Art. 354 vom Vertrage abgehen dürfe? Dieser Streit ist durch das rechtskräftige Urtel dahin entschieden worden, daß Beklagte nicht berechtigt sei, vom Vertrage abzugehen, Klägerin vielmehr die Erfüllung zu fordern habe. Hiedurch hat das Rechtsverhältniß dahin seine definitive Gestaltung erhalten, daß nunmehr auf eine andere der in Art. 354 und 355 statuirten Alternativen, auch wegen eines erst nach dem Urtel eintretenden Verzugs der einen oder anderen Partei, nicht mehr übergangen werden kann, vielmehr nur noch die durch Urtel unabänderlich festgesetzte Erfüllung Zug um Zug gefordert, bzw. angeboten werden darf. Es würde auch zu den erheblichsten praktischen Unzuträglichkeiten führen, wenn nach rechtskräftiger Entscheidung immer von Neuem bald die eine, bald die andere Partei unter Berufung auf Art. 354 oder 355 Erfüllung, Entschädigung oder Rücktritt wählen könnte. Macht nach dem Urtel eine Partei sich einer neuen mora schuldig, so kann dadurch immer nur ein Entschädigungs-Anspruch begründet werden, welcher aber im Separat-Verfahren durchzuführen ist. Inwiefern der Verkäufer übrigens den Unzuträglichkeiten, welche (wie in vorliegendem Falle) durch eine nach dem Urtel eintretende mora des Käufers hervorgerufen werden können, auf dem im Art. 343 HGB vorgezeichneten Wege — namentlich durch Verkaufsselbsthilfe — entgehen kann, ist nicht Gegenstand der vorliegenden Entscheidung.

Nr. 44.

II. Senat. — Erkenntniß v. 30. März 72. (B.)

A Wirtz c. Gebr. Molenaar (Nr. 55 v. 72).

Rheinpreußen. **Kassationsrekurs.**

I. Instanz: Handelsgericht Crefeld,
II. Instanz: Rheinischer Appellhof zu Köln.

Procura, Widerruflichkeit.

1. Jede Procura ist frei widerruflich, aus deren Vorenthaltung (nach etwa gegebener Zusage) oder Zurücknahme ist ein Anspruch des Betreffenden nicht herzuleiten.

HGB Art. 54.

2. Der neben der Procura etwa bestehende Dienstvertrag regelt selbständig die vermögensrechtlichen Ansprüche des Procuristen.

Kläger war Handlungsgehilfe der Bekl. mit einem festen Gehalt von 1000 Thlrn. Seiner Behauptung nach ist ihm bei Erneuerung seines Dienstvertrags (Anfangs 1869) zugesagt worden, daß er im Falle des Austritts des damaligen Geschäftsprokuristen B. dessen Stelle sowie eine entsprechende Erhöhung seines Diensteinkommens bekommen solle. B. ging ab, Kläger erhielt am 1. Januar 70 die Prokura, welche ihm jedoch (in Folge einer Umgestaltung des bekl. Bankhauses) bereits am 10. Jan. wieder entzogen ward.

Kläger begehrt deshalb Auflösung seines Dienstvertrags und Schadenersatz. Abgewiesen, ergreift er den Kassationsrekurs, welcher vom OHG verworfen wird

in Erwägung:

daß die Prokura die Ermächtigung enthält, den Ertheiler derselben nach Außen hin, Dritten gegenüber, zu vertreten; daß sie ihrer Natur nach dem Prokuristen ein Recht auf die Vertretung nicht gewährt, sie daher auch zu jeder Zeit widerrufen werden kann; daß sie unabhängig von jedem Dienstverhältniß ertheilt werden, mit einem solchen aber auch in Verbindung stehen kann; daß dies letztere Verhältniß dann besondere Rechte und Verbindlichkeiten erzeugt, die durch einen Widerruf der Vollmacht zur Vertretung nach Außen hin nicht berührt werden, was Art. 54 HGB mit dem Ausdruck bezeichnet, daß der Widerruf der Prokura „unbeschadet der Rechte aus dem bestehenden Dienstverhältnisse“ erfolgen könne;

daß diesen Grundsätzen gemäß die vorliegende Klage nicht darauf, daß dem Kläger die Prokura versprochen und dieses Versprechen nicht erfüllt oder die ertheilte Prokura widerrufen worden sei, sondern darauf gestützt werden mußte, daß vermöge des zwischen den Parteien geschlossenen Dienstvertrags dem Kläger ein dem früheren Prokuristen entsprechender Wirkungskreis in dem inneren Geschäftsbetrieb eingeräumt gewesen und ihm dafür eine angemessene Vergütung entweder zugesagt oder eine solche doch von ihm nach Maaßgabe der geleisteten Dienste zu beanspruchen gewesen wäre; daß die Elemente eines solchen Dienstverhältnisses der Appellhof im Anführen des Klägers: „es sei ihm der Prokuristenposten zugesagt, oder es sei ihm versprochen worden, daß die mit dem Ausscheiden des früheren Prokuristen eintretende Veränderung ihm zu Gute kommen würde", thatsächlich nicht zu erkennen vermocht hat; daß nach dieser, im gegenwärtigen Verfahren nicht anfechtbaren, Voraussetzung als Fundament der erhobenen Klage nichts übrig bleibt, als die Vorenthaltung der Prokura an sich, auf diese letztere aber Kläger ein Recht nicht hatte, auch vertragsmäßig nicht erwerben konnte, er daher auch auf diese Vorenthaltung eine Klage auf Auflösung seines Dienstvertrages oder auf Schadenersatz zu gründen nicht im Stande war;

daß hienach die Abweisung der Klage . . . gerechtfertigt . . . erscheint.

Nr. 45.

II. Senat. — Erkenntniß v. 30. März 72. (Ref.)

W. Brettschneider ·/. W. R. Suckow (No. 132 v. 72).

Preußen. **Revision.**

I. Instanz: Kreisgericht Angerburg,
II. Instanz: Appellationsgericht Insterburg.

Darlehnsklage, Beweis.

Wer eine Geldsumme als darlehnsweise gegeben zurückfordert, hat zu beweisen, daß der Beklagte das (unstreitig) Erhaltene als Darlehn empfing.

§ 653 ALR I. 11.

AGO Einl. § 16; vgl. Ripr. I S. 280 Nr. 3, II S. 91, III S. 354.

Als ein die Beweislast des Klägers erläuterndes Beispiel geben wir folgende

Entscheidung des OHG:

Parteien streiten, ob die 1000 Thlr., welche Beklagter im Juli 67 vom Kläger (geständlich) erhalten, ein Darlehn oder eine Mitgift seiner Ehefrau — Schwägerin und Pflegebefohlenen des Klägers — gewesen ist.

Unzweifelhaft hat Kläger den Beweis zu führen, daß es ein Darlehn gewesen, da er darauf den Anspruch auf Rückzahlung gründet. Dieser Beweis ist vom I. Richter für verfehlt, vom Appellrichter dagegen für soweit gelungen erklärt, um den Kläger zu einem Erfüllungseide zu verstatten. Keiner dieser Ansichten war beizutreten.

Es ist von vornherein schon mit dem gewöhnlichen Gebrauch nicht wol vereinbar, daß Kläger eine so bedeutende Summe dem Bekl. als Darlehn gegeben haben sollte, ohne sich die Verpflichtung zur Rückzahlung durch einen schriftlichen Verpflichtungsschein oder durch Gegenwart von Zeugen zu sichern. Es scheint auch nicht einmal die bei Darlehnsgeschäften ganz gewöhnliche Verpflichtung zur Verzinsung ausbedungen zu sein. Schon dadurch verliert das Zugeständniß des Bekl., im Juli 67 vom Kläger 1000 Thlr. „erhalten“ zu haben, woraus vielleicht beim Mangel eines anderen Zahlungsgrundes auf ein Darlehnsgeschäft geschlossen werden könnte, ganz wesentlich an Bedeutung. — Dasselbe gilt von den übrigen Beweisen. Allerdings spricht Beklagter in (2) Briefen v. März 69 von seiner „Schuld" und verspricht deren Berichtigung. Auch zu einzelnen der vernommenen Zeugen hat er sich in ähnlicher Weise geäußert und namentlich, daß er seine Schuld bezahlen, alles, was er vom Kläger erhalten, auf Heller und Pfenning wiedergeben wolle. Nirgend aber findet sich eine Andeutung dafür, daß jene Schuld eine Darlehnsschuld sei. . . [Weitere Würdigung der Partei-Korrespondenz und von Zeugenaussagen. Dabei wird gesagt]:

Ganz unbegründet ist die Annahme des Appellrichters, daß sich die [vom Bekl. hin und wieder gebrauchten] Ausdrücke „wiedergeben" und „zurückzahlen" nur auf ein durch Darlehn begründetes Schuldverhältniß beziehen lassen; dieselben können ebensogut auf das Versprechen, die empfangene Mitgift der verstorbenen Ehefrau zurückgeben zu wollen, bezogen werden und sind nach dem Vortrage der Zeugen auch in der That nur damit in Verbindung zu bringen.

[Demgemäß ist, unter Aufhebung beider Vorentscheidungen, erkannt worden,

daß Beklagter zu schwören gehalten, er habe vom Kläger am 6. Juli 67 nicht die Summe von 1000 Thlrn. unter der Bedingung der Wiedererstattung in gleichem Betrage zum Verbrauch übergeben erhalten, und

daß im Schwörungsfalle Kläger mit der erhobenen Klage abzuweisen].

Nr. 46.

I. Senat. — Erkenntniß v. 2. April 72. (B.)

C. Fleck ./. Gouda (Nr. 9 v. 72).

Preußen. **Nichtigkeitsbeschwerde.**

I. Instanz: Stadt- u. Kreisgericht Magdeburg,
II. Instanz: Appellationsgericht daselbst.

Richteramt. Klagbarkeit alternativer Verpflichtungen.

1. Ob der Vertrag, aus welchem geklagt wird, rechts-

giltig zu Stande gekommen ist, hat der erkennende Richter von Amtswegen zu prüfen, und kann deshalb der Beklagte noch in der Nichtigkeitsinstanz zur Erörterung bringen.

Vgl. Rspr. II S. 232, IV S. 234, V S. 150, VI S. 92.

2. Ein Vertrag, welcher dem Verpflichteten nach seiner Wahl eine alternative Leistung auferlegt, ist — gemeinrechtlich und nach ALR — giltig und klagbar.

Windscheid Pandekten § 255, B. II S. 13 ff.
ALR Th. I Tit. 5 § 274, Tit. 11 § 33 ff.

Laut brieflicher Vereinbarung sollte Beklagter vom Kläger bis Ende Dezember 69 500 Centner Stearinkerzen zu gewissen Preisen erhalten. Dabei hatte Käufer den Ort, wohin geliefert werden sollte, und weiter zu bestimmen, in welchen Sorten (ob die Packete zu 4, 5, 6 oder 8 Kerzen) die Lieferung zu geschehen habe. Auf Abnahme der Kerzen belangt, wird Beklagter in zwei Instanzen verurtheilt. Seine Nktbschw. rügt Gesetzesverletzung, ausführend, daß wenn zur Erfüllung des Vertrages die Auswahl der zu liefernden Sortimente erforderlich sein solle, beim Mangel solcher Bestimmung der Gegenstand des Kaufs nicht genügend fixirt erscheine und der Vertrag selbst imperfekt geblieben sei.

Entscheidung des OHG:

Dem Kläger ist darin nicht beizutreten, daß die Anführung der implorirenden Bekl., es liege überhaupt ein perfekter, also klagbarer Vertrag nicht vor, in der Nktbschw. als verspätet erscheine. Denn von vornherein hatte der Richter bei Beurtheilung des Klage-Anspruchs von Amts wegen zu prüfen, ob der demselben zu Grunde gelegte Vertrag überhaupt perfekt und also klagbar sei. Auch hat Beklagter allerdings schon in der Berufungsschrift auszuführen versucht, daß der vorliegende Vertrag, da das Objekt der Lieferung erst noch durch Dispositionen des Bekl. hinsichts der Sorten und Verpackung näher bestimmt werden sollte, überhaupt nicht oder doch noch nicht klagbar sei.

Indeß ist der Angriff in der Nktbschw., daß der Vertrag nicht perfekt sei, und der Richter daher die Artikel 357, 354 HGB sowie §§ 12, 30 Tit. 11 und § 125 Tit. 5 Th. I ALR verletzt habe, gänzlich hinfällig.

Die durch den vorliegenden Vertrag begründete obligatio des Klägers ging (nach der thatsächlichen Feststellung des Appellrichters) dahin, bis ultimo Dez. 69 dem Bekl. 500 Ctr. Stearinkerzen, also einen generisch vollständig bestimmten Gegenstand, nach Wahl des Bekl. entweder franco Hamburg oder franco Bord Amsterdam zu (für jeden dieser Bestimmungsorte) bestimmten Preisen und in Packeten zu 4, 5, 6 oder 8 Stück zu liefern. Welche von diesen Alternativen Kläger zu leisten hat, hängt also vertragsmäßig von der Wahl des Bekl. ab; ob er dasjenige, worauf diese Wahl fallen wird, zu leisten hat, ist keineswegs unbestimmt, vielmehr stellt der Vertrag diese Verpflichtung ganz ausdrücklich fest, und es liegt also eine durch Vertrag begründete alternative obligatio vor, wie das gemeine Recht solche und die Klagbarkeit der dieselbe begründenden Verträge anerkennt.

Vgl. Windscheid Pandekten § 255;
Wächter Erörterungen S. 117;
v. Vangerow III § 569;
Seuffert's Archiv B. XXII Nr. 125.

Auch im ALR ist die Klagbarkeit solcher alternative Obligationen begründender Verträge anerkannt, vgl. § 274 Tit. 5, § 33 ff. Tit. 11 Th. I daselbst.

Die Frage, wem von beiden Theilen das Wahlrecht zukommt, ist durch den Inhalt des Vertrages erledigt, und nicht streitig. Der Appellrichter hat daher die allegirten Vorschriften des ALR durch unrichtige oder unterlassene Anwendung nicht verletzt.

In der Nktbschw. wird ferner die Feststellung des Appellrichters, dem Bekl. sei im Vertrage die Wahl der Sorten vorbehalten, mit dem Vorwurf bekämpft, der Richter habe die Natur und den wesentlichen Charakter des zu beurtheilenden Rechtsgeschäfts verkannt (§ 9 der Instruktion v. 7. April 39), weil „die Bestimmung in dem abgeschlossenen Vertrage keine Grundlage habe." Allein wenn der Appellrichter den fragl. Vorbehalt als im Vertrage enthalten vorausgesetzt hat, so kann er unmöglich durch Berücksichtigung dieses Vorbehalts in der gerügten Weise rechtlich geirrt haben. Ein gegen die thatsächliche Voraussetzung gerichteter prozessualer Angriff ist aber nicht einmal versucht worden, würde auch nach Lage der Akten — bei dem Einverständniß der Parteien über den erwähnten Umstand — haben scheitern müssen.

Nr. 47.

I. Senat. — Erkenntniß v. 2. April 72. (Ref.)

N. Wulff c. A. Meyer (Nr. 16 v. 72).

Preußen. **Revision.**

I. Instanz: Kreisgericht Hamm.
II. Instanz: Appellationsgericht daselbst.

Zeitlich beschränkte Bürgschaft. Kreditassekuranz.

1. Haftet derjenige, welcher für eine bestimmt betagte Schuld sich verbürgt hat, auch wenn der Gläubiger dem Hauptschuldner eigenmächtig Nachsicht oder Nachfrist gegeben hat?

(Erörterung nach gemeinem R. und nach ALR)

2. Die für ein Handelsgeschäft unter Kaufleuten übernommene Bürgschaft ist im Allgemeinen (eine Ausnahme bestimmt Art. 281 HGB) nach bürgerlichem Recht zu beurtheilen.

HGB Art. 1, 370.

Wenn jedoch die Garantieleistung den Charakter einer Kredit-Assekuranz annimmt, so verliert — nach den Grundregeln des Versicherungsrechts — der Versicherte den Anspruch aus der Versicherung, falls er durch willkürliche Dispositionen die Kreditgefahr erhöht.

§ 2117 ALR II. 8; HGB Art. 810 ff.

Durch Vermittelung des Bekl. hat Kläger im Juni 70 Weizen nach Lüttich an Ch. Périn verkauft. Vor dem Geschäftsabschluß erklärte Beklagter sich „ausnahmsweise" bereit, das del credere für den Kaufpreis zu übernehmen. Bei Meldung des Abschlusses schrieb er dem Käufer Périn: „der Betrag wird 14 Tage dato trassirt," und dem Kläger: „den Betrag können Sie 14 bis 20 Tage dato entnehmen". Périn fand dieses Ziel ungewöhnlich kurz und bat den Bekl. umgehend, ihm beim Verkäufer „30 Tage" Ziel auszuwirken; Beklagter erwiderte sofort, es sei gegen 20 Tage Accept gekauft worden und daran nichts mehr zu ändern. Gleichzeitig schrieb Beklagter dem Kläger nochmals: „Den Betrag entnehmen Sie 20 Tage dato, zahlbar bei H. & K. in Cöln." Périn wendete sich nun direkt an den Kläger und bat, den Preis der Waare bei Einsendung des Verladungsscheins gegen Monatsaccept auf ihn zu entnehmen.

Ohne Anfrage beim Bekl. ging Kläger hierauf ein, ließ den Weizen in 3 Sendungen an Périn's Ordre abgehen und stellte die entsprechenden — vom 23., 24. und 25. Juni 70 datirten — Wechsel auf 23., 24. und 25. Juli. Périn stellte bald darauf seine Zahlungen ein, und die Wechsel kamen unter Protest auf den Kläger zurück. Beklagter wird aus seiner Garantieleistung auf Höhe eines Kaufpreisrestes von etwa 3837 Thlrn. belangt und in II. Instanz verurtheilt. Auf seine Revision hat das OHG das abweisende I. Erkenntniß hergestellt.

Gründe:

Die Entscheidung II. Instanz fußt | hauptsächlich auf folgenden Sätzen:

1. der Kaufvertrag zwischen dem Kläger und Ch. Périn sei erst am 23. Juni 70, nämlich durch Bewilligung des von Périn am 21. Juni erbetenen Monatsziels, „definitiv geschlossen";
2. für dieses „Geschäft" habe Beklagter unbedingte und unbetagte Bürgschaft übernommen;
3. das Monatsziel sei nicht ungewöhnlich, habe also vom Kläger anstatt des vom Bekl. proponirten kürzeren Ziels bewilligt werden können;
4. auch habe Beklagter diese Bewilligung später stillschweigend genehmigt.

Von diesen Sätzen kann schon der erste für zutreffend nicht erachtet werden.

Richtig ist zwar, daß Beklagter das Weizenkaufgeschäft nicht in eigenem Namen, nicht als Kommissionär abgeschlossen hat. Aber er hat beim Abschluß auch nicht blos als vermittelnder Agent fungirt, sondern — wie dies bei Agenten nicht selten — in Vollmacht und Vertretung des Klägers, vielleicht auch des Périn, den Vertrag geschlossen. Nur zwei Hauptpunkte waren ihm vom Kläger hiefür vorgeschrieben: Quantum und Preis. Für das Uebrige: Zahlungsmodalitäten, Art der Lieferung, Ziel, handelte er als dessen Mandatar — entweder in Gemäßheit früherer Instruktionen und Abschlüsse oder nach Ermessen. Deshalb notirte Kläger, nachdem Beklagter das Einzelne des Abschlusses ihm am 18. Juni überschrieben hatte, laut Brief vom folgenden Tage diesen „Verkauf" und erbat nur noch eine Mittheilung dessen, was Beklagter über die Adressen der Tratten vereinbart habe („wie wir trassiren sollen, ob direkt auf Lüttich oder wie sonst"). Deshalb wünscht Kläger ferner (am 21. Juni) Kenntniß der

Abmachung über die Vergütung von Discont und Stempel („für Trassirung wird doch Discont und Stempel vergütet?"); deshalb schreibt er am 26. Juni: „wenn Sie 20 Tage verkauft haben und wir auf seinen Wunsch 30 ziehen, so fallen ihm doch $^1/_3$ der Kosten (des Monats-Disconts) zur Last", und rügt endlich am 28. Juni, daß Beklagter zu spät geschrieben, er habe gegen 20 Tage verkauft. — Uebereinstimmend hiemit „notirt" Périn im Schreiben v. 19. Juni den ihm vom Beklagten überschriebenen „Ankauf" und bittet nur den Bekl. um die Gefälligkeit beim Kläger zu erwirken, daß dieser „30 Tage" trassire; worauf ihm der Beklagte am folgenden Tage korrekt erwidert: „ich habe vom Kläger gegen 20 Tage Accept . . . für Sie gekauft und kann an diesen Bedingungen nichts mehr ändern."

Freilich hat am nächsten Tage (21. Juni) Périn dem Kläger direkt einen Brief geschrieben, dessen Anfang den vom Bekl. getroffenen Abschluß (mit Ausnahme des Ziels) wiederholt; aber derartige Bestätigungen sind unter Kaufleuten auch bei festen, durch Vertreter bewirkten Abschlüssen üblich und keineswegs geeignet, letzteren den Charakter nur vorläufiger Unterhandlungen zu geben. Auch sind die Kontrahenten damals anderer Auffassung nicht gewesen, dies geht nicht nur aus dem eben mitgetheilten Inhalt ihrer Briefe, sondern namentlich daraus hervor, daß beide bereits vor dem 21. Juni, nämlich am 19. und 20. durch Zusendung bzw. des Ausfallsmusters (Probe) und der Säcke mit der Erfüllung begonnen hatten.

Ist also davon auszugehen, daß der Kauf zwischen dem Kläger und Périn bereits am 18. (und nicht erst am 23.) Juni fest abgeschlossen worden: so kann darüber kein Zweifel sein, daß Beklagter gegen höchstens 20 Tage Accept abgeschlossen hatte. Er war, da er das Delcredere übernommen hatte und es sich um mehr als 4000 Thlr.

handelte, an einem kurzen Ziele wesentlich interessirt, und wie er dem Kläger am 18. Juni bei der Ueberschreibung des Abschlusses meldete: „den Betrag können Sie 14 Tage oder 20 Tage dato entnehmen", so muß er dasselbe gleichzeitig dem Käufer Périn geschrieben haben. Dies folgt nicht nur aus der Natur der Sache, sondern insbesondere aus Périn's Brief vom 19., welcher sich über die kurze, in anderen Fällen vom Kläger nicht gestellte Frist beklagt, und aus der Antwort des Bekl. vom 20., daß Périn gegen 20 Tage Accept durch ihn gekauft habe und an dieser Bedingung nichts mehr zu ändern sei. Zwar hat Périn, unter Ignorirung dieses Bescheids, am 21. dem Kläger direkt geschrieben „den Werth Ihrer Rechnungen können Sie . . . gegen Monats-Accept auf mich entnehmen"; allein dieses Schreiben charakterisirt sich als Versuch, mit Umgehung des wegen des Delcredere interessirten Bekl. vom Kläger selbst ein längeres Ziel zu erlangen; und nachdem dieser Versuch geglückt war, der Kläger nämlich schon die erste Tratte auf einen Monat gestellt hatte, konnte Périn im Schr. v. 24. Juni schon geltend machen, Kläger selber habe ihm (nämlich unter Aenderung des ursprünglich vereinbarten Ziels) das begehrte Monats-Accept — „gegen welches mir alle meine dortigen Geschäftsfreunde verkaufen" — bewilligt.

Steht aber fest, daß Beklagter „auf 14 bis 20 Tage Ziel" abgeschlossen hatte: so irrt Kläger — und mit ihm der Appellrichter — in der Aufstellung, daß diese Kondition dem Kläger nicht rechtzeitig mitgetheilt sei . . .

Mußte in dem bisher Erörterten von der Beurtheilung des Appellrichters abgewichen werden, so ist auch seiner Auffassung,

> daß sich Beklagter für einen Verkauf von 10 Waggon Weizen à $8^1/_4$ Thlr. schlechthin und nicht für den in Ansehung der Preiszahlung bezielten Verkauf verbürgt habe,

nicht beizutreten. — Diese Auffassung lehnt sich an den Vordersatz, daß das Kaufgeschäft von den Kontrahenten selbst und direkt definitiv abgeschlossen, hiebei das vom Beklagten nur proponirte Zahlungsziel nicht festgehalten und der Delcredere=Vertrag selbst schon vor dem Kaufabschluß zu Stande gekommen sei. Ist aber, wie gezeigt, dafür zu halten, daß der Kauf mit dem Zahlungsziel von 14 bis 20 Tagen bereits am 18. Juni durch den Bekl. endgiltig abgeschlossen worden: so ist auch klar, daß Beklagter gerade für dieses so vereinbarte Geschäft Garantie geleistet hat. Zwar antwortete er am 18. Juni auf des Klägers Brief, welcher ihm die Waare für einen Tag anstellte, „wenn er del credere übernähme", sofort:

> die per Draht offerirten 10 Waggon Weizen à 8¼ Thlr. habe ich Périn angeboten und will ausnahmsweise das del credere übernehmen, wobei ich selbstredend auf doppelte Provision rechne;

allein es ist ohne Weiteres einleuchtend, daß er die Garantie nur nach Maaßgabe seines Angebots an Périn oder doch überhaupt nur für dasjenige Geschäft zusagen wollte, dessen Abschluß er vermöge der Anstellung und der ihm beiwohnenden Ermächtigung in der Hand hatte und bewirken würde, und das, falls er es zu Stande brachte, von ihm noch an demselben Tage zu überschreiben war. Anders konnte auch Kläger die Zusage des del credere nicht auffassen, weil es sich nicht um einen fertig vorliegenden, sondern um einen erst vom Bekl. zu bewirkenden Abschluß handelte, für welchen dem Bekl. keine andere Aufgabe gemacht war, als Quantum und Preis. Da nun Beklagter in der That noch am 18. Juni mit Périn abschloß und diesen Abschluß mit allen Conditionen an demselben Tage dem Kläger überschrieb: so ist selbstverständlich, daß seine Garantie eben diesen Abschluß umfaßte,

d. h. er garantirte dem Kläger, daß Périn den=

selben erfüllen, das Kaufgeld also spätestens am 20. Tage nach der Lieferung zahlen werde.

Aus dem bisher gewonnenen Thatbestande allein würde jedoch noch nicht folgen, daß eine dem Périn vom Kläger bewilligte Verlängerung des Zahlungsziels schlechthin geeignet wäre, dem Bekl. die Garantiepflicht abzunehmen.

Schon das gemeine Recht würde ihm diese bedingungslose Befreiung versagen. Zwar die Regel:

alienam conditionem meliorem quidem ignorantis et inviti nos facere possumus, deteriorem non possumus,

scheint sie ihm zu gewähren. Allein gemeinrechtlich gilt der Gläubiger einer betagten Forderung im Allgemeinen zur Verlängerung der Zahlungsfrist für befugt, ohne seinen Regreß an den hiebei nicht zugezogenen Bürgen zu verlieren, — vorausgesetzt jedoch, daß die Bürgschaft selbst nicht auf bestimmmte Zeit eingegangen und diese Zeit durch die Verlängerung nicht überschritten ist. Nur dann wird — abgesehen von der negligentia in exigendo — der Bürge frei, wenn die Fristerweiterung unter Umständen ertheilt wird, welche den Vermögensverfall bis zu ihrem Ablauf voraussehen ließen, und zugleich die beim ursprünglichen Termin noch vorhandene Solvenz beim Ablauf der erweiterten Frist erloschen ist.

Vgl. Girtanner Bürgschaft 2c. S. 487; v. Vangerow Pandekten III S. 158; Windscheid Pandekten (3. Auflage) S. 742 n. 10 am Ende; Arndts Lehrbuch 2c. 6. Auflage S. 570 n. 2; Seuffert B. VII S. 45 (Erk. des O.App.Ger. Lübeck v. 12. Dez. 50) und S. 211 (Erk. des O.App.Ger. Celle v. 7. Mai 27), auch B. 11 S. 376 und B. 12 S. 317. — Siehe auch Hauser Verbürgung ꝛc. in Löhrs Central-Organ, Neue Folge IV S. 321 ff., insbesondere 378—380. — Bürgerl. GB für das Königreich Sachsen § 1466.

Das HGB, welches die Bürgschaft an zwei Stellen erwähnt (Art. 281, 370), enthält über die vorliegende Frage keine Bestimmung. Es kommt deshalb, da besondere Handelsgebräuche nicht behauptet sind, im gegebenen Falle auf das ALR an.

Dasselbe unterscheidet die Bürgschaft, „für welche selbst eine gewisse Zeit bestimmt ist“, von der einfachen Bürgschaft für eine an gewissem Termin zahlbare Forderung. Jene, ausdrücklich betagte, aber nicht selbstschuldnerische Bürgschaft erlischt, wenn nicht spätestens am dritten Tage nach ihrem Endtermin der Hauptschuldner belangt, also auch wenn ihm über diesen Termin hinaus Zahlungsfrist bewilligt wird. Diese, die nicht-betagte Bürgschaft für eine am bestimmten Tage fällige Forderung dauert fort, auch wenn vom Gläubiger dem Hauptschuldner stillschweigend oder ausdrücklich Nachsicht bzw. Nachfrist gewährt wird.

ALR I. 14 § 320, 316, 317;

es sei denn, der nicht-selbstschuldnerische Bürge habe nach Ablauf des ursprünglichen Zahlungstermins den Gläubiger angehalten, entweder die Schuld einzuklagen oder ihn der ferneren Bürgschaft zu entlassen.

§ 316 ebendas.; Bornemann System 1. Ausgabe III S. 498; Foerster Theorie und Praxis, 2. Auflage II S. 365, 366; Strieth. Arch. B. 8 S. 373, B. 47 S. 116, B. 48 S. 186, B. 70 S. 20.

In Ansehung einer Nachfrist also zessirt regelmäßig die auch im preuß. Recht anerkannte Regel, daß die zwischen Gläubiger und Schuldner nach vollzogener Bürgschaft errichteten Verträge des Bürgen Verbindlichkeit nicht erschweren können; § 330 a. a. O.

Nur muß die Nachfrist ex fide bona, nicht in beabsichtigter Benachtheiligung des Schuldners und nicht zu einer Zeit gewährt sein, wo gehörige Sorgfalt in der Beurtheilung der Lage des Schuldners sie hätte verweigern müssen; § 329 a. a. O; Erk. des OTr. v. 23. März 58 (Seuffert B. 12 S. 317).

Will sich also der Bürge gegen die Gewährung einer Nachfrist schützen, so muß er die Nichtgewährung ausbedingen oder seine Bürgschaft auf den Ablauf der ursprünglichen Zahlungsfrist betagen.

Nach diesen Grundsätzen muß im Allgemeinen auch eine für ein Handelsgeschäft unter Kaufleuten übernommene Bürgschaft beurtheilt werden. Allein in zweifacher Beziehung erscheint diese abweichend. Nimmt sie nämlich den Charakter der Kredit-Assekuranz an, so verliert der Versicherte nach den Grundregeln des Versicherungsrechts den Anspruch aus der Versicherung, wenn er durch willkürliche Dispositionen die Kreditgefahr erhöht. — Und für die Befristung der handelsgeschäftlichen Bürgschaft bedarf es nicht ausdrücklicher Stipulation, sondern sie kann aus besonderen Handelsgebräuchen oder aus der Lage des inzelnen Falles entnommen werden; Art. 1, 278, 279 HGB. Ob der unter den Parteien geschlossene delcredere-Vertrag als Kredit-Versicherung nach Assekuranz-Recht namentlich deshalb zu behandeln, weil das del credere vom Gläubiger genommen und vom Bekl. gegen Provision übernommen ist, kann unerörtert bleiben. Denn es muß nach Lage des Falles dafür gehalten werden, daß Beklagter nur eine betagte Garantie versprochen hat.

Das vom Bekl. erwirkte Ziel war ein ungewöhnlich kurzes. Kläger selbst versichert, die Zahlung durch Monatsaccept sei damals gebräuchlich gewesen; der Appellrichter hat diese Versicherung als im Wesentlichen richtig bestätigt, und die Leichtigkeit, mit welcher Kläger das Verlangen des Périn nach „30 Tagen" befriedigte, beweist, daß Périn nichts Ungebräuchliches begehrte und dem Kläger am 24. Juni 70 schwerlich ohne Grund schrieb: „alle meine dortigen Geschäftsfreunde verkaufen mir gegen Monatsaccept."

Wenn nun Beklagter, nachdem er in seinem ersten Schreiben v. 18. Juni 70 auf Verlangen des Klägers „ausnahmsweise" das del credere gegen eine kaum nennenswerthe Mehrprovision (in Summa: 20 Thlr. für 10 Waggon) übernommen hatte, an demselben Tage dem Périn nicht zu dem üblichen, sondern zu einem erheblich kürzeren Ziel (14 bis 20 Tage) verkaufte, dies auch dem Kläger sofort meldete, und wenn er ihm zwei Tage darauf (Brief v. 20. Juni 70) abermals vorschrieb: „Betrag entnehmen Sie 20 Tage dato, zahlbar bei H. & K. in Cöln": so kann (zumal es sich um Tratten, also um pünktlich zu lösende und nach der Begebung regelmäßig nicht zu prorogirende Obligi handelte) kaum zweifelhaft sein, daß Beklagter gewillt war, durch dieses kurze Ziel die Dauer seiner Garantie zu bestimmen, und daß er diese seine Absicht durch den ungewöhnlichen Abschluß dem Kläger genügend erkennbar gemacht hat. Dieser Wille des Bekl. ist namentlich auch daraus zu entnehmen, daß er Périns briefliche Bitte vom 19. Juni, ihm doch 30 Tage Ziel zu verschaffen, dem Kläger damals gar nicht mittheilte, vielmehr mit der Erwiderung: „er habe einmal gegen 20 Tage Accept gekauft und an diesen Bedingungen sei nichts mehr zu ändern", abwies, während er sich doch für die gleichzeitige Bitte des Périn um Sackleihe sofort (20. Juni) beim Kläger verwendete, jedoch die Vorschrift: „den Betrag entnehmen Sie 20 Tage dato rc." ausdrücklich wiederholte.

Der Einwurf des Klägers: er habe aus den Worten des Briefs v. 18. Juni: „den Betrag können Sie 14 oder

20 Tage dato entnehmen", nicht schließen können, daß es dem Bekl. gerade auf diese Frist angekommen sei, ist unhaltbar. Dieser Wortlaut, in Verbindung mit der ungewöhnlichen Kürze des Ziels, mußte vielmehr dem Kläger deutlich machen, daß der Sinn dieser Zeile war:

„ich habe wegen meines del credere eine ausnahmsweise kurze Frist stipulirt, so daß Sie schon auf 14 bis 20 Tage ziehen können;"

die Vorschrift vom 20.: „den Betrag entnehmen Sie 20 Tage dato", machte diesen Sinn vollends klar.

Freilich ist richtig, daß die Frist der 20 Tage insofern keinen festbestimmten Anfang hatte, als die Tratten von der Absendung datirt werden sollten und diese zum Theil von der Lieferung der Säcke abhing. Allein dieser Umstand ist ungeeignet, dem vereinbarten Ziel die entscheidende Bedeutung für die Dauer der Garantie zu nehmen. Denn es handelte sich um einen unverzüglich zu erfüllenden Kauf, also um wenige, nach gehörigem Geschäftsgang zu bemessende Tage, von denen vorausgesetzt werden muß, daß sie vom Bekl. bei dem mit Rücksicht auf sein del credere bewirkten Abschluß in Rechnung gezogen sind.

Läßt sich nun auch nicht generell behaupten, daß bei einer handelsgeschäftlichen Bürgschaft die Betagung der Forderung eo ipso eine Befristung der Bürgschaft involvire, und mag es zweifelhaft sein, ob zufolge der mit Einführung der DWO aufgehobenen Bestimmung des ALR II. 8 § 1238

(lautend: „verlängert der Wechselinhaber dem Schuldner die Zahlungsfrist ohne schriftliche Einwilligung des Bürgen, so entläßt er dadurch Letzteren seiner Verbindlichkeit"; vgl. 1240 das.)

diese Befristung der Bürgschaft durch den Zahlungstermin der Hauptforderung wenigstens bei Bürgschaften für

Wechselforderungen als der landrechtlichen Auffassung entsprechend anzunehmen gewesen: —

vgl. Gesetz-Revision Pensum VIII S. 53 und 54;
Bielitz Kommentar VI 564;
Crelinger und Gräff preuß. Wechselrecht S. 395—

so ergiebt doch, wie gezeigt, die Besonderheit des vorliegenden Falles, daß Beklagter nur auf bestimmte Frist, nämlich auf 20 Tage, nach der Absendung, das del credere übernommen hatte.

Diesem Vertragsinhalt gegenüber ist unerheblich, ob Kläger, wie er behauptet, ohne Verschulden, nämlich in Folge des Périn'schen Schreibens vom 21. Juni an ihn

(„den Werth Ihrer Rechnungen können Sie. . . . .
gegen Monats-Accept auf mich entnehmen")

hat glauben können, Beklagter habe sich mit Périn hinterher (seit dem 20.) auf ein Monatsziel geeinigt und ob, wenn er dies wirklich geglaubt hätte, es kaufmännischer Vorsicht und Sorgfalt entsprechend gewesen, ohne Rückfrage bei dem Bekl. am 23. die Waare gegen Monatstratte abzusenden. — Uebrigens ist diese Berufung auf die irrthümliche Annahme einer vermeintlichen Vertragsänderung schon deshalb werthlos, weil Kläger bereits am 26. Juni die Verlängerung des Ziels keineswegs durch jenen Glauben, sondern durch Bewilligung eines „Wunsches" von Périn erklärt hat.

Unbestritten ist die Waare am 23., 24. und 25. Juni 70 abgegangen. Bei Festhaltung des vereinbarten Ziels hätten die Tratten des Klägers also auf 13., 14., bzw. 15. Juli gestellt sein müssen. An diesen Tagen hatte Périn seine Zahlungen thatsächlich und formell noch nicht eingestellt. Aber Kläger meint, Périn würde dessenungeachtet schon an jenen Tagen zur Bezahlung der Tratten unfähig gewesen sein; die Verlängerung des Ziels um 10 Tage also sei in Ansehung des del credere ein gleichgiltiges, dem Bekl. unnachtheiliges Faktum. — Es erscheint indeß nicht zulässig, den Folgen einer Zielverlängerung bei dem kaufmännischen del credere auf diese Weise zu begegnen.

Denn zunächst muß ein Kaufmann Dritten gegenüber so lange als zahlungsfähig gelten, als er seine Zahlungen thatsächlich nicht eingestellt hat. Es ist aber nicht behauptet, daß diese Thatsache bis zum 15. Juni (incl.) eingetreten sei. Wohl mag, wie Kläger hervorhebt, der Status des Périn v. 11. August bereits für jene Tage eine ansehnliche Unterbilanz ergeben, Périn mag in der Zeit vom 13. bis 23. Juli Verluste nicht gehabt haben, und es mag auch sein, daß sein Banquier Oury am 13., 14. oder 15. Juli 16 bis 17000 Frcs. ohne neue Deckung ihm nicht kreditirt haben würde. Aber daraus folgt nicht, daß Périn nicht dennoch Mittel gefunden haben könnte, die Tratten des Klägers an jenen Tagen zu honoriren. Nicht selten zahlen Kaufleute, obschon sie Unterbilanz haben, so lange ihnen ein Kredit ruchbar und unter bedenklichen Umständen nicht gekündigt wird — und nach des Klägers eigener Angabe ist die Kündigung des Oury frühestens am 19. Juli erfolgt —; so lange sie ihre eigenen Accepte bezahlen, läßt sich nicht annehmen, daß sie einzelnen Verpflichtungen gegenüber thatsächlich hilflos gewesen sein würden. Es soll aber Périn erst am 16. Juli eine auf ihn gezogene Tratte nicht acceptirt und erst am 20. und 21. Juli zwei seiner Accepte Mangels Zahlung haben protestiren lassen. Nur diese Nichtbezahlung der Accepte wäre wesentlich; sie allerdings würde — nicht die Insuffizienz des Périn, auf die es nicht ankommt, sondern — die Einstellung seiner Zahlungen konstatiren; aber des Klägers Tratten wären — bei Einhaltung des vom Bekl. stipulirten Ziels — bereits 8 bis 6 Tage früher fällig gewesen.

Der Einwand der Unschädlichkeit der Prolongation ist also thatsächlich ungenügend begründet. Entscheidend aber wäre, wenn mit dem Appellrichter angenommen werden könnte, Beklagter habe die Verlängerung des Ziels stillschweigend genehmigt.

Indeß auch diese Annahme erscheint nicht gerechtfertigt. Als Kläger ihm unterm 23. Juni meldete, daß er einen Theil der Waare geliefert und einen Monat dato gezogen habe, kreuzte sich mit dieser Meldung ein Brief desselben Datums an den Kläger, worin Beklagter zum dritten Male schrieb, daß Kläger das Kaufgeld 20 Tage dato bei H. & K. in Cöln auf Périn entnehmen könne. Diese Bestätigung der früheren Vorschrift konnte dem Kläger keinen Zweifel lassen, daß Beklagter an seinen Conditionen festhielt. War also, wie Kläger versichert, seine Tratte noch erlangbar: so gebot sein Interesse, dieselbe sofort zurückzunehmen und sie gleich den beiden späteren auf das ursprüngliche Ziel zu stellen. Für Beklagten aber fehlte Anlaß und Pflicht, den Kläger nochmals auf die 20. Tage zu verweisen. Er wurde in jenem Briefe des Klägers nicht um eine Erklärung angegangen, sondern von einer Thatsache unterrichtet, und es erhellt nicht, daß er die Möglichkeit, diese Thatsache rückgängig zu machen, damals gekannt oder vorausgesetzt hätte.

Sein kontraktliches Recht war ihm gesichert, und er bedurfte keines Protests zu dessen Erhaltung. Auch hat er noch zwei Tage später (am 26. Juni) nicht zu besserer Verdeutlichung seiner früheren Briefe, sondern im Einklang mit denselben bei Gelegenheit der Disconto-Differenz gegen den Kläger hervorgehoben: „Périn ist im Recht. Ich habe Ihnen geschrieben, daß Sie die Beträge 20 Tage dato trassiren sollten, und versteht es sich von selbst, daß das pari ist“ 2c.

Unter diesen Umständen hat Kläger den Anspruch aus

dem del credere durch willkürliche Verlängerung des Ziels eingebüßt. Folglich war das I. Urtel herzustellen, und zwar — in Gemäßheit des § 10 AGO I. 23 — unter Kompensation bzw. Halbirung der Kosten aller Instanzen.

Nr. 48.

I. Senat. — Erkenntniß v. 2. April 72. (B.)

A. Spitta c/. G. H. Jungbluth (Nr. 122 v. 72).

Preußen. **Nichtigkeitsbeschwerde.**

I. Instanz: Stadtgericht Berlin,
II. Instanz: Kammergericht daselbst.

Wechselregreß, Klageverjährung und Unterbrechung. Mitbeklagte, Streitverkündigung.

1. Die von einem Wechselgläubiger bezüglich eines Wechselverpflichteten bewirkte Unterbrechung der Verjährung kommt den übrigen Wechselgläubigern nicht zu Gute.

DWO Art. 79, 80.

2. Daß gegen zwei Wechselverpflichtete gleichzeitig Klage erhoben wird, ersetzt für das etwaige Regreßverhältniß unter ihnen selbst bezüglich der Verjährung nicht die im Art. 80 DWO gebotene Streitverkündigung.

3. Sind thatsächliche Hindernisse bei Geltendmachung des Klagerechts oder das Verhalten des Schuldners von Einfluß auf den Lauf der Wechselverjährung?

DWO Art. 80.

Sachverhalt und Entscheidung des OHG:

Der Nachmann des Klägers, Banquier R. hat im Vorprozeß den jetzigen Kläger und den jetzigen Bekl. gemeinschaftlich auf Einlösung der unter Protest gegangenen Klagewechsel in Anspruch genommen. Auf Grund dieser, beiden damaligen Bekl. am 11. Juli 71 behändigten Klage hat der jetzige Kläger und Implorant im Exekutions=

stadium Zahlung geleistet und ist demnächst mit einer wechselmäßigen Regreßklage gegen den Bekl. [Wechselaussteller und ersten Indossanten] vorgegangen, auf welche die Behändigung an den Bekl. am 10. Nov. 71 bewirkt worden ist. Bei diesem Sachverhalt hat der Appellrichter nach Art. 79 DWO den verfolgten Regreßanspruch als verjährt angesehen. Er soll hiedurch, nach der Nktbschw.,

1. Die Art. 51, 79, 80 DWO verletzt haben. Denn — so argumentirt Implorant — die Extinktivverjährung könne begrifflich erst dann anfangen, wenn actio nata vorhanden, d. i. unter Hinzunahme der Bestimmung im Art. 51 DWO, wenn der Klagewechsel vom Kläger eingelöst worden.

Von diesem in der Natur der Sache gelegenen Grundsatze enthalte Art. 19 insofern eine Ausnahme, als dort vorgeschrieben sei,

> daß gegen den Indossanten, wenn derselbe nicht freiwillig Zahlung geleistet habe, die Verjährung vom Tage der ihm geschehenen Behändigung der Klage oder Ladung an laufe.

Diese offenbar exceptionelle Bestimmung könne nicht weiter erstreckt werden, als ihre Ratio reiche, welche nur darin bestehe, daß der Vordermann nicht zu lange über das Schicksal des Wechsels im Unklaren bleiben solle — eine Ratio, die in einem Falle vorliegender Art keineswegs zutreffe, da ja der jetzt belangte Wechselverpflichtete im Wege des Vorprozesses genügende Kunde vom Sachverlauf erhalten habe. Es folge hieraus, daß Art. 79 hier Anwendung nicht finden könne.

Dieser Angriff scheitert an dem allgemeinen und unzweideutigen Wortlaut des einschlagenden zweiten Absatzes jenes Artikels, welcher eine Unterscheidung der Fälle, wie sie als Konsequenz der Auffassung des Imploranten nothwendig werden würde, nicht statuirt, vielmehr schlechthin gegen den Indossanten, der es auf die Klage ankommen läßt, den

Anfang des Verjährungslaufs auf den Tag der Klagebehändigung feststellt — ohne jede Rücksicht darauf, ob ein anderer Wechselgläubiger gegen den betreffenden Regreßpflichtigen die Klageverjährung bereits unterbrochen hat. Auf letzteren Umstand kann, im Hinblick auf die selbständige Natur der einzelnen Obligationen der Wechselverbundenen*, ein entscheidendes Gewicht nicht gelegt werden. Auch läßt sich nicht annehmen, daß die gegen zwei Vormänner früher gleichzeitig erfolgte Klageanstellung im Verhältnisse der Beklagten zu einander die Stelle des im Art. 80 DWO erwähnten einzigen Mittels, durch welches vor der Klageerhebung die Verjährung unterbrochen werden kann — d. i. der Streitverkündigung — vertrete, weil die letztere stets einen selbständigen prozessualen Akt des späteren Klägers voraussetzt, der durch das prozessuale Vorgehen eines Dritten nie ersetzt werden kann.

Es ist zwar von einigen Rechtslehrern —

Thöl HR 2c. B. II § 331 bei Note 14,
Renaud Wechselrecht § 93 am Ende,
Wächter norddeutsches WR § 75 S. 533 —

die Ansicht aufgestellt worden, daß die von einem Wechselgläubiger bezüglich eines Wechselverpflichteten bewirkte Unterbrechung der Verjährung auch allen übrigen Wechsel-Gläubigern zu Gute komme. Diese Ansicht tritt in Widerspruch mit der positiven Gesetzesvorschrift des Art. 79. Die Gründe, worauf sie gestützt werden, können aber auch sonst nicht für zutreffend erachtet werden. Es soll der so eben erwähnte Grundsatz als Konsequenz des Korrealverhältnisses sich ergeben, welches zwischen den einzelnen Wechselverbundenen bestehe. Ein solches Verhältniß besteht aber in der That nicht. Da, wie schon oben erwähnt, jeder einzelne Begebungsakt selbständige Verpflichtungen begründet: so mangelt es an dem wesentlichen Requisit der

* Vgl. Rspr. I S. 57, 64, 107, 230 ff., 234; III S. 379.

Korrealität, an der Verpflichtung aus einem und demselben Rechtsgrunde. Es ist allerdings eine Solidarität des Schuldverhältnisses zu statuiren, die aber in verschiedener Beziehung von dem civilrechtlichen Gesammtschuldverhältniß sich unterscheidet (vgl. Hartmann DWR S. 116, 117). Wesentlich ist hiebei insbesondere der Gesichtspunkt, daß, während nach Civilrecht die Erfüllung eines Gesammtschuldners an einen Gesammtgläubiger auch gegenüber den anderen Gesammtgläubigern und für die übrigen Gesammtschuldner als Erfüllung gilt, die Bezahlung des Wechsels durch einen Indossanten im Wege des Regresses nur das zwischen dem Wechselinhaber und dem einlösenden Indossanten bestehende Schuldverhältniß löst, nicht aber den Wechselanspruch als solchen tilgt, der vielmehr in seinem ganzen Umfange auf den einlösenden Garanten zur weiteren Regreßnahme gegen seinen Vormann übergeht. [Rspr. I S. 355, III S. 374]

2. Kläger hat ferner den Einwand erhoben, daß er — da R., sein unmittelbarer Nachmann, am 16. August 71 seine Rechte aus dem zu seinen Gunsten ergangenen Erkenntniß an einen Dritten (K.) abgetreten, ohne hievon ihm (dem Kläger) Nachricht zu geben — nicht die ganze Verjährungszeit hindurch in der Lage gewesen sei, den Klagewechsel einzulösen. Der Appellrichter hat diesem Einwand ein Doppeltes entgegengehalten. Erstlich sei nicht dargethan, daß und wie R. der erwähnten Cession ungeachtet sich außer Stand gesehen habe, die Wechsel, wäre ihre Einlösung vom Kläger unternommen worden, demselben zu restituiren, zumal ja Kläger nicht einmal einen diesfälligen Versuch der Einlösung behauptet habe. Zweitens sei die Sachlage überhaupt keine solche, daß Kläger auf die Rechtsregel: „agere non valenti non currit praescriptio“ sich berufen könne. Dem Appellrichter wird Schuld gegeben, hiedurch den zuletzt erwähnten Rechtsgrundsatz, sowie

die §§ 516, 530 ALR I. 9 und die Grundsätze von der Vertheilung der Beweislast verletzt zu haben. Allein Kläger übersieht, daß der erste vom Appellrichter geltend gemachte Grund rein thatsächlicher Natur ist, indem er das Beweisergebniß betrifft. Derselbe kann mit Erfolg auch nicht durch die seitens des Klägers versuchte Bestreitung der Beweispflicht angefochten werden, da diese, allgemeinen Prozeßgrundsätzen zufolge, offenbar den Kläger* trifft, soweit er (wie hier der Fall) die Rechtswirkung der liquid vorliegenden, den Eintritt der Verjährung an sich begründenden Thatsachen durch Bezugnahme auf einen besonderen, jene Schlußfolgerung ausschließenden Sachverhalt zu beseitigen bezweckt. Damit erledigt sich das nähere Eingehen auf den zweiten Grund. Die Nktbschw. würde aber auch ihm gegenüber deshalb jeden Halts entbehren, weil vom Appellrichter nicht schlechthin (wie Implorant meint) die Anwendung des angezogenen Rechtsgrundsatzes: „agere non valenti non currit praescriptio" als durch Art. 79 DWO ausgeschlossen angesehen, vielmehr als entscheidend nur ausgesprochen worden ist, daß die thatsächlichen Voraussetzungen, welche zur Anwendung der Rechtsregel erforderlich sein würden, hier nicht vorliegen.

3. Replikatorisch hat Kläger geltend gemacht, es habe Beklagter, um ihn von rechtzeitiger Anstellung der Regreßklage abzuhalten, den Glauben in ihm hervorgerufen, daß die Wechsel vom Bekl. bzw. für seine Rechnung eingelöst seien.

Der hierauf gestützten replica doli hat der Appellrichter Beachtung versagt; hiedurch soll gegen Art. 79, 80, 82 DWO und § 569 ALR I. 9 verstoßen sein. Der Vorwurf ist unbegründet.

Der Appellrichter motivirt die Zurückweisung der Replik mit den Worten: „Selbst wenn Beklagter arg-

* Rspr. I S. 280, II S. 91, V S. 183, 207.

listiger Weise es herbeigeführt, daß der Cessionar K. den Kläger erst nach dem 11. Okt. 71 in Anspruch nahm, würde das Wechselrecht des Klägers durch Ablauf der im Art. 79 vorgeschriebenen Zeit erloschen sein; Art. 80 DWO."

Dieser Satz steht aber in engstem Zusammenhang mit der faktischen Basis des Vorbringens, und es kann demnach darin keineswegs der Ausspruch gefunden werden, daß widerrechtliche Veranstaltungen bzw. verbrecherische Einwirkungen des Wechselbeklagten auf den Inhaber des Wechsels, falls in ihnen der Grund der Unterlassung rechtzeitiger Anstellung der Wechselklage liegt, unter allen Umständen nicht geeignet sich darstellen, die vom Bekl. demnächst vorgeschützte Einrede der Verjährung des Wechsels zu elidiren. In welchen Fällen ein solcher Erfolg der Replik anzunehmen sei, kann jetzt um so gewisser dahin gestellt bleiben, als Kläger nirgend auf ein Verhalten des Bekl., welches die Unterlagen einer außerhalb des Vertragsverhältnisses wirksamen actio doli darzubieten vermöchte, sich bezogen, insbesondere nicht behauptet hat, daß dem Bekl. eine objektiv widerrechtliche Begehungshandlung gegen den Kläger zur Last falle. Die Motivirung des Appellrichters giebt hienach in der That blos der völlig sachentsprechenden Auffassung Ausdruck, daß im Verhältniß des Wechselschuldners zum Inhaber des Wechsels solche Handlungen, welche zwar gegen die im Vertragsnexus zu bethätigenden Anforderungen der bona fides verstoßen, gleichwohl aber einen objektiv widerrechtlichen Charakter nicht an sich tragen, nicht dahin führen, dem Wechselinhaber gegen die an sich eingetretene Wechselverjährung eine mit Erfolg zu benutzende Replik zu verschaffen. Die vollendete, auf den Artt. 77 bis 80 DWO beruhende Verjährung entzieht dem Papier, als Träger der verkörperten Obligation, seine wechselmäßige Kraft. Dieser Erfolg kann durch Zuhilfenahme civilrechtlicher Vorschriften — vom Falle der Bereicherung,

Art. 83 DWO, abgesehen — nur dann beseitigt werden, wenn die thatsächlichen Voraussetzungen eines nach Art. 82 anzuerkennenden dolus vorhanden sind. Und dies ist gegenwärtig nicht der Fall.

Nr. 49.

II. Senat. — Erkenntniß v. 4. April 72. (B.)

Witte ./. Rehm (No. 189 v. 72).

Mecklenburg. **Ober-Appellation.**

I. Instanz: Patrimonialgericht Alt-Schönau,
II. Instanz: Justiz-Kanzlei Güstrow.

Bundesindigenat, Gerichtsstand.

Der Gerichtsstand des Vertrages bestimmt sich jetzt hinsichtlich aller Angehörigen deutscher Staaten wie bei Inländern des betreffenden Landes.

Verfassung des deutschen Reichs Art. 3, Rechtshilfegesetz v. 21. Juni 69 § 1.

Vgl. Rspr. I S. 332, II S. 123, IV S. 215.

In einer mecklenburger Sache erging folgende

Entscheidung des OHG:

Richtig ist, daß von den Mecklenburger Gerichten der (in Preußen wohnhafte) Beklagte nach Art. 3 der Verfassung des norddeutschen Bundes, jetzt des deutschen Reichs, und nach § 1 des Rechtshilfegesetzes v. 21. Juni 69 wegen seiner Eigenschaft als Preuße nicht als Ausländer, sondern als Inländer zu behandeln war. Aber eben aus diesem Grunde ist der Gerichtsstand des Vertrages gegen ihn anwendbar geworden; denn Ausländern gegenüber ist dieser Gerichtsstand, nach der gemeinrechtlich vorherrschenden und auch von der Mecklenburger Praxis befolgten Ansicht, dadurch bedingt, daß Beklagter sich entweder persönlich oder mit Vermögensgegenständen im Gerichtssprengel betreffen läßt und dadurch die demnächstige Exkution des Urtels gesichert werden kann, während ein gleiches Erforderniß hinsichtlich der Inländer von der neueren Mecklenburger Praxis mit Recht nicht anerkannt wird.

Vgl. Buchka und Budde Sammlung B. III Nr. 3;
Trotsche Mecklenburg. Civilprozeß B. I § 42.

Die in Folge der angeführten Gesetze jetzt bestehende Gleichstellung der Angehörigen aller Bundesstaaten mit der Wirkung, daß sie in jedem Bundesstaat, namentlich auch in Betreff der Rechtsverfolgung und des Rechtsschutzes, als Inländer zu behandeln sind, sowie die Verpflichtung der Gerichte verschiedener Bundesstaaten zu gegenseitiger Rechtshilfe macht es aber ohne Zweifel erforderlich, nunmehr auch in dieser Frage die nicht-mecklenburger Reichsangehörigen den mecklenburger Inländern gleichzustellen.

Nr. 50.

II. Senat. — Erkenntniß v. 4. April 72. (B.)

A. Heitmayer ./. J. Stocker (Nr. 208 v. 72).

Bayern. **Nichtigkeitsbeschwerde.**

I. Instanz: Handelsgericht München rechts der Isar,
II. Instanz: Handelsappellationsgericht Nürnberg.

Bürgschaft eines Bauern, landesgesetzliche Form.

Die landesgesetzlich mit Rücksicht auf den persönlichen Stand, Beruf rc. des Bürgen gegebenen Vorschriften über die nothwendigen Förmlichkeiten bei Uebernahme von (nicht handelsgeschäftlichen) Bürgschaften sind durch Art. 317 HGB nicht beseitigt.

HGB Art. 1, 317.

Kläger verlangt vom Bekl. [einem altbayerischen Bauersohn] 620 fl., weil der Holzhändler R. in München ihm diesen Betrag aus einem Holzkauf schuldig geworden und Beklagter dafür Bürgschaft geleistet habe. Die Schuld des

R. sowie die Bürgschaftsleistung des Bekl. sind thatsächlich festgestellt.

Beklagter berief sich darauf, daß er als Bauer nach bayerischem Landrecht Th. IV c. X § 4 Nr. 1 aus der unförmlich (ohne obrigkeitliche Einsicht und Protokollirung) eingegangenen Bürgschaft nicht hafte; wogegen Kläger geltend machte, daß das Geschäft, welches R. mit ihm geschlossen, auf Seiten des Holzhändlers R. ein Handelsgeschäft gewesen sei, daher auch die Bürgschaft des Bekl. diesen Charakter an sich trage, bei Handelsgeschäften aber von Anwendung der allegirten Bestimmung des bayer. LR keine Rede sein könne, daß ferner Beklagter kein schlichter Bauer sei, vielmehr zur Zeit der Bürgschaftsübernahme (Ende Okt. 69) Holzhändler gewesen sei, was Beklagter leugnete.

Der I. Richter erkannte, nach erhobenem Beweise, dem Bekl. einen Haupteid dahin zu, daß er im Okt. 69 oder um diese Zeit nicht Holzhändler gewesen sei. Das Handels-App.-Gericht bestätigte auf Berufung des Klägers. Die NktBschw. des Klägers wird als unbegründet verworfen,

in Erwägung:

1. daß die Bürgschaft, welche Beklagter für die Forderung des Klägers an den Holzhändler R. übernommen hat, deshalb weil letztere Forderung aus einem Handelsgeschäft entsprungen ist, noch nicht gleichfalls als Handelsgeschäft* betrachtet werden darf, sondern, um sie in vorliegendem Falle als solches betrachten zu können, der Bürge Kaufmann gewesen und daher Art. 274 HGB auf ihn anwendbar sein mußte, wie dies der Appellrichter bereits zutreffend ausgeführt hat,

* Nach der Praxis des bayerischen OAppGer. gilt die Bürgschaft eines Nichtkaufmanns für eine Handelsschuld zwar prozessualisch als Handelssache, aber sie ist nicht ohne Weiteres Handelsgeschäft; vgl. Rspr. I S. 11 n*.

2. daß für Bürgschaften, welche kein Handelsgeschäft bilden, das HGB keine Bestimmung enthält, wodurch die Anwendung der Bestimmungen des allgemeinen Civilrechts über die Erfordernisse zu giltiger Eingehung einer Bürgschaft auf dieselben ausgeschlossen würde, daher durch die Anwendung der Bestimmung des bayerischen LR Th. IV c. X § 4 Nr. 1 auf den gegenwärtigen Fall weder Art. 271 bis 277 und 280 HGB, noch Art. 2 des bayer. Einf.-Ges. dazu verletzt sind,

3. daß das bayer. LR a. a. O. bezüglich der Erfordernisse eines giltigen Bürgschaftsvertrags nur bei den Bürgern zwischen gemeinen schlichten und vornehmeren unterscheidet, dagegen die Bauern ohne Unterschied gegen die Wirksamkeit unverbriefter Bürgschaften in Schutz nimmt, wie dies schon aus der Vergleichung des allegirten Landrechts-Paragraphen mit Nr. 4 daselbst und noch weiter aus den Annotationen zum LR Th. IV c. X § IV lit. 6 Nr. 4 und 5 sich ergiebt, daß sohin der Appellrichter die fragl. Bestimmung des bayer. LR nicht falsch angewendet hat,

4. daß der Appellrichter thatsächlich festgestellt hat, daß die Behauptung des Klägers, Beklagter sei um die Zeit der Bürgschaftsübernahme Holzhändler gewesen, weder erwiesen, noch in hohem Grade wahrscheinlich gemacht ist, daher durch die vom Appellrichter bestätigte erstrichterliche Zulassung des Bekl. zum Delateide darüber weder Art. 457 Nr. 4 noch Art. 469 der [bayer.] PO verletzt ist,

5. daß in keiner Weise festgestellt ist, daß Beklagter in einer hinter der Zeit der Bürgschaftsübernahme liegenden Zeit den Holzhandel gewerbsmäßig betrieben habe.

Nr. 51.

I. Senat. — Erkenntniß v. 5. April 72. (B.)

E. Pietsch ·/. C. G. Langer (Nr. 164 v. 72).

Preußen. Wechselsache. Nichtigkeitsbeschwerde.

I. Instanz: Stadtgericht Breslau,
II. Instanz: Appellationsgericht daselbst.

Arglist des Wechselklägers.

Als weiteres Beispiel ungehöriger Geltendmachung des formellen Wechselrechts (aus Altpreußen)
zu DWO Art. 82, vgl. oben Fall 32 S. 198 ff.
geben wir folgende

Entscheidung des OHG:

Der Appellrichter hat thatsächlich festgestellt,

daß zunächst zwischen den Parteien blos Beredungen allgemeiner Art — in der Richtung, daß Beklagter, um die gegen seinen Sohn F. W. L. wegen einer Wechselforderung des Klägers von 440 Thlrn. schwebende Exekution abzuwenden, drei von ihm ausgestellte Wechselaccepte über je 150 Thlr. habe hergeben sollen, ohne beiderseitige Normirung der Verfalltermine dieser Wechsel — stattgefunden haben,

daß sodann vom Kläger mittelst des Reverses v. 6. Juni 71 zwar die Zahlungstermine der Wechsel — wiewohl einseitig — bestimmt, vom Bekl. hierauf aber, in theilweiser Ablehnung der Vorschläge des Klägers, drei Wechsel mit der Verfallzeit v. 15. Oct. und 15. Dez. 71, sowie 15. Juli 72 an den Kläger eingesendet worden seien,

daß jedoch mit dieser Vertragsmodalität andererseits wiederum der Kläger nicht einverstanden sich bezeigt und Beklagter darauf, während des Schwebens der zwischen beiden eingetretenen Verhandlungen, seine Offerten definitiv zurückgezogen habe.

Nach diesem Sachverhalt ist — wie keinem Zweifel unterliegt und der Appellrichter außerdem am Schluß seiner Entscheidungsgründe ausdrücklich für erwiesen erklärt, somit thatsächlich festgestellt — das Abkommen, welches der Ausstellung der vom Bekl. dem Kläger übergebenen drei Wechselaccepte zu Grunde liegt, nicht zum Abschluß gelangt, und Kläger handelt rechtswidrig, wenn er den eingeklagten Wechsel, welcher zu jenen Accepten unbestritten gehört, gegen den Bekl. zur Unterlage einer Rechtsverfolgung gemacht hat.

Der Appellrichter hat bei rechtlicher Begründung seiner Entscheidung darauf Bezug genommen, daß Kläger den Beweis schuldig geblieben sei, in welcher Art zwischen den Parteien das Abkommen betreffs Tilgung der Wechselschuld des L. jun. [Sohnes des Bekl.] geschlossen worden sei. Dieser Beweis lag aber dem Kläger, falls er einen anderen Sachverlauf, als den oben dargelegten, vom Appellrichter als liquid angesehenen, behauptete, nach allgemeinen Rechtsgrundsätzen zweifellos ob. Der Appellrichter hat durch den erwähnten Ausspruch keineswegs die aus dem Besitz des Wechsels für den Kläger sich ergebende Rechtsvermuthung des rechtmäßigen Erwerbes verletzt. Es ist richtig, daß nach der Feststellung des Appellrichters Kläger vom Bekl. selbst in den Besitz des Klagewechsels gesetzt worden ist, und daß den Beklagten an sich die Verpflichtung zum Beweise derjenigen Thatsachen traf, aus denen die Folgerung abgeleitet werden sollte, die Voraussetzungen, auf denen der in der Hingabe als Wechsels sich vollziehende Dispositionsakt beruhte, seien später in Wegfall gelangt. Diese Pflicht gelangte jedoch selbstverständlich gegen den Bekl. nur soweit zur Geltung, als die einschlagenden Thatsachen vom Gegner bestritten, also Gegenstand des Parteistreits waren. Durch die unangefochtene Feststellung des Appellrichters hat sich diese Beweispflicht in vorliegendem Falle erledigt. Denn die festgestellten Thatsachen nöthigen zu der Annahme, daß Beklagter blos in der Erwartung allseitigen Einverständnisses des Klägers diesem die Wechsel eingehändigt, Kläger aber diese Erwartung nicht erfüllt hat. Eine andere Auffassung würde freilich Platz greifen, wenn in Rechtsgewißheit beruhte, der Inhalt des vom Kläger ausgestellten Reverses v. 6. Juni 71 habe sich allenthalben, also auch betreffs der Zahlungstermine der auszustellenden Wechsel, an vorausgegangene endgiltige Vereinbarungen der Parteien angeschlossen. Was Kläger in dieser Beziehung behauptet hat, fällt den vom Appellrichter ermittelten Thatsachen gegenüber in das Gebiet des Gegenbeweises. Der Appellrichter hat hienach weder gegen die Vorschriften in Art. 36 und 74 DWO, noch gegen die Grundsätze über die Beweislast verstoßen. Letztere Rüge mußte an sich schon dem vom Appellrichter festgestellten Beweisergebniß gegenüber ohne Erfolg bleiben, da Dem, was der Richter auf Grund bewirkter Erhebungen als erwiesen angesehen hat, selbsteinleuchtend nur im Wege eines prozessualen Angriffs mit rechtlicher Wirkung entgegengetreten werden konnte ...

Ebensowenig hat der Appellrichter gegen Art. 82 DWO gefehlt. Dieser Artikel sichert dem Wechselschuldner bei Geltendmachung der Wechselansprüche diejenigen Einreden, die ihm dem jedesmaligen Kläger gegenüber, mithin auf Grund der zwischen den Parteien begründeten materiellen Rechtslage, zustehen. War nun nach den Feststellungen des Appellrichters das Vertragsverhältniß, welches den faktischen Anlaß zur Uebergabe der Wechsel an den Kläger geboten hatte, in Wirklichkeit gar nicht zu Stande gekommen: so folgt von selbst, daß Kläger jene Wechsel, und darunter den Klagewechsel, ohne Rechtsgrund besaß. Wenn er den Klagewechsel gleichwohl unter dem Schutz des formalen Rechts gegen den Bekl. zur Geltung brachte, so machte er sich eines dolus schuldig, indem er den Wechsel, welcher durch Wegfall der ihm unterliegenden Obligation, wenigstens im Verhältniß der Parteien untereinander, den Grund seiner rechtlichen Existenz verloren, zur Erzwingung einer Leistung benutzte, auf die er bewußtermaaßen keinen Anspruch hatte.

Die Anerkennung der auf einen derartigen Sachverhalt gegründeten Einrede involvirt endlich keinen Verstoß gegen die, die Condiktion von Zahlungen betreffenden Vorschriften der §§ 165, 178, 179, 180 ALR I. 16, weil es sich nicht um Rückforderung geleisteter Zahlungen, sondern um die Wirksamkeit der zur Anbahnung der Zahlungsleistung ausgestellten Papiere handelt, die nach den konkreten Umständen blos unter dem stillschweigenden Vorbehalt definitiver Regelung des Geschäfts aus der Hand gegeben waren.

Nr. 52.

II. Senat. — Erkenntniß v. 6. April 72. (Z. V.)

Ullrich ·/. Strauß (No. 203 v. 72).

Preußen (Nassau). Wechselsache. Richtigkeitsbeschwerde.

I. Instanz: Kreisgericht Wiesbaden,
II. Instanz: Appellationsgericht daselbst.

Wechselfälschung, Beweisführung. Verzinsung der Wechselsumme.

1. Als Wechselverfälschung ist (regelmäßig) nur eine nach der Unterschrift, bzw. der Annahme, des Wechsels erfolgte Aenderung des Wechselinhalts anzusehen.
DWO Art. 8, 22, 23 Abs. 1.

2. Nach der Nassauer Wechsel-Prozeß-Ordnung v. 25. Okt. 48 ist im Wechselprozeß nur ein Urkundenbeweis zulässig.

3. Verzugszinsen hat der Aussteller eines Eigenwechsels nur nach erfolgter Präsentation des Wechsels zu zahlen.

Zur Deposition der nicht abgeforderten Wechselsumme ist der Wechselschuldner zwar berechtigt, aber nicht verpflichtet.

DWO Art. 40, 98 Nr. 5.

Beklagter, als Aussteller eines Eigenwechsels belangt, wendet ein, die Wechselsumme sei durch Aenderung von 164 in 464 Gulden verfälscht worden.

Entscheidung des OHG:

Die Behauptung des Bekl. ist nur dann erheblich, wenn sie auf eine nach seiner Unterschrift erfolgte Aenderung geht; denn wenn sie vor seiner Unterschrift erfolgt wäre, so würde in der Unterschrift des Bekl. eine Genehmigung der Aenderung liegen, sofern nicht Beklagter darlegte, daß er bei der Unterschrift über den Inhalt des Schriftstücks getäuscht sei.*

Beklagter rügt eine Verletzung der Grundsätze über die Beweislast dadurch, daß der Appellrichter ihm den Beweis der Fälschung aufgebürdet habe, während Kläger zur Begründung der eingeklagten Forderung hätte beweisen müssen, daß die Aenderung der Wechselsumme mit Zustimmung des Beklagten erfolgt sei. Allein der Appellrichter verkennt nicht, daß zunächst Kläger das Fundament seines Wechsel-Anspruchs zu beweisen hat. Kläger hat aber den ihm obliegenden Beweis durch Vorlegung der Wechsel-Urkunde erbracht**, deren Unterschrift Beklagter anerkannt

* Vgl. Rspr. II S. 39 ff., III S. 29, IV S. 36, 114, VI S. 96.

** Den Beweis der Echtheit der Wechselunterschrift, auf welcher die eingeklagte Verpflichtung beruht, hat Kläger zu führen, und er kann [nach § 145 ff. AGO I. 10, vgl. I. 27 § 21] zu einem Erfüllungseide über seine eigene Behauptung nur dann verstattet werden, wenn durch anderweit aufgenommenen Beweis die Wahrscheinlichkeit für die Echtheit der Unterschrift bis zu einem höheren Grade ausgemittelt worden, wobei dann allerdings auch in Betracht kommt, inwieweit sich etwa die eine oder andere Partei durch ihr Verhalten im Prozeß des richterlichen Vertrauens weniger würdig gezeigt hat. Erk. des OGH II. Sen. v. 6. April 72 in der ostpreuß. Revisionssache G. Schweitzer ./. M. Lessat und H. Buddruß (Nr. 170 v. 72).

und welche auch im Uebrigen, nach der thatsächlichen Feststellung des Appellrichters, keinen durch Augenschein wahrnehmbaren Mangel hat. Bei dieser Sachlage mußte Beklagter die behauptete Fälschung des Inhalts der Wechselurkunde beweisen. Dem Kläger konnte der Beweis der Zustimmung des Bekl. zur fraglichen Aenderung schon deshalb nicht aufgelegt werden, weil er eine solche Zustimmung nicht behauptet, vielmehr jede Aenderung bestritten hat.

Beklagter rügt weiter Verletzung einer wesentlichen Prozeßvorschrift dadurch, daß der Appellrichter den durch Experten angetretenen Beweis der Fälschung für unzulässig erachtet habe. Allein abgesehen davon, ob nach der Vorschrift im § 87 Nr. 2 der [preuß.] Prozeß-Verordnung v. 24. Juni 67, wonach im Wechselprozeß Einwendungen des Bekl. nur dann zu berücksichtigen sind, wenn sie durch Urkunden, Eideszuschiebung oder Aussagen solcher Zeugen, die sogleich zur Stelle gebracht sind, dargethan werden — namentlich unter Berücksichtigung der Nassauer Wechsel-O. v. 25. Okt. 48, welche (§ 2, 8, 11) nur den Urkunden-Beweis zuläßt — der allerdings der Regel nach weitläufigere Experten-Beweis mit Recht für ausgeschlossen erachtet worden ist, kann die Vorschrift des angeführten § 87 Nr. 2 jedenfalls nicht für eine wesentliche Prozeß-Vorschrift im Sinne des § 63 der Prozeß-Verordnung v. 24. Juni 67* angesehen werden, da die Frage, ob der Gesetzgeber unter dem Worte „Zeugen" auch die Sachverständigen mitbegriffen hat, das Wesen des Prozesses nicht berührt . . . .

Endlich rügt Beklagter, daß der Appellrichter ihn (für den Fall, daß Kläger den Delateid weigert, also die Fäl-

* Der Begriff der wesentlichen Prozeßvorschriften ist für die preuß. Provinzen Hessen-Nassau und Schleswig-Holstein nicht gesetzlich definirt, sondern in der Anwendung dem Ermessen des Nichtigkeitsrichters unterstellt.

schung festgestellt wird) zur Zahlung von Zinsen von 164 fl. vom Verfalltage des Wechsels, statt erst von der Klagebehändigung an, verurtheilt habe. Diese Beschwerde muß für begründet erachtet werden. Der Appellrichter hat in den Gründen seiner Entscheidung die Verurtheilung des Bekl. zur Zahlung jener Zinsen überall nicht motivirt. Beklagter rügt, daß die Präsentation des Wechsels am Verfalltage zwar behauptet, aber ausdrücklich bestritten, daß aber ohne Präsentation des Wechsels ein Verzug des Bekl. nicht begründet sei, ein Verzug außerdem auch durch die Zuvielforderung des Klägers ausgeschlossen werde. Es ist als richtig anzuerkennen, daß der Aussteller eines trockenen Wechsels Verzugszinsen von der Wechselsumme nur nach Präsentation des Wechsels zu zahlen verbunden ist. Die DWO enthält keine Bestimmung, woraus zu entnehmen wäre, daß die Wechselsumme unter allen Umständen und ohne Rücksicht auf die Präsentation des Wechsels vom Verfalltage an verzinst werden müsse; vielmehr ist die Verpflichtung des Ausstellers zur Zinszahlung dadurch bedingt, daß ein Zahlungsverzug dargelegt wird. Ein solcher ist aber nicht ohne Weiteres als vorliegend anzunehmen, wenn nicht am Verfalltage Zahlung geleistet wird, da der Wechsel-Aussteller — welcher, zumal wenn der Wechsel an die Order des Remittenten ausgestellt ist, am Verfalltage die Person des Wechselgläubigers nicht kennt — erwarten darf, daß der Inhaber des Wechsels unter Präsentation desselben am Zahlungsorte (DWO Art. 97) die Zahlung fordere und gegen die Zahlung der Wechselsumme die Wechselurkunde dem Schuldner aushändige. Hienach ist die Regel „dies interpellat pro homine“* auf den Wechselverfalltag nicht anwendbar. Nach Art. 40 und Art. 98 Nr. 5 DWO ist der Aussteller zwar, wenn die Zahlung des Wechsels zur Verfallzeit nicht gefordert wird, zur Deposition der Wechsel-

* Vgl. Rspr. III S. 95.

summe berechtigt, aber nicht verpflichtet; die Unterlassung der Deposition kann daher eine Pflicht zur Zahlung von Verzugszinsen nicht begründen. Kläger hat nun über die bestrittene Präsentation am Verfalltage nur durch Eidesdelation Beweis angetreten und er ist als beweisfällig anzusehen, da nach der Nassauer Wechsel-Ordnung § 2 über die zur Begründung der Klage gehörigen Thatumstände nur Urkunden-Beweis zulässig ist. Der Zinsanspruch ist aber auch noch aus dem weiteren Grunde verwerflich, weil eine Interpellation nur, wenn sie auf das wirklich geschuldete Objekt gerichtet ist, nicht aber im Falle einer Zuvielforderung den Schuldner in Zahlungsverzug versetzt, Kläger also dadurch, daß er unter Präsentation des gefälschten Wechsels vom Bekl. 464 fl. forderte, während er nur 164 fl. zu fordern hatte, den Bekl. bezüglich der zuletzt gedachten Summe nicht in Verzug versetzte. Hienach konnte Beklagter zur Zahlung von Zinsen nur seit der Klagebehändigung verurtheilt werden.

Nr. 53.

I. Senat. — Erkenntniß v. 9. April 72. (B.)

C. v. Wierzbicki ./. J. Fink (No. 88 v. 72).

Preußen. Wechselsache. Nichtigkeitsbeschwerde.

I. Instanz: Kreisgericht Bromberg,
II. Instanz: Appellationsgericht daselbst.

Blancoaccept, Ausfüllung des Wechselformulars. Klage des Indossatars, Einwand des Procuragiro.

1. Der Giltigkeit und Wirksamkeit eines Wechselaccepts steht es nicht entgegen, daß dasselbe auf ein noch unausgefülltes (insbesondere noch der Unterschrift des Wechselausstellers und der Bezeichnung des Remittenten entbehrendes)

Wechselformular gesetzt worden ist. Ein vollständiger, alles Wesentliche enthaltender Wechsel braucht erst vorzuliegen, sobald Ansprüche aus dem Wechsel erhoben werden.

DWO Art. 4, 7, 21 — 23 und Handelsbrauch.

2. Eine spätere, vertragswidrige Ausfüllung des in blanco acceptirten Wechsels begründet nur zwischen den Betheiligten Rechtsfolgen, namentlich die Einrede der Arglist gegen denjenigen, welcher die Ausfüllung widerrechtlich bewirkt oder sonst an der Vertragswidrigkeit theilgenommen hat. Dem redlichen Erwerber des ausgefüllten Wechsels darf jener Vertrauensmißbrauch eines Dritten nicht entgegengehalten werden.

DWO Art. 82.

3. Die Beweislast trifft in diesem Falle (Nr. 2) denjenigen, welcher einen Mißbrauch des Blancoaccepts behauptet.

4. Eigenthums= und Vollmachts=Indossament sind einander ausschließende und durch bestimmte Formen äußerlich erkennbare Arten des Indossaments.

Der Indossant, welcher seinem Giro einen die schwächere Wirkung (bloßer Bevollmächtigung) bestimmenden Zusatz beizufügen unterläßt, hat rechtlich die stärkere Wirkung einer Wechselbegebung gewollt.

5. Dem nackten Einwand, daß hinter dem Eigenthums=Indossament ein bloßes Incassomandat (Procuragiro) verborgen sei, ist schlechthin — auch außerhalb des Wechselprozesses — jede Beachtung zu versagen.

Feste Praxis des OHG; Rspr. I S. 100, 264, II S. 219 Nr. 3, 373 Nr. 4, V S. 55, 187, 302; VI S. 258.

6. Inwiefern ist der Einwand einer Simulation in Wechselsachen statthaft?

Entscheidung des OHG:

Der erste und zweite Angriff der RktBschw. kommen, ihrer thatsächlichen Fassung entkleidet, beide auf den Ein=

wand des Blancoaccepts bei noch mangelnder Unterschrift des Trassanten, der zweite zugleich auf einen dem Einwand des Scheingiro oder bloßen Incasso-Indossaments verwandten Einwand hinaus. Beklagter behauptet mittelst beider Angriffe, daß Mendel J. [für welchen der Wechselprotest erhoben ist] überhaupt nicht die Rechte eines Ausstellers und Remittenten habe erwerben können, mittelst des ersten zugleich, daß Mendel J. höchstens die Rechte seines Mandanten Hirsch J. habe erwerben und nur diese [mittelst Nachindossaments im Sinne des Art. 16 Abs. 2 DWO auf den Kläger] habe übertragen können.

I. Anlangend den Einwand des Blancoaccepts bei noch mangelnder Unterschrift des Trassanten, so führt der Appellrichter aus:

> der Acceptant unterwarf sich dadurch, daß er ein noch nicht unterschriebenes Papier aus der Hand gab, der Disposition des Empfängers, muß also auch gegen sich gelten lassen, wenn dieser (Hirsch J.) das Papier dem Dritten (Mendel J.) zur unterschriftlichen Vollziehung als Trassant überließ, wodurch das Papier eben Wechsel wurde.

Die thatsächliche Grundlage dieser Deduktion ist prozessualisch nicht angefochten. Auch hat Beklagter im Laufe des Prozesses zwar einen Vertrauensmißbrauch des Hirsch J. durch Begebung des (nach späterer Vereinbarung zu vernichtenden) Wechsels behauptet, keineswegs aber, daß von vornherein die Nichtbegebung oder daß nur Hirsch J. als Trassant den Wechsel unterzeichnen solle, ausgemacht worden sei. Auch hat Beklagter nicht bestritten, daß Mendel J. mit vorgängiger oder doch nachfolgender Genehmigung des Hirsch J. sich als Trassanten und damit als Remittenten bezeichnet hat; daß endlich Mendel J. um den behaupteten Mißbrauch gewußt habe, ist durch dessen Vernehmung nicht erwiesen, vielmehr hat derselbe eidlich das Gegentheil bekundet.

Unter diesen Umständen ist der Angriff unbegründet. Es steht der Giltigkeit und Wirksamkeit eines Wechselaccepts nicht entgegen, daß es auf ein bloßes, noch nicht in Gemäßheit des Art. 4 DWO ausgefülltes — insbesondere noch der Unterschrift des Trassanten und bei dem vorliegenden Wechsel an eigene Order, damit zugleich der Bezeichnung des Remittenten entbehrendes — Wechselformular gesetzt worden ist. Auch begründet die nakte Thatsache der späteren, ohne Wissen und Willen des Acceptanten erfolgten Ausfüllung, für sich genommen, keineswegs einen jedem Nehmer entgegenstehenden Einwand, vielmehr giebt die vertragswidrige Ausfüllung des Blanketts eine lediglich demjenigen Nehmer nachtheilige Einrede, welcher selber die Ausfüllung widerrechtlich bewirkt oder an der Vertragswidrigkeit theilgenommen, oder doch beim Erwerb des bereits ausgefüllten Wechsels um den Vertrauensmißbrauch gewußt hat — somit nur eine dem bösgläubigen Nehmer entgegenstehende exceptio doli.

Diese — in Theorie und Praxis weitaus vorherrschende, für Oesterreich durch die Verordnung des Justizministeriums v. 6. Okt. 53 (Siebenhaar's Archiv für WR B. IV S. 113) auch gesetzlich sanktionirte, und bereits im Kommissionsbericht der Nürnberger Handelsgesetzgebungskonferenz,

> Verhandlungen der Kommission, mehrere zur ADWO in Anregung gekommene Fragen betreffend, Nürnberg 1858 S. LVI, LVIII, LXI,

als kaum noch streitig bezeichnete — Ansicht gründet sich auf alten Handelsgebrauch, welchem die Benutzung bloßer Blankette, namentlich von Blancoacceptem, unentbehrlich ist, ferner auf die Erwägung, daß wer einen noch unausgefüllten Wechsel acceptirt, sich in allen nicht vereinbarten Punkten der Verfügung des Nehmers unterwirft, daher dem dritten gutgläubigen Erwerber gegenüber sich auf einen Vertrauensmißbrauch des Nehmers nicht berufen kann; endlich darauf, daß eine bestimmte Zeitfolge der Wechselerklärungen gesetzlich nicht vorgeschrieben ist, vielmehr ein vollständiger, den Erfordernissen des Art. 4 DWO entsprechender Wechsel erst in demjenigen Zeitpunkt vorzuliegen braucht, in welchem Ansprüche aus dem Wechsel erhoben werden, daher die einstweilen noch suspendirte Wirksamkeit des Blancoaccepts durch einseitigen Akt des Nehmers oder des vom Nehmer dazu ermächtigten Dritten begründet werden kann.

Ohne Grund haben ältere Entscheidungen österreichischer Gerichtshöfe, sowie einige Schriftsteller für die gegentheilige Annahme sich auf den Art. 7 DWO, sowie auf die Verhandlungen der Leipziger Wechselkonferenz berufen.

Art. 7 DWO [es folgt der Wortlaut des Gesetzes] spricht überall von einem nach Absicht des Acceptanten, Indossanten, Avalgebers gehörig auszufüllenden Wechselblankett nicht, setzt vielmehr eine aus Irrthum unvollständig ausgestellte oder zwar absichtlich unfertig gelassene, aber auch nach dem Willen der Betheiligten zur Vervollständigung gar nicht bestimmte Wechselurkunde voraus. Und bei der Berathung der DWO wurde nur die, allerdings zweifelhafte, Frage aufgeworfen und verneint, ob, falls die Grundwechselurkunde unvollständig bleibt, dagegen die Wechselerklärung des Acceptanten, Indossanten oder Avalgebers selber die Ergänzung des Mangels enthält (z. B. falls der Acceptant seinem Accept die im Grundwechsel fehlende Wechselsumme oder Zahlungszeit hinzufügt), diese Wechselerklärung zufolge der Selbständigkeit der einzelnen Wechselakte für sich wirksam sei. Nur in diesem Sinne wurde der Satz angezogen: quod ab initio nullum est, tractu temporis convalescere nequit, keineswegs, um die nachträgliche Vervollständigung des zur vollständigen Ausfüllung vertragsmäßig bestimmten Wechselblanketts auszuschließen.

Prot. V u. XXXII, zu § 8 (Thöl S. 19, 20, 245, 246; Leipziger Ausgabe S. 18, 230, 231).

Letzteres ist um so unglaublicher, als von jeher, namentlich auch in der Praxis des preuß. Obertribunals, die Giltigkeit der Blancoaccepte unbedenklich anerkannt wurde.

Simon u. v. Strampff Rechtssprüche I S. 175; Entsch. B. 7 S. 37; Rechtsfälle aus der Praxis des OTr. B. I S. 5, 27, B. III S. 93, B. IV S. 57; Gelpke, in dessen Ztschr. Heft 2 S. 168 ff.

Mit dieser Frage befaßte sich nicht der, als Art. 7 DWO aufgenommene, § 8 des preuß. Entwurfs, sondern in gewissem Sinne der § 95 desselben, welcher (entsprechend ALR Th. II Tit. 8 § 818, 782 bis 784) den einerseits viel weitergehenden, andererseits nur prozessualen Grundsatz aufstellte, daß im Wechselprozeß der Beklagte, gegen welchen die Richtigkeit seiner Unterschrift feststeht, mit dem Einwand nicht gehört wird, daß die über der Unterschrift befindliche Erklärung ohne seine Genehmigung geschrieben worden, oder daß er die Sprache, worin die Erklärung abgefaßt ist, nicht verstehe, oder daß er nur seinen Namen schreibe könne. Dieser Grundsatz wurde zwar ursprünglich von der Leipziger Wechselkonferenz adoptirt,

Protokolle 894, 895 (Thöl S. 181; Leipziger Ausgabe S. 169)

ist aber bei Ausscheidung des Prozeßrechts in die Wechselordnung nicht übergegangen und nur in einzelne Einführungsgesetze und Wechselprozeßordnungen ausdrücklich aufgenommen worden.

Seine Aufnahme oder Nichtaufnahme in die DWO ist für die Frage des materiellen Wechselrechts ohne alle Bedeutung.

Zweifelhafter mag es sein, wieweit Mangels Vereinbarung die Befugniß des Wechselnehmers reicht, insbesondere, ob sein Recht zur Ausfüllung des Blanketts in dem Sinne ein streng-persönliches ist, daß nur er selber (z. B. nicht auch seine Erben, der Verwalter seiner Konkursmasse, der Vollstrecker seines Testaments) die Ausfüllung bewerkstelligen darf, und daß nur sein Name als Trassant, bezw. Remittent in das Formular gesetzt werden darf. Die Entscheidung der letzteren Frage ist eine wesentlich konkrete. Es kann zugegeben werden, daß für den Acceptanten die Person des Trassanten bzw. Remittenten keineswegs gleichgiltig ist, daher denkbarerweise nach dem Willen des Acceptanten der Nehmer das Blankett nur mit seinem Namen ausfüllen darf. Allein es ist nicht richtig, widerspricht vielmehr der Anschauung und Uebung des Verkehrs — nach welcher dergleichen Blancotratten vielfach erst von Demjenigen mit seinem Namen ausgefüllt werden, welcher dem ursprünglichen Nehmer die Valuta entrichtet, ja gar unausgefüllt durch zahlreiche Hände gehen —, daß für die Beschränkung auf die Person des Nehmers die Vermuthung spreche. Nicht, wie hin und wieder angenommen ist — z. B. vom O.App.-Ger. Rostock (Entscheidungen dieses Hofes, herausgegeben von Buchka und Budde B. V S. 300) —, hat der Wechselgläubiger den unbeschränkten, unpersönlichen Verpflichtungswillen des Acceptanten darzulegen; vielmehr ist umgekehrt davon auszugehen, daß wer ein Wechselaccept in blanco abgiebt, ohne sich erkennbar nur seinem Nehmer verpflichten zu wollen, die Person des Wechselausstellers bzw. Remittenten für gleichgiltig erklärt, daher Jedem haftet, welcher mit Bewilligung des Nehmers seinen eigenen Namen auf den Wechsel als Trassant bzw. Remittent gesetzt hat. Die Beweislast trifft auch hier Denjenigen, welcher den Mißbrauch des Blancoaccepts behauptet.

II. Der Appellrichter führt aus: daß Mendel J. als

bloßer Incassomandatar des Hirsch J. gehandelt hat, befugt Beklagten nicht, die ihm gegen Hirsch J. zustehenden Einreden dem Kläger entgegenzusetzen, da Hirsch J. auf dem Wechsel nicht erscheint, deshalb das etwaige Verhältniß des Mendel J. zu ihm als Mandatar für den Wechsel nicht vorhanden ist und durch den Girozug, selbst nach Art. 16 Abs. 2 DWO, auf den Kläger nicht übergegangen sein kann; ein gegen die wirklichen Vormänner des Klägers Ascher P. oder Mendel J. zustehender Einwand ist aber nicht näher begründet und auch unter dem Gesichtspunkt der exceptio doli unzutreffend, da Kläger seine Wissenschaft von der Entstehungsart des Wechsels eidlich verneint hat.

Der hiegegen gerichtete Angriff stützt sich auf Art. 82 und 17 und, will man den dritten, nur eventuellen Angriff mit in Betracht ziehen, auf Art. 16 Abs. 2 DWO.

Ob nun mit dem Appellrichter darauf entscheidendes Gewicht gelegt werden darf, daß Hirsch J., aus dessen Person die Einreden entnommen sind, auf dem Wechsel gar nicht als Remittent erscheint, somit nicht ein späterer Nehmer, ein Indossatar, sondern der erste Nehmer, Remittent, vom eigentlichen Interessenten vorgeschoben ist — Thöl Wechselrecht § 318 n. 11 —, ob nicht vielmehr, wenn es überhaupt statthaft ist, den wahren Interessenten hinter der Maske seines bloßen Vertreters in den Prozeß hineinzuziehen, dies auch in dem Falle gelten muß, daß der wahre Interessent statt formeller Uebertragung seines Rechts auf einen Dritten den noch verhüllteren Weg der Intervention eines Dritten ohne jede äußerliche Betheiligung seinerseits eingeschlagen hat, kann dahingestellt bleiben. Denn weder ist nach dieser Seite hin der Angriff bestimmt formulirt, noch könnte derselbe Erfolg haben, sofern die Entscheidung des Appellrichters auch in dem Falle begründet wäre, daß Hirsch J. als Remittent im Wechsel erschiene.

Nur diese Frage bedarf daher der Prüfung.

Der vorliegende Fall unterscheidet sich nur thatsächlich von dem vielbesprochenen Falle eines in Form vollständigen Indossaments auftretenden Incassomandats.

Es macht keinen Unterschied:

daß der Auftrag nicht einmal auf Einkassirung, sondern nur auf Protesterhebung gegangen ist,

daß der Remittent diese Eigenschaft nicht direkt sondern indirekt dadurch erlangt, daß er sich als Trassanten des in blanco acceptirten Wechsels an eigene Order bezeichnet hat, da, die Statthaftigkeit solcher Bezeichnung vorausgesetzt, seine Stellung sich rechtlich in nichts von der eines anderen Remittenten unterscheidet.

An der vom OHG für Fälle dieser Art bereits wiederholt gebilligten Auffassung

Rspr. I S. 99, 264; II S. 219 Nr. 3, 373 Nr. 4

war auch bei wiederholter Erwägung festzuhalten.

Der Wechselzeichner verpflichtet sich dem Remittenten und jedem Indossatar so, als ob dieser sein einziger und ursprünglicher Gläubiger wäre,

DWO Art. 4 Nr. 3, Art. 8, 9, 10, 14, 23, 31, 82.

Remittent und Indossatare sind nicht allein formell zur Geltendmachung der Wechselforderung legitimirt, sondern sie sind Eigenthümer der Wechselurkunde und Wechselgläubiger.

DWO Art. 4 Nr. 3, Art. 9, 10, 36, 73, 74; Goldschmidt Ztschr. für HR VIII S. 326 ff.

Für den Remittenten kann diese Rechtsstellung wechselrechtlich niemals, für den Indossatar kann sie durch einen Zusatz zum Indossament ausgeschlossen sein.

DWO Art. 4 Nr. 3, Art. 17.

Jedes Indossament ohne solchen Zusatz, gleichviel ob Voll- oder Blancoindossament, ist ein eigentliches, d. h. Eigenthumsindossament. Es giebt kein Vollmachts-, Prokura-, Incasso-Indossament, welches nicht als solches erschiene.

Eigenthums- und Vollmachts-Indossament sind einander ausschließende und durch bestimmte Formen äußerlich erkennbare Arten des Indossaments.

DWO Art. 10, 12, 17.

Will der Indossant die schwächere Wirkung einer bloßen Bevollmächtigung, so muß er dem Indossament den Zusatz „in Prokura", „in Vollmacht" oder dergleichen beifügen. Unterläßt er dies, wendet er die einfachere und stärkere Form an, so hat er auch die stärkere Wirkung rechtlich gewollt. Der Indossatar wird somit Eigenthümer und Wechselgläubiger, und macht in eigenem Namen seine Rechte geltend, gleichwie er durch weiteres Indossament alle scripturmäßigen Rechte aus dem Wechsel, nicht aber nur die Rechte seines Autors überträgt

DWO Art. 10, 82.

Dem ungeachtet ist es möglich, daß er seinem Autor gegenüber nur dessen Interessen vertritt, diesem verantwortlich ist, an diesen das Empfangene herauszugeben hat. Denn es steht rechtlich nichts im Wege, für einen beschränkten Zweck ein über denselben hinausgreifendes Mittel zu wählen. Zum Zweck bloßer Verbürgung kann eine Solidarhauptschuld eingegangen, zum Zweck der Gewährung von Pfandsicherheit der Weg der Eigenthumsübertragung, zum Zweck der Bevollmächtigung der Weg der Cession wie des Eigenthumsindossaments gewählt werden, gleichwie der Mandatar ermächtigt werden oder gesetzlich ermächtigt sein kann, in eigenem Namen zu kontrahiren. Für eigene Rechnung und in eigenem Namen decken sich nicht*. Der Gebrauch des stärkeren Mittels zieht für und gegen die Betheiligten alle Rechtsfolgen nach sich, welche sich an das stärkere Mittel knüpfen; nur im Wege nachfolgender Ausgleichung zwischen den Betheiligten gelangt indirekt die zwischen ihnen getroffene Uebereinkunft zur Verwirklichung. Den

* Vgl. Rspr. III S. 116.

Dritten kümmert sie nicht. Er hat weder Pflicht noch Recht, auf sie zurückzugehen. Ihm gegenüber ist lediglich die stärkere Wirkung sowohl erklärt wie gewollt, und er muß sie gegen sich gelten lassen, weil er kein Recht auf die schwächere so wenig als auf die stärkere Wirkung hat. So wenig er dem als Prokuraindossatar auftretenden Wechselinhaber Einreden aus dessen Person entgegenhalten darf, weil derselbe in Wahrheit für eigene Rechnung den Wechsel erworben habe: so wenig darf er umgekehrt, sei es das eigene Klagerecht des Eigenthumsindossatars anfechten, sei es demselben Einreden aus der Person des Indossanten lediglich aus dem Grunde entgegenstellen, weil derselbe materiell nicht eigene, sondern fremde Rechte verfolge. Mit der gegentheiligen Annahme ist der Wechselverkehr unverträglich. Unzählige Eigenthumsindossamente dienen lediglich dem Incassozweck. Das Prokuraindossament ist in seltenem Gebrauch. Soll der nackte Einwand des Incassomandats Beachtung finden, so sind Verschleppungen der Prozesse unvermeidlich; es wird, wider den Willen der Betheiligten, die mögliche Ausgleichung zwischen Indossant und Indossatar in den Prozeß aus dem Wechsel verlegt, und es werden die mancherlei denkbaren Rechtsbeziehungen zwischen Indossant und Wechselschuldner, statt durch besondere Klagen, im Einredeweg zur Geltung gebracht, unter Erschütterung der Grundlagen im Wechselrecht und Wechselprozeß.

Mit gutem Grunde wird daher sowohl in konstanter Rechtsprechung des preuß. OTr., wie auch sonst weit überwiegend in Literatur und Praxis dem nackten Einwand, daß hinter dem Eigenthumsindossament ein bloßes Incassomandat verborgen sei, schlechthin, auch außerhalb des Wechselprozesses, jede Beachtung versagt.
[Vgl. Borchardt ADWO Zus. 190, S. 118.]

Für die gegentheilige Ansicht wird angeführt:

1) die Form des Eigenthumsindossaments begründe nur

die durch Gegenbeweis zu widerlegende Vermuthung, daß ein wahres Indossament vorliege — oder, was auf das Gleiche hinauskommt, es gebe auch wechselrechtlich Indossamente zu bloßen Vollmachtszwecken in Form des Eigenthumsindossaments. Diese Annahme ist unrichtig und verstößt, wie gezeigt, gegen Art. 10 und 17 DWO.

2) Das äußerlich eigentliche Indossament sei ein nur simulirtes Eigenthumsindossament, somit in Wahrheit ein bloßes Incassoindossament. Wirklicher Eigenthümer des Wechsels sei daher nicht der Indossatar, sondern der Indossant. Die Einrede der Simulation aber greife, nach allgemeinen Prinzipien wie nach Beschluß der Leipziger Konferenz, auch gegen den Wechselkläger durch; es könne somit, bei günstigster Auffassung, ein solcher Indossatar nur so gelten, als ob er im Namen des Indossanten klage. Auch wird wol die Einrede der Simulation unter den Gesichtspunkt einer dem Wechselkläger um deswillen unmittelbar entgegenstehenden exceptio doli gebracht, weil schon das Arglist des Wechselklägers sei, sich gegen eine seinem Mandanten entgegenstehende Einrede auf eine Geschäftsform zu berufen, welche ihn äußerlich als den wirklichen Gläubiger erscheinen lasse.

Und wie hier — von der Behauptung ausgehend, daß die Einrede der Simulation statthaft sei — der nackte Einwand des bloßen Incassomandats für durchgreifend erachtet wird: so wird nicht selten mit der umgekehrten Behauptung, daß die Einrede der Simulation gegen die Wechselklage oder doch im Wechselprozeß überhaupt unzulässig sei, der Statthaftigkeit jenes Einwands widersprochen. Beides ist ungegründet. Weder trifft prinzipiell für die hier vorliegenden Fälle der Gesichtspunkt der Simulation zu, noch ist es richtig, daß der Einwand der Simulation stets oder daß er niemals durchgreife.

Simuliren heißt: das erklärte Rechtsgeschäft nicht

wollen, sondern ein anderes oder gar keines. Bei Gebrauch des Eigenthumsindossaments für Zwecke der bloßen Einkassirung ist hingegen das erklärte Geschäft in der That gewollt: der Eigenthumsindossatar soll, wie erklärt ist, Eigenthümer des Wechsels und Wechselgläubiger werden, seine gleichzeitig gewollte Verpflichtung, nicht für eigene, sondern für Rechnung des Indossanten die Wechselforderung geltend zu machen, schließt ersteres nicht aus. Simulation läge nur vor, falls ungeachtet des Eigenthumsindossaments beredet worden wäre, das Eigenthum der Wechselurkunde und das Forderungsrecht aus dem Wechsel solle beim Indossanten verbleiben. Eine solche Uebereinkunft ist weder, wegen der Einseitigkeit der Wechselakte, undenkbar, noch auch, als perplex, unwirksam — sie liegt aber dem Eigenthumsindossament zu Incassozwecken an sich nicht zu Grunde, vielmehr ist nur von mehreren, den gleichen materiellen Endzweck verfolgenden Wegen ernstlich der eine, über den nächsten Endzweck hinausliegende, Vortheile wie Nachtheile in sich schließende Weg gewählt.

Thöl Einleitung in das Deutsche Privatrecht § 65, vgl. Wechselrecht § 318.

Freilich wurde zur Zeit der Abfassung der DWO (wie auch jetzt noch häufig) unter den Begriff der „Simulation" jede Inkongruenz des gewollten materiellen Verhältnisses und der durch den Erklärungsakt begründeten wie gewollten Rechtswirkuug gestellt und darum die Einrede des bloßen Incassomandats meist als Simulationseinrede, ja als Hauptfall der letzteren aufgefaßt. So namentlich in der preußischen Praxis, wo die Streitfrage über die Statthaftigkeit dieser Einrede, insbesondere für den nach älterem Recht vielfach eigenthümlichen Fall des Wechsels an eigene Order, lebhaft erörtert wurde.

Mit der schwankenden preuß. Praxis stehen die Vorarbeiten zur DWO in engem Zusammenhang.

Die älteren preuß. Entwürfe von 1836 (§ 193) und von 1845 (§ 289) schlossen im Wechselprozeß den Einwand der „Simulation“ aus. Die Motive zum ersten Entwurf, S. 263, bezeichnen die Frage als streitig, die Beschränkung aber für geboten. Die Erläuterungen zum Entwurf von 1845 S. 63 stimmten bei: es müsse bei Wechseln an eigene Order der Einwand, daß der klagende Indossatar nur Mandatar des Ausstellers sei, abgeschnitten werden; den dritten Wechselschuldner gehe die „Simulation“ nichts an. Indeß beschloß die Sachverständigen-Kommission (1845) den Wegfall des § 289, weil ja dem Aussteller — anders als nach dem ALR — unbedingtes Wechselrecht gegen den Acceptanten zustehen solle, somit der Einwand jede Bedeutung verliere (S. 144), und der Kommissionsbericht von 1846 trat bei (S. 120), weil nunmehr die besondere Veranlassung des Ausschlusses der Einrede der Simulation wegfalle, und es bedenklich erscheine, auch außerhalb des Wechselprozesses den Einwand schlechthin auszuschließen, z. B. wenn der Girant von seinem unmittelbaren Hintermann in Anspruch genommen werde. Der § 289 fehlt daher im Entwurf von 1846, ist aber in den letzten Entwurf von 1847, § 93 wieder aufgenommen.

Man wollte indeß die Frage lediglich für den Wechselprozeß entscheiden, wie auch die Motive S. LXXVIII nur bemerken: „die Ausschließung des Einwands der Simulation wird durch die Natur des Wechselprozesses gerechtfertigt“; im Wechselprozeß aber sollte diese Einrede schlechthin, somit auch dem unmittelbaren Nehmer gegenüber unstatthaft sein. Nur für den Wechselprozeß waren auch die im § 93 des Entwurfs von 1847 voraufgehenden Bestimmungen über das Einrederecht gemeint, nämlich:

„Der Wechselschuldner kann im Wechselprozeß nur solcher Einreden sich bedienen, welche:

1) aus dem Wechselrecht selbst hervorgehen, oder

2) insofern der Kläger nicht als Cessionar (§ 16) anzusehen ist, aus einem dem Bekl. gegen den Kläger unmittelbar zustehenden Recht hergeleitet sind.

Der Einwand der Simulation ist niemals zulässig."

Die Leipziger Konferenz beschloß jedoch, das Einrederecht unabhängig von dem (ausgeschiedenen) Wechselprozeßrecht zu regeln, und verwarf einstimmig den Vorschlag:

„die Einrede der Simulation, sowie diejenige der Kompensation, selbst wenn sie auf der Stelle liquid gemacht werden könnten, finden ebenfalls im Wechselprozeß nicht statt";

indem man der Ansicht war, „daß alle aus der Person des Inhabers herzuleitenden Einreden, also auch diejenige der Simulation und Kompensation, sofern sie auf der Stelle liquid zu machen seien, zugelassen werden müssen."

Protokoll Nr. XXV (Thöl's Ausgabe S. 180; Leipziger Ausgabe S. 168).

Vgl. Verhandlungen der (Nürnberger) Kommission S. LIX, LXI.

Mit diesem Beschluß ist die Annahme, daß der Einwand der „Simulation" gegen Wechselklagen schlechthin unbeachtlich sei, unvereinbar, und zwar gleichviel, ob die Klage im Wechselprozeß oder im ordentlichen Prozeß angestellt wird, da über die Statthaftigkeit der Einreden die Prozeßform nach dem System der DWO nicht entscheidet. Dagegen hat die Konferenz weder angenommen, noch dieser Ansicht im Gesetze Ausdruck gewährt:

1) daß der wahre Einwand der Simulation auch zwischen anderen, als den bei der Simulation betheiligten Personen Platz greifen solle;
2) daß der nackte Einwand des Incassomandats unter die Einrede der „Simulation" überhaupt zu subsumiren sei.

Sie hat nur erklärt, daß der Einwand nicht — im Gegensatz zu anderen Einwendungen — schlechthin ausgeschlossen werden dürfe, vielmehr den allgemeinen Prinzipien des gegenwärtigen Art. 82 DWO unterliege.

Unter welchen Voraussetzungen aber die Einrede der Simulation, welche ja nicht aus dem Wechselrecht selbst hervorgeht, gemäß Art. 82 dem Wechselschuldner „unmittelbar gegen den jedesmaligen Kläger zusteht", hat sie weder beschlossen noch beschließen wollen. Die Entscheidung ist vielmehr lediglich aus der allgemeinen Theorie des Wechselrechts einerseits, aus der Natur der Simulation andererseits zu entnehmen.

Die obige Darlegung ergiebt nun, daß die hier allein in Frage stehenden unächten Simulationsfälle völlig ausscheiden, da aus der bloßen Nebenberedung, daß der wahre Eigenthümer des Wechsels und Wechselgläubiger lediglich die Interessen seines Vormannes wahren solle, der Wechselschuldner überall keinen Einwand entnehmen kann. Allein das Gleiche gilt nicht minder für die ächten Simulationsfälle. Der Einwand der Simulation kann nur zwischen den bei der Simulation betheiligten Personen Platz greifen. Nur zwischen ihnen gilt nicht die erklärte, sondern die gewollte Uebereinkunft; jedem Dritten gegenüber ist die Wechselerklärung auch gewollt, weil mit dem Dritten eine Vereinbarung, welche die diesem gegenüber — DWO Art. 4 Nr. 3, Art. 8, 9, 10, 14, 23, 81, 82 — als gewollt erklärte Uebereinkunft ausschlösse, nicht getroffen ist.

Wie es bei erweislichem dolus des Indossatars zu halten, und ob solcher dolus schon darin zu finden sei, daß der Zweck des dem Incassomandatar ertheilten Eigenthumsindossaments dahin gerichtet war, Einreden aus der Person des Indossanten auszuschließen, steht hier nicht in Frage, da festgestellt ist, daß Kläger um jene Einreden nicht gewußt hat, und nicht erwiesen ist, daß Mendel J. beim

Erwerb des Wechsels von denselben Kenntniß hatte. Daß aber der Eigenthumsindossatar zu Incassozwecken dadurch allein arglistig handele, daß er die wider seinen Indossanten zustehenden Einreden gegen sich nicht gelten lassen will, ist völlig ungegründet.

Nr. 54.

I. Senat. — Erkenntniß v. 12. April 72. (B.)

Mosch ·/. Kadner (Nr. 205 v. 72).

Königreich Sachsen. Wechselseparatum. Weitere Berufung.

I. Instanz: Handelsgericht Freiberg,
II. Instanz: Appellationsgericht Dresden.

Eigenwechsel, ob domizilirt?

Der in einem Eigenwechsel hinter dem Namen des Remittenten angegebenen Ort ist nur als Bezeichnung des Wohnorts des Wechselnehmers, nicht als Zahlungsort anzusehen. Die Verschiedenheit dieses Ortes vom Ausstellungsort macht also den Wechsel nicht zu einem domizilirten.

DWO Art. 97, 99.

Der eingeklagte Wechsel lautete:

„Ende März 67 zahle ich für diesen meinen Solawechsel an den Seifensiedermeister K. in Freiberg die Summe von ꝛc.

Dorfchemnitz, den 1. Oktober 66.
C. G. D."

Ein in Anspruch genommener Wechselbürge behauptete im Separatverfahren (mittelst der sogen. sächsischen Widerklage), daß durch den Mangel rechtzeitiger Präsentation und Protesterhebung die wechselmäßige Verpflichtung des Ausstellers aufgehoben worden. Diese Ansicht ward in allen Instanzen verworfen, vom OHG aus folgenden

Gründen:

Der eingeklagte Wechsel ist ein eigener, und zwar nicht domizilirter. Die Domizilirung will zwar Widerkläger daraus ableiten, daß der Wechsel in Dorfchemnitz ausgestellt und an den Widerbeklagten zu Freiberg zahlbar gewesen sei. Allein durch „Freiberg" ist nur der Wohnort des Gläubigers, nicht der Zahlungsort bezeichnet; denn die Ortsangabe in dieser Verbindung dient nur zur näheren Bestimmung des Gläubigers; in dieser Weise ist sie allgemein üblich, ohne daß es darauf ankommt, ob dabei das Wort „in", „zu" oder „von" gebraucht wird. Ferner bestimmt Art. 97 DWO, daß der Ort der Ausstellung eines eigenen Wechsels auch als Zahlungsort gilt, sofern nicht ein besonderer Zahlungsort angegeben ist. Letzteres muß also in deutlich erkennbarer Weise geschehen, wozu eine zunächst auf die Angabe des Wohnorts des Gläubigers hinweisende Bemerkung nicht genügt.

Selbst wenn man aber Freiberg als Zahlungsort ansehen könnte, würde es an der Benennung des Domiziliaten fehlen, bei welchem oder durch welchen der Aussteller Zahlung leisten will; also hätte der Aussteller selbst in Freiberg zu zahlen gehabt. In solchem Falle verlangt aber § 99 Abs. 1 DWO zur Erhaltung der Rechte gegen den Aussteller keine Protesterhebung, da er solche nur bei dem Domiziliaten gebietet*.

Somit kommt der Zusatz zu diesem Artikel in der Wechsel-Novelle zur Anwendung, wonach es bei nicht domizilirten eigenen Wechseln zur Erhaltung des Wechselrechts gegen den Aussteller weder der Präsentation am Zahlungstage noch der Erhebung eines Protestes bedarf.

* Vgl. Rspr. IV S. 40.

Nr. 55.

II. Senat. — Erkenntniß v. 13. April 72. (V).

K. W. Hofmann :. G. Müller & H. Schäffer (Nr. 202 v. 72).

Preußen (Nassau). **Nichtigkeitsbeschwerde.**

I. Instanz: Kreisgericht Wiesbaden

II. Instanz: Appellationsgericht daselbst.

Offene Handelsgesellschaft, Firma. Liquidation, Klagen.

1. Zum Begriff einer offenen Handelsgesellschaft gehört wesentlich der Geschäftsbetrieb unter einem Kollektivnamen, der Gesellschaftsfirma. Fehlt eine solche Firma, so ist die Gesellschaft — falls die Vereinigung sich nicht blos auf einzelne Unternehmungen bezieht (HGB Art. 266 ff.) — nach bürgerlichem Recht zu beurtheilen. (Vgl. Rspr. III S. 48.)

2. Die Liquidatoren einer offenen Handelsgesellschaft haben (zum Zweck der Geschäftsabwickelung) die bisherige Gesellschaft nach Außen hin zu vertreten. Ihnen steht aber weder eine Vertretung der einzelnen Gesellschafter zu, noch sind sie zur Führung solcher Prozesse berufen, welche Streitigkeiten dieser Genossen unter einander zum Gegenstand haben.

HGB Art. **133, 137, 142** Abs. 2.

3. Gesellschaftsgläubiger dürfen, auch während der Liquidation einer offenen Handelsgesellschaft, ihre Forderungen an die Gesellschaft unmittelbar gegen die einzelnen ihnen persönlich und solidarisch verhafteten Gesellschafter geltend machen.

HGB Art. **112, 144.**

Entscheidung des OHG:

I. Der Appellrichter hat den ersten Klage-Antrag, womit Kläger Rechenschaft über Erstehungspreise &c. Namen und Jahrgänge der ihm von der Firma G. Müller & Co. in das zu Leipzig errichtete Weinlager gelieferten Weine fordert, deshalb angebrachtermaaßen abgewiesen, weil nach Auflösung der unter den Parteien bestandenen offenen Handelsgesellschaft nur die Liquidatoren zur Verfolgung des fraglichen Anspruchs aktiv legitimirt seien. Dieser Entscheidungsgrund muß in mehrfacher Beziehung für rechtsirrthümlich erachtet werden.

Zunächst hat unter den Parteien eine offene Handelsgesellschaft überhaupt nicht bestanden. Die beiden Beklagten haben von 1865 bis 70 zu Winkel in offener Handelsgesellschaft unter der Firma G. Müller & Co. eine gemeinschaftliche Weinhandlung betrieben. Die Firma G. Müller & Co. ist zum Kläger, laut beigebrachter Verträge, 1866 in ein zweifaches Rechtsverhältniß getreten. Zunächst wurde ein Weinlager in Leipzig errichtet; G. Müller & Co. sollten dasselbe mit Weinen assortiren, für die gelieferten Weine die Erstehungspreise mit Unkosten, Einzehr-Verlust und Zinsen berechnen, Kläger sollte diese Beträge binnen drei Tagen nach Empfang der Weine baar an Müller & Co. einsenden, für welchen „Vorschuß" ihm Zinsen vom gemeinschaftlichen Geschäft vergütet werden sollten; Kläger sollte die Leitung des Lagers übernehmen, den Verkauf der Weine in Leipzig und der einmeiligen Umgebung besorgen, dem gemeinschaftlichen Geschäft alle Auslagen berechnen, und der Reingewinn sollte zu gleichen Theilen unter den kontrahirenden Parteien getheilt werden. — Zweitens übernahm Kläger für Müller & Co. als deren Vertreter den Weinverkauf in einem größeren Gebiet des nördlichen und östlichen Deutschlands gegen Provision.

Laut rechtskräftigen Urtels ist das Vertragsverhältniß unter den Parteien v. 23. März 68 ab aufgehoben. Der erste Klageantrag betrifft nun das Leipziger Weinlager. In Bezug auf dieses liegt zweifellos ein Societäts-Verhältniß zwischen den Parteien insoweit vor, als der Gewinn, welcher sich durch die Haltung des Weinlagers ergeben würde, zu gleichen Theilen unter den Kontrahenten getheilt werden sollte. Diese Gesellschaft war aber keine offene Handelsgesellschaft. Zwar waren die Geschäfte, welche nach dem geschlossenen Vertrage getrieben werden sollten, Handelsschäfte: Ein- und Verkauf von Weinen. Ein absolut wesentliches Requisit der offenen Handelsgesellschaft ist aber der Geschäftsbetrieb unter einem Kollektiv-Namen, einer Gesellschafts-Firma, unter welcher die Societät nach außen hin mit dem Publikum in Verkehr tritt. Der Art. 85 HGB hat dieses Requisit in den Begriff der offenen Handelsgesellschaft aufgenommen. Der unter den Parteien bestandenen Societät fehlt eine solche Firma. Daß es auch nicht die Absicht der Paciscenten war, unter einer Gesellschaftsfirma Geschäfte zu treiben, ergeben klar die Vertragsbestimmungen, wonach G. Müller & Co. dem Kläger die Benutzung ihrer Firma für Zeitungsartikel, Preislisten 2c. mit dem Zusatze „Weinlager bei Hofmann [Kläger] in Leipzig" gestatteten und Kläger sich verpflichtete, die von Müller & Co. zu beziehenden Weine mit Bezeichnung ihrer Firma zu verkaufen. Es lag fernerhin — darüber herrscht Einverständniß der Parteien — nicht in der Intention der Paciscenten, daß eine solidarische Verhaftung der socii für die Societäts-Verbindlichkeiten Dritten gegenüber (Art. 112 HGB) eintreten sollte*. Der Einkauf von Weinen sollte lediglich der Firma G. Müller & Co. auf deren Namen und Rechnung überlassen bleiben, zu den Verkäufern stand Kläger überall in keiner rechtlichen Beziehung. G. Müller & Co. sollten die Weine zum Selbstkostenpreise, welchen Kläger sofort nach dem Empfange als Vorschuß an G. Müller & Co. zu bezahlen hatte, an das Lager in Leipzig liefern. Den Verkauf der Weine hatte Kläger lediglich auf seinen Namen zu besorgen; den Käu-

* Vgl. Rspr. V S. 90 Nr. 1.

fern gegenüber stand nur Kläger, nicht G. Müller & Co. in einem Rechtsverhältniß: Kläger sollte, bzw. durfte nur die Firma G. Müller & Co. zur Bezeichnung der Bezugsquelle, aus welcher die Weine geliefert waren, nennen, bzw. gebrauchen. Es fehlt hienach an den allerwesentlichsten Erfordernissen einer offenen Handelsgesellschaft; das Appellurtel, welches eine offene Handelsgesellschaft angenommen hat, ohne in eine Prüfung dieser gesetzlichen Erfordernisse einzugehen, müßte daher vernichtet werden. Daß die fragliche Societät von den Parteien, auch vom Kläger eine Handelsgesellschaft genannt worden ist, macht eine Prüfung der rechtlichen Natur des Vertragsverhältnisses nicht entbehrlich, zumal Kläger schon in der Klage nicht blos Bestimmungen des zweiten Buchs des HGB, sondern auch Bestimmungen des HGB über die sogenannte Gelegenheits-Gesellschaft (Art. 270) und über das Kommissionsgeschäft (Art. 361) in Bezug genommen, später aber das Vorliegen einer offenen Handelsgesellschaft, namentlich wegen Mangels einer Gesellschafts-Firma, auf das Entschiedenste bestritten hat... Die vorliegende Gesellschaft kann auch nicht nach den Vorschriften in Buch III Tit. 2 Handelsgesetzbuchs als eine „Vereinigung zu einzelnen Handelsgeschäften für gemeinschaftliche Rechnung" behandelt werden, da die Societät nicht einzelne Geschäfte, sondern einen fortdauernden Geschäftsbetrieb bezweckte. Vielmehr finden auf das Rechtsverhältniß der Parteien die Bestimmungen des gemeinen Civilrechts über Societäten Anwendung (vgl. Erk. v. 13. Mai 71, Rspr. III S. 48). — Wäre aber auch anzunehmen, daß eine offene Handelsgesellschaft bestanden habe, so würde dennoch die Aktivlegitimation des Klägers zur Verfolgung des in Rede stehenden Klage-Anspruchs nicht in Frage gestellt werden können; die abweichende Entscheidung des Appellrichters beruht auf einer Verkennung des Zwecks und Wesens der Liquidation.

Wenn eine offene Handelsgesellschaft aufgelöst wird, so hören auch die Befugnisse der einzelnen Gesellschafter zur Vertretung der Gesellschaft nach außen, mögen diese im Gesetz oder im Vertrage sich gründen, von selbst auf, und es tritt das Bedürfniß ein, für die Zeit von der Auflösung der Gesellschaft bis zur Abwickelung ihrer Geschäfte zum Zweck dieser Abwickelung eine andere Vertretung nach außen zu konstituiren, und eben diese Vertretung nach außen hat das Gesetz den Liquidatoren übertragen; sie haben als Vertreter dieser Gesellschaft die im Art. 137 bezeichneten Geschäfte vorzunehmen. Keineswegs ist aber den Liquidatoren eine Vertretung der einzelnen Gesellschafter übertragen; diese haben vielmehr nach wie vor ihre Rechte selbst geltend zu machen. Prozesse über Streitigkeiten der einzelnen Genossen (socii) unter sich, zu deren Austragung die actio pro socio gegeben ist, sind daher der Natur der Sache nach unter den Genossen selbst zu führen; die Aktiv- und Passivlegitimation der einzelnen Genossen in solchen Prozessen unterliegt nicht dem mindesten Bedenken; die Liquidatoren als solche sind zur Führung von Prozessen, welche Streitigkeiten der Genossen als solcher unter einander zum Gegenstand haben, überall nicht berufen. Nach Art. 142 Handelsgesetzbuchs sollen die Liquidatoren allerdings die schließliche Auseinandersetzung unter den Gesellschaftern herbeiführen; d. h. sie sollen nach Abwickelung der Geschäfte der Gesellschaft nach außen jedem Gesellschafter das, was ihm zukommt, ausantworten, auch zu dem Ende geeignetenfalls einen Vertheilungs-Plan aufstellen und dergleichen. Sobald dabei aber ein Streit unter den Gesellschaftern sich erhebt, hat die Funktion der Liquidatoren ihr Ende erreicht, und die Genossen selbst müssen — das ist der Sinn des Art. 142 Abs. 2 — ihren Streit vor dem ordentlichen Richter zum Austrag bringen. Endlich sind auch nach Art. 133 HGB, in Ermangelung einer anderweiten vertragsmäßigen oder richterlichen Bestimmung, vermöge des Gesetzes die sämmtlichen bisherigen Gesellschafter die Liquidatoren; in vorliegendem Falle sind aber der Kläger und die beiden Beklagten die einzigen Mitglieder der hier fraglichen Societät, es ist daher unerfindlich, auf welchem anderen, als dem durch die vorliegende Klage eingeschlagenen Wege, der unter den Parteien obwaltende Streit zum Austrag gebracht werden sollte. Die durch das Gesetz bestimmten Liquidatoren bedürfen nicht einer Ernennung durch den Richter; der letzteren bedarf es nur in den durch das HGB speziell bezeichneten Fällen.

II. Der Appellrichter hat den zweiten Klageantrag — womit Kläger Ermittelung der Provision, welche ihm aus dem zweiten oben erwähnten Rechtsverhältniß, den Weinverkauf im nördlichen und östlichen Theile von Deutschland betreffend, gebühre, fordert — wegen mangelnder Passivlegitimation angebrachtermaaßen abgewiesen, da dieser Anspruch gegen die Liquidatoren der im Jahre 70 aufgelösten und noch in Liquidation befindlichen Gesellschafts-Firma G. Müller & Co. habe geltend gemacht werden müssen. Auch diese Entscheidung ist für eine rechtsirrthümliche zu achten, und die Einrede der mangelnden Passiv-Legitimation nicht blos bezüglich des zweiten Klageantrags, sondern aus gleichen Gründen auch bezüglich der übrigen Klage-Petita zu verwerfen. Kläger hat nämlich, nachdem die Gesellschaft G. Müller & Co. aufgelöst worden, die vorliegende Klage gegen die beiden einzigen Theilhaber der aufgelösten Handelsgesellschaft, als persönlich und solidarisch für die Gesellschaftsverbindlichkeiten verhaftet, erhoben; er gründet seine Ansprüche auf Verträge, welche er Ende 66 mit der offenen Handelsgesellschaft G. Müller & Co. geschlossen hat, er steht dieser in Liquidation befindlichen Handelsgesellschaft als Dritter gegenüber. Es unterliegt keinem Bedenken, daß Kläger die in vorliegendem Prozeß verfolgten Ansprüche gegen die Liquidatoren der aufgelösten Gesellschaft hätte geltend machen können, daß die Liquitoren also diesen klägerischen Ansprüchen gegenüber nach Art. 137 HGB zur Vertretung der aufgelösten Gesellschaft passiv legitimirt gewesen wären. Die zu entscheidende Frage ist aber die: ob den Liquidatoren während der Dauer der Liquidation eine dergestalt ausschließliche Vertretung der Gesellschaft nach außen zusteht, daß die Gesellschaftsgläubiger die einzelnen Gesellschafter persönlich wegen der Gesellschafts-Verbindlichkeiten nicht in Anspruch nehmen können? Diese Frage muß verneint werden. Das HGB hat eine solche Klage gegen die einzelnen Gesellschafter während der Dauer der Liquidation nicht nur nicht für unstatthaft erklärt, vielmehr führen mehrere Bestimmungen desselben mit Nothwendigkeit zu einem entgegengesetzten Resultat. Nach Art. 112 HGB haften die Gesellschafter für alle Verbindlichkeiten der Gesellschaft solidarisch und mit ihrem ganzen Vermögen; eine entgegenstehende Verabredung hat gegen Dritte keine rechtliche Wirkung. Während des Bestehens der offenen Handelsgesellschaft kann also jeder Gesellschaftsgläubiger nicht blos die Gesellschaftsfirma verklagen, um aus dem Gesellschaftsvermögen seine Befriedigung zu erlangen, vielmehr kann derselbe auch jeden der einzelnen Gesellschafter solidarisch in Anspruch nehmen, um aus dessen Privatvermögen befriedigt zu werden. Es fehlt an jedem inneren Grunde zu der Annahme, daß diese Befugniß durch die Auflösung der Gesellschaft eine Aenderung erleiden solle. Die Liquidation bewirkt nur, wie bereits ausgeführt worden, eine veränderte Vertretung der Gesellschaft als solcher nach außen; an den Verpflichtungen, welche schon während des Bestehens der Gesellschaft den einzelnen Gesellschaftern den Gesellschaftsgläubigern gegenüber oblagen, kann die veränderte Vertretung der Gesellschaft selbstverständlich nichts ändern, vielmehr soll sich die persönliche und solidarische Verhaftung der Gesellschafter gerade im Fall der Auflösung der Societät als zur Sicherung der Societätsgläubiger dienlich bewähren. Nach Art. 137 HGB gehört es allerdings zu den Funktionen der Liquidatoren, die Verbindlichkeiten der aufgelösten Gesellschaft zu erfüllen, sie haben diese Funktion aber doch nur als (gesetzliche, gewählte oder vom Richter ernannte) Vertreter der Gesellschaft. Nach Art. 144 ebendaselbst sollen, ungeachtet der Auflösung der Gesellschaft, bis zur Beendigung der Liquidation auch in Bezug auf das Verhältniß der Gesellschaft zu dritten Personen die Vorschriften des zweiten und dritten Abschnitts (also auch Art. 112) zur Anwendung kommen, soweit sich nicht aus dem Wesen der Liquidation und aus den die Liquidation betreffenden Bestimmungen des fünften Abschnitts ein anderes ergiebt. Es steht nun aber mit dem Wesen der Liquidation keineswegs im Widerspruch, stört und hindert auch die Abwickelung der Gesellschaftsgeschäfte nicht, daß ein Gesellschaftsgläubiger einen Gesellschafter persönlich in Anspruch nimmt. Wenn es sich um die Bezahlung einer Gesellschaftsschuld handelt, so mag der zahlende Gesellschafter die für die Gesellschaft gemachte Auslage bei der Auseinandersetzung, welche nach Art. 142 den Schlußakt der Liquidation bildet, zur Erstattung liquidiren. Noch weniger wird aber die Liquidation dadurch behindert, daß Ansprüche, wie die in vorliegendem Prozeß mit dem ersten und zweiten Klage-Petitum verfolgten, gegen die einzelnen Gesellschafter geltend gemacht werden; sie betreffen nur eine Rechenschafts-Ablage und die Auskunfts-Ertheilung, und diese Ansprüche werden sich nur eventuell in Geld-Ansprüche auflösen. Der Appellrichter hebt zwar hervor, daß die Liquidatoren allein in der Lage seien, auf Grund der in ihren Händen befindlichen Geschäftsbücher der aufgelösten Gesellschaft die verlangte Auskunft zu ertheilen. Dabei ist aber übersehen, daß den Gesellschaftern als Herren des Gesellschafts-Vermögens, welche zu gewissen Akten der Liquidatoren ihre Zustimmung zu ertheilen (Art. 137 Abs. 2), den Liquidatoren Weisungen zu geben haben (Art. 140), zweifellos die Geschäftsbücher der aufgelösten Gesellschaft zugänglich* bleiben müssen. Die Bestimmung im Art. 148 Abs. 2 HGB, wonach die fünfjährige Verjährung zu Gunsten eines bei der Auflösung der Gesellschaft zu derselben gehörenden Gesellschafters nicht durch Rechtshandlungen gegen einen anderen Gesellschafter, wohl aber durch Rechtshandlungen gegen die Liquidatoren unterbrochen wird, erkennt auch indirekt als selbstverständlich an, daß auch während der Liquidation eine Klage gegen den einzelnen Gesellschafter zulässig ist und die Verjährung ihm gegenüber unterbricht. Die Bestimmung im Art. 122 HGB, daß die Gesellschaftsgläubiger im Falle des Konkurses der Gesellschaft aus dem Privatvermögen der Gesellschafter nur wegen des Ausfalls ihre Befriedigung suchen können, leidet in Ermangelung einer par ratio auf den Fall der Liquidation keine Anwendung.

Nr. 56.

I. Senat. — Erkenntniß v. 16. April 72. (B.)

Zuckerfabrik Ilberstädt ./. Ernst (Nr. 747 v. 71).

Preußen. **Nichtigkeitsbeschwerde.**

I. Instanz: Kreisgericht Halle a. S.,
II. Instanz: Appellationsgericht Naumburg.

Distanzhandel. Ablieferung der Waare, Untersuchungspflicht und demnächstige Rechte des Käufers.

1. Wo hat bei Distanzgeschäften der Käufer die Waare

* Vgl. Rspr. III S. 266.

zu untersuchen? (Unterscheidung des Bestimmungsorts der Waare vom vertragsmäßigen Erfüllungsorte).

HGB Art. 347, vgl. Rspr. IV S. 231.

2. Das HGB enthält keine Andeutung über die Rechte des Käufers, welcher die ihm durch Art. 347 auferlegte Untersuchungs- und Rügepflicht erfüllt hat. In dieser Beziehung entscheidet das bürgerliche Recht.

HGB Art. 1, 347, 348.

3. Auch beim Genuskauf ist der Käufer nach gemeinem Recht befugt, die gelieferte Waare, welcher eine vorbedungene Eigenschaft fehlt, unter Preisminderung zu behalten.

Becker, Jahrbuch des gemeinen deutschen Rechts V S. 401. Anders: Windscheid Pandekten § 394 Nr. 5, B. II S. 445; vgl. Rspr. V S. 30.

Entscheidung des OHG:

I. Der Appellrichter soll bei Anwendung des Gesetzes insofern gefehlt haben, als das in Rede stehende Geschäft von ihm für ein Distanzgeschäft im Sinne des Art. 347 HGB erachtet wird, während doch für dessen Beurtheilung die in Ansehung der Platzgeschäfte geltenden Regeln maaßgebend seien. Der Vorwurf erscheint nicht begründet.

Die Waare war inhalts des Kaufvertrages, welcher unter den an verschiedenen Orten wohnenden Parteien durch Vermittelung eines Agenten abgeschlossen worden war, von der zu Ilberstädt belegenen Fabrik der Verkäuferin nach Besen, dem Wohnort des Käufers, zu senden. Andererseits ist unstreitig, daß „ab Fabrik" an die Käufer zu liefern war, und daß hier die Auslieferung der Waare an einen Transportführer geschehen ist, welchen nicht die Verkäuferin, sondern der Käufer (oder ein Vertreter desselben) mit dem Transport beauftragt hatte.

Aus diesem Sachverhalt folgert der Appellrichter, Ilberstädt müsse zwar als der vertragsmäßige Erfüllungsort, keineswegs aber auch als Ablieferungsort angesehen, mithin müsse in Gemäßheit des Art. 347 HGB angenommen werden: die Untersuchungspflicht sei erst eingetreten, als die Waare am Bestimmungsort angelangt und an letzterem Orte vom Transportführer an den Käufer abgeliefert worden sei. Seine rechtliche Auffassung steht in vollem Einklang mit den Gründen des Erk. des OHG v. 7. Nov. 71 [Rspr. IV S. 230]. Ihr entgegen wird in der Rktbschw. ohne nähere Begründung die Ansicht aufgestellt, die Waare habe — ähnlich wie bei einem „Platzgeschäft im strengen Sinne" — bereits in Ilberstädt bei der Ausfolgung an den Transportführer untersucht werden müssen. Diese Ansicht harmonirt aber keineswegs mit dem Wortlaut des Art. 347, der sich nach seiner Fassung auf alle Fälle bezieht, in welchen die Waare von einem anderen Orte übersendet und nach Beendigung des Transports an den Käufer abgeliefert ist. Das Gesetz begreift also zugleich sowohl die Fälle, in welchen der Absendungsort, sei es als der gesetzliche, sei es als der vertragsmäßige Erfüllungsort zu gelten hat, als auch die, in welchen mit der Absendung die juristische Tradition für vollzogen zu erachten ist, wie dies für große Rechtsgebiete sogar die Regel bildet (ALR I. 11 § 128 ff.). Die dem Wortinhalt entsprechende Ausdehnung des Gesetzes auf alle Fälle solcher Art wird aber auch durch den Zweck und die Absicht des Gesetzgebers geboten. Denn es wäre völlig ungerechtfertigt und ginge weit über das Bedürfniß des Verkehrs hinaus, die im Interesse des letzteren dem Käufer im Art. 347 HGB auferlegte Untersuchungspflicht früher beginnen zu lassen, als derselbe zu einer ordnungsmäßigen Untersuchung im Stande ist, was regelmäßig erst thunlich sein wird, wenn der Transportführer die Waare am Bestimmungsort abgeliefert hat. Gleichgiltig erscheint es hiebei, ob der Transportführer von dem Käufer oder dessen Vertreter mit dem Transport beauftragt und nach dem Erfüllungsort gesendet war, um die Waare sich ausfolgen zu lassen. Ein solches Verhältniß ist die Beurtheilung der Sache nur dann zu ändern gecignet, wenn der Transportführer nicht blos für den Transport, sondern zugleich für die Empfangnahme und die Billigung oder Genehmigung der Waare mit Vollmacht versehen ist; davon aber ist hier keine Rede, da vom Appellrichter nicht festgestellt ist, daß der Agent Sp., der [von diesem gedungene] Fuhrmann oder der [später eingetretene] Schiffer eine über die Besorgung des Transports hinausgehende Vollmacht erhalten hätten.

Wie zu entscheiden sein würde, wenn auf den vorliegenden Fall die für Platzgeschäfte geltenden Regeln anzuwenden wären, und ob alsdann in analoger Anwendung des Art. 347 die erst nach Beendigung des Transports vorgenommene Untersuchung und die Rüge der dabei entdeckten Mängel für verspätet erachtet werden müßten, kann, weil die betreffende Voraussetzung nach Obigem eine ungerechtfertigte bleibt, auf sich beruhen.

II. Noch in anderer Richtung soll der Appellrichter den Art. 347 HGB verletzt haben. Klägerin meint, der Käufer sei nach Art. 347 in Verbindung mit Art. 348 wegen Mangels einer vertragsmäßigen Eigenschaft der Waare zur exceptio quanti minoris nicht, also nicht befugt, die Waare gegen einen Abzug vom Kaufgelde zu behalten. Diese Ansicht ist irrthümlich. Art. 347 legt dem Käufer nur die Verpflichtung auf, die Waare ohne Verzug nach der Ablieferung zu untersuchen, und wenn sich hiebei Mängel ergeben, dem Verkäufer sofort davon Anzeige zu machen, indem er nur noch die Rechtsnachtheile bezeichnet, welche den Käufer im Falle der Verletzung dieser Verpflichtung treffen. Dagegen enthält er auch nicht eine Andeutung über die Rechte des Käufers, welcher die gedachte Verpflichtung erfüllt. Auch Art. 348 schweigt hierüber; er beschränkt sich darauf, den Käufer für verpflichtet zu erklären, für die einstweilige Aufbewahrung der beanstandeten Waare zu sorgen, sowie das Verfahren behufs Feststellung der Mängel und des nöthig werdenden Verkaufs der Waare zu regeln. Nur negativ wird ausgesprochen, der Käufer sei unter keinen Umständen — also selbst dann nicht, wenn er die Waare zurückzuweisen entschlossen ist — befugt, sich jeder Sorge für einstweilige Unterbringung und Aufbewahrung derselben zu entschlagen.

Hieraus ergiebt sich, daß anlangend die übrigen Rechte des Käufers in Ermangelung einer speziellen Bestimmung des HGB die Vorschriften des bürgerlichen Rechts entscheiden müssen, sofern nicht etwa durch entgegenstehenden Handelsgebrauch ihre Anwendbarkeit ausgeschlossen wird (Art. 1). Ein solcher abweichender Handelsgebrauch ist jedoch weder ausdrücklich und mit gehöriger Bestimmtheit behauptet, noch erweislich. Die handelsrechtliche Literatur ergiebt zur Genüge, wie willkürlich die Voraussetzung wäre: nach Handelsgewohnheitsrecht sei der Käufer in Fällen der vorliegenden Art zu der im bürgerlichen Recht begründeten exceptio quanti minoris nicht berechtigt (Gareis, das Stellen zur Disposition § 54 und die Literatur-Anzeige S. 156). Klägerin sucht zwar darzulegen, auch nach den Vorschriften des bürgerlichen Rechts sei in vorliegendem Falle die exceptio quanti minoris unstatthaft, und sie stützt diese Behauptung auf die Voraussetzung, das subsidiarisch maaßgebende Recht sei das gemeine Recht, als das am Erfüllungsort [in Anhalt] geltende Recht, und nach gemeinem Recht erscheine beim Genuskauf ein Anspruch auf Preisminderung wegen Mangels einer vertragsmäßigen Eigenschaft der Waare nicht begründet, daher der Appellrichter die betreffenden Rechtsnormen des gemeinen Rechts verletzt haben soll. Ob indeß die erste Voraussetzung — die Anwendbarkeit des gemeinen Rechts — sich rechtfertigen lasse, bedarf keiner Prüfung, da jedenfalls die zweite Voraussetzung sich als irrig erweist.

Die Ansicht der Klägerin findet in den Rechtsquellen keine Stütze; sie hat bisher in der Praxis nur in sehr beschränktem Umfang Geltung zu gewinnen vermocht, und wird auch, wiewohl einige gewichtvolle Autoritäten der Wissenschaft sich zu ihr bekennen, doch von der überwiegenden Zahl der angesehenen juristischen Schriftsteller als den Quellen nicht entsprechend und der Natur der Sache widerstrebend bekämpft (vgl. Becker Jahrbuch B. 5 S. 401 und die dortigen Citate, sowie v. Vangerow Lehrbuch der Pandekten B. 3 S. 303; Gareis a. a. O.). — Gegen sie, die — beiläufig bemerkt — dem preuß. Recht unzweifelhaft fremd ist (ALR Thl. I Tit. 5 § 328, Tit. 11 § 198, 987; Förster, Theorie und Praxis des preuß. Privat-R. B. 2 S. 110) spricht, wie ihre Gegner mit Recht hervorheben, insbesondere die Erwägung, daß auch beim Genuskauf die Waare mit der Lieferung durch einen unwiderruflichen Rechtsakt des Verkäufers individualisirt wird, und daß nicht abzusehen ist, weshalb dem Käufer, an welchen diese individuell gewordene Sache zur Vertragserfüllung abgeliefert wird, an ihr geringere Rechte zustehen sollten, als im Falle des Specieskaufs.

Nr. 57.

II. Senat. — Erkenntniß v. 17. April 72. (Ref.)

Kümmich ./. Steinseifer & Co. (Nr. 231 v. 72).

Hessen. **Ober-Appellation.**

I. Instanz: Landgericht Friedberg,
II. Instanz: Hofgericht Gießen.

Lieferungsvertrag, Unmöglichkeit zeitiger Erfüllung. Erfüllungszeit.

1. Bei einem als Genuskauf zu betrachtenden Lieferungs-

geschäft (HGB Art. 338) schützt den Lieferungspflichtigen die Berufung auf einen Unfall, welcher ihm zeitweise die Fabrikation der Waare unmöglich gemacht hat, nicht vor Vertragserfüllung, ev. Schadenersatz.

HGB Art. 338, 355.

2. Beispiel der Vertragsauslegung bezüglich der Zeit der Erfüllung.

Entscheidung des OHG:

[Wieder=]Kläger hat, nachdem ihm die beklagte Firma schon mehrfach Walzeisen käuflich geliefert hatte, bei derselben mit Brief v. 12. August 68 einen Waggon (10000 Pfd.) Walzeisen bestellt und Beklagte hat diese Bestellung mit Brief v. 21. August angenommen, das Walzeisen aber nicht geliefert. Kläger fordert nun Lieferung des bestellten Walzeisens gegen Zahlung des Kaufpreises und Ersatz des durch die verzögerte Lieferung entstandenen und noch entstehenden Schaden. Beklagte hat u. a. die Einrede vorgebracht, daß ihr durch einen Bruch ihres Walzwerks (vis major) die Lieferung absolut unmöglich gemacht worden. Das Gericht I. Instanz hat diese Einrede verworfen. Auf Appellation der Beklagten ist die Einrede zum Beweise verstellt worden. Dagegen hat Kläger Oberappellation eingelegt; das I. Urtel mußte auch wiederhergestellt werden, da die Einrede aus mehrfachen Gründen hinfällig ist.

1) Eine Unmöglichkeit der Erfüllung liegt überall nicht vor. Der durch die Briefe v. 12. und 21. August 68 abgeschlossene Vertrag betraf weder den Kauf einer species, noch eine Werk=Verdingung, sondern die Lieferung einer Quantität vertretbarer Sachen. Derselbe ist daher, gemäß Art. 338 HGB, nach den Bestimmungen über den Kauf, insbesondere über den Genus=Kauf zu beurtheilen. Gegen die Erfüllung eines solchen Kaufgeschäfts schützt denjenigen, welcher die Lieferung übernommen hat, nicht ein Unfall, welcher ihm die Fabrikation zeitweise un=

möglich macht. Die Gefahr eines solchen Unfalls trägt auch nach allgemeiner Anschauung des Handelsstands der zur Lieferung Verpflichtete; er kann sich nicht auf einen solchen Unfall berufen, um die Klage des anderen Kontrahenten auf Erfüllung des Vertrages abzuwenden. Nach Lage der Sache war es auch völlig gleichgiltig, ob das Walzeisen auf dem Walzwerk der Bekl. oder auf einem anderen Werke fabrizirt wurde. Die Korrespondenz vom August 68 ergiebt nicht nur nicht, daß Kläger ein besonderes Interesse gehabt habe, von der Beklagten fabrizirtes Eisen (etwa wegen der Vorzüglichkeit desselben) zu erhalten; im Gegentheil erhellt klar, daß Kläger gar keinen Werth darauf legte, ob Beklagte das Eisen selbst auf ihrem eigenen Walzwerk fabrizirte oder auf dem Walzwerk eines Anderen fabriziren ließ .....

2) Aber auch wenn der Vertrag auf Lieferung von, durch die Beklagte selbst fabrizirtem Eisen geschlossen wäre, hätte von einer Unmöglichkeit der Erfüllung, welche die Beklagte von ihrer Verbindlichkeit befreite, nicht die Rede sein können, sondern höchstens von einem entsprechenden Aufschub der Erfüllung wegen temporärer, vorübergehender Hindernisse. Deshalb ist es auch weiter eine irrige Annahme, daß der Beklagten nur der Beweis, daß das Walzwerk einen Bruch, wodurch die Fabrikation von Walzeisen (augenblicklich) unmöglich gemacht sei, erlitten habe, dagegen dem Kläger der Replik-Beweis obliege, daß und wann der Schade zu beseitigen und die Fabrikation von Walzeisen wieder zu ermöglichen gewesen sei. Vielmehr würde, wenn überhaupt die Einrede substantiirt wäre, Kläger beweisen müssen, daß und welcher Aufschub der Lieferung des Eisens durch den Bruch unvermeidlich geworden sei. Ein solcher Beweis kann aber auch deshalb nicht auferlegt werden, weil die Einrede thatsächlich völlig unsubstantiirt ist. ....

3) Der I. Richter hat dem Mangel einer bestimmten Lieferfrist eine Bedeutung für die Beurtheilung der Unmöglichkeits-Einrede beigelegt, welche ihr nicht zukommt, auch die beiden Briefe v. 12. August 68 und 24. Juli 69 nicht richtig interpretirt. Kläger schreibt unterm 12. August:

„die Lieferung kann im Laufe des nächsten Monats geschehen, was Ihnen wol möglich sein wird";

Beklagte antwortet darauf einfach, sie habe die Bestellung in Nota genommen, ohne die Lieferungsfrist irgendwie zu beanstanden. Hienach muß man annehmen, daß bis Ende August zu liefern gewesen sei ... Wenn ferner Kläger am 24. Juli 69 die Beklagte auffordert, in aller Kürze zu liefern, da er sämmtliches... (Walzeisen)... nöthig bedürfe: so mußte auch hierin Beklagte die dringende Aufforderung zu unverzüglicher Lieferung finden. Daß Kläger ihr eine Frist von einer bestimmten Zahl Tagen setzte, wäre ganz zwecklos gewesen. Nimmt man noch hinzu, daß der Kläger vielfache Interpellationen behauptet, welche mit dem I. Richter als zugestanden anzunehmen sind: so kann man es nicht mißbilligen, daß der I. Richter angenommen hat, Beklagte habe jedenfalls bis zur Klage-Erhebung [17. August 70] ihr Walzwerk wieder in Ordnung haben und die übernommene Lieferung effektuiren können. Nach der eigenen Behauptung der Bekl. soll nämlich der Unfall kurz nach dem Vertragsabschluß v. August 68 erfolgt sein. Beklagte durfte mit den Wiederherstellungsarbeiten nicht bis zum Eintritt des Lieferungstermins warten, sondern sie mußte unverzüglich wiederherstellen, um rechtzeitig liefern zu können. Die Unmöglichkeits-Einrede ist daher dem auf Erfüllung des Vertrages gerichteten Petitum gegenüber jedenfalls unbegründet. Was das auf Entschädigung wegen verzögerter Erfüllung gerichtete Petitum betrifft, so kann man zugeben, daß auf den Umfang des zu ersetzenden Schaden die Frage über die Lieferungsfrist möglicherweise von einigem Einfluß sein kann; aber es hat kein Bedenken, jetzt ohne Weiteres die Schadenersatzpflicht in quali auszusprechen und dem künftigen Liquidationsverfahren die nähere Erörterung des Einflusses des Lieferungstermins auf das Schadensquantum zu überlassen.

4) In II. Instanz hat Beklagte noch behauptet: als sie dem Kläger den fraglichen Unfall mitgetheilt, habe sich derselbe damit einverstanden erklärt, zu warten, bis das Walzwerk wieder soweit hergestellt sei, daß er das bestellte Eisen erhalten könne. Dies ist aber unerheblich; es würde nämlich einem bezüglich der Zeit so unbestimmten Abkommen gegenüber auf eine richterliche Zeitbestimmung ankommen*, und es würde keinem Bedenken unterliegen, anzunehmen, daß Beklagte bis zur Klage Zeit genug gehabt habe, das Werk herstellen zu lassen und die fragliche Lieferung auszuführen.

*Vgl. Rspr. III S. 274, n.

Nr. 58.

II. Senat. — Erkenntniß v. 17. April 72 (Ref.)

Bendheim ./· Neumann (Nr. 237 v. 72).

Hessen. **Ober-Appellation.**

I. Instanz: Landgericht Zwingenberg,
II. Instanz: Hofgericht Darmstadt.

Verkauf von Schlachtvieh nach dem Gewicht.

Wann tritt gemeinrechtlich bei einem Genus-Kauf über Schlachtvieh, das nach dem Gewicht zu bezahlen ist, die Perfektion des Geschäfts und der Uebergang der Gefahr auf den Käufer ein?

L. 35 § 6 Dig. 18, 1; L. 10 § 1 Dig. 18, 6.

Beklagter hat im Jahre 70, bei Beginn des Krieges gegen Frankreich, eine bedeutende Lieferung von Schlachtvieh für das deutsche Heer übernommen. Dazu hatte Kläger ihm Anfangs August 92 Schlachtochsen geliefert, die vertragsmäßig nach dem Gewicht bezahlt werden sollten. Parteien stritten über das maaßgebende Gewicht dieser Ochsen — welche vom Kläger nach Darmstadt gebracht, dann nach Worms transportirt worden und hier mehrere Tage geblieben waren — und wie die Beweisfrage zu regeln sei. Nach Behauptung des Klägers ist das in der Klage angegebene Gewicht bei einer zu Darmstadt (im Beisein eines Vertreters des Bekl.) erfolgten Verwiegung ermittelt worden; nach Behauptung des Bekl. aber hat die maaßgebende Verwiegung erst in Worms stattgefunden, woselbst — weil die Ochsen auf dem Transport von Darmstadt her und während des Aufenthalts zu Worms verwahrlost worden — ein bedeutendes Mindergewicht sich ergeben habe.

Entscheidung des OHG:

Das angefochtene Beweis-Interlokut enthält nicht die für das Endurtel entscheidenden Thatumstände. Dasselbe lautet nämlich nur dahin, Kläger solle beweisen, daß die fragl. Ochsen das von ihm behauptete Gewicht gehabt haben; es ist aber nicht zum Beweise verstellt, zu welcher Zeit sie dieses Gewicht gehabt haben, und wer Namens des Beklagten bei der Ermittelung des Gewichts mitgewirkt hat. Dadurch gerade ist aber die Entscheidung wesentlich bedingt. Selbstverständlich kann nicht jede, einseitig vom Kläger ohne Zuziehung des Bekl. erfolgte Verwiegung für die Preisbestimmung maaßgebend und für den Bekl. bindend sein. So dürftig auch die Behauptungen des Klägers über die, der Ablieferung vorhergegangenen Abreden der Parteien sind: so lassen dieselben doch keinen Zweifel darüber, daß ein perfekter Kaufvertrag vor der Ablieferung nicht vorlag. Die Abrede ist unbestritten dahin gegangen, daß Kläger dem Bekl. bedeutende Quantitäten Schlachtvieh (ein genus) liefern und der vom Bekl.

zu zahlende Preis per Centner berechnet werden sollte. Es ist aber weder der Kaufgegenstand (die Zahl der Centner), noch der Centner-Preis vor der Ablieferung bestimmt verabredet. Das Kaufgeschäft wurde daher erst durch die Ablieferung an den Käufer und die dabei erfolgte Verwiegung nach allen Richtungen perfekt, und es ging erst durch diese Ablieferung und Verwiegung die Gefahr auf den Käufer über. Daraus ergiebt sich, daß eine vor der Ablieferung einseitig seitens des Verkäufers veranlaßte Verwiegung nicht maaßgebend für die Preisbestimmung sein kann; daß wenn das Gewicht der Ochsen nach einer solchen einseitigen Verwiegung bis zur Ablieferung an den Verkäufer sich vermindert hat, der Schade den Verkäufer, nicht den Käufer trifft; daß vielmehr für die Preisbestimmung das zur Zeit der Ablieferung an den Käufer gehörig konstatirte Gewicht allein entscheidend ist; vgl. L. 35 § 6 Dig. 18, 1; L. 10 § 1 Dig. 18, 6. Die Behauptung des Klägers, daß wenn die Ochsen in Worms weniger gewogen hätten, dies darin seinen Grund habe, daß Beklagter die Ochsen auf dem Transport von Darmstadt nach Worms, sowie während eines mehrtägigen Aufenthalts in Worms nicht ordentlich gepflegt und gefüttert habe, verdient keine Beachtung. Denn wenn die Ablieferung in Darmstadt erfolgt war, trug Beklagter ohnehin von da an die Gefahr. Ist aber die Ablieferung erst in Worms erfolgt, dann hätte es eines besonderen Rechtsgrundes bedurft, um den Beklagten zu einer Fürsorge zu verpflichten; ein solcher ist nicht substantiirt ...

Nr. 59.

II. Senat. — Erkenntniß v. 17. April 72. (B.)

Schultz ./. Seckbach, Erlanger & Strauß (Nr. 266 v. 72).

Mecklenburg. **Ober-Appellation.**

I. Instanz: Magistratsgericht Schwerin,
II. Instanz: Justizkanzlei daselbst.

Beweis durch Handelsbücher.

Einem Wirth (Kleinkaufmann im Sinne des Art. 10 HGB) gegenüber findet Art. 34 Abs. 1 HGB nicht Anwendung.

Entscheidung des OHG:

Mit Recht gehen die beiden Vor-Instanzen davon aus, daß die gesetzliche Regel, welche Art. 34 HGB im ersten Absatz über die beweisende Kraft ordnungsmäßig geführter Handelsbücher bei Streitigkeiten über Handelssachen unter Kaufleuten aufstellt, in vorliegendem Falle nicht anwendbar sei. Denn Beklagter ist Wirth, und nach Art. 10 Abs. 1 HGB findet daher diese Bestimmung gegen ihn keine Anwendung; vielmehr ist die Frage, ob und inwiefern die Handelsbücher der Kläger, welche unbestritten Kaufleute im engeren Sinne sind, gegen den Beklagten Beweiskraft haben, dem Art. 34 Abs. 3 HGB zufolge nur nach den Landesgesetzen, hier also nach mecklenburg. Recht, zu beurtheilen. Die mecklenburger Einführungsverordnung zum HGB vom 28. Dez. 63 bestimmt aber im § 16 nur, daß selbst ordnungsmäßig geführte Handelsbücher der Kaufleute gegen Nichtkaufleute — zu denen in dieser Beziehung also auch Beklagter zu rechnen ist — nie einen vollen Beweis liefern, wohl aber einen unvollständigen Beweis erbringen können; während sie im Uebrigen es dem durch die Erwägung aller Umstände des Falles geleiteten Ermessen des Richters überläßt, ob den ordnungsmäßig geführten Handelsbüchern eine solche Beweiskraft beizulegen sei, daß dem einen oder anderen Theile ein nothwendiger Eid aufzulegen.

Nun haben sich zwar die Handelsbücher der Kläger nach dem Zeugniß des requirirten Gerichts im Domizil der Kläger, welchem sie vorgelegen haben, als ordnungsmäßig geführt herausgestellt und die zu den Akten genommenen beglaubigten Auszüge aus diesen Büchern deuten auch — wie schon der Appellrichter mit Recht bemerkt hat — auf die von den Klägern zu erweisende käufliche Bestellung des hier fraglichen Champagners seitens des Bekl. (im Gegensatz einer etwa nur auf gutes Glück an diesen gemachten Versendung) hin. Nach dem eigenen Vorbringen der Kläger beruhen die mit der Klagerechnung conformen Einträge in ihren Büchern aber lediglich auf der den Klägern von ihrem damaligen Reisenden Jacob S. gemachten Mittheilung, daß Beklagter den hier fraglichen Champagner zu dem angegebenen Preise bei ihm als Vertreter der Kläger bestellt habe, welche Mittheilung jetzt allerdings auch von dem gedachten, als Zeugen vernommenen J. S. als der Wahrheit entsprechend eidlich bestätigt ist. Es kann jedoch dahin gestellt bleiben, welche Beweiskraft den Handelsbüchern der Kläger beizulegen wäre, wenn ihnen nur diese Aussage eines, bei der Aufrechterhaltung des als von ihm abgeschlossen den Klägern aufgegebenen Geschäfts moralisch und rechtlich interessirten Zeugen, der außerdem als Schwager eines Theilhabers der klagenden Firma nicht völlig glaubwürdig ist, zur Seite stände; denn zu den für das richterliche Ermessen mitentscheidenden näheren Umständen gehört noch Folgendes:

Beklagter hat eingeräumt, daß er den Champagner nicht etwa unbestellt zugesendet erhalten, sondern daß er denselben bei dem, ihm als Reisenden der Kläger bekannten, Jacob S. bei dessen Anwesenheit in Schwerin gekauft habe. Er leugnet nur, den Champagner bei S. als Reisenden der Kläger bestellt zu haben, indem er ihn bei demselben als Vertreter von De Venoge & Co. in Epernay gekauft haben will. Diese Behauptung ist aber durch nichts erwiesen, vielmehr hat S. als Zeuge dieselbe für unwahr erklärt und deponirt, er habe dem Bekl. lediglich gesagt: „Wir (nämlich das klägerische Handlungshaus) würden ihm den Wein direkt aus der Fabrik in Epernay schicken." Und für die Richtigkeit dieser Aussage spricht, daß die ausdrücklichen Worte des Reisenden, auf welche Beklagter sich berufen hat:

„Ich kann Ihnen auch von De Venoge & Co. direkt verkaufen"

nichts dafür enthalten, daß S. sich als Reisender oder Vertreter des genannten Hauses in Epernay gerirt habe. Es steht aber ferner durch Zugeständniß des Bekl. fest, daß er nicht allein den Champagner, dessen Bezahlung die Kläger verlangen, erhalten und angenommen hat, sondern daß ihm schon vor oder bei Empfang der Waare die von ihm selbst beigebrachte, mit der Klagerechnung übereinstimmende, Faktur nebst Begleitbrief der Kläger zugegangen ist, worin diese sich als Absender und Verkäufer des Weins bezeichneten, und sich auf einen vom Bekl. ihrem Reisenden Jacob S. ertheilten Auftrag bezogen. Daß unter solchen Umständen die unbeanstandete Hinnahme der Waare und der Faktur seitens des Bekl. (auf welche Kläger sich schon in der Replik berufen hatten) eine ziemlich sichere Schlußfolgerung auf die Anerkennung der Richtigkeit der in Betreff der Person der Kontrahenten und der verabredeten Preise aus der Faktur zu entnehmenden Unterstellungen seitens des Bekl. zulassen würde, liegt aber auf der Hand*, da ein solches Verfahren des Bekl. sonst nur aus einer Annahme der in der Zusendung der

* Vgl. Rspr. II S. 339 ff., V S. 256 Nr. 2.

Waare und der Faktur liegenden Offerte zum Abschluß des Kaufgeschäfts oder aber aus einem Verstoß gegen die im Handelsverkehr bestehende Pflicht zur Beobachtung von Treue und Glauben zu erklären sein würde, zu welcher Beklagter den Klägern gegenüber um so mehr verpflichtet war, als der in dieser Beziehung von ihm nicht angefochtene Auszug aus dem Hauptbuch der Kläger ergiebt, daß Beklagter schon vorher verschiedene andere Posten Wein von den Klägern gekauft hatte, und mithin eine Geschäftsverbindung unter den Parteien bestand. Dies hat auch offenbar Beklagter selbst nicht verkannt, indem er die Behauptung aufstellte, daß er sofort nach Empfang der Faktur in einem an die Kläger gerichteten Briefe gegen die darin liegenden Unterstellungen protestirt habe, und dafür einen Beweis durch diesen angeblichen Brief, dessen Edition er von den Klägern verlangte, antrat. Durch die klägerischer Seits erfolgte Ableistung des Editionseides steht aber fest, daß Kläger einen solchen Brief vom Bekl. nicht erhalten haben, und daraus ergiebt sich ein hoher Grad von Wahrscheinlichkeit auch dafür, daß Beklagter einen solchen Brief auch nicht an die Kläger abgesendet hat.*

Daß unter Mitberücksichtigung dieser Umstände der den Klägern obliegende Beweis, daß Beklagter die fraglichen 60 Flaschen Champagner von ihnen gekauft habe, und daß die in der Klagerechnung notirten Preise bedungen seien, durch die Handelsbücher der Kläger und durch das Zeugniß ihres Reisenden für mehr als zur Hälfte erbracht anzusehen, und daher mit dem Appellrichter auf einen den Klägern obliegenden Erfüllungseid zu erkennen war, konnte demnach an sich keinem Bedenken unterliegen.

* Vgl. Rspr. I S. 343.

Quellen-Register

für Band IV, V und VI unserer Rechtsprechung.*

I. **Römisches Recht.**
II. **Canonisches Recht,** S. 363.
III. **Deutsches Reichsrecht.**
A. **Allg. deutsches Handelsgesetzbuch,** S. 363 ff.
B. **Allg. deutsche Wechselordnung,** S. 371 ff.
C. **Einzelne Reichsgesetze,** S. 374.
IV. **Partikularrecht.**
A. **Preußen,** S. 374 ff.
B. **Sachsen,** S. 378.
C. **Baden,** S. 379.
D. **Hessen,** S. 379.
E. **Mecklenburg,** S. 379.
F. **Hamburg,** S. 379.
V. **Prozeßrecht (gemeines und partikulares),** S. 379 ff.
VI. **Ausländisches Recht,** S. 382.
VII. **Internationales Privatrecht,** S. 382.
Anhang: **Allgemeine Lehren des Obligationenrechts,** S. 383.

I. Römisches Recht.

§ 8 Inst. 3, 26: Auftragsüberschreitung in quanto. V. 56 ff.

Digesta.

L. 27 §§ 3, 4 de pactis (2, 14). Pactum ne dolus praestetur IV. 259, 260.

L. 14 pr. eod. Untheilbarkeit der Frachtbeförderung. V. 11.

L. 39 de negot. gest. (3, 5). Expromission (Novation) ohne Zuziehung des Schuldners. V. 73.

* Die lateinische Ziffer bezeichnet den Band, die arabische die Seitenzahl.

Digesta.

L. 27 § 2 de receptis (4, 8). Rechtsmittel gegen Schiedssprüche. VI. 63.

L. 31, 32, 51 eod. Börsen-Schiedsgerichte. IV. 343.

L. 30 i. f., L. 52 ad leg. Aquil. (9, 2). V. 40.

L. 11 pr. de reb. cred. (12, 1). Contractus mohatrae. V. 260.

L. 34 § 4, L. 37 de jurej. (12, 2). IV. 70.

L. 2 § 8 de eo quod certo loco (13, 4). Ersatz einer Konventionalstrafe als Interesseleistung. V. 51, VI. 90.

L. 9 § 5, L. 20 § 2 de pign. act. (13, 7). Klage auf Pfandrückgabe, Anbieten der Zahlung. VI. 194.

L. 7 pr. de exerc. act. (14, 1). Auftragsüberschreitung in quanto. V. 59.

L. 3 §§ 2, 4, L. 5 §§ 3, 4, L. 10 § 10, L. 22 pr., L. 33 mandati (17, 1). Haftung des Mandanten bei einer Auftragsüberschreitung in quanto. V. 56 ff.

L. 43 pro socio (17, 2). IV. 110.

L. 79 eod. Anfechtung eines unbilligen arbitrium boni viri. VI. 63.

L. 35 § 6 de contr. emt. (18, 1). Uebergang der Gefahr beim Genuskauf. VI. 355.

L. 43 § 2 eod. Betrug durch rechtswidriges Verschweigen erheblicher Thatsachen. V. 172.

L. 4 § 4, L. 8 de lege commiss. (18, 3). Zahlung der Versicherungsprämie. V. 381.

L. 1 § 3 de per. et comm. (18, 6). Berücksichtigung des Interesse auch des in mora befindlichen Kontrahenten. V. 37.

L. 10 § 1 eod. Uebergang der Gefahr beim Genuskauf. VI. 353.

L. 3 § 4 de act. emti vend. (19, 1). Verbaloblation der Lieferung. IV. 359 ff.

L. 21 § 3 eod. Kausalzusammenhang des Schaden mit der zu vertretenden Thatsache. V. 51, VI. 83.

L. 36, L. 51 § 1 locati (19, 2). Untheilbarkeit der Frachtbeförderung. V. 11.

L. 31 §§ 11, 12, L. 47 § 1 de aedil. edicto (21, 1). Ankauf eines im Amortisationsverfahren befindlichen Inhaberpapiers, Wandelungsklage. VI. 114.

L. 21 § 2, L. 24, 28, 49, 56 § 1 de evict. (21, 2). Voraussetzungen der Eviktion, Rechtsstreit. VI. 114.

Digesta.

L. 5 §§ 7, 10, 13, L. 9 de agn. et al. lib. (25, 3). Unvermögen des zu Alimentirenden. IV. 329.
L. 30 de operis libert. (38, 1). Anfechtung eines unbilligen arbitrium boni viri. VI. 63.
L. 27 § 4, L. 48 de fidej. (46, 1). Ausgleichung unter Mit- und Nachbürgen. V. 169 ff., VII. 92 ff.
L. 8 § 5 de novat. et deleg. (46, 2). Expromission ohne Zuziehung des Schuldners. V. 73.
L. 12 § 2, L. 34 § 3 de solut. (46, 3). Zahlung an einen Bevollmächtigten ohne Kenntniß vom Widerruf der Vollmacht. V. 153.
L. 23, 91 eod. Expromission ohne Zuziehung des Schuldners. V. 73.
L. 19 pr. de R. J. (50, 17) im Handelsverkehr. IV. 57.
L. 161 eod. Zahlung der Versicherungsprämie. V. 381.

Codex.

L. 2, 4 de al. lib. (5, 25). IV. 329.
L. 1 § 1 de ann. exc. (7, 40). Verjährung der Litispendenz, Fall einer Zurücknahme der Klage. V. 166, 167.

II. Canonisches Recht.

Can. 14 c. XXII qu. 5 Decr. Grat. IV. 71.
c. 54 X. 2, 20 }
c. 1 X. 5, 34 } IV. 73.
c. 5 X. 4, 7. IV. 329.
cap. II § 2 in VI. 2, 4. IV. 77.

III. Deutsches Reichsrecht.

A. Allg. Deutsches Handelsgesetzbuch.

Art. des HGB.

1. Quellen der Rechtsprechung in Handelssachen.

a) HGB kann durch Handelsgebräuche und bürgerliches Landesrecht nicht Abänderungen erleiden. V. 210.
b) Analoge Gesetzesanwendung V. 178, 218, 222, 387; VI. 7, 82, 141.
c) Recht des Auslands, Territorialität der Rechte, vgl. unten S. 382.

Art. HGB.

1. d) Handelsgebräuche müssen von der Partei behauptet u. event. erwiesen werden. VI. 159.

e) Berliner Börsenusanz ist nicht objektive Rechtsnorm, Geltung kraft Vertrages. VI. 220.

2. a) Wechselgeschäft eines Vorschußvereins. VI. 78.

b) Wechselverpflichtung und unterliegendes Rechtsgeschäft. IV. 49 ff., 68, 158; V. 265.
Wirkt Ausstellung, Begebung oder Annahme eines Wechsels in Bezug auf das veranlassende Rechtsverhältniß als Angabe an Zahlungs Statt oder als Novation? V. 234; VI. 132.

c) Eventuelle Geltung eines Wechsels als Schuldschein. VI. 132.

4. Wer ist Kaufmann? Bäcker V. 75. Brauer V. 286. Staatsbahnfiscus V. 140. Steinmetz VI. 28.

15. a) Haftet der Geschäftsnachfolger für Schulden der Firma? IV. 102, 150, 275 Nr. 3.

b) Befugniß des Einzelkaufmanns, unter seiner Firma zu klagen; Prozeßfähigkeit einer nicht eingetragenen Firma. IV. 225 ff., V. 87, VI. 28.

19. Firmenrecht und Kaufmannseigenschaft ohne Eintragung. IV. 225, V. 87, VI. 28.

23. Haftung des Geschäftsnachfolgers für Schulden der Firma s. unter Art. 15, a u. Art. 113.

27 Abs. 1. Firmen-Gebrauch, Klagerecht. V. 81 ff.

34. a) Beweiskraft der Handlungsbücher gegen einen Kleinkaufmann. VI. 356.

b) (s. auch Art. 35, 37) Beweiskraft der vom Prokuristen geführten Handlungsbücher bei einer Rechnungslegung desselben gegenüber dem Prinzipal. Unterschied zwischen gesetzlicher und vertragsmäßiger Pflicht zur Buchführung. V. 216 ff.

44, 48. Firmenzeichnung durch einen Vertreter. VI. 144, 148.

47. a) setzt ein bestehendes Dienstverhältniß voraus. V. 357.

b) Vertragsabschlüsse der Agenten. VI. 85.

c) Rechtliche Stellung des Steuermanns bei Stromschiffen, Befugniß zum Abschluß von Frachtverträgen. VI. 159 ff.

47, 49, 52. Befugnisse eines Handlungsreisenden, Einschränkungen seiner Vollmacht. VI. 25 ff.

Art. HGB.
49, Satz 2. Zahlungen an einen Reisenden aus nicht von ihm selbst geschlossenen Geschäften. V. 150, 151.
54. Entziehung der Prokura, Schadenersatzanspruch, Dienstverhältniß. VI. 281.
55. a) Auftragsüberschreitung in quanto. V. 56 ff.
b) Art. 55 auf Makler nicht anwendbar. V. 223 ff.
Zu Titel 5 Buch I u. Art. 272 Nr. 4. Kaufmännische Agenten: IV. 95; V. 58, 355; VI. 82.
61. Kündigung, Bestimmtheit; bedingte Kündigung. V. 184 ff.
62, 64. Die aufgeführten Fälle sind nur Anhaltspunkte für das richterliche Ermessen. V. 24.
66 ff. Stellung des Maklers: Vermittler, nicht Vertreter. V. 222.
81 ist auch auf Privatmakler anwendbar. V. 222.
85. a) Firma ist wesentlich bei offener Handelsgesellschaft. VI. 33, 336.
b) Handelsgesellschaft zum Zweck der Liquidation einer Gesellschaftshandlung. IV. 151.
93 Abs. 3. Keine Vergütung für Bemühungen eines Gesellschafters. V. 228.
105. Pflicht zur Rechnungslegung. IV. 78.
111 ff. Ein socius als Gläubiger und Schuldner der Societät. Das Gesellschaftsvermögen ein für sich bestehender Vermögensinbegriff. V. 389.
112. Solidarhaft der Gesellschafter, schon gemeinrechtlich. IV. 234 ff., V. 331.
113 leidet nicht analoge Anwendung auf den Erwerber des Geschäfts und der Firma eines Einzelkaufmanns. IV. 102, 150, 275, 283.
125 Nr. 2. Unredlichkeit eines Gesellschafters. IV. 78 ff.
133. Stellung der Liquidatoren. IV. 107, VI. 336.
137. Während der Liquidation ist Klage gegen einzelne Gesellschafter zulässig. VI. 336.
141. Klage gegen die Liquidatoren auf Theilung. IV. 107.
141 ff. Ansprüche unter ehemaligen Handelsgesellschaftern während der Liquidation, Erstattung der von einem Socius zur Abtragung einer Gesellschaftsschuld geleisteten Zahlung. V. 271 ff.
142. Liquidatoren sind Vertreter der Gesellschaft, nicht der Socien, daher Streitigkeiten unter diesen von ihnen selbst auszutragen. VI. 336.

Art. HGB.

146 a) ist auf Handelsgesellschaften, die schon vor Geltung des HGB aufgelöst waren, nicht anwendbar. V. 331.

b) Die solidarische Haftung der Gesellschafter für Schulden der Gesellschaft bestand schon vor dem HGB nach Handelsgewohnheitsrecht. IV. 234, V. 331.

210 a, Nr. 2. }
211. } Einzahlung bzw. Sicherstellung des Grundkapitals. IV. 51.

211. Rechtszustand vor Geltung des HGB, Gründungsverein Uebergang seiner Rechte auf die gebildete Aktiengesellschaft. V. 160 ff.

215 Abs. 3 hat nicht rückwirkende Kraft. IV. 100.

229. Form bei mündlichen Willenserklärungen. IV. 54.

231. Vertretungsbefugniß des Vorstands. Bloßes Wissen des dritten Kontrahenten vom Mangel der Befugniß begründet keinen dolus. IV. 95, VI. 78, 167 ff., 172 ff.

244. Theilungsklage eines Gesellschafters. IV. 107.

266, 267. Ankauf für gemeinschaftliche Rechnung, Beitragspflicht, Rechenschaft des verkaufenden Genossen. V. 328 ff.

270. Anspruch auf Rechnungslegung; Klage auf bloße Feststellung eines Rechtsverhältnisses. V. 365 ff.

271 Nr. 1. a) Ankäufe eines Bäckers. V. 75.

b) Brauerei. V. 286.

c) Steinmetzgeschäft, Bauunternehmungen keine Handelsgeschäfte. VI. 28.

271 Nr. 3. a) Versicherung von Immobilien. V. 278.

b) Versicherung auf Gegenseitigkeit an sich kein Handelsgeschäft. Versicherungsgesellschaft auf Gegenseitigkeit als deutschrechtliche Genossenschaft. IV. 385 ff., V. 64 Nr. 2.

c) Versicherungsverträge, vgl. unten S. 383 Nr. 13.

272 Nr. 2. Vorschuß- und Kredit-Verein als deutschrechtliche Genossenschaft. V. 64.

272 Nr. 3. Agenturen, vgl. S. 365 hinter Art. 55.

272 Nr. 4. Gewerbmäßiger Betrieb, Staatsbahnfiskus als Kaufmann. V. 140.

273 Abs. 1, 274. a) Gesetzliche Vermuthung für die handelsgeschäftliche Qualität der Verträge des Kaufmanns. IV. 150, 156 n., 319.

b) Anwendung auf Bürgschaften. V. 344.

c) Deckungs- und Kredit-Geschäfte im Handel. IV. 164, VI. 9.

Art. HGB.
274 a) Schuldscheine, die nicht mit der Firma gezeichnet sind. IV. 156.
b) Wechselzeichnungen. IV. 319.
278, 279. a) Ermittelung des Vertragswillens. IV. 18, 39; V. 24, 78, 97, 199, 210, 237, 335, 359.
b) Längeres Behalten eines Berichts über Kommissionsgut involvirt dessen Anerkennung. V. 196.
c) Auslegung von Versicherungsbedingungen IV. 134, 345; V. 308, 370; VI. 125.
d) Stellung der Agenten nach der Verkehrssitte. V. 58, 355 ff.
e) Börsenbedingungen als Gebräuche. VI. 240.
281. a) Bürgschaft für eine handelsgeschäftliche Schuld nicht ohne Weiteres selbst Handelsgeschäft. VI. 309.
b) Bürgschaft als Handelsgeschäft. V. 344.
282. a) Ersatz einer Konventionalstrafe. V. 50, VI. 89.
b) Interesse, Interesseforderung setzt nicht Bezahlung der liquidirten eigenen Schuld voraus. VI. 89 u.
c) Nachweis des Kausalzusammenhanges zwischen dem eingetretenen Schaden und dem Thun oder Unterlassen der Gegenpartei. V. 51, VI. 83.
291. a) Contocurrentverhältniß u. Wechselregreßanspruch. V. 305, VI. 261.
b) Besondere Einklagung eines Contocurrentpostens. VI. 261 ff.
c) Stillschweigende Genehmigung der Abschlüsse und Saldi. IV. 247, VI. 263.
d) Klage auf den festgestellten Saldo. IV. 371.
294. a) Anerkennung eines Contocurrents, deren Anfechtung. IV. 248.
b) Anfechtung einer Abrechnung als auf falschen Annahmen beruhend. V. 248.
295. Exceptio non numeratae pecuniae ist gemeinrechtlich (nach der Praxis) auch nach Ablauf von zwei Jahren zulässig. V. 260, 264.
298. Entgegennahme von Dispositionsstellungen durch den zum Vertragsschluß bevollmächtigten Agenten. V. 358.
306. Einfluß landesrechtlicher Vorschriften über die mala fides superveniens (§§ 15—17 ALR I. 7). IV. 208 ff.
309. Form der Pfandverträge. IV. 167.
313. Zurückbehaltungsrecht eines Cessionars. Unterschied vom Pfandrecht. Uebertragung des Retentionsrechts. VI. 201 ff.
317. a) Vgl. zu § 2064 ALR II. 8, unten S. 377.

Art. HGB.
317. b) Mündliche Abänderung schriftlicher Verträge. IV. 368, VI. 102, 173.
c) Pfandverträge, Deckungsgeschäfte. IV. 166 ff., VI. 9.
d) Vorbehalte bei Zahlungen. VI. 44.
e) Bedeutung einer Vertragsurkunde gegenüber früheren Abreden. IV. 36, 114; VI. 96, 101.
318, 319. Schweigen auf eine, von früheren Verabredungen abweichende, Faktur, ob Genehmigung ihres Inhalts? V. 256 ff.
320 Abs. 2, 321. Erklärung der Genehmigung eines Versicherungsantrages dem Agenten gegenüber. Perfektion des Versicherungsvertrages. Agent als Vertreter des Versicherungsnehmers. V. 370 ff.
322. IV. 178, V. 286 ff.
323. Stillschweigen bei Wiederholung eines bereits abgelehnten Auftrags. Stillschweigen auf allgemeine Vertragsofferten. VI. 82 ff.
328. Moderne Fristberechnung. IV. 235.
331 schließt die Berücksichtigung von Handelsgebräuchen nicht aus. V. 213.
335. Anwendung auf den Specieskauf. IV. 317.
337 ff. Handelskauf.
Unterscheidung des Kaufs von anderen Geschäften. IV. 244, V. 178, VI. 243.
Werkverdingung wird nach bürgerlichem Recht beurtheilt. IV. 245, VI. 245.
338. Unmöglichkeit der Erfüllung beim Genuskauf. Vorübergehende Hindernisse. VI. 350 ff.
340. Uebersendung einer Durchschnittsprobe im Getreidehandel. V. 246.
342. Erfüllungsort. IV. 233; VI. 92, 94, 345.
343. Empfangnahme, Unterschied von Tradition. IV. 230, 296.
343 Abs. 2 a) setzt Verzug des Käufers voraus. IV. 296; auch Beobachtung der gesetzlichen Vorschriften beim Verkauf. IV. 296, V. 139.
b) Verkauf am Erfüllungsort. VI. 92.
c) Verkaufsmaaßregel beim Fixgeschäft. V. 137.
347—349. a) Aedilitische Klage, ob statthaft beim Genuskauf? V. 30, 32.
b) Preisminderungsanspruch beim Genuskauf. VI. 345.
c) Diesen Vorschriften unterliegt nicht die Bestellung einer Dampfmaschine. VI. 245, vgl. IV. 245.

Art. HGB.

347. a) Analoge Anwendung auf andere Geschäfte unstatthaft. Beweislast für die Mangelhaftigkeit der Waare. V. 178 ff. Analoge Anwendung auf vorzeitige Lieferung. VI. 141 ff.
b) Untersuchung durch den Abnehmer des Käufers; Rechtzeitigkeit der Untersuchung und Dispositionsstellung, Beweislast. VI. 118 ff.
c) Dispositionsstellung, Inhalt. Grund der Beanstandung der Waare. VI. 119, 142.
d) Ort, an welchem die Untersuchung vorzunehmen. Bestimmungsort, Erfüllungsort, Ablieferungsort. IV. 233, VI. 344 ff.
e) Begriff der „Ablieferung". Verhältniß zur Tradition. Ordnungsmäßiger Geschäftsgang. IV. 230 ff., 296.
f) Rügepflicht des Käufers, Beweislast desselben. IV. 331 ff.

348. Konstatirung des kontraktwidrigen Zustandes der Waare nicht nothwendig. VI. 118.

349 Abs. 2. Umfang der Vorschrift. Diese Verjährung greift auch bei rechtzeitiger Beanstandung der Waare durch. V. 29, vgl. VI. 243 ff.

350. Betrugsfall ist hier jeder civilrechtliche dolus; ob schon bloße Kenntniß des Verkäufers von der mangelhaften Beschaffenheit? IV. 338; V. 29, 35.

353. Anfechtbarkeit börsenamtlicher Preisnotirungen. VI. 236.

355. a) Jus eligendi, non variandi. IV. 114, 183.
b) Neuer Verzug nach rechtskräftigem Urtel. VI. 274.

355—357. a) Substanzirung des Schadenanspruchs. IV. 113 ff., 203.
b) Zeitweilige Unmöglichkeit der Lieferung. V. 13, 51; VI. 83.

356. a) Anzeige und Nachfrist. IV. 35 ff., 114.
Entbehrlichkeit der Nachfrist. IV. 59, 124; V. 362; VI. 278.
b) Form und Inhalt der Anzeige. IV. 61.
Anzeige an Stellvertreter. VI. 278.
c) Angemessenheit der Nachfrist. IV. 125.
d) Schadenersatz wegen Verspätung, Substanzirung des Anspruchs. V. 53; VI. 83.

357. a) Fixgeschäft. IV. 177, 204; V. 12, 351; VI. 91, 96.
b) Vereinbarung „sofortiger" Lieferung kein Fixgeschäft. IV. 204.
c) Thatsächliche Feststellung eines Fixgeschäfts. IV. 179, V. 351
d) Kann Anzeige, daß auf Erfüllung bestanden werde, am Stichtage selbst erfolgen? VI. 90.

Art. HGB.

357. e) Stichtagswahl, Unmöglichkeit der Vertragserfüllung am bezeichneten Tage. IV. 308.

357 Abs. 2. Selbsthilfemaaßregel des Verkaufs. V. 137; Beobachtung der gesetzlichen Vorschriften dabei (vgl. Art. 343). IV. 296, V. 139.

Abs. 3. Höherer Schade. IV. 113 ff.

357, 358. Geltung anderweitiger Vereinbarung. VI. 220.

359. a) Wahlrecht. IV. 117.

b) Theilweise Erfüllung braucht ohne besondere Verpflichtung nicht angenommen zu werden; Art. 359 setzt die erfolgte Annahme voraus. V. 362.

361. Klage des Kommittenten ohne vorherige Rechnungslegung des Kommissionärs. VI. 103.

363, 364, 369. Auftragsüberschreitung in quanto. V. 56 ff.

363. a) enthält eine Ausnahme von der Regel des Art. 362. IV. 358.

b) Verkauf nach geraumer Zeit. VI. 198.

c) Verkauf unter dem Limitum, Schadenabwendung. IV. 270.

366 ist auf den vom Kommissionär im eigenen Interesse vorgenommenen Pfandverkauf nicht anwendbar. VI. 197, 198.

371. VI. 103.

374, 375. Form des Pfandverkaufs. VI. 188 Nr. 3, 196.

376. Die Befugniß des Kommissionärs, als Selbstkäufer ꝛc. aufzutreten, darf nicht erst im Prozeß geltend gemacht werden. V. 190.

376 Abs. 2. a) Wann ist der Auftrag ausgeführt? V. 17 ff., VI. 183.

b) Unkosten, insbesondere Courtage. IV. 119 ff.

376 Abs. 3. Propergeschäft des Kommissionärs. IV. 90 ff., 104; V. 17, 190; VI. 183.

377. Widerruf einer Verkaufskommission, bis wann zulässig? VI. 183, vgl. V. 17.

380. Sorgfalt des Spediteurs. IV. 29.

386, 408. a) Welche Ansprüche verjähren in Jahresfrist? } IV. 286.
b) Anfang der Verjährung. Verlustfall. }

390. Stellung des Steuermanns eines Stromfahrzeuges. VI. 159.

394. Zufällige Verhinderung des Weitertransports. V. 6 ff.

395. Analoge Anwendung auf die Beweislast bei Transportversicherungen. V. 341 ff.

402, 405. Verfügungsrecht des Absenders. IV. 202.

405. Selbständiges Klagerecht des Empfängers. V. 203.

Art. HGB.
439. Uebereignung von Schiffsparten, Tradition. V. 156.
504 Abs. 2. Anwendung auf einen Vertrag über Bergelohn. VI. 73.
595—600. Löschzeit und Liegegeld. VI. 16 ff.
630—642. Zusammengesetzte Reise. Distanzfracht. IV. 13.
631—633, 636. Verhinderung des Weitertransports. V. 8.
642. „aber" (statt obgleich). IV. 13.
653. Löschzeit. Liegegeld. VI. 16.
736 ff. Zusammenstoß von Seeschiffen. IV. 187, V. 273.
742. Voraussetzungen eines Bergungsfalles. VI. 57, 74 ff.
743, 744. Anfechtung wegen metus. VI. 56 ff.
749. Fall einer Schätzung. VI. 57 ff.
782 ff. Seeversicherung. Allg. Nordd. Seeversicherungsbedingungen v. 1867. IV. 26, 260, 261.
790, 797, 799, 803, 888. Taxirte Policen im Binnenverkehr nicht üblich. Versicherungssumme nur Maximum des Schadenersatzes. Umfang desselben. Ersatz des Neuanschaffungswerths unter Abrechnung des Werths der Abnutzung. Kein strikter Beweis erforderlich. V. 370 ff.
816 Abs. 1. Grundsatz des gesammten Versicherungsrechts. V. 380.
817. Deviation. IV. 260 ff.
817—821. Erhöhung der Gefahr. V. 381, VI. 210, 216.
888, 889. Analoge Anwendung. V. 218, 387.

B. Allg. Deutsche Wechselordnung.

Art. DWO.
1. a) Wechselfähigkeit kein formelles Erforderniß der Wechselurkunde. V. 119 ff.
b) Wechselerklärungen Minderjähriger ohne auf dem W. selbst ertheilte vormundschaftliche Genehmigung, nach gemeinem und preuß. Recht. V. 120.
4. Existenz eines Schuldverhältnisses kein Requisit der Wechselverpflichtung. IV. 157 Nr. 3.
4 Nr. 3. Remittent, Existenz. IV. 49.
4 Nr. 4. Datowechsel (dato = nach dato). VI. 128.
4 Nr. 8, 97. a) Zahlungsort ist des Wechsels Wohnsitz. VI. 271.
b) Angabe mehrerer Zahlungsorte. VI. 271 n.
c) Klausel „hier und aller Orten" hat nur prozessuale Bedeutung, macht den Zahlungsort nicht unbestimmt. V. 115 ff.

Art. DWO.

7. Wesentlicher Inhalt des Wechsels. V. 119 ff, VI. 154.

10. Wirkung des Vollindossaments, Einrede bloßer Procura. V. 55, 302; VI. 258 ff., 319.

16. Benutzung eines vor dem Protest ausgestellten Blanko-Indossaments, Wirkung mit Bezug auf Art. 16 Abs. 2. IV. 171.

20. s. zu Art. 31.

24. Domizilwechsel:

a) Zahlungsort. V. 354.

b) Domiziliat gilt als Vertreter des Bezogenen für die Wechselzahlung, erlangt durch Zahlung nach Protest und Giro keine Regreßrechte. VI. 12.

Domiziliat nicht Zahlungsstelle, sondern Person. IV. 47.

c) Hinzufügung des Domizilvermerks bei gegebenem Blankoaccept. V. 244.

d) Wo sind Domizilwechsel zu präsentiren? IV. 40.

Vertragsmäßige Bestimmung des Präsentationsorts. IV. 46.

e) Präsentation durch Klageerhebung. IV. 40, 351; VI. 232.

f) Uebrigens siehe bei Art. 31.

31. a) Präsentationsfrist gegenüber dem Acceptanten und dem Aussteller eines Eigenwechsels. IV. 86, VI. 232.

b) Verfallzeit und Verjährung des nicht präsentirten Sichtwechsels. V. 191, vgl. zu Art. 24.

32. Allgemeines Prinzip für die Nichteinrechnung des ersten Tages einer Frist. (Vgl. zu Art. 100.) IV. 235.

40. a) Deposition der nicht abgeforderten Wechselsumme ist Recht, nicht Pflicht des Schuldners. VI. 315.

b) Ungehörige Mahnung durch Einforderung eines höheren als des geschuldeten Betrages. VI. 318.

42. Protesterlaß außerhalb des Wechsels. Befreiung von der Präsentation. Ersatz der Protestkosten. VI. 1, 5 ff.

43. a) Einlösung eines Wechsels ohne Protest seitens des Domiziliaten, der zugleich Aussteller; kein Wechselanspruch gegen den Acceptanten. VI. 225.

b) Bedarf es der Protesterhebung bei nicht benanntem Domiziliaten? IV. 40, VI. 335.

c) Vgl. zu Art. 24.

50, 51, 81. Gesetzlicher Zinsfuß für alle Wechselschulden. VI. 232 ff.

73. Gericht des Zahlungsorts. VI. 271.

77 ff. Wechselverjährung.

Art. DWO.
77 ff. a) Verjährung ist einredeweise geltend zu machen. VI. 1.
b) Frist nach Zurücknahme der Klage. VI. 164.
c) Verzicht auf Verjährung ist gemeinrechtlich unzulässig. V. 235.
78. Anfang der Regreßverjährung bei erlassenem Protest. V. 235.
79. 80. Beginn der Verjährung. Relative Wirkung einer Unterbrechung. Arglistiges Hinhalten des Gläubigers. Gleichzeitige Belangung zweier Wechselschuldner ersetzt nicht die Streitverkündung. VI. 301.
80. a) Verjährung einer zurückgenommenen Wechselklage. VI. 164.
b) Klagebehändigung durch einen inkompetenten Richter. IV. 241.
c) Gewährung einer Zahlungsfrist verschiebt nicht den Anfang der Wechselverjährung. V. 234 Nr. 4.
d) Nothwendigkeit der Streitverkündigung. VI. 301.
e) Verzicht auf die Verjährung. V. 235.
81. Ausgleichung unter Mit= und Nachbürgen. Beneficium cedendarum actionum. Exceptio excussionis und divisionis. V. 165 ff.
82. a) Wechselmäßige Einreden, Fälschung. VI. 314.
b) Wechselfähigkeit. IV. 157 ff., V. 119 ff., 265.
82. Persönliche Einreden:
a) Einrede der Arglist. IV. 68, V. 189, 265, 270; VI. 157, 199, 311; — insbesondere
Absicht, dem Wechselschuldner Einreden zu entziehen. V. 55, 304; VI. 259.
Ausfüllung eines Blanco=Accepts. Beweislast. VI. 319.
Einrede der Zahlung als exceptio doli. V. 106, VI. 15.
b) Einrede des Inkassomandats (Prokura=Indossaments). Simulation. Dolus. V. 55, 302; VI. 258 ff., 319.
c) Unklagbarkeit der zu Grunde liegenden Schuld. IV. 158 ff.
82. Liquidität der Einreden. IV. 41, V. 317.
83. a) Verjährter Wechsel als Schuldschein. VI. 132.
b) Natur der Bereicherungsklage, Legitimation des Klägers bei verloren gegangenem Wechsel. VI. 137, 265 ff.
95. Eigenhändige Unterschrift nicht erforderlich, Vertretung in der Namensunterschrift. VI. 144, 153 ff.
97. a) Ohne Präsentation keine Verzugszinsen. VI. 317 ff.
b) Wohnungsort des Remittenten gilt nicht als Zahlungsort. VI. 334.

Art. DWO.
98 Nr. 5. Vgl. zu Art. 24 u. 31.
99. a) Unterlassene Protesterhebung bei nicht benanntem Domiziliaten. IV. 45, VI. 335.
b) Nürnb. Novelle Art. I Nr. 8. IV. 44.
100. Nichteinrechnung des Fälligkeitstages in die Verjährungszeit nach moderner Rechtsanschauung. IV. 235.

C. Einzelne Reichsgesetze.

Bd. (Rch.) Ges. v. 4. Juli 68 (Genossenschaftsgesetz) § 71 Abs. 2. Prozeßfähigkeit nicht eingetragener Genossenschaften. V. 64 Nr. 2.
Bd. (Rch.) Ges. v. 21. Juni 69 (Rechtshilfe). § 1, 39. Prozessuale Bedeutung des Bundesindigenats. IV. 215, VI. 307.
Dasselbe § 39. Gerichtsstand eines Ausländers. IV. 221.
Bd. (Rch.) Ges. v. 8. Nov. 69 (Konsulate) § 26. Unterstützung hilfsbedürftiger Reichsangehöriger, Ersatzforderung. IV. 327.
Bd. (Rch.) Ges. v. 11. Juni 70 (Urheberrecht) § 28 Abs. 3, § 43. IV. 64.
— Actio doli wegen Täuschung des Publikums. IV. 64, 68.
Reichsverfassung v. 16. April 71 Art. 3. Bundesindigenat, Gerichtsstand. IV. 215, VI. 307.

IV. Partikularrecht.

A. Preußen.

1. Allgemeines Landrecht.

Einl. § 17 ist auf wesentliche Vertragsformen nicht zu beziehen. VI. 132.
I. 3 § 42, 43. VI. 134.
I. 4 § 69. V. 361.
I. 4 §§ 76—78. Erheblicher Irrthum. V. 289.
I. 4 §§ 81, 82. Vertragsmäßige Garantiefrist. VI. 247.
I. 4 § 85. IV. 83.

ALR.

I. 4 §§ 100 ff. Präklusivfrist für Einklagung des Entschädigungsanspruchs in den Versicherungs-„Bedingungen“ ist keine eigentliche Bedingung. IV. 381. S. zu ALR II. 8 § 2355.
I. 4 §§ 108 ff. IV. 47.
I. 5 §§ 10 ff. Ertheilung der vormundschaftlichen Genehmigung. V. 135.
I. 5 §§ 74 ff. Uebernahme der Schulden einer Firma. IV. 152.
I. 5 §§ 111, 115. Verträge über Verjährungsfrist. (Börsen-Usanzen.) VI. 221.
I. 5 § 116. Unterschrift eines Bevollmächtigten. VI. 150.
I. 5 §§ 155, 185. a) Schuldschein als Ersatz der Schriftform. VI. 132, 139.
b) Verpfändung in Cessionsform, Schriftlichkeit. IV. 164 ff.
I. 5 §§ 253, 256. Bedeutung einer Waarenbenennung, Gebrauch des Ablieferungsorts. V. 361.
I. 5 § 271. Beweislast bei der Einrede der Fehlerhaftigkeit, wenn auf dieselbe ein Schadenanspruch gegründet wird. V. 207, 246.
I. 5 § 274. Klagbarkeit alternativer Obligationen. VI. 286.
I. 5 § 286. Zinsvergütung als Schadenersatz. VI. 108.
I. 5 § 320. a) Schadenersatz nur auf Grund eines Versprechens oder Versehens. V. 313, VI. 243.
b) Schadenersatzklage und kurze Verjährung. VI. 243 (vgl. V. 30 ff.)
I. 5 §§ 320, 328. IV. 206.
I. 5 § 325. Haftung für versprochene Eigenschaften. IV. 367.
I. 5 §§ 327, 328: unanwendbar bei Nachwirkung alter Fehler. VI. 109.
I. 5 § 328. Eigentliche Entschädigung nur bei Verschuldung. IV. 205.
I. 5 § 329. VI. 247.
I. 5 § 343 ff. nicht anwendbar auf die Schadenersatzklage wegen Verschuldens des Gebers. VI. 243, 250 ff. (vgl. V. 30 ff.)
I. 5 §§ 364—368. Rechte des Frachtführers bei kasueller Unmöglichkeit des Weitertransports. V. 4, 9.
I. 5 § 377 ff. Veränderte Umstände. V. 17, 95.
I. 5 § 378. Veränderung thatsächlich bestehender Verhältnisse,

ALR.

I. 5 § 378. Unterschied vom Irrthum im Bewegungsgrund (§§ 145, 149 ALR I. 4.). V. 90, 95.
I. 5 §§ 408, 409: auf Versicherungsverträge nicht anwendbar. VI. 51.
I. 7 §§ 15—17. IV. 208 ff. (vgl. zu Art. 306 HGB).
I. 9 § 512, ob auf die Klage aus Art. 386 HGB anwendbar? IV. 289.
I. 9 §§ 552, 553: anwendbar auf Art. 80 DWO. IV. 241.
I. 9 §§ 565, 566. Vertragsform bei Handelsgeschäften. VI. 221.
I. 11 § 402—404. Geltendmachung des kaufmännischen Zurückbehaltungsrechts durch den Cessionar? VI. 201, 205.
I. 11 § 412. Anerkenntniß der Schuld gegen den Cessionar. VI. 204.
I. 11 § 417. IV. 168.
I. 11 § 442. VI. 15.
I. 11 § 730. Verjährter Wechsel als Schuldschein. VI. 132.
I. 11 §§ 883—889. Anwendung auf Frachtverträge. V. 10.
I. 11 §§ 925 ff. a) Werkverdingung und Handelskauf, Unterschied beider. IV. 245, VI. 245.
b) Bestellung einer Dampfmaschine kein Lieferungsvertrag. VI. 243, 245.
c) Frachtvertrag fällt nicht hierunter. V. 12.
I. 11 § 943 ff. Rechte des Bestellers, wenn das gelieferte Werk fehlerhaft oder untüchtig ist. VI. 243.
I. 11 § 981. IV. 245, VI. 245.
I. 13 § 90. Auftragsüberschreitung in quanto. V. 56.
I. 13 § 105. Generelle Ermächtigung eines Geschäftsreisenden zur Gelderhebung. V. 148, 149.
I. 13 §§ 147, 167, 168, 170, 171, 200. Zahlung an einen Bevollmächtigten ohne Kenntniß vom Widerruf der Vollmacht. V. 144 ff.
I. 13 §§ 262, 277. Klage des Verkäufers gegen einen Dritten aus nützlicher Verwendung. IV. 184.
I. 14 §§ 9, 14, 24, 25. Uebernahme der custodia unwesentlich. Ausantwortung oder bloße Veränderung in der Art der Aufbewahrung? IV. 290.
I. 14 §§ 316, 317, 320, 329, 330. Befreiung des Bürgen durch Gewährung einer Nachfrist seitens des Gläubigers. Handelsgeschäftliche Bürgschaft, Kreditassekuranz. VI. 287 ff.

ALR.

I. 16 § 50. Wechselzahlung durch den Domiziliaten. VI. 15, 16.
I. 16 § 161 bei handelsgeschäftlichen Zahlungen nicht geltend. VI. 44.
I. 16 § 381. Erlaß gesetzlicher Garantiepflicht. IV. 130.
I. 16 § 405. Erfordernisse des Vergleichs. V. 104.
I. 17 §§ 169, 241. Wesentlicher Inhalt eines Societätsvertrages. V. 90.
I. 20 § 33. a) Unterschied zwischen lex commissoria u. Konventionalstrafe. V. 211.
b) Ist § 33 durch das Bd-Ges. v. 14. Nov. 67 aufgehoben? V. 214.
II. 1 § 320. Generelle Genehmigung des Ehemanns. IV. 365.
II. 2 §§ 210 ff. § 212 a, 213 } a) IV. 157.
b) Großjähriger Sohn, der beim Vater in Lohn und Brod steht. V. 264 ff.
II. 8 §§ 2054—2063, 2117, 2118, 2160—2162. } Feuergefährlichkeit, Tischlereibetrieb, Vermehrung der Gefahr im Laufe der Versicherung. Anzeigepflicht des Versicherten. VI. 207 ff.
II. 8 § 2064, durch Art. 317 HGB aufgehoben für Versicherungen gegen Prämie. V. 277 ff.
II. 8 § 2110. V. 278, 289.
II. 8 § 2163. Uebergang des Brandentschädigungsanspruchs auf den Erwerber der versicherten Sache. V. 109, 291.
II. 8 § 2280. Ersteher eines subhastirten Grundstücks als Zwangscessionar der Brandentschädigung. V. 113.
II. 8 § 2355. Unterhandlungen über Feststellung der Entschädigung, guter Glaube. Präklusivfrist für die Einklagung der Entschädigung ist keine Bedingung. Auslegung der Versicherungsbedingungen. IV. 377 ff.

2. Einzelne preußische Gesetze.

Einf.-Ges. zur DWO v. 15. Febr. 50 § 6. Anwendung auf Ausländer. V. 174.
" " § 7. a) Unwesentliche Prozeßvorschrift. V. 317.
b) Handlungsbücher, die erst edirt werden sollen, u. Gerichtsakten als Beweismittel. IV. 41, 53.

(Preußen.)

Ges. v. 1. Juli 61 § 12 (Errichtung gewerblicher Anlagen) ist ohne Einfluß auf die Beziehungen zwischen Fabrikant und Besteller. VI. 244, 255.

Einf. Ges. z. HGB v. 24. Juni 61 Art. 60, 61. Versicherungsrecht. Einfluß des Bd-Ges. v. 5. Juni 69. V. 277 ff.

Frankf. Verordnung v. 1708. Societät nur zulässig zwischen Frankfurter Bürgern. IV. 275, 285.

B. Königreich Sachsen.

Bürg. GB § 121. Die culpa lata steht gemeinrechtlich dem dolus nur gleich, wo es sich um Verletzung bestehender, nicht um erst einzugehende Obligationen handelt, auch nicht bei der actio oder exceptio doli. V. 308.

Bürg. GB § 123, 947. IV. 258.

" " § 789: auf Makler nicht anwendbar. V. 223.

" " § 833, 835. IV. 56, 257.

" " §§ 853 ff. Versicherung zu Gunsten Dritter. Beitritt des Dritten durch Klageanstellung. IV. 145 ff.

" " § 947. Haftung des Cedenten wegen Arglist. IV. 259.

" " § 1048. Inhaberklausel in Lebensversicherungspolicen. IV. 134.

" " § 1243. Haftung des Prinzipals (Werkmeisters) für seine Gehilfen. V. 77 ff.

" " § 1306 a) Generelle Ermächtigung eines Geschäftsreisenden zur Gelderhebung. V. 148.

b) Nicht anwendbar auf Repräsentanten einer Genossenschaft. VI. 80.

" " § 1327. Zahlung an einen Bevollmächtigten ohne Kenntniß vom Widerruf der Vollmacht. V. 155.

" " § 1397. Wesen des Anerkenntnißvertrages. V. 222.

" " § 1504. Haftung des Cedenten wegen Arglist. IV. 259.

Verordnung v. 16. Sept. 56 § 1. Ausländische Versicherungsanstalten
Ausführungsverordnung v. 30. Dez. 61. } IV. 146.

C. Baden.

Landrecht Satz 1110. Error in corpore. } V. 319 ff.
„ „ 1641 ff. Irrthum über Eigenschaften der Sache. } V. 319 ff.
„ „ 1116 a) Arglistiges Verschweigen erheblicher Thatsachen. V. 171.
b) Betrug nur von Seiten des Gegenkontrahenten. V. 319.
c) Manoeuvres (Kunstgriffe) durch Unterlassungen. V. 319.
„ „ 1116, 1148 a. Selbstverschulden des Betrogenen unerheblich. V. 327.

D. Hessen.

Einf.-Ges. z. HGB v. 1. Aug. 62 Art. 22. Restitution Minderjähriger bei Handelsgeschäften und im Prozeß. IV. 311.

E. Mecklenburg.

Einf.-Ges. z. HGB v. 28. Dez. 63 § 16. Beweiskraft der Handlungsbücher gegen einen Nichtkaufmann (Kleinkaufmann). VI. 356.

F. Hamburg.

Verordnung über das Ausweichen der Dampfschiffe auf der Unter-Elbe v. 2. Jan. 41. IV. 196.
Verordnung über Schiffkollisionen v. 1. Mai 63 Art. 15 ff. IV. 195 ff., V. 277, VI. 35.
Einf.-Ges. z. HGB v. 22. Dez. 65 § 32. Richterliches Ermessen bei Schadensklagen. Factura- oder Einkaufspreis als Grundlage für den Werth am Bestimmungsort? IV. 353.

V. Prozeßrecht.

1. Gemeiner Deutscher Prozeß.

Appellrichter, Stellung. VI. 57.
Eideszuschiebung an einen Meineidigen. IV. 70.
Handelsgericht, Zuständigkeit. VI. 28.
Indizienbeweis. IV. 2.

Kalumnieneid bei der Eideszuschiebung. IV. 70, 77.
Klagebehändigung durch einen inkompetenten Richter unterbricht die Verjährung nicht. IV. 235 Nr. 5 (vgl. zu § 552 ALR I. 9).
Rechtsmittel gegen Schiedsrichterspruch. VI. 56.

2. Preußen.

a) Allgem. Gerichtsordnung.

Einl. § 65, 66. Relative Rechtskraft. V. 90 Nr. 3, VI. 42.
I. 2 §§ 11, 15. Zweites Domizil einer Handelsgesellschaft. V. 1.
I. 4 § 2. IV. 225 ff.
I. 10 § 228 Nr. 9: unwesentliche Prozeßvorschrift. V. 317.
I. 10 § 289 b. IV. 39.
I. 10 § 377. Purifikation bei Abweichungen von der Eidesnorm. Verletzung der Grundsätze von der Rechtskraft. V. 43 ff.
I. 16 § 1. Rechtskraft. V. 90, VI. 42.
I. 27 §§ 1 ff. Beweis der Wechselfähigkeit. V. 124.
I. 29 §§ 5, 12, 81 ff. IV. 307.
I. 30 §§ 48, 56, Anh. § 213. Revision auch bei Rückversicherungen ausgeschlossen. VI. 50.
I. 32 § 4. Diffamationsklage gegen einen Hamburger. IV. 215.

b) Einzelne preuß. Prozeßgesetze.

V. v. 14. Dez. 33 § 4 Nr. 1. a) Statut einer Aktiengesellschaft nicht Gesetz, nur Vereinbarung der Interessenten. IV. 348.
b) Beweislastvertheilung. V. 207.
c) Zahlungseinstellung ein Rechtsbegriff. V. 250.
" § 5 Nr. 10 b. Rüge einer Wortwidrigkeit. VI. 226.
" § 5 Nr. 10 d. Reformatio in pejus. VI. 43.
Dekl. v. 6. April 39 Art. 8. Rüge v. Aktenwidrigkeiten. VI. 226.
Instr. v. 7. April 39 Nr. 27. Motivirung der Rüge unerheblich. V. 44, 47 n., VI. 228.
Konkurs-O. v. 8. Mai 55 § 12. Hypothekengläubiger, theilweise Befriedigung bei der Subhastation, Liquidation des Ausfalls beim Konkurs. V. 345.
" " § 101 Nr. 3. Mündliches Ausbedingen der Hypothekbestellung genügt. VI. 9.
" " § 113. Zahlungseinstellung ist Rechtsbegriff,

Konkurs-O. v. 8. Mai 55 § 113. (Zahlungseinstellung) nicht eine durch Eid festzustellende Thatsache. V. 250.
" " §§ 186 Nr. 3, 192 Nr. 3, 195, 203, 205. Heimliche Begünstigung eines Gläubigers beim Akkord. IV. 301.
" " § 193 Nr. 4, b. Mitstimmen von Verwandten. IV. 132.

Prozeß-Novelle v. 24. Juni 67.
§§ 24, 57: unwesentliche Prozeßvorschriften. IV. 371.
§§ 44, 49, 61, 87. Einführung der Revision ersetzt nicht die Einführung der Nktbschw. V. 74.
§ 48 Abs. 2. Adhäsion in 3. Instanz. V. 65.
§ 59 Nr. 2. Revision setzt eine Difformität zu Ungunsten des Revidenten voraus. V. 63, 74.
§ 62 ff. a) Freiere Stellung des Nichtigkeitsrichters. V. 239.
b) Audienzprotokoll, Vorlesung, Mündlichkeit. IV. 371.
§ 79. Einführung der von der Revision nachgezogenen Nktbschw. V. 65, 234.

Prozeß-Novelle v. 15. März 69 § 8. Prozeß-Vollmacht., Beglaubigung. V. 69.

Frankfurter Reformation. Separationsrecht der Gläubiger im Konkurse. Res iudicata, Tragweite eines durch den Massenverwalter geführten Prozesses, dem einzelnen Gläubiger gegenüber. IV. 274 ff.

3. Bayern.

PO v. 1869 Art. 264 Abs. 3. Verwerfung unbegründeter Ansprüche von Amtswegen. VI. 92.

4. Sachsen.

Erläuterte PO Anh. § 4. Beschädigte Wechsel. VI. 128 ff.

5. Mecklenburg.

Gerichtsstand des Vertrages. VI. 307.

6. Bremen.

Gerichtsordnung II. §§ 50—53, 537. Rechtsmittel gegen schiedsrichterliche Erkenntnisse. VI. 64, 67.

VI. Ausländisches Recht.

1) Amerikanisches Seerecht. Anfechtung der in Seenoth geschlossenen Verträge über Bergelohn. VI. 71.
2) Englisches Wechselrecht. Bezeichnung als „Wechsel" nicht erforderlich. IV. 171.
Englisches Seerecht. Verträge über Bergelohn. VI. 71.
3. Frankreich.
a) Code civil Art. 1134, 1138. Vertragsinhalt, Transportgefahr; guter Glaube und höhere Gewalt. V. 335 ff. vgl. Baden, Landrecht, oben S. 379.
b) Code de commerce art. 42: société de fait. VI. 30.
c) Seerecht. Ordonnance de la marine v. 1681. (IV. 3, 14) VI. 72.
d) Wechselmoratoriengesetze (Rspr. I. 231). VI. 1.
4) Holländisches Wetboek van koophandel art. 568. VI. 72.

VII. Internationales Privatrecht.

1. Domizil. Ob ein zweites rechtlich begründet sei, ist nach den Gesetzen dieses zweiten Domizils, nicht nach denen des ursprünglichen zu beurtheilen. V. 1.
2. a) Forum solutionis. Sind ihm auch ausländische Wechselschuldner unterworfen? V. 174.
b) Gerichtsstand des Diffamationsbeklagten. IV. 215.
c) Kompetenzfragen, welches Recht entscheidet? IV. 215.
3. Kauf. Nach welchem Recht bestimmen sich die Rechte des Käufers wegen Mängel der Waare? VI. 348.
4. Sitz einer ausländischen Versicherungsgesellschaft nach kgl. sächs. Recht. IV. 146.
5. Verträge über Aenderung der Verjährungsfrist, ihre Form wird nach preuß. Recht durch den Ort der Vertragserrichtung bestimmt. VI. 221.
6. Wechselmoratorium, französisches (Rspr. I. 232 ff.). VI. 1.
7. Zahlung. Welches Recht entscheidet, ob Jemand die an seinen Bevollmächtigten geleistete Zahlung anzuerkennen habe? V. 150.

Anhang: Allgemeine Lehren des Obligationenrechts.

1. Abrechnung giebt selbständigen Klagegrund IV. 371. — Arglist, siehe dolus.
2. Börsen-Usanzen als kontraktliche Vereinbarungen, auch für Prolongationen maaßgebend. VI. 216.
„ -Schiedsgerichte. IV. 339 ff.
3. Dolus. Anfechtung einer Bürgschaft wegen Arglist des die Bürgschaft vermittelnden Hauptschuldners. V. 158.
4. Inhaberklausel in Lebensversicherungspolicen. IV. 134.
5. Inhaberpapiere. Zahlung des ganzen Forderungsbetrages bei Auslieferung des Papiers, Theilzahlung ist auf dem Papier zu quittiren. IV. 107.
6. Kauf.
a) Unterschied des Kaufs von ähnlichen Rechtsgeschäften. IV. 244, V. 178, VI. 141, 245.
b) Preisforderung mit eventueller Bezugnahme auf den Markt- oder Durchschnittspreis. IV. 213.
7. Kompensation, Verzicht darauf durch Versprechen der Baarzahlung, Geltung im Konkurse. VI. 37 ff.
8. Novation liegt nicht ohne Weiteres in der Begebung bzw. Annahme eines Wechsels. VI. 132.
9. Oblation. Verbal-Oblation bei zweiseitigen Verträgen, ob zur Klageanstellung hinreichend? VI. 187 ff.
10. Pfandrecht.
a) Pfandverkauf nach gemeinem Recht. VI. 195, 196.
b) Verpfändung eines Pfandscheins enthält Verpfändung der actio pigneraticia. VI. 196, 197.
11. Schadenersatz.
a) Bei Feststellung des Schadenbetrags soll der Richter nicht unnöthige Schwierigkeiten erheben. V. 229.
b) Verpflichtung zur Minderung der Folgen fremden Versehens. V. 38.
12. Sorgfalt bei Eingehung von Verträgen. IV. 56, V. 308.
13. Versicherungsvertrag.
a) Im Allgemeinen. IV. 137, 139 ff., 146, 149, 346, 379 ff., 386 ff.; V. 277, 308, 339, 370 ff.
Auslegung gegen den Versicherungsgeber. IV. 345, V. 382, VI. 124.
Formfreiheit des Vertrages. V. 277.

(Versicherungsvertrag.)
Perfektion der Versicherungsverträge, Prämienzahlung. V. 370 ff.
b) Verhältniß der „Deklaration" zur Police. IV. 135, 139 ff.
Interpretation der Deklarationen. IV. 346.
c) Lebensversicherungspolicen mit Inhaberklausel. IV. 134
d) Stellung der Spezialagenten. V. 370.
e) Feuerversicherung. IV. 377, V. 109, 291, 371 ff., VI. 207.
Kreditassekuranz. VI. 287.
Lebensversicherung. IV. 135, 345, V. 308, VI. 124.
— Police mit Inhaberklausel. IV. 134.
Rückversicherung. VI. 50.
Seeversicherung. IV. 1, 260.
Transportversicherung. V. 339.

Sach-Register.

A.

Abkommen, mündliches, nach schriftlichem Vertragsschluß. S. 102, 173.
Abreden, ihre Bedeutung bei einer Vertragsbeurkundung. 96, 101, 315.
Abtretung von Forderungen (Cession). 201.
Accept etc. siehe unter Wechsel.
actio locati, Verjährung. 243.
actio nata bei der W.-Regreßklage. 302.
actio pigneraticia bei Annahmeverzug des Gläubigers. 188.
— ihre Uebertragung durch Verpfändung des Pfandscheins. 188.
Agent, zum Vertragsabschluß regelmäßig nicht befugt. 82.
Aktenwidrigkeit. 225.
Aktiengesellschaft, Vertretungsbefugniß des Vorstands. 167, 172 ff.
ALR, siehe S. 374.
Alternative Obligation, Klagbarkeit. 285.
Amortisation eines Inhaberpapiers, Wandelung des Käufers. 109 ff.
— eines Wechsels, Verfahren. 265.
Analoge Gesetzesanwendung. 7, 82, 236.
Anerkennung des Käufers, siehe Anzeigepflicht.
Anfechtbarkeit von Börsenpreisnotirungen. 236.
Anfechtung einer Pfandbestellung im Konkurs. 9.
Annahmeverzug des Gläubigers. 188, 274.
Anweisung, kaufmännische, 1.
Anzeigepflicht des Käufers bei Distanzgeschäften. 118, 141.
— nach Art. 356 HGB. 83, 278.
— beim Fixgeschäft. 90.
— des Versicherten. 208.
Appellation, Verzicht darauf und dessen Widerruf. 68 ff.
Appellrichter, Stellung. 57.
arbiter und arbitrator, Unterschied bezüglich der Anfechtbarkeit ihrer Aussprüche. 56.
Arglist bei Verträgen. 27, 168 ff., 174, 319.
— des Wechselklägers. 15, 198, 259, 311, 319.
— des Wechselschuldners. 305 ff.
Assekuranzgeschäfte, Rechtsmittel der Revision. 50.
Auftrag, stillschweigende Annahme. 82 ff.
Ausländer, ihr Gerichtsstand. 307.
Ausländisches Recht. 1, 30, 71.
Auslegung von Verträgen etc. 124, 199, 236.
— im Zweifel gegen den Aussteller. 125, 210.
— Berücksichtigung der Verkehrssitte dabei. 207.
— gehört prozessualisch zur thatsächlichen Feststellung. 42 Nr. 2, 236.
Aussteller siehe Eigenwechsel.

B.

Baarzahlung, deren Versprechen als Verzicht auf Kompensation. 37.
Banquiergeschäfte. 109, 187.
Bauer, bayerischer, Verbürgung. 308.
Bauunternehmungen, ob Handelsgeschäfte? 31.
Beklagter, Gerichtsstand. 307.
— im Wechselprozeß, siehe unter Wechsel.
Bereicherungsklage aus DWO Art. 83. 137, 265.
Bergelohn, Bergung in Seenoth. 56 ff.
Berliner Börsenusanz. 216.
Berufung, siehe Appellation.
Besteller eines Werks, Klagerecht wegen entdeckter Fehler. 243.
Bevollmächtigter, Unterschrift Namens des Machtgebers. 144, 153.
Beweis für Darlehn. 283.
— durch Handelsbücher. 356.
Beweisführung, Liquidität. 314.
Beweislast. 315, 319.
Blancoaccept, Ausfüllung, Klage daraus. 318 ff.
Börsenamtliche Preisnotirungen, Anfechtbarkeit. 236.
Börsengeschäfte. 109, 187, 216, 237.
Börsenpreis, Feststellung. 236.
Börsenusanzen sind nicht objektive Rechtsnormen; ihre Geltung kraft Vereinbarung, auch für Prolongationen. Klagefrist, Streitverkündung. 216 ff.
Brand, siehe Feuerversicherung.
Bundesindigenat, prozessuale Bedeutung. 307.
Bürgerliches Recht, siehe S. 374 ff.
Bürgschaft, landesgesetzliche Form. 308.
— für eine Handelsschuld, ob Handelsgeschäft? 309.
— zeitlich beschränkte, u. Kreditassekuranz, Zahlungsaufschub. 287.

C.

C. (vgl. K.)
casus, Unmöglichkeit zeitiger Erfüllung beim Lieferungsvertrage. 349.
Cessionar, Zurückbehaltungsrecht. 201.
Commis, siehe Handlungsreisender.
Connossement und Frachtvertrag. 16 ff.
Contocurrentverhältniß und Wechselregreßklage. 261.
Coursnotirungen, Anfechtbarkeit. 236.

D.

Dampfmaschine, Vertrag darüber. 243.
Darlehn, Beweis. 283.
— Schuldschein in Wechselform. 132.
Datowechsel. 128.
Deckung (Valuta) beim Wechsel. 158.
Deckungsgeschäfte im Handel. 9, 187 ff.
Depotgeschäfte des Banquiers, Rückgabe des Unterpfands. 187.
Dienstvertrag und Widerruflichkeit der Prokura. 281.
dies interpellat pro homine. 317.
Dispositionsstellung beim Handelskauf. 118, 141 ff.
Distanzgeschäfte. 118, 344.
— Tradition der Waare (nach ALR). 346.
dolus (civilrechtlicher), siehe Arglist, Kollusion.
— setzt rechtswidrigen Erfolg voraus. 259.
Domizilwechsel. 12, 225, 334.

E.

Eigenwechsel. 232, 234, 314, 334.
— verjährter rc. als Schuldschein. 132.
Erfüllung, siehe Kauf und Verträge.
Erwerbs- und Wirthschaftsgenossenschaften, siehe Genossenschaften.
Eviktionsfall, ob Amortisirung eines Inhaberpapiers? 109 ff.
exceptio doli, siehe Arglist, Kollusion.

F.

Fehlerhaftes Werk, Rechte des Bestellers. 243.
Feuergefährlichkeit, ihre Vermehrung. Tischlereibetrieb. 207.
Feuerversicherung, Anzeigepflicht des Versicherten. 207.
Firma, Eintragung, Kaufmannseigenschaft. 28.
— wesentlich bei offener Handelsgesellschaft. 33, 336.
— wie zeichnet der Vertreter? 144, 153.
Fixgeschäft (HGB Art. 357). 91, 96.
Form der Verträge in Preußen, wesentliche Formen. 134.
— Ort der Vertragsschließung maaßgebend. 221.
Formfreiheit der Handelsgeschäfte. 44, 132.
Forum, siehe Gerichtsstand.
Fracht, siehe Seefracht.
Frachtvertrag, siehe Steuermann.
Frachtvertrag und Connossement. 16 ff.
Französisches Recht. 1, 30, 72.
Furcht, siehe metus.

G.

Garantiefriest, vertragsmäßige, ist Anzeigefrist, keine Verjährungsfrist. 246 ff.
Genossenschaften, uneingetragene; Wechselverpflichtung, Repräsentation. 78.
genus-Kauf. 345, 349.
Gericht, siehe Richteramt.
— Zuständigkeit, Zeitfragen. 28.
Gerichtsstand des Vertrages, Bundesindigenat. 307.
Gesellschaft, siehe Aktiengesellschaft, Genossenschaft, Handelsgesellschaft.
Gesellschafter, Haftung. 336.
Gewagte Geschäfte (nach ALR), Versicherung. 51.
Gewährleistung nach ALR. 243 ff.
Girant, Giro ꝛc., siehe Wechsel.
Gutachten und Schiedssprüche, Anfechtbarkeit. 56.

H.

Handelsbrauch ist von der Partei zu behaupten und ev. zu erweisen. 159.
Handelsbücher, Beweiskraft. 356.
Handelsfirma. 28, 33, 336.
Handelsgericht, Zuständigkeit. 28.
Handelsgeschäfte siehe Bauunternehmungen, Bürgschaft, Steinmetzgeschäft.
— Formfreiheit. 44, 132.
— Zurückbehaltungsrecht. 201.
Handelsgesellschaft, offene; Firma ist wesentlich. 33, 336.
—, Stellung der Liquidatoren. 178, 336.
Handelskauf, siehe Kauf.
Handelsregister, Eintragung. 28, 180.
Handelsusanz. 159, 207.
Handlungsbevollmächtigter. 85.
Handlungsbücher, Beweiskraft gegen Kleinkaufleute. 356.
Handlungsreisender, Abschluß von Kaufgeschäften, Beschränkung der Vollmacht. 25.
Hessische Gerichte, Regelung ihrer Kompetenz. 29.
Hypothekbestellung, Anfechtung im preuß. Konkurs. 9.
— ihre Zusage als Handelsgeschäft. 9.

J.

Indossatar, Klagerecht. 258, 319.
Indultgesetze, französische. 1.
Inhaberpapier, Ankauf, Amortisationsfall, Wandelungsklage. 109 ff.
Inländer, Reichsangehörige. 307.
Interesse-Anspruch. 83, 108, 249.
— setzt nicht Bezahlung der etwa liquidirten eigenen Schuld voraus. 89 n.
Interpretation, siehe Auslegung.
Judikat, siehe Rechtskraft und Urtel.

K.

Kauf (Handelskauf):
Anzeige und Nachfrist nach Art. 356 HGB. 83, 278.
Dampfmaschinenherstellung kein Kauf. 245.
Fixgeschäft; Anzeige, daß auf Erfüllung bestanden werde. Wann? 90.

Fixgeschäft, Voraussetzungen. 91, 96.
Genus-Kauf, Perfektion und Uebergang der Gefahr. 354.
— Preisminderung. 345.
— Unmöglichkeit rechtzeitiger Erfüllung, vorübergehende Hindernisse. 350 ff.
Kauf von Inhaberpapieren, bezüglich deren ein Amortisationsverfahren schwebt. Gewährleistungsklage. 109.
Viehhandel. 353. —
Käufer (vgl. Verkäufer):
Anzeigepflicht betr. Sachmängel. 118.
— rechtzeitige Rüge, Beweislast. 118.
Dispositionsstellung. 119, 142.
— wegen vorzeitiger Lieferung. 141.
Konstatirung des Zustands einer beanstandeten Waare ist nicht Pflicht des Käufers. 118.
Preisminderungsanspruch beim Genuskauf. 345.
Rechte des Käufers, welcher dem Art. 347 HGB genügt hat. 345.
Untersuchung der Waare, durch wen? 118.
— wo? 344 ff.
Weiterverkauf und Dispositionsstellung. 118.
Zahlungsverzug vor und nach rechtskräftigem Urtel. 274. —
Kaufmann, Agent. 82.
— Steinmetz. 28.
Klage oder Streitverkündigung? 217, 301.
Klagefristen, vertragsmäßige. 216, 246.
Klagerecht bei zweiseitig verpflichtenden Verträgen. 187.
Klageverjährung, Litispendenz, Zurücknahme der Klage. 163.
Kleinkaufmann, Beweis gegen ihn durch Handlungsbücher. 356.
Kollusion. 168, 171, 175.
Kommissionsgeschäft:
Ansprüche des Kommittenten, vorbereitende Klage auf Rechnungslegung nicht unbedingt erforderlich. 103.
Widerruf einer Verkaufskommission. 183.
(Kommissionär):
Garantie des Kommissionärs für Verluste aus fortgesetzten Spekulationsgeschäften, Umfang der Verpflichtung. 103.
Pfandverkauf des Kommissionärs. 197, 198.
Propergeschäft des Kommissionärs. 183. —
Kompensation unstatthaft bei versprochener Baarzahlung, auch im Konkurs. 37 ff.
Konkurs, siehe Anfechtung und Kompensation.
Konventionalstrafe, deren Ersatz als Interesse wegen Vertragsbruchs. 83, 89.
Kreditassekuranz, Zahlungsaufschub. 287.
Kreditgewährung an einen Kaufmann gegen das Versprechen der Hypothekbestellung. 9.

L.

Lebensversicherung. 124.
Lieferungsvertrag, Unmöglichkeit zeitiger Erfüllung. 349.
Liegegeld, Löschzeit. 16 ff.
Liquidation schließt Klage gegen einzelne Gesellschafter nicht aus. 336.
Liquidatoren, Vertreter der Gesellschaft. 178, 336.
Liquidität im Wechselprozeß. 314.
Litigiosität, Amortisationsverfahren über ein Inhaberpapier. 113.
Litispendenz, Klageverjährung. 163 ff.
Löschzeit. 16 ff.

M.

Mahnung, Zuvielforderung. 318.
Mandatar, Unterschrift Namens des Machtgebers. 144, 153.
Mandats-Annahme. 82 ff.
Marktpreis, Feststellung. 236.
Maschinenlieferung (Werkverdingung). 243.
Metus, Anfechtung der in Seenoth gemachten Versprechungen. 56 ff.
Mora. 96, 188, 274.
Moratorium, französische Gesetze. 1.
Mortifikation eines Papiers 2c. 109, 265.
Mündliches Abkommen wird durch spätere Vertragsurkunde beseitigt. 96, 101, 315.
— gilt nach schriftlichem Vertragsschluß. 102, 173.

N.

Namensunterschrift für einen Anderen. 144, 153.
Nassauischer Wechselprozeß. 314.
Nebenabreden, siehe Abreden.
Nichtigkeitsbeschwerde, siehe Aktenwidrigkeit, Omission, Prozeßvorschriften.
— Motivirung der Rüge unerheblich. 227
Nichtigkeitsrichter, Stellung. 42, 92, 236, 284.
Novation durch Wechselbegebung &c. 132.

O.

Obertribunal zu Berlin, Abweichungen unserer Rspr. von dessen Praxis. 144, 154, 229.
Offerte und Annahme. 82, 264.
Omission. 163, 231.
Opus, fehlerhaftes, Klage des Bestellers. 243.
Originalverpackung. 119, 123.
Ortsgebrauch bei Börsengeschäften. 216.
— Dauer der Löschzeit. 19.

P.

pactum de contrahendo oder Vertrag selbst? 51.
Pfandbestellung, ihre Anfechtbarkeit nach preuß. Konkursrecht. 9.
Pfandgläubiger, Verkaufsrecht. 195 ff.
Pfandrückforderung, actio pigneraticia. 188.
Pfandschein, seine Verpfändung. 188.
Pfandschuldner, Rückforderung des Unterpfands. 188.
Pfandverkauf. 188, 195.
Platzgeschäfte. 345.
Policebedingungen. 124, 207.
Preisnotirung, börsenamtliche, ihre Anfechtbarkeit. 236.
Prokura duldet keine Einschränkungen. 176 ff.
— ist frei widerruflich. Schadenersatz wegen unzeitigen Widerrufs aus dem Dienstvertrage. 281.
Prolongationen bei Börsenspekulations-Geschäften. 216.
Prozeßvorschriften, wesentliche. 151, 163, 209, 225, 231, 316.

R.

Rechnungslegung im Kommissionsgeschäft, ob wesentlich für die Klage des Kommittenten? 103.
Rechtskraft des Urtels, relative. 42.
Redhibition. 109.
reformatio in peius. 42.
Reisender commis. 25.
Retention, siehe Zurückbehaltungsrecht.
Retentionsrecht des Cessionars. 201.
Revision (Rechtsmittel in Preußen), unstatthaft in Assekuranzsachen. 50.
Richteramt, Abhörung von Sachverständigen. 17, 34.
— Abweisung unbegründeter Ansprüche. 92, 284.
— Rechtsfragen. 56, 159.
— Vertragsauslegung gehört zur thatsächlichen Feststellung. 42, 236.
Rücktritt vom Vertrage. 52, 109.
Rückversicherung, Rechtsmittel der Revision ausgeschlossen. 50.
— ist gewagtes Geschäft, nicht Vertrag über Handlungen (nach ALR). 51.

S.

Sächsisches Prozeßrecht. 128.
Sachverständige, richterliches Ermessen. 17, 34.
Schadenersatz, siehe Konventionalstrafe.
— Bezahlung der liquidirten Posten. 89 n.
— wegen verspäteter Erfüllung, Anzeige. 90, 349.
— wegen Verschuldens bei Kontraktserfüllung. Verjährung der Klage. 243.
— gesetzliche Zinsen. 108.

Schiedsrichter, Anfechtbarkeit ihres Spruchs. 56.
Schiffskollision, siehe Zusammenstoß.
Schlachtviehverkauf nach Gewicht. 353.
Schuldschein in Wechselform. 132.
Seefracht, Liegegeld, das aus dem Connossement nicht ersichtlich ist. 16 ff.
Seenoth und Bergung, Vergütung. 57.
Seeschiffe, Zusammenstoß. 34.
Seeschiffer, Löschzeit, Liegegeld. 16.
Sichtwechsel. 232.
Spezialvollmacht, für Repräsentanten einer Genossenschaft nicht erforderlich. 80.
Steinmetzgeschäft als Handelsgeschäft. 28.
Stellvertretung. 82, 144.
Steuermann eines Stromfahrzeuges, rechtliche Stellung, Befugniß zum Abschluß von Frachtverträgen. 159.
Stichtag beim Fixgeschäft. 90.
Stillschweigen auf wiederholt ertheilten, bereits abgelehnten Auftrag. 82 ff.,
— auf Vertragsofferte. 82.
Streitverkündung oder Klage? 217, 301.
Stromschifffahrt, Stellung des Steuermanns. 159.
Stundung (Zahlungsaufschub), Haftung des Bürgen. 287.

T.

Territorialität der Rechte. 1, 221.
Thatsächliche Feststellung, Vertragsauslegung. 42.
Tischlerei, ob feuergefährlich? 208.
Tradition bei Distanzgeschäften. 346.

U.

Unmöglichkeit rechtzeitiger Erfüllung. 349.
Unterpfand. 9, 188.
Unterschrift des Bevollmächtigten, wie? 144, 153.
Urtel, Wirkung auf das festgestellte Rechtsverhältniß. 274.
— siehe Rechtskraft.
Usanz, siehe Börsenusanzen und Handelsusanz.

V.

Verjährung, Anfang bei der Wechsel-Regreßklage. 302.
— einer zurückgenommenen Klage. 163.
— der Schadenersatzklage wegen Verschuldens bei Vertragserfüllung. 243.
Verjährungsfrist, abändernde Verträge, Form nach ALR. 221.
— zu unterscheiden von vertragsmäßigen Garantie- bzw. Klagefristen. 216, 246.
Verkäufer, Selbsthilfemaaßregel anderweitigen Verkaufs. 92.
—, sein Verzug. 96.
Verkaufskommission, Widerruf. 183.
Versicherungsvertrag:
Allg. Bedingungen, ihre Auslegung. 42, 124, 207.
— Auslegung im Zweifel gegen den Versicherer. 125, 210.
Feuerversicherung. 207.
Gewagtes Geschäft, nicht Vertrag über Handlungen nach ALR. 51.
Kreditassekuranz. 287.
Lebensversicherung. 124.
Pflichten des Versicherten. 124, 208.
Rückversicherung. 50, 51. —
Verträge (siehe Abkommen, Abrede, Stillschweigen, Verjährung):
Erfüllung, vorzeitige. **141.**
Erfüllungsort. 92.
Form. 44, 132, 221.
Gewagte Geschäfte, Versicherungen. 51.
Klage aus zweiseitigen Verträgen. 187.
pactum de contrahendo oder Vertragsschluß? 51.
Rücktrittsrecht. 52, 109.
Verzug, Annahmeverzug des Gläubigers Pfandrückforderung. 188.
Verzug nach rechtskräftiger Entscheidung. 274, 280.
— des Verkäufers. 96. —
Viehhandel, Verkauf von Schlachtvieh nach dem Gewicht. 353.

Vollmacht, siehe Agent und Handlungsreisender.
— zur Namensunterschrift. 145.
Vorbehalt bei Zahlungen, formfrei im Handelsgeschäft. 44.
Vorschußvereine, Repräsentation, Wechselverpflichtung. 78.
Vorsteher von Gesellschaften, Vertretungsbefugniß. 78, 167, 172 ff.

W.

Wandelung des Käufers. 109.
Wechselgeschäfte eines Vorschußvereins. 78.
Werkverdingung, Fehler des Werks. 243 ff.
— Herstellung einer Dampfmaschine ist Handelsgeschäft, aber kein Handelskauf. 245.
Widerruf der Prokura, Entschädigung aus dem Dienstvertrage. 281.
— einer Verkaufskommission, bis wann? 183.

Wechsel:

Accept in Blanco, Ausfüllung des Wechselformulars, Klage daraus. 318 ff.
Acceptant haftet auch ohne Deckung. 158.
— ob aus einem nicht präsentirten Domizilwechsel haftend? 225.
Amortisationsverfahren. 265.
Arglist des W.-Klägers. 15, 198, 259, 311, 319.
— des W.-Schuldners. 305 ff.
Beklagter, Einreden. 12, 15, 157, 319.
— Liquidstellen der Einreden. 314.
Bereicherungsklage. 137, 265.
Beschädigung der W.-Urkunde. 128.
Bezogener, Wirkung seiner Zahlung. 12.
Blancoaccept, Ausfüllung, Klage daraus. 318 ff.
Dato — nach Dato. 128.
Deckung, mangelnde. 158, 231.
Deposition der Wechselsumme, ob Pflicht des Schuldners? 315.
Domiziliat, Stellung. 12, 229.
—, wie kann er Wechselrecht erwerben? 14.
Domizilwechsel. 12, 225, 334.
Eigenwechsel, des Ausstellers Haftung. 232, 314.
— domizilirter. 334 (vgl. 225).
— Geltung als Schuldschein. 132.
— Verzugszinsen. 232, 234, 314.
Fälschung, Beweis. 314, 315 n.
Giro, nach Verfall. 15.
Giro, volles; Einwand bloßer Prokura. 258, 319.

Wechsel:

Grundvertrag der Wechselverpflichtung. 199, 311.
Indultgesetze, französische. 1.
Inhalt des Ws., wesentlicher. 154, 319.
Klage, Unterbrechung der Verjährung. 301
Legitimation des Klägers bei der Bereicherungsklage. 265.
Liquidität im W.-Prozeß. 314.
Moratorium in Frankreich. 1.
Namensunterschrift durch Vertreter. 144, 153.
Novation durch Wechselbegebung ꝛc. 132.
Präsentations-Erlaß. 1, 6 ff.
— -Ersatz durch Klage ꝛc. 252.
Protesterlaß, außerhalb des Wechsels. 4 ff.
— Kosten des gleichwohl erhobenen Protests. 8.
Protestnothwendigkeit. 225.
Prozeß, nassauischer. 314.
—, sächsischer. 128.
Regreßklage. 229.
—, Anfang der Verjährung. 302.
— und Contocurrentvertrag. 261.
Schuldschein in W.-Form. 132.
Selbständigkeit der einzelnen W.-Verpflichtungen. 301.
Sichtwechsel, Präsentation, Fristablauf. 232.
Simulations-Einrede. 319.
Streitverkündung im Falle des Art. 80 DWO. 301.
Tagewechsel, Dato = nach Dato. 128.
Unterliegendes Geschäft. 199, 311.
Valuta, Einrede ihres Mangels. 158.
Verjährter W. als Schuldschein. 132.
Verjährung, Anfang 302.
— bei Arglist des Schuldners oder bei Klagehindernissen. 301.
— Einrede daraus. 1.
— Unterbrechung, relative Wirkung. 301 ff.
Verjährungsfrist nach Zurücknahme der W.-Klage. 164.

Wechsel:
Verzugszinsen. 232, 234, 314.
Vorzeigung beim Sichtwechsel. 232.
Zahlung des Bezogenen oder des Domiziliaten, Wirkung. 12.
— nicht auf dem W. vermerkte, Einrede daraus. 15.

Wechsel:
Zahlungsleistung durch W.-Ausstellung 2c.? 132.
Zahlungsort. 271, 317, 334.
— W. mit Angabe mehrerer ist ungiltig. 271 n.
Zerrissener W., Klage daraus. 128.
Zinsfuß für W.-Verpflichtungen. 235.

Z.

Zahlung, Vorbehalt dabei, ob formfrei? 44.
Zahlungsleistung durch Wechselbegebung 2c.? 132.
Zahlungsort, siehe unter Wechsel.
Zinsen, gesetzliche, als Schadenersatz. 108.
Zurückbehaltungsrecht des Cessionars. 201.
—, inwieweit dinglicher Natur? 202, 204 ff.
Zusammenstoß von Seeschiffen. 34.
Zuständigkeit des Gerichts. 28.
Zuvielforderung bei der Mahnung. 318.

Druck von Bär & Hermann in Leipzig.

FSC
www.fsc.org
MIX
Papier | Fördert
gute Waldnutzung
FSC® C083411

Kolibri 360 GmbH
Ferdinand-Jühlke-Straße 7
99095 Erfurt, Deutschland
produktsicherheit@kolibri360.de